학산 이정호 연구

학산이정호연구 간행위원회 엮음

지식과교양

鶴山 李正浩 研究

Papers on Haksan Yi Juhng-Ho

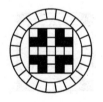

2021

鶴山 李正浩 先生 遺影

鶴山 李正浩 선생 약력

○ 1913년 癸丑 2월 17일(음력) 忠淸南道 禮山郡 新陽面 西界陽里에
  서 父 全州 李公 鍾彦과 母 水原 白氏의 二男二女 중 次男으로 출생
  하였다.

○ 新陽 西界陽里 소재 講堂(一山二水亭)에서 초등학교과정을 입학
  하였다.

○ 忠淸北道 淸州公立普通學校로 전학, 5학년을 마치고,

○ 淸州高等普通學校 입학(1926. 4~1931. 3), 4학년 때 日本廣島高等
  學校에 응시, 합격하였으나 진학을 포기하였다.

○ 京城帝國大學 豫科를 修了하였다.(1931. 4~1933. 3)

○ 京城帝國大學 文科(朝鮮語文) 卒業(1933. 4~1936. 3), 文學士 및
  漢文科高等敎員免許를 획득하였다.(文部省)

○ 1935년에 原州 金公 喆鎬와 晉州 姜氏 淑馨의 次女 金蕙淑과 혼인
  하였다.

○ 서울소재 漢城商業學校(1936. 4~1937. 8)와 培花女子高等普通學
  校 (1936. 4~1940. 4)敎師·京城帝國大學 法文學部 助手(종교·
  사회학 교실)를 지냈다.(1940. 4~1941. 3). 다시 培花女子高等普通
  學校 교사가 되었다가(1941. 4~1944. 8) 京城帝國大學 醫學部에
  서 醫學을 修鍊하였다.(1944. 9~1946. 1)

○ 忠淸南道 論山郡 豆磨面 禹跡洞(산골집)에서 3년간 직장을 완전히
  떠나 오로지 硏學(周易·正易)에 專念(1946. 1~1948. 11)하였다.

○ 잠시 公州師範大學을 거쳐(1948. 11~1949. 2), 梨花女子大學校
  (1949. 3~1955. 3) 및 延禧大學校(1949. 9~1952. 3. 겸임) 國語國
  文學科 교수를 歷任하였다.

○ 忠南大學校 文理科大學 哲學科 敎授(1955. 4~1973. 3)로 轉任.
  1960년 4.19 직후 충남대학교에서 최초의 민선총장으로 선임되었
  다(1960. 7~1963. 2). 1961년 5.16이후 충남대학교와 충북대학교
  가 忠淸大學校로 통합되었다가 다시 분리하여 충남대학교로 환원
  될 때까지 총장으로 在任하였다.

○ 1973년 回甲에 즈음하여 충남대학교 교수를 辭任하고 서울 소재
  國際大學(學長 龐溶九)으로 轉任, 國語國文科 敎授 및 人文社會科
  學硏究所長(1973.3~1980.4)을 지내고 退任하였다.

○ 1955년 이후 忠南 論山郡 豆磨面 香汗里 國師峯下에 '香積山房'을
  짓고 40여년간을 敎學과 著述의 장소로 삼았다.

○ 2004년 甲申 5월 29일 서울에서 別世. 墓所는 江原道 橫城郡 公根
  面 草院里 · 碑墓이다.

◇ 국민훈장 동백장(1972. 12), 대한민국
◇ 명예철학박사(1973. 2), 충남대학교
◇ 미국 워싱턴 대학(Seattle)에서 강의(1977. 6~1977. 8)

간행사

올해는 학산 이정호 선생님(1913~2004) 탄신 108주년이자 서거 17주기인 해입니다. 선생님께서는 일찍이 이화여대와 연희대, 충남대를 거쳐 만년(1973.3~1980.4)에 학교법인 이화학당 계열인 국제대학(현 서경대학교)에 계시다 퇴직하셨습니다. 국제대학 시절, 선생님의 훈민정음에 대한 독보적인 강의와 정역, 주역 등 관련 저술은 우리 대학뿐 아니라 학계의 자랑이었습니다. 학산 선생께서는 재직 중에 《훈민정음의 구조원리》(1975, 아세아문화사)를 내셨고, 이 책으로 노산문학상을 받으셨씁니다. 선생님은 이 상금을 학과에 전액 기부하셨습니다. 학과에서는 이를 은행에 예탁해 불린 후, 그 이자 과실로 매년 학산장학금이란 이름으로 장학금을 지급해 왔습니다.

어언간 세월이 흘러, 학부 학생으로 배우던 제가 올해 8월에 정년입니다. 의미 있는 마무리를 위해 무엇을 할까 궁리하던 중, 선생님 기념 책자 발간 아이디어가 떠올랐습니다. 그간 선생님의 학문에 대한 논문과 삶을 회고한 글들이 있지만 아직 책으로 묶은 일은 없다는 데 생각이 미쳤기 때문입니다. 학산의 학문과 관련한 논문들과 몇 편의 회고담을 추가하면 충분하지 않을까 혼자 구상했습니다. 출판비는 학산

장학금의 잔고로 가능하며, 학과 동료 교수들도 그렇게 사용하는 데 동의했습니다.

가능한 대로 논문 수집을 마치고, 자제인 행촌 이동준 선생님께 제 구상을 밝히고 의견을 여쭈었습니다. 흔쾌히 찬동함은 물론 원고 수정 및 회고담 수합에 적극 도움을 주셨습니다. 원래는 간행위원회 모임을 거쳐 추진하려 했으나, 예기치 않은 코로나19 때문에, 비대면으로 진행하였습니다. 편집이 마무리된 시점에서, 원고를 주신 분들 가운데 선생님의 문하생들 중심으로 간행위원회를 가져 지혜를 모아 출판사에 넘겼습니다, 귀한 원고를 보내주신 필자들께 깊이 감사합니다.

환갑, 고희 기념논문집도 사양하셨던 학산 선생님께서 이 책자 내는 것을 어떻게 여기실는지 걱정스러운 마음 없지 않습니다. 순전히 저희 욕심일지도 모르지만, 선생님께서 훈민정음, 정역, 주역 연구 성과를 13권의 책으로 묶을 수 있도록 유저(遺著)를 남기어, 후학들이 두고두고 활용하게 하신 것처럼, 이 책자도 그러리라 믿기에 용기를 내었습니다. 학산 선생님의 연구가 무엇인지 아직 모르는 이가 많은 상황에서, 이 책자가 선생님 학문의 내용과 가치를 이해하는 길잡이 구실을 감당할 수 있기를 희망합니다.

이 책은 제1부 연구논문, 제2부 회고담으로 구성했습니다. 제1부에 총론 및 해제 성격의 글을 먼저 수록한 후, 훈민정음, 정역, 주역, 문학

관련 논문의 순서로 실었습니다. 제2부에는 가족과 제자들의 회고담을 실었습니다. 제1부가 학술적인 글이라면, 제2부는 한결 가볍게 접근한 글들이라, 학산 선생님을 이해하는 데 상호보완적이리라 여겨집니다.

이 간행사를 쓰려니 선생님이 더욱 그립습니다. 학부 시절, 제가 아파 한동안 결석했을 때, 제 빈자리를 보시고는 말없이 칠판에다 "욕속부달(欲速不達)" 네 글자를 쓰셨다는 우리 선생님. 그럼에도 저는 평생 서두르는 행보 보이다 정년을 앞두고 있어 자괴감 가득합니다. 환갑에 이르러서야 책을 내실 정도로, 충분히 내공 쌓은 후 펴내신 선생님의 학문, 그 연구성과들의 가치를 조명하고 선생님과의 추억을 회고한 글들을 담은 이 책을 간행함으로, 그 부끄러움을 조금이나마 가리고 싶습니다.

고맙습니다.

2021. 5. 5.

간행위원을 대표하여

후학 서경대 교수 이복규 삼가 씀

| 차례 |

제1부 논문

제2부 회고담

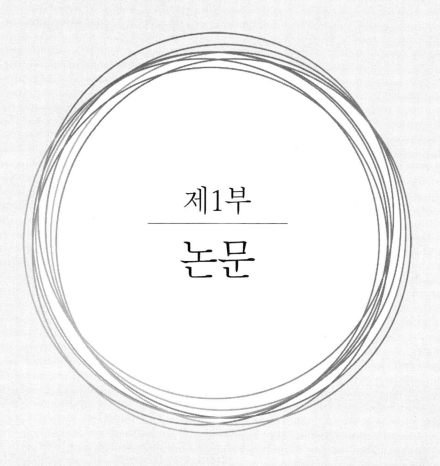

제1부

논문

I

鶴山 선생의 저술과 易學 사상

이동준

1.

2017년을 맞아 鶴山 李正浩 (1913~2004) 박사의 易學 연구서《鶴山李正浩全集》(전13권)이 간행되었다.

이정호 선생은 일반으로 우리나라 역학연구의 권위자(周易·正易)로 알려져 왔다. 하지만 학산의 학문적 출발은 조선어문학이었다. 학산은 일찍이 일제시대 경성제국대학 법문학부에서 '조선어문학'을 전공하였고, 해방전 일제가 금지할 때까지 교단에서 조선어문을 가르쳤다. 그리고, 광복 후에도—1950년대 중반까지— 이화여대 연희대 등의 국어국문학과 교수를 지냈다.

그런데, 학산은 다른 한편, 1945년 8·15 해방이전 어떤 기회에 우리나라에서 탄생한 一夫 金恒 (1826~1898)의《正易》을 접하게 되었다. 학산은《정역》이 '한갓 일반 저술이 아니라' 지난날 전근대 사회의 세계관·가치관을 밑받침했던, 最古 最高의 경전으로 일컬어지는《周易》의 뒤를 이어 그에 못지않은 중요한 문헌으로서 인류문명의 근본적 전환과 새로운 세계관을 원리적으로 예시豫示하는 바《주역》에 짝할만한 저작이라는 확신을 갖게 되었다. 이래로 주전공을 역학에 두고《주역》과《정역》연구에 일생을 바쳤다.

실제로 학산은 1955 (43세) 이후 충남대학교로 轉任하여서는 철학과 교수로서 역학을 비롯한 동방철학을 강의하였다. 그리고 몸소 지은 '香積山房'(논산군)을 중심으로 40여년을 오로지 학문연구와 후학양성에 전념하였다. 1960년 4·19 혁명 후 충남대에서 최초의 민선총장으로 재임케 된 것은 뜻밖의 일이었다.

학산의 저술은 대개가 60세 이후 만년에 이루어졌다. 그리고 역학 사상과 관련이 없는 것이 없다. 훈민정음에 대한 두 권의 책이 그러하려니와《正易硏究》와《周易正義》등 그리고 그밖의 책들이 모두《주역》과《정역》을 연찬한 결과이다.

이번에 간행된 학산전집은 모두 11종 13책으로 편성되었다. 그 내용은 학술적 논술과 해설·역주, 색인류, 集注 등으로 유별할 수 있다. 다만 이미 나왔던 책들을 반드시 연대순으로만 편집하지 않고 책의 주제와 성격에 따라 다소 편차를 달리하고, 본문과 부록 등의 중복되는 부분은 재구성하였다. 그리고 출판되지 않았던《鶴山散藁》,《正易字句索引》, 그리고《周易集注大要》상·중·하 등이 추가 되었다.

새로 나온 학산전집의 내용을 간단히 살피면 대개 다음과 같다.

첫째, '훈민정음'에 관한 것으로《국문 영문 해설 역주 훈민정음》(The Korean Alphabet: Explanation in Korean and English)과《訓民

正音의 構造原理: 그 易學的 硏究》2권이다.

[앞의 것은 당초에 한국도서관학연구회(국립중앙도서관) 요청으로 해외문화교류용 제1호로 기획된 것이었다. 훈민정음 해례본을 해설 역주하고 영문으로 번역하였다. 뒤의 것은 한걸음 더 나아가 훈민정음의 구조가 역의 원리(陰陽五行 河圖 등)에 기반한 것임을 보다 본격적으로 상세하게 밝혔다. 이로써 훈민정음의 창제원리에 대한 논란은 종식되기에 이르렀으며, 국내외로 파급되었다.]

둘째, '주역 · 정역'에 대한 연구서로《正易硏究》,《周易正義: 그 正易的 意義》,《訓民正音과 一夫正易》등 3권이다.

[이는 학산역학의 핵심저술로서《정역》에 대한 독보적 연구성과와 주역 속에 들어있는 정역적 사고 그리고 '정음(正音)'과 '정역(正易)'이 미래세계를 전망하는 한국역학의 본령임을 천술하였다.]

셋째, 학산역학사상의 정수를 모은《第三의 易學》과 미간행의 '散藁'와 '遺文'을 모은《鶴山散藁》등 2권이다.

[앞의 것은 학산의 저술 중 중요한 것을 저자 스스로 엮어 학산역학을 집약하고 새로운 이정표를 제시하였으며, 뒤의 것은 비교적 부드러운 서술로서 학산 자신의 생각과 정서가 문학적으로 표현되었다. 학산을 이해를 하는데 필요한 연구자료가 될 것이다. 특히《학산산고》末尾에 수록된 'On Houhnmin Juhng-um and Juhng-yaug (훈민정음과 정역에 대하여)'은 1977년 여름 미국 워싱턴 대학에서 행한 강의내용으로 학산학술을 총괄적으로 마무리하는 뜻을 찾을 수 있다.]

넷째, 역주본은《원문대조 국역주해 정역》이다.

[난해한《正易》을 국역하고 상세한 주석을 붙여 정역연구에 결정적 기여를 하였다.]

다섯째, 색인류로는《周易字句索引》과《正易字句索引》2권이다.

[역학을 연구하는 데 필요불가결한 것이다. 1인의 노력으로 이루어 냈음도 경이롭거니와 역학연구의 치밀성을 보여준다고 하겠다.]

끝으로,《周易集注大要》상ㆍ중ㆍ하 3권이다.

[친필 필사본이다. 연구와 교육용으로 다년간에 걸쳐 작성된 것으로 정역과 더불어 주역에 대한 연구가 기본이 되어야 함을 보여준다. 역대의 주석을 전반적으로 섭렵하고 그 요긴한 것을 가려서 편찬한 것으로 주역연구자의 길잡이가 되며, 주역과 정역을 함께 연구해야 함을 일깨운다.]

2.

回顧하건대 鶴山의 학문은 오로지 '易學'이었다 하여도 과언이 아니다. 물론 초창기에는 '朝鮮語文學'이었다. 하지만 鶴山 선생 90餘歲의 생애에서 실제로 易學에 주력한 것은 30代에 들어서면서 八旬에 이르는 기간이었다. 長長 50年, 孤軍奮鬪의 大長征이었다. 그리고 저술의 대부분은 六旬으로부터 八旬 사이에 이루어졌다. 鶴山이 종사한 易學은《周易》과《正易》이었다.

일반으로 易學이라 하면《周易》을 대상으로 한다. 世稱 三易으로 連山易, 歸藏易 그리고 周易을 일컫기도 한다. 그러나 連山ㆍ歸藏은 그 존재가 희미하며 제대로 전해온 것은《周易》이다. 주지하는 바와 같이《周易》은 文王ㆍ周公의 作으로 (일컬어 왔으며), 64卦 384爻 및 卦辭ㆍ爻辭로 되어 있다. 그리고 孔子의 (作이라 일컫는) '十翼'과 그 밖에 河圖·洛書 및 〈伏羲八卦圖〉와 〈文王八卦圖〉가 들어 있다. 이것이 《周易》의 전부이다.

《周易》은 儒家 十三經의 首位인 最古 最高의 경전으로서 中國은 물론이요 특히 韓國에서는 《周易》을 '大經'으로 삼아 매우 중시하였으며, 실로 지난 數千年間 東方의 학술문화를 형성하는 데 中樞的 역할을 한 것은 《周易》이었다. 《周易》은 그 자체로서 '冒天下之道'(繫辭上 十一)라 하였듯이 보편적 道가 들어 있는 것으로 본다. 과연 鶴山이 평생을 易學에 종사하면서 無盡功力이 소비되는 《周易字句索引》이라든가 《周易集注大要》의 작성과 같은 일을 혼자서 수행한 사실에 비추어 보더라도 《周易》을 얼마나 독실하게 연찬하였는가를 짐작할 수 있다. 이같이 지난날 東方社會에서 《周易》이 갖는 의의는 막중하다 할 것이다.

그런데 여기서 한 가지 뚜렷이 밝힐 것은 鶴山의 易學研究는 一般 易學者와는 매우 다른 점이 있다는 것이다. 鶴山은 한갓 통상적인 의미에서 《周易》 연구의 大家가 아니다. 오히려 처음부터, 易學이라는 점에서 《周易》은 말할 것이 없겠지만, 金一夫의 《正易》 연구에 온갖 정성을 기울였다. 평생을 易學에 종사한 대학자요 최고의 지성으로서, 《周易》은 당연하다고 하려니와 그것에 머물지 않고, 19세기 말 이 땅에서 출현한 《正易》을 그와 같이 소중히 여겨 혼신의 힘을 기울여 탐색한 이유는 무엇이었을까?

鶴山이 《正易》을 처음 만난 것은 8·15 해방 이전, 1940년대 초인 듯하다. 실제로 金一夫의 《正易》이 완성된 것은 1885년(乙酉)이었다. 그 책의 板本으로 1923년(癸亥) 忠南 連山 遯巖書院 所藏의 木版本이 나와 있었다. 말하자면 鶴山이 《正易》을 보게 된 것은 《正易》이 완

성되고 一周甲(60년)이 되기 전의 일로 매우 이른 시기였다.《正易》
은,《周易》과 같이 漢土에서 태어나 오랜 전통을 지닌 것도 아니요, 19
세기 말 朝鮮 땅 一鄕(連山)에서 출현한 것으로, 일부 사람들이 전했
을 뿐 세상에 그리 알려진 바가 아니었다. 그런 반면《周易》은 이미
수천년의 유구한 세월을 거치면서 儒家의 十三經 중 首位의 經典으
로 권위를 인정받고 존중되어 왔다. 이에 비하여《正易》은, 一夫 선생
의 文名이 없지는 않았으나, 어느 시골 寒士의 著作으로서 그저 平常
的인 冊子로 보아 넘길 법하였다. (우리는 여기서《訓民正音》解例本
을 아무도 모르다가 그 原本이 1940년 慶北 安東地方의 어느 시골 마
을에서 발견된 사실을 連想할 수 있을 것이다.) 그러나 鶴山의 경우,
《正易》一冊을 보고 관찰한 결과, 一夫의《正易》이야말로 한갓 통상
적으로 볼 수 있는 어느 학자의 예사로운 저작물이 아니요, 우연이라
고 하기 어려울 만큼, 다른 어느 책과도 비교할 수 없는 '하늘이 주신'
寶典임을 確信케 되었다 [《正易》二張前面 參照: "元降聖人, 示之神
物, 乃圖乃書"].《正易》을 만남은 鶴山으로서 一生一代의 宿命的 사건
이었다. 以來로《正易》의 研究는 마치 古典에 "無終食之間違仁"(《論
語》〈里仁〉)이라 하였듯이 鶴山의 삶 자체가 되었다. 鶴山은《正易》을
생명과 같이 여겼다.

　지난날 易이라 하면 伏羲先天, 文王後天이면 그만이요, 달리 생각하
는 일은 없었다. 그러하였는데《正易》이 나온 것이다. 저자는 伏羲易,
文王易에 이어《正易》에 이르러 易道가 완성되는 것이라고 보았다. 卦
圖의 출현은 아무렇게나 자의적으로 될 수 있는 일이 아니며,〈伏羲八
卦圖〉와〈文王八卦圖〉에 이어〈正易八卦圖〉가 출현하였다는 사실은
상상조차 못할 萬古에 없는 일이었다. 그런데 이것이 이 땅에서 태어

난 것이다.

그리고 各其 卦圖는 巨視的으로 宇宙觀과 世界觀을 밑받침한다고 본다. 다시 말하면, 〈伏羲八卦圖〉는 河圖와 연관되며 〈文王八卦圖〉는 洛書와 상응한다. 그리고 〈正易八卦圖〉는 다시 河圖復歸로 이해한다. 鶴山은 앞의 三段階의 易을 生易, 長易 그리고 成易이라 하고, 第一易, 第二易 그리고 第三易이라 일컫기도 한다. 《正易》의 입장에서 볼 때, 종래와 같이 伏羲先天·文王後天으로 한정하여 보는 방식은 止揚되어야 한다. 이는 伏羲先天易, 文王後天易(周易)을 不變의 先後天易으로 보는 인식의 틀을 깨뜨리는 근본적 전환을 의미한다. 그리고 《正易》의 출현으로 말미암아 《周易》으로 드러난 文王後天은 이제는 文王先天이 되며, 《正易》으로 새로이 열리는 세계는 一夫后天으로 바뀌어서, 先後天의 轉倒라는 一大變革을 보게 되는 것이다. 다시 말하여 지난날 '河圖'를 本으로 하는 〈伏羲八卦圖〉가 洛書를 本으로 하는 〈文王八卦圖〉로 전환하여 周易時代가 벌어지고, 그런 과정을 거쳐 다시 '河圖'의 原型으로 복귀하는 원리에 좇아 正易의 后天世界가 열리는 이치를 볼 수 있다는 논리이다.

이를 역사적 시각에서 다소 구체적으로 살핀다면, 지난날 中國을 중심으로 東아시아의 지배원리가 되었던 洛書的 文王後天이 이제는 그것이 過去의 것 즉 周易時代 先天易의 몫을 다하고, 周易先天을 이어 正易后天이 새 시대를 창도하는 원리가 된다는 뜻이다. 《周易》의 〈易序〉에 "性命의 理致를 따르고 變化의 도리를 다한다 (順性命之理, 盡變化之道)"라 하였듯이, 易道에서 '性命'과 '變化'의 두 축은 동시에 고려되어야 할 사항인 것이다. 여기서 우리가 유념할 바로서, 易道 자체는 영원한 것이나, 그것이 실현되는 과정은 時空에 따라 양상을 달리할 수 있다는 것이다. 이를테면 伏羲易·文王易 그리고 一夫易을 말할 때, 그것은 각기 모양을 달리하여도 그 나름의 몫이 있으며 그 가운데 一貫하는 의미와 방향이 있다고 보는 것이다.

本題로 돌아가서 《周易》과 《正易》을 놓고 볼 때, 先后天의 轉倒와 관련한 宇宙觀·人間觀의 變化는 在來의 것에 대한 부분적인 수정을 뜻하지 않는다. 이제까지의 인류의 모습은 어떠한가? 인류창생이래 지난날 너무나도 오랜 세월의 틀 속에서 알게 모르게 길들여지고 찌들어서 굳을 대로 굳은 사고방식과 생활습관은 이제까지 인류의 자화상이 되었다. 잘잘못을 말할 것 없이 그러하다. 이를테면 인류는 스스로 高等動物임을 자부하고 있다. 하지만 고등동물도 동물인 한 본질적으로 짐승의 차원에 머물 수밖에 없는 것이다. 鶴山은 正易의 정신에 입각하여 비록 사람에게 동물적 요소가 없을 수 없으나, 인류는 동물이 아니라 인간이라고 선언한다. 正易은 우주의 변화, 인간의 변화 그리고 사회의 변화를 말한다. 그러나 人類는 創生以來 成長進化해오는 동안 오랜 세월을 너무나 열악한 자연적 환경적 제약 속에서 생존해 왔다. 이는 인류의 회피할 수 없는 숙명이기도 하였다.

《正易》에 입각하여 易을 生·長·成의 관점에서 볼 때, 이제까지의 成長過程에서 빚어질 수밖에 없었던 한계요 飛躍하기 어려운 장벽이었다. 하지만 지난날 아무리 困苦롭고 險難하였다 하더라도 이제 성숙의 단계에 들어선 지구의 인류는 바야흐로 스스로 인간임을 선언하고, "하늘이 도우심에 吉하여 이롭지 않음이 없다(《周易》 大有上九 : 自天祐之 吉无不利)"라 하였듯이, 가려진 한계를 걷어치우고 막힌 장벽을 무너뜨릴 단계에 진입하였다고 보는 것이다. 아직도 殘存하지만,

지난날 당연시되었던 思考方式과 生活習慣에 대한 발상을 근본적으로 拂拭할 시점에 이르렀다고 보는 것이다.

앞에서 살펴본 바에 따르면, 이른바 周易先天에서 正易后天으로 전환함에는 세 방면을 동시에 고려해야 한다. 이는 부분적인 修正이 아니라 바닥에서부터 全般的인 전환을 뜻하는 것이다. 自然과 人間과 社會는 연계되어 있어서 떼어서 생각할 수 없다. 이제 鶴山이 추구해 온 正易思想과 관련하여 유의할 사항에 대해 언급하고자 한다.

첫째, 인간은 우주자연, 가까이 天地日月의 運行 가운데 생존하며 그 틀을 벗어날 수 없다. 正易의 입장에서 易은 曆(책력 冊曆)을 뜻한다. 지난날 우리가 살아온 세계는 360일을 期年으로 하는 正易(正曆)이 아니라, 365日의 閏易(閏曆)이었다. 閏易에서는 아무래도 인간은 그런 제약과 한계에서 맴돌 뿐 거기서 벗어날 수 없다. 그런데 一夫《正易》에서는 文字 그대로 閏易은 지나가고, 正易이 到來함을 말한다. 〈正易詩〉에 "하늘과 땅의 數는 해와 달을 數놓으니, 해와 달이 안 바르면 易이 易이 아니로다. 易이 正易이 되어야만 易이 易이 될 것이니, 原易이 어찌 항상 閏易만 쓰겠는가?"《正易》二十張 後面)라 하였다. 천지만물은 天地日月의 절대적인 제약을 받는다. 閏易에서는 閏易世界, 正易에서는 正易世界가 벌어질 수밖에 없다. 천지자연을 떠나서는 인간은 존재할 수 없다. 천지자연의 변화는 인류의 변화를 뜻한다. 실제로《正易》에서는 "帝舜의 朞는 365度 4分度의 1이라" 하고 "一夫의 朞는 375度니 15를 尊空하면 바로 우리 孔夫子의 朞니 朞는 360日이 된다"고 하였다(《正易》六張後~七張前). 지난날 先天시대에 聖賢이 出世하여 造物主의 뜻에 따라 人類를 嚮導하고 感化感動하였으며 그 은혜 헤아릴 수 없겠으나, 역시 洛書先天의 限度에서의 일이었으며 이제 造物主의 親政으로 천지자연이 변화하고 河圖復歸의 正易이 실현됨으로써만 天地淸明, 日月光華의 琉璃世界가 열리게 된다고 보는 것이다. 인간의 참여 없이는 結實과 意味가 없는 것이지만, 이는 인간의 힘으로 이룰 수 있는 일이 아니다. "天地가 日月이 아니면 빈 껍질이요, 日月도 至人이 아니면 헛된 그림자이다(《正易》 八張後面 : 天地匪日月空殼, 日月匪至人虛影)"라 하여 인간의 몫을 매우 중시하였지만, 〈金火五頌〉에 이르듯이 '金火互易'으로 "晦朔弦望進退屈伸律呂度數造化功用"이 바로서는 것(立)은 인간의 몫이 아니며, "天地가 淸明하고 日月이 光華하여야" 인류가 바로 될 수 있는 것이다.

인류가 소망하는 理想世界는 지난날 오랜 세월 希願해 온 바이기도 하다. 東西를 막론하고 流派에 따라 大同世界라든가, 桃源境이라든가, 彌勒世界라든가 또는 千年王國이라든가 그 표현방법은 各樣各色이었다 하더라도 인류가 목표로 하는 '地上天國'에 대한 바람은 그것이 현실성이 있거나 幻想的 상념에 그치거나, 일종의 유토피아 의식으로 줄곧 존재해왔다. 西敎에서는 이미 二千年 전에 "悔改하라, 天國이 가까웠느니라" 하였다. 《正易》에서는 "이르고 늦음은 판별하기 어렵다[早暮難辨]"면서도 "아아 오늘인가 오늘인가[嗚呼 今日今日]"라 하였다. 그리고 易學的 체계를 갖추고 새 冊曆을 제시하면서까지 구체적으로 드러낸 경우는 다른 데서 보기 어렵다.

이러한 일이 自然界에 대한 科學的 전망이 아니요, 易學的 전개에 따른 강력한 희망이요 예시라 한다면, 일반적으로 그 확실성에 대한 담보는 누구도 확언할 수 없을 것이다. 다만 높은 水準의 구체적 硏鑽의 결과요, 또한 正易 作者가 窮理盡性과 鼓舞盡神, 誠意正心과 窮神

知化로 도달한 결론이라 할 때 그 眞實與否는 누구도 豫斷하기 어렵다 할 것이다. 愼重을 요하는 바이기도 하다. 자연과 인간은 결합되어 있으며, 이른바 第三易인 正易后天의 到來는 인간의 意志와 자연의 法則이 맞물려 있는 문제로서 이는 인류에게 世界觀의 변혁과 함께 당면한 관심사로 前面化하고 있다 하겠다.

　둘째, 鶴山은 또한 人間革命을 말하였다. 《周易》을 '洗心經'이라 부르듯이 聖經賢傳은 마음 닦는 공부가 아닌 것이 없다. 특히 《周易》은 말할 것도 없이 모든 經典의 뿌리가 된다고 할 수 있다. 鶴山은 이르기를 "예로부터 詩·書·易을 三經이라 하니, 학문하는 자가 반드시 읽고 행하여야 할 大綱을 실은 經典으로 여겨왔다" 하고 다시 "三經을 人體에 比하면, 詩와 書는 두 어깨에 比할 수 있고 易은 그 머리에 비할 수 있다. 어깨와 머리가 다 重要하지 않은바 아니지만 특히 머리는 모든 行動과 思惟의 中樞이니만큼 더욱 중요하다 하겠다"고 하였다 《正易과 一夫》自序, 1985). 人生에서 易의 중요성을 강조한 것이다.

　그런데 鶴山은 거듭 살핀 것처럼 易을 셋으로 구분하여, 伏羲易과 文王易과 一夫易이 그것이라고 하였다. '易' 자체가 변혁을 뜻하는 것이기도 하지만 특히 第三易과 관련해서는 人間觀 역시 예전과는 다른 차원에서 보아야 한다. 말하자면 第三易으로 변화된 正易의 입장에서 뚜렷한 徵表를 밝히는 것이 중요하다. 다시 鶴山의 말을 이끌어 보자: "伏羲易은 原易이요, 生易이요, 部族의 易이요, 東夷의 易이요, 自然의 易이요, 素朴의 易이며 ; 文王易은 周易이요 閏易이요, 長易이요, 民族의 易이요, 漢土의 易이요, 文書의 易이요, 人爲의 易이요, 文巧(造作)의 易이다." 그런데 第三易인 一夫易은 그 位相을 달리 한다. 즉 그것은 "正易이요 未完(未來)의 易이요, 成易이요, 人類의 易이요, 世界의 易이요, 神化의 易이요, 調和의 易이다"(以上 〈正易研究會發起趣旨文〉). 그 中心軸이 다른 차원으로 上昇移行하였다. 지난날에도 '完成', '人類', '世界', '心靈', '神化' 그리고 '調和'를 지향하여 말하지 않은 바 아니나, 全的으로 이런 개념을 主軸으로 하는 것은 확실히 차별화하여 볼 수 있는 것이다. 이런 개념을 主軸으로 하는 正易的 인간은 어쩌면 未完成의 인간, 動物的 인간으로서는 생각하기 어려운 바로서, 可謂 人間自我의 主體的 自己變革, 즉 人間革命을 뜻하는 바라 하겠다. 自己本性의 실현이거나, 어떤 무엇에 힘입어서이거나, 인간은 '高等動物'이라는 인식에서 탈피하여 '사람'이 되는 것, 나아가 '至人'이 되는 것이다. 이런 변혁은 인간에게 보편적으로 요구되는 것이다. 鶴山은 《周易》에 "大人은 범처럼 바뀌고(革卦五爻 : 大人虎變)", "君子는 표범처럼 바뀐다(革卦上爻: 君子豹變)"라 함을 거듭 강조하고 있다. 그리고 다음 시대에는 모든 사람의 일치를 추구하며, 이 다음에는 '聖人'이라는 칭호를 쓰지 않고 '君子'라 부르게 될 것이라고 말한다.

鶴山의 인간관에서 한 가지 뚜렷이 유의할 일이 있다. 그것은 鶴山이 매우 강조하는 '正倫' 사상이다. '正倫'이라 함은 일단 〈正易八卦圖〉에 대한 易學的 풀이에서 지난날 傾危하였던 乾坤父母를 乾北坤南의 正位로 모신다는 뜻을 볼 수 있지만, 鶴山으로서 특별히 유의코자 하는 바는, 인간은 진실로 高貴한 존재임에 틀림없으나 하늘에 대한 인간의 위치가 있는 것이요, 한없이 낮은 자세로 하나님[天地父母]을 받드는 사상이 철저하다는 것이다. 그리고 父母祖上과 兄弟姉妹와 四海同胞에 이르기까지 확대되고 있다. '하나님'이 첫 번째로 칭송되는 것이다.

지난날에는 당연히 '孝悌忠信'의 윤리규범을 말하였다. 鶴山은 표현을 달리하여 '忠孝悌信'이란 말을 쓰고 있다. 忠은 하나님에 대한 것, 孝는 부모조상, 悌는 형제자매 그리고 信은 사해동포에 대한 것으로 보면 되겠다. 재래의 儒家的 孝悌忠信과 어긋날 것은 없으나 차원이 확대된 것이라 할 수 있다. 鶴山은 〈편지—偶像에 대하여〉에서 이렇게 기록하였다: "하나님은 兄弟끼리 화목하는 것을 祭壇의 祭物보다 더 기뻐하시며, 세상에서 가장 가엽고 불쌍한 자 하나에게 잘 하는 것을 당신에게 잘 하는 것같이 생각하신 분이시다. 그래서 우리는 父母에게 孝道하고 그 孝誠을 가지고 그대로 하나님께 忠誠하는 것이다. 이것이 忠孝兼全하고 화기애애한 인간사회를 이루는 것이 아닌가."

鶴山은 造物主를 '하나님'이라 부른다. 《正易》에서 金一夫는 '上帝'·'化无上帝'·'化翁'·'化化翁' 등의 용어를 썼다. 그리고 자기자신에 대하여는 작은 글자로 '不肖子'라고 쓰기를 거듭하였다. 간략하지만 上帝와의 대화를 기록하고, "느껴 울며 받들어 쓰옵니다[感泣奉書]"라는 장면을 보여주었다. 이런 사실은 在來 儒家는 물론이요, 다른 어느 곳에서도 보기 어렵다. 더구나 西敎와도 직접 관계가 없는 儒家의 선비로서는 稀罕한 일이며 남다른 점이라 하지 않을 수 없다.

또한 鶴山의 '하나님'은 특정 宗派의 용어가 아니었다. 이를테면 모든 宗敎의 뿌리는 하나이며, 그런 뜻으로 한 '하나님'이란 표현을 쓰는 것이다. 세상의 諸宗敎 宗派는 제각기 제 모습대로 成長하였을 뿐이며, 이는 자연스러운 일이랄 수도 있겠다. 따라서 뿌리를 같이 하는, 한 하나님 아래 있는 諸宗派는, 敎理 차원에서 細細區區한 차이가 있음에도, 근본적으로는 어긋날 것이 없으며 궁극적 일치를 추구함이 마땅하다. 《正易》〈无位詩〉(一夫 59歲)에 나오는 문장을 상기할 수 있

다: "道가 세 갈래로 나뉘어짐이 이치의 자연함이니, 이에 儒도 되고 佛도 되고 仙도 되는구나. 뉘라서 一夫가 참으로 이 셋을 다 겪은 줄 알았으료. 사람 없으면 홀로 지키고 사람 있으면 전하리로다."

鶴山에 따르면 누구를 막론하고 "한 하나님에 한 백성"이다. 그리고 鶴山은 하나의 眞理 아래 大同小異를 말한다: "天下는 大同小異로 크게는 한 하나님을 섬기고 작게는 各自의 民族神, 祖上神, 師道神에게 敬拜한다. 大同과 小異는 서로 矛盾이 되지 않을 뿐 아니라, 大同은 小異로 말미암아 더욱 尊嚴하여지고, 小異는 大同으로 말미암아 더욱 和親하여진다." 하나의 진리가 드러날 때 지역적, 시대적 특성을 면하기 어렵다. 하지만 지난날 어려운 시절에 탄생한 聖賢들은 그때 그 자리에서 저마다 몫을 다하였다. 小異는 大同을 성립시키고, 大同은 小異를 포용함으로써 和協 속에 個와 全 모두를 살려내는 길은 무엇인가? 이제 大明天地, 世界가 하나인 마당에 인류는 唯一한 진리, 하나인 하나님께 歸依할 것이요, 지난날의 종교적 獨斷과 迷夢에서 깨어나기를 강력히 촉구하는 것이다. 鶴山 文章 곳곳에 나오며, 墓碑에도 적혀 있는 文句를 적어 본다: "오, 형제들이여, 어서 바삐 잠을 깨라. 그리고 서로 사랑하라."

셋째, 社會變革의 문제이다. 작게는 개별적 인간관계로부터, 家族關係, 社會集團, 國家民族 그리고 世界人類에 이르기까지를 포괄하는 문제들을 논의할 수 있을 것이다. 여기서는 필자가 보기에 주목할 만한 논제로 생각되는 몇 가지를 짚어보기로 하겠다.

① 앞에 살핀 바와 같이 지난날 洛書先天의 周易체계에서는 "陰을 누르고 陽을 높임[《正易》八張後面: 抑陰尊陽]"이 가치관의 기조를 이

루었다. 成長과정에서 거치지 않을 수 없었다고 본다. 陽은 높고 陰은 낮다. 하늘(天)은 높고 땅(地)은 낮다. 王公 士大夫는 높고 農工商 庶人은 낮다. 官은 높고 民은 낮다. 남성은 우월하고 여성은 저열하다. 정신은 고귀하고 물질은 천박하다…. 이런 류의 사고방식이 일반화되어 있었다. 당시에는 당연시되었으며 현실적 요청이었다고 말하기도 할 것이다. 이런 인식에 대한 평가는 전통시대와 근현대의 시각에 따라 긍정적 또는 부정적 인식이 가능할 것이다. 상당히 복잡한 문제가 내재해 있기 때문이다.

그러나 이제는 大勢가 바뀌었다. '抑陰尊陽'은 아니다. 인류의 입장에서 말할 때, 男尊女卑가 逆轉되어 女性上位의 시대가 到來하였다는 주장이 사회적으로 영향력 있는 人士들의 말로 표명되고 있다. 아마도 陰과 陽이 균형을 잡으려면 陰이 氣勢를 올려야 할 법하다. 정신보다는 물질이, 종교보다는 과학이, 남성보다는 여성이, 人文的 士類보다는 農工商兵의 實力이, 하늘보다는 땅의 가치가, 정신문화보다는 물질문명이 주류를 이루어 근현대를 지배하고 오늘의 세계를 형성한 것이 아닌가? 이런 변화에 대한 기대와 우려가 混在하고 있는 것이 아닌가?

궁극적으로《正易》은 "陽을 고르고 陰을 맞춤[《正易》八張後面: 調陽律陰]"을 제시하였다. 이를테면 '周易先天'(과거)에는 洛書체계요 '抑陰尊陽'이었지만, 正易后天(미래)에는 河圖復歸로서 '調陽律陰'으로 轉換한다는 것이다. 陰과 陽의 관계가 차별에서 화합으로 전환함을 보여준다. 이런 원리적 인식은 우주관, 인간관 그리고 사회관에 두루 적용되어 새로운 世界構成에 결정적으로 기여할 노선방향이라고 보는 것이다. 다만 陰과 陽은 그 특성이 희석되거나 소멸되는 것이 아니다. 陰陽의 調律은 개성의 말살을 뜻하지 않으며 본질과 본질의 절대적 화합에 따른 새로운 가치관 탄생의 원리적 기반이 될 수 있음을 전망케 한다. '抑陰尊陽'에서 '調陽律陰'으로라는 명제를 우리가 반드시 유의할 필요가 있음을 일깨운다 할 것이다.

②《正易》(十張後面)에, "아아 金火가 바로 바뀌니 天地否(비)는 가고 地天泰(태)가 오는구나[嗚呼, 金火正易, 否往泰來]"라 하였다. 洛書가 다시 河圖로 바뀌니, 否運은 가고 泰運이 온다는 뜻이다. 막혔던 天地(☷)가 열리는 地天(☷)으로 바뀐다 함이다. 막히고 답답하였으나 이제 열리고 시원한 세상이 벌어진다. 鶴山의 글을 옮겨본다.《周易》否卦〈象傳〉과 泰卦〈象傳〉을 참조하면 좋을 것이다.

"天地가 否塞하여 萬物이 不通하고 上下가 不交하여 天下에 나라가 없으며, 속은 小人이면서 겉만 君子然하고, 內心은 柔弱하면서 外面만 強者然하여 小人이 得勢하던 否運은 지나가고, 그와는 反對로 天地가 交泰하여 萬物이 相通하며 上下가 相交하여 그 뜻이 같고, 속은 陽이 뭉쳐 단단하되 겉은 陰과 같이 柔順하며 內心은 君子이면서 外面은 小人과 같이 수수하게 行世하는 君子가 指導하는 泰運이 돌아온다."(《訓民正音과 一夫正易》〈一乎一夫論〉)

③ 위에서 필자는 鶴山의 正易思想과 관련하여 '調陽律陰', '否往泰來' 그리고 '大同小異'를 이끌어 논의하였다. 모두가 일맥상통하는 문구이다. 상반되는 것이 화합하고, 막혔던 것이 열리며, 크고 작은 것이 어울리는 것은 새 시대의 소망이랄 수 있을 것이다.

鶴山은 지난날 지역시대를 넘어 좀 더 웅대한 구상을 펼친다. 인류는 創生 이래 크거나 작거나 한정된 지역성을 벗어나지 못하였다. 하지만 역사적으로 나름대로 다양한 連合形態를 보였다. 이를테면 氏族, 部族 社會로부터 시작하여 때로는 封建制의 결속도 있었고, 征服國家의 형태를 보이기도 하였으며, 가까이는 國際聯盟도 있었고 國際聯合(UN)이 있다. 聯邦制도 있고 合衆國도 있으며, 그 밖에 민족과 지역을 일정한 체제로 통합하는 巨大國家도 있다. 유럽공동체(EU)도 등장했다. 때마다 浮沈하고 離合集散이 있었지만, 이 땅의 인류는 스스로의 안녕과 평화를 보장받기 위해 各樣의 聯合機構를 만들고, 이런 경향은 증가 확대되어 갈 것으로 전망된다. 이들이 어떤 철학적 이념에 기반한 것인가는 되짚어볼 문제이기도 하다.

鶴山은 그의 저서에서 '새 나라의 이념'이라든가 '새 종교란 어떠한 것인가'라는 제목으로 논술한 바 있다. 鶴山은 平生을 마치 隱者와 같이 조용하고 소리 없이 오로지 학문에 종사한 학자이다. 하지만 鶴山의 사상은 雄深하고 정신세계는 闊達하였다. 鶴山은 인류가 만드는 공동체가 大小間에 지구의 어느 부분이 아니라 民族과 地域을 포괄하는 하나의 世界政府를 수립하게 될 것으로 전망하였다. 幻想으로 들릴 만큼 엄청난 발상이라 할 만하다.

위에서 鶴山은 자연의 변화, 인간의 혁명 그리고 사회개혁을 아울러 말하였다. 人類는 기어코, 마치 온갖 종교가 한 하나님의 밑에 있듯이, 언젠가는 그리고 멀지 않은 장래에 전지구인이 참여하고 모든 민족국가가 구성하는 世界政府를 만들고야 말 것임을 확신하여 마지않았다. 鶴山은 전지구인의 覺醒을 촉구하였다. 鶴山의 글을 옮겨보도록 하겠다 :

"이렇게 變化한 새 나라를 正易에서는 琉璃世界 또는 无量世界라 한다. '同人于野'가 행하여지는 大同世界이다. 大同은 小異를 包容하고 小異는 大同에 和順하여 서로 保合하고 서로 大和하는 가운데 天下和平을 이루어 萬國咸寧이 되는 것이다. 이렇게 하여 天下는 一家가 되고 世界는 한 나라가 되어 到處春風이요 四海兄弟의 和氣靄靄한 世上을 이루는 것이다. 나라와 나라가 對決하고 民族과 民族이 紛爭하던 先天의 모습은 이미 사라져 버린 지 오래다." (〈一乎一夫論〉 '새 나라의 槪念')

"여기 새 나라의 規模나 性格은 일찍이 周易先天에서 보지 못한 것이니, 그 廣闊無邊하고 淸淨瑩徹함이 實로 世界的이요 宇宙的이라 하겠다. 그러므로 이 새 나라를 无量世界 또는 琉璃世界라 하여 그 機構와 行政이 可히 神化世界라 할 만하다. 여기서는 大同과 小異가 共存하고 하나님과 諸神이 和合하여 角逐과 摩擦이 止揚되고 包荒과 調和가 並行되는 律呂 調陰陽의 一大 理化世界를 이룬다." (同上)

〔학산이정호전집 출판기념 학술발표회 기조발표문(2017)〕

II
鶴山全集 解題를 대신하여

이동준

　이번에(2017) 간행된《鶴山李正浩全集》은 11종 13책으로 편성되었다. 필자는 저자를 대신하여 全集 各卷의 저술 경위와 내용을 순서에 따라 살피면서 유의할 만한 사항을 서술해보고자 한다. 저술에 대한 解題와 解說로 가름할 수 있을까여서이다.

　첫째, '훈민정음'에 관한 것으로《국문 영문 해설 역주 훈민정음》과《訓民正音의 構造原理 : 그 易學的 研究》2권이다.

　둘째, '周易 · 正易' 등에 관한 易學研究書로《正易研究》,《周易正義 : 그 正易的 意義》,《訓民正音과 一夫正易》등 3권이다.

　셋째, 鶴山易學研究의 精粹를 모은《第三의 易學》과 그동안 단행본으로 나오지 않은 散藁 또는 遺文을 모은《鶴山散藁》등 2권이다.

　넷째, 譯註本으로《원문대조 국역주해 정역》1권이다.

　다섯째, 색인류로는《周易字句索引》과 함께《正易字句索引》2권이다.

끝으로 《周易集注大要》 上·中·下 3권이다.

이상과 같이 《鶴山全集》은 모두 13卷이다. 그 내용은 論文과 解說, 國英文譯註, 隨錄·散藁, 索引類(周易·正易) 그리고 集注 등으로 類別할 수 있다.

1. 《국문 영문 해설 역주 훈민정음》

국립중앙도서관에 설치되었던 한국도서관학연구회에서 문화교류사업의 일환으로 《훈민정음》을 제1호로 선정하였던바, 이 책은 당시 회장을 겸하였던 李昌世 관장의 요청에 따라 집필되었다. 이 연구회의 구상은 《訓民正音》에 대한 해설과 國譯註解, 그리고 영문번역과 訓民正音 原本을 복사 첨부하는 것이었다. 그리하여 당시 同 硏究會에서 권위학자들에게 부탁하였으나 모두 사양하고, 결국 忠南大에 재직 중이던 李正浩 교수를 지목, 천거하게 되었다. 아마도 《訓民正音》 解例本에서 볼 수 있듯이 正音의 창제원리가 易學에 기반하고 있기에 語文과 易學을 兼攝해야만 가능한 일이기 때문이었을 것이다. 鶴山에게는 이미 대학에서 강의하였던 내용이고, 기본골자는 대부분 기록되어 있던 것이므로 그다지 어려운 일로 여겨지지는 않았다.

초간본(한국도서관학연구회·1972)의 명칭은 《해설 역주 훈민정음》(Houhnmin Juhng-um "Right Sounds to Educate the People" Explanation and Translation) 이고, 개정본(보진재·1986)은 《국문 영문 해설 역주 훈민정음》(The Korean Alphabet: Explanation in Korean and English)라 하였다. 초간본 영문의 〈해설〉은 정일우(J.

Daly) 신부 그리고 역주부분은 安鎬三 교수의 손을 빌었고, 개정본은 兪萬根 교수가 改譯하다시피 하였다. 그리고 이번 전집에 싣는 개정 3판은 유만근 교수가 다시 교열하였으며, 이관대(E. Canda, KU) 교수가 꼼꼼히 읽어 주었다.

이 책은 저자의 첫 번째 저서이기도 하다. 훈민정음의 창제원리가 무엇이냐에 대해서는 그동안 言說이 무성하였다. 1940년 慶北 安東에서 발견된 解例本에는 훈민정음의 제작이 易學을 바탕으로 이루어졌음을 분명히 보이고 있음에도 그런 사실을 아무도 분명히 밝히지 않은 채였다. 그것을 저자가 이 책의 〈해설〉에서 훈민정음의 창제원리를 명쾌하게 천명함으로써 이에 대한 더 이상의 논의가 불필요하게 되었다. 이 책의 초판 서문에서 저자는 "이 훈민정음 속에는 지극히 고명하고 지극히 심원한 역리가 흘러 있기에, 언젠가는 이것을 소개하여 우리 겨레는 물론, 온 누리의 뜻을 같이 하는 이들과 함께 음미하여 보고자 하는 일념이 있었다"고 하고 또 개정판 서문에서는 "이 세상에는 예로부터 허다한 문자가 있지만, 우리 정음과 같이 象形과 會意와 表音의 세 요소를 갖추고, 太極과 陰陽과 三才와 五行의 원리에 따라 창제되어 우리의 언어생활은 물론이요 각종 과학과 철학, 종교에 이르기까지 많은 분야에 걸쳐 그 기본원리를 극명히 나타내주는 문자는 다시없는 것이다"라 하였다. 따라서 저자는 훈민정음의 창제원리가 역학에 바탕한 것임을 밝혔고, 문자로서 盡善盡美할 뿐 아니라, 정음 자체가 일종의 역학문헌으로 학술문화의 기본이 되는 인류의 보배요 세상에 널리 알리고 기려야 할 것임을 역설 강조하였다.

2. 《訓民正音의 構造原理—그 易學的 研究》

앞의 《국문 영문 해설 역주 훈민정음》이 대외문화교류의 일환으로
《訓民正音》의 譯註와 해설로서 《훈민정음》을 읽는 데 올바른 지침이
되고자 한 것이라면 이 책은 좀 더 본격적으로 훈민정음 창제의 역학
적 배경과 성리학적 이론을 상세하고 심도있게 논술하여 制字의 기원
을 확실히 밝히고, 더 나아가 正音文字 논의를 심층적으로 전개하여
훈민정음이 또 하나의 새로운 한국역학으로 성립할 수 있는 원리적
가능성을 제시하였다. 여기서 한 가지 밝힐 것은, 이 책 역시 마침 공
직을 마치고 亞細亞文化社를 창립한 이창세 사장의 강력한 권유와 요
청에 따라 집필되었다. 그리하여 이 책은 그 내용이 먼저 《충남대학교
논문집》(제11집 · 1972)과 《백제연구》(제3집 · 1972)에 게재되고, 여
기에 譯註와 原本影印을 붙여 이루어졌다.

좀 더 부연하면, 이 책의 논설은 상 · 하편으로 구성되었다. 상편에
서는 훈민정음의 창제동기, 所依經典 및 《性理大全》 등 관련문헌에
대하여 살피고, 正音이 易의 太極 · 兩儀(陰陽) · 三才 · 四象 · 五行
· 八卦 등의 원리를 응용하였음을 설명하고, 정음 글자의 '初聲(實象
形)' · '中聲(意象形)'이 모두 "형상을 본뜨고 글자 모양은 옛 篆字와
비슷하다(象形而字倣古篆)"는 놀라운 착상에 기초하였음을 밝히고,
끝으로 〈訓民正音〉 자체에 대하여 서술하였다. 다음 하편에서는 初聲
17자 · 中聲 11자 등 正音 28자 하나하나의 制字起源과 易學的 意義
를 논술하였다. 그리고 특히 鶴山 자신이 圖形化한 〈初聲圖〉 · 〈中聲
圖〉 그리고 〈訓民正音圖〉는 종래에 없던 새로운 시도요 창견으로서
훈민정음을 단지 文字學的 차원에서뿐만 아니라 易學的으로 새로운

차원에서 전개할 수 있는 기반을 구축하였다. 이런 관점은 매우 주목할 만한 것으로, 마치 文王·周公의 64卦 卦爻辭에 대하여 孔子의 〈十翼〉이 있듯이, 鶴山의《訓民正音의 構造原理－그 易學的 研究》는 이를테면《訓民正音》에 대한 '繫辭'라 일컬을 수 있지 않을까 한다.

이러한 취지를 저자는 다음과 같이 표현했다:

> 正音의 전체적 구조원리가 바로 易의 구조원리에 입각하였으며, 그 制字의 起源도 易의 太極·兩儀·三才·四象·五行·八卦 등의 원리를 응용한 것이기 때문이라 (…) 진실로 正音은 天地自然의 이치에서 나서 人間萬事의 致用을 다하는 이른바 開物成務의 구실을 하는 인류의 보배요 우리의 자랑이다. 그것은 천지자연의 이치를 실은 易에서 나서 다시 천지자연의 이치를 歸藏한 일종의 易이 되는 것이다. 그러므로 필자는 正音의 구조적 성립을 易理에서 찾고, 그 易理에서 나온 正音의 構造를 통하여 다시 未發的 易理를 찾으려 하였다. 이것이 下篇以下의 '易學的 意義'이며, 初聲 中聲의 〈平面圖〉·〈立體圖〉이며, 나아가서는 〈訓民正音圖〉의 易學的 意義로 나타난 것이다. 이것은 일종의 試圖요, 正音연구자를 위한 他山之石이 되기 위하여서이다. (自序)

끝으로 뒤에 붙이는 解例本《訓民正音》의 원본은 저자가 서문에 밝히고 있듯이 앞의 2장이 낙장되었으므로 御製〈序文〉부분은 세종실록에서 集字하고 本文에 해당하는 부분은 해례본에서 집자하여 원본에 가깝도록 하였다. 앞의《국문 영문 해설 역주 훈민정음》의 경우도 마찬가지이다.

3.《正易研究》

《正易研究》는 鶴山의 易學研究에서 그 주제를 분명히 하고 오랜 기간 功力을 응집한 핵심적 저술이다. 鶴山이 64세 때 출간한 세 번째 책이다. 이 책의 초판은 論述篇과 譯註篇 그리고《正易》원본(영인) 등의 附錄으로 되어 있다. 다만 역주는《學易纂言》에도 약간 개정하여 수록한바 있으나, 훗날《원문대조 국역주해 정역》이 단행본으로 출간됨에 따라 이번에 출간하는 全集의《正易研究》에서는 제외하였다.

《正易》은 1885년(乙酉) 우리나라에서 一夫 金恒(初名 在樂, 1826~1898)이 완성하였다. 그 내용은 앞의 〈十五一言〉과 뒤의 〈十一一言〉이 上下篇格으로 구성되어 있다. 그리고 책의 말미에 在來의 河圖·洛書와 〈伏羲八卦圖〉 및 〈文王八卦圖〉와 함께 예전에 볼 수 없었던 이른바 后天卦圖인 〈正易八卦圖〉를 넣었으며, 아울러 〈十干原度數〉와 '새 册曆'으로서 〈十二月二十四節氣候度數〉를 수록하였다.

正易의 관점에서는, 지난날은 洛書九宮數와 〈文王八卦圖〉를 기반으로 한 '周易先天世界'였다고 한다면, 앞으로는 그 연장에 머물지 않고 河圖復歸 즉, 河圖十數로서 근본적 전환을 이루게 되는바, 그것이 〈正易八卦圖〉가 보여주는 '正易后天世界'의 원리요 實相이라는 것이다. 즉 否運은 가고 泰運이 온다[否往泰來]. 지난날 오랜 세월에 굳어진 一切 가치관의 轉倒를 예시하는 것이다. 아울러 在來와 같은 中國中心의 世界觀을 뛰어넘어 世界性을 지향한다. 따라서 우리나라는 과거의 아시아의 東北方이 아니라 西方에 대한 東方이요, 누구나가 세계의 중심이라는 자기확인으로 浮上하게 되는 것이다. 鶴山은 易을 3단계로 구분하여 伏羲易을 生易, 文王易을 長易 그리고 一夫易을 成

易으로 파악한다. 또한 과거의 '周易'이 중국중심이었다면, '正易'은 미래적이며 세계적이라는 점에서 차원을 달리한다. 이런 관점은 또한 《正易》의 작자인 '一夫先生'이 作易聖人인 伏羲 · 文王과 같은 班列이 되는 것이며, 우리나라가 더 이상 주변국에 머물지 않는다는 주체의 식을 보여주는 것이기도 하다.

실제로 저자는 이 책의 서문에서 다음과 같이 기록하였다:

> 正易은 伏羲易과 文王易의 뒤를 이어 우리나라에서 비로소 나타난 第三易이요 未來易이다. 正易은 宇宙의 變化와 그에 應하는 人間의 改革을 論하여 自然의 超自然的 變動에 對處할 人間의 超人間的 完成을 指向하여 우리의 나아갈 바 길을 提示하고 있다. 政治 · 經濟 · 敎育 · 文化 · 藝術 · 信仰…等의 모든 領域도 이러한 當來의 狀況下에 어떻게 키를 잡아 어느 方向으로 갈 것인가를 示唆하는 바 적지 않다. 正易은 오늘날 이미 泛然히 看過할 수 없는 許多한 問題를 提起하고 있고 우리는 이에 대하여 이미 모르노라 할 수 없는 重大한 고비에 놓여져 있다.
>
> 《正易硏究》〈自序〉

앞에서 鶴山의 《訓民正音의 構造原理 : 그 易學的 硏究》를 《訓民正音》〈繫辭〉'라 일컬어 보았다. 그렇다면 《正易硏究》는 《正易》〈繫辭〉'라 할 수 있지 않을까 한다.

이 책의 출간연도(1976)는 正易頒布 91년에 해당되며 또한 一夫誕生 150주년이었으므로 鶴山은 이를 기념하는 뜻을 밝히고 있다. 그리고 스스로 말하기를 자신이 金一夫의 《正易》을 알게 된 뒤 30여년을 '念念思之'하여 若干萬一을 이해하게 되었다면서, 그러나 이 책은 '하

나의 礎石이요, 일종의 試論'이라고 自評하고 연구자들의 다방면적이
고 심오한 탐구를 촉구하였다.

鶴山의 저술은 대개가 출간 이전에 학술지에 게재하는 과정을 거쳤
다. 이 책도 〈易의 先後天論〉, 〈十五一言에 대하여〉, 〈十一一言에 대하
여〉 등의 제 논문이《國際大學論文集》에 연차적으로 실린 바 있다. 다
만 〈一夫先生傳〉은 좀 더 일찍이 작성된 것으로 在世의 一夫先生을 이
해할 수 있는 거의 유일한 자료라 할 것이다. 생각건대《正易硏究》는
인류문명의 시각에서 易學史를 빛낼 기념비적인 저술로 남을 것이다.

4.《周易正義-그 正易的 意義》

이 책은 鶴山 68세(1980)에 간행되었다. 종래에《周易正義》라 하면
《十三經注疏》에 나오는바, 魏 · 晉 · 唐代에 걸쳐 王弼 · 韓康伯 그리
고 孔穎達이 붙인《周易》注疏를 합하여 일컫는 것이고, 또 別本으로
같은 명칭의 書冊이 있기도 하지만, 鶴山의《周易正義》는 그런 것들과
는 전혀 내용과 각도를 달리하는 저자 자신의 독특하고 고유한 저술
이다.

鶴山은《周易》에 대하여 歷代諸家의 설을 광범하고 정밀하게 섭렵
한 것이 사실이다. 이는 이번 全集에 포함된《周易集注大要》를 보아
서도 잘 알 수 있다. 그러나 鶴山은 본서의 自序에 보이듯이 易學硏究
의 기본입장이 한갓 주요 고전인《周易》연구가 아니라, 전혀 다른 현
대적인 관점, 즉《正易》의 관점에서《周易》을 탐구하는 방법을 취하였
다. 鶴山은 스스로 일컫기를 "나의《周易》연구는 先天에서 後天을 전

망하는 것이 아니라 거꾸로 後天에서 先天을 회고하는 것"이라 하였
다.

鶴山은 다시금 오늘날《正易》출현의 의미를 재삼 환기시킨다. 그는
"金一夫 선생이 나서 十數八卦圖와 그것을 바탕으로 한 金火正易을
펴내니 이것이 伏義原易과 文王周易의 뒤를 이은 第三易이요 未來易
인 正易인 것이다. 재래 伏義先天 文王後天 하던 것이 이제는 文王易
이 先天이 되고 正易이 后天이 된 것"이라 하였다. 그리고 이 책에서
는 "正易의 입장에서 과거 周易 속에 묻어 두었던 后天의 思想, 后天
의 變化, 后天의 社會, 后天의 宗教 등에 관하여 그 두드러진 것을 골
라서 본 것"이라 하였다. 그리하여 "일찍이 보지 못했던 高度의 문화
사회와 인류의 실천원리를 이 周易 속에서 보게 될 것"이라 하고,《周
易正義》라 한 책이름이 "正易에서 본 周易의 뜻, 또는 周易 속에 들어
있는 正易의 뜻"이라는 意趣임을 분명히 하였다.

특히 저자는 一夫正易과 예수福音을 다 같이 後天思想으로 받아들
여 이것을 토대로 先天周易을 재인식하였다. 이는 저자만의 남다른
관점이며 독특한 사상적 표현이다. 이렇듯《周易》과《正易》이라는 先
后天易을 한데 묶어 고유한 시각을 가지고 저술된《周易正義》는 오직
鶴山과 같은 易學的 研鑽이 숙성됨으로써만 가능한 일이라 할 것이
다. 그 내용은〈經部〉,〈翼部〉및〈餘錄〉과〈附錄〉으로 구성되어 있다.

〈經部〉는 經部(一)에서 經部(六)까지, 마치 一卦가 六爻로 성립되
듯이,《周易》64괘를 6부분으로 10괘씩 묶어서 그룹화하였다. 이를테
면 1단계로 乾卦~履卦, 2단계로 泰卦~觀卦, 3단계로 噬嗑卦~離卦, 4
단계로 咸卦~解卦, 5단계로 損卦~鼎卦, 그리고 6단계로 震卦~節卦~
未濟卦에 이르기까지 6단계로 나누었으며, 다만 마지막 6단계는 10卦

이외의 나머지 4卦를 얹어서 한 묶음으로 하였다. 그리고 각 卦마다 주요한 사항을 들어서 그것이 갖는 특별한 의미를 서술하고, 각 단계의 말미에 간략한 論을 붙이기도 하였다. 그리하여 각 단계별로 의미가 있을 뿐 아니라 64卦가 전체적으로 하나의 흐름을 형성하여 유기적 관계가 있음을 시사하고 있다. 64卦에 대한 이런 통찰은 鶴山 고유의 논법으로 보이며 《周易》 전체의 구성에 대한 근본적인 물음과 관련하여 주목되는 바이다.

〈翼部〉는 《周易》 〈繫辭傳〉 上·下와 〈說卦傳〉 가운데서 易을 이해하는 데 꼭 알아두어야 할 명제를 추려서 논술하였다. 이를테면 〈繫辭傳〉에서 '成位乎其中', '鼓舞盡神과 窮理盡性', '神而明之와 默而成之'라든가 '離夬一叢', '一致와 致一', '憂患九德卦' 등, 그리고 〈說卦傳〉에서 '天地定位', '帝出乎震', '神也者'와 같은 것들이다.

〈餘錄〉은 〈例言〉에 밝히고 있듯이 《周易》, 《正易》 그리고 《聖書》 가운데서 특별히 주목할 만한 19개 항목에 대한 통찰과 사려를 비교적 자유롭게 서술한 것으로 학인들에게 매우 도움이 된다고 여겨지는 것들이다. 예컨대 '匪寇婚媾', '己位親政', '獨子와 長子', '萬夫와 一夫' 등을 들 수 있다.

끝으로 〈附錄〉에서는 《周易》과 《正易》의 原文과 기타 관련되는 도표를 대조적으로 게재하여 이 책을 읽는 데 도움이 되게 하였다.

5. 《訓民正音과 一夫正易》

이번에 새로 이름붙인 《訓民正音과 一夫正易》은 본디 저자가 붙인 명칭은 아니다. 원래《學易籑言: 韓國易學의 새 方向》(1982)과《正易과 一夫》(1985)가 있었다. 그 뒤 출판사정으로, 먼저 나온《正易研究》의 대부분과《學易籑言》의 일부가 다른 논문과 함께《正易과 一夫》에 수록되었다. 이번 전집에서는《正易研究》를 원래대로 환원시킴에 따라《學易籑言》및《正易과 一夫》를 통합하여 재편성하였다. 말하자면《正易研究》의 내용을 제외하고 두 책을 하나로 묶어 제목을《訓民正音과 一夫正易》이라 하고, '學易籑言'을 並記토록 하였다. 그러므로《正易研究》이외 두 책의 내용은 이 책에 고스란히 들어 있다. 다만《正易과 一夫》正易篇의〈正易에 대하여〉는《원문대조 국역주해 정역》의 부록으로 옮겼다. 이 책에서 편집자 서문과 함께 수록한《學易籑言》및《正易과 一夫》의 著者序文은 독자들에게 참고가 될 것이다. 이 책은 앞의 대부분을 차지하는〈論考〉와 뒷부분의〈籑言〉으로 되어 있다.

論考(一)에서 저자는 책의 표제가 그러하듯이 '訓民正音'과 '一夫正易'을 짝지워 논술하였다. 正音과 正易이야말로 한국에서 산출된 한국 특유의 易學的 저작으로서 다른 어느 것과도 비교할 수 없는 無價之寶임을 분명히 밝혔다. 이것은 한국에서 나온 것이지만 인류사적으로 미래세계를 위하여 이바지할 수 있는 원리적 기반이 되는 것이라 본다. 正音과 正易은 한갓 지난날에 속하는 것이 아니라 다 같이 미래적인 것 즉 '后天의 先后天'이라는 관점이다.

그리하여 저자는 먼저 訓民正音과 一夫正易(金火正易)을〈韓國易學의 人間學的 照明〉이라는 논제로 서술하였다.

첫째, 저자는 먼저 訓民正音의 성립과 구조를 논하고, 그것을 바탕으로 스스로 개발하여 圖形化한 初聲 및 中聲의 '平面圖' 및 '立體圖'

그리고 '訓民正音圖'를 제시하여 그 의의를 演述하였다. 이는 지난날 볼 수 없었던 것으로 이러한 시도는 재래의 것에 머물지 않고 韓國易學의 지평을 높이고 새롭게 전개할 수 있는 길을 열어놓았다고 평가받을 수 있을 것이다.

둘째, 저자는 '金火正易'에 대해서도 그것의 성립과 구조 및 내용을 논하고, 다시 그 인간학적 의의를 4조목으로 나누어 설명한다. 사랑·평등·조화, 道學의 연원과 계승, 尊空思想과 皇極精神 그리고 三敎一致와 복지사회 등이 주제이다. 그리고 저자는 《正易》의 〈金火正易圖〉에 함축된 의미를 원리적으로 해명하였다.

이 글의 마무리에서 저자는 다음과 같이 오무린다: "우리는 眞理를 사랑한다. 우리에게는 새롭고 正大한 眞理一正音과 正易이 있다. 우리는 그것을 익혀서 온 세계에 빛낼 使命이 있다. 이것이야말로 韓國易學이 우리에게 보여주는 重大課題의 하나라고 하겠다."(1979)

그리고 鶴山의 〈訓民正音圖〉와 《正易》의 〈金火正易圖〉와의 대비적 고찰은 正音과 正易의 원리적 연관성을 안팎으로 해명한 것으로 鶴山의 易學이 응집된 결정체라 할 수 있을 것이다.

다음으로 〈訓民正音의 올바른 字體〉는 제목 그대로 正音글자의 制字原理를 바로 알고 바로 쓰기를 강력하게 촉구하는 뜻에서 쓴 글이다. 그동안 학계나 항간에서 正音글자의 구성원리에 대하여 잘 알지 못하여 훌륭한 문자를 두고도 이를 왜곡하고 함부로 써서 正體不明의 畸型字를 만들어 낸 것은 매우 유감스러운 일이었다. 인쇄물과 서예, 간판, 특히 도장업계의 경우가 극심하였다. 이를테면 圓點과 方點, 縱畫과 橫畫, 圓形과 타원형을 혼동하거나 변형시키는 등 허다한 사례를 지적하고 있다. 저자는 매우 이른 시기에 이 점을 매우 우려하여 正

音글자를 본래 制字의 뜻에 맞춰 올바로 쓰기를 강력히 촉구한 바 있
다. 따라서 저자는 正音制字의 구성원리를 (1) 圓方角과 點平直의 원
리, (2) 縱橫의 妙合 등으로 설명하고, 初聲 17字와 中聲 11字의 字形
을 制字原理에 따라 일일이 제시하였다. 그런 주장이 처음 발표된 이
래 (《國際大學論文集》제3집, 1975 ;《學易籫言》, 대한교과서주식회
사, 1982) 시간이 흐르면서 대한민국 國璽를 비롯 상당 부분 개선되고
있으나 국가적 차원에서 전반적으로 실현되기는 요원한 형편이라 하
겠다. 저자는 다음과 같이 결론짓는다 :

　世宗께서 正音을 지으실 때엔 우리말만 표기할 수 있으면 아무렇게
써도 無關하다고 생각한 것이 아니다. 즉, 오늘날 一部 학자들같이 表
音文字라 하여 아무렇게나 縱을 橫으로 쓰든지, 圓을 方으로 쓰든지,
直을 曲으로 쓰든지 오직 音만 표기했으면 그만이요, 그것이 나타내는
意義는 아무래도 좋다고 생각하지는 않았던 것이다. (…) 우리는 世宗
의 制字精神에 입각하여 恪勤히 一點一畫을 그 原字體대로 씀으로써
그 原理를 살려 나가야 하겠다. 이것은 공연한 平地風波를 일으키자는
것도 아니요, 감상적인 復古主義를 내세우자는 것도 아니다. 오직 이렇
게 함으로써 正音을 통하여 民族文化, 특히 종교, 예술, 언어, 철학, 과
학 등 여러 분야에 걸쳐서 많은 발전과 貢獻을 이룩할 수 있는 굳건한
基礎를 닦기 위한 一念에서임을 附言하여 둔다. (《訓民正音과 一夫正
易》,〈訓民正音의 올바른 字體〉)

　그밖에 〈訓民正音과 易理〉라는 논설은 일찍이 정음반포 528주년
기념강연록(국제대 인문사회과학연구소, 신문회관, 1974)으로 訓民
正音의 원리를 이해하는 데 길잡이가 될 것이다.

論考(二)는 〈易의 終始論〉, 〈一夫先生의 超世間的 側面〉 그리고 〈終萬物 始萬物의 땅〉이라는 題下의 3부작으로 되어 있다.

먼저, 〈易의 終始論〉에서는 문자 그대로 《周易》의 기본적 구조를 終始論으로 파악하였다. 저자는 64괘 전체가 그러하려니와 卦爻自體가 終始의 구조라고 본다. 이를테면 乾·坤으로 시작하여 旣濟·未濟로 끝나는 것도 그러하고, 64괘의 대표격인 乾卦 初爻의 "潛龍勿用"에서 시작하여 上爻의 "亢龍有悔"로 마친다든가, 坤卦 初爻의 "履霜堅氷至"에서 시작하여 上爻의 "龍戰于野"로 마치는 것에서도 始·終의 의미를 본다. 또한 重卦爻의 內三爻와 外三爻를 先天·後天의 의미로 나누어 보는 점에서도 그러하다. 그러나 《周易》에서 始終과 終始를 모두 볼 수 있지마는, 始終보다는 終始라는 관점을 보다 기본으로 하였다. 始作이 중요하지만 終結에 무게를 두어 深重하게 취급한다. 終結은 새로운 출발을 뜻하며 斷絶이 아니라 連續에서 그 특징과 의미를 찾기 때문이다.

저자는 《周易》에 "大明終始"(乾卦〈彖傳〉), "懼以終始"(〈繫辭傳〉下十一 1)라든가 《正易》에 "終始无怠"(18張前面), "克終克始"(27張前面)라 함을 인용하고, 또 "萬物之所成終而所成始也 (…) 終萬物始萬物者莫盛乎艮"(〈說卦傳〉五·六)이라 함을 이끌어서 '終始論'을 펴고 있다.

그러면서 저자는 다시 '始終' 또는 '終始'의 '終'에 대하여 심중하게 注意를 기울인다. 이를테면 易에서 "否終則傾, 何可長也"(否卦 上九 上象), "終止則亂, 其道窮也"(旣濟卦〈彖傳〉), "濡其尾, 无攸利, 不續終也"(未濟卦〈象傳〉)라 하고, 더구나 "亢龍有悔, 窮之災也"(乾卦 上九

〈文言傳〉)와 "龍戰于野, 其道窮也"(坤卦上六 象)라 함에서 보듯이 '窮
之災' · '其道窮'과 같은 終末的 現象에 대하여 깊은 관심을 갖지 않을
수 없다고 본다.

〈易序〉에서도 易을 지은 이유는 "聖人이 天下來世를 근심함이 至極
하였음"을 알게 하는 바라 하였거니와, 저자는 구시대를 마감하고 새
시대가 열리기 전에 빚어질지도 모를 너무나도 엄혹한 각종의 종말적
현상에 대해《易》에 기술된 내용을 詳密하게 검토하여 적나라하게 묘
사하고 이에 대처할 태도와 이를 타개하여 나아갈 방향을 제시하였
다. 그 내용은 3장으로 나누어 一. 嚴正한 終末, 二. 終末의 樣相, 그리
고 三. 終末의 救濟로 되어 있다. 著者의 本文一節을 보면 다음과 같
다: "周易은 聖人이 어리석은 百姓에게 自然의 患難을 克服하고 인간
의 사랑을 실현할 수 있는 슬기와 道德을 培養하기 위하여 지은 지도
자의 글이며 救濟者의 書이다. (…) 그러나, 진정한 聖人의 목적은, 作
易者의 最後的 憂患은 (…) 人類에게는 장차 不可避的으로 다가오는
終末的 災難이 있음을 알리고, 易은 그것을 어떻게 구제하느냐를 보
며 全人類로 하여금 그 趨向할 바를 알게 하는 데 있다고 하겠다."

다음으로,《正易》의 저자 一夫 金恒에 대해서는 別本《正易研究》의
〈一夫先生傳〉에 비교적 자세히 서술되어 있거니와, 더 나아가 이 책
에서는 〈一夫先生의 超世間的 側面〉이라 하여 '一夫先生'에게서 보이
는 남다른 면모와 위상을 드러내 보이고 있다.

흔히 聖者나 偉人 같은 특출한 인물을 말할 때 평상인과 다른 모습
과 특이한 사실을 드러내어 미화하고 숭배하며 우상화하는 사례를 볼
수 있다. 하지만 근본적으로 鶴山은 우상화하거나 自高然하는 태도를
극력 반대하며 謙德을 最高至善의 가치로 여기고 있음을 저술 여러

곳에서 볼 수 있다. 鶴山은《正易》의 '尊空'사상과 '正倫'사상에서 볼
수 있듯이 어느 누구를 막론하고 하늘(진리) 앞에 겸손하여야 할 인간
의 자세를 거듭 강조하고 있다. 그러나 인류사를 거치면서 실로 이 세
상에는 聖人도 있고 偉人도 있으며, 이분들은 반드시 인류의 스승으
로서 받들어 모심이 마땅하다.

　鶴山은 '一夫先生'을 인류문명의 획기적 전환을 예시하고 새롭게 전
개될 우주관·세계관을 원리적으로 제시한 不出世의 大人으로 그려
내었다. 이 글에서는 3단으로 나누어 金一夫의 奇偉한 容貌와 行蹟,
그의 초세간적 측면 7조목 그리고 無極·太極·皇極 등 三極論에 대
한 원리적 해명과 함께 인간의 自己 成熟 및 一夫의 位格에 대하여 서
술하였다.

　참고로 鶴山은 일찍이《正易》을 본 다음 8.15 해방 후 수년간(3년)
서울을 떠나 忠南 論山郡 豆磨面 禹跡洞(山중턱)에 거주하면서, 一夫
의 族姪이며 제자로 선생을 至近에서 모신 德堂 金洪鉉에게 正易의
가르침을 직접 傳授받은 바 있으므로 私淑先生 金一夫에 대하여 자세
히 듣고 기록할 수 있었으며, 따라서 가장 정확하게 전해줄 수 있는 경
우라 할 것이다. 鶴山은 글의 말미에 明泉 金黃鉉(德堂의 弟)의〈金一
夫先生行狀〉일부를 수록하여 참고토록 하였다.

　鶴山의 文章 몇 구절을 이끌어 보도록 하겠다:

　　先生은 俗世間事에 대하여 완전히 超脫하였다. 일찍이 家産에 관심
　을 가진 일이 없을 뿐 아니라, 살림을 맡아보던 季氏 在薰이 夭折한 후
　로는 숫제 살림을 포기하고 파산을 하였다. 그리고 山間으로 江邊으로
　往來盤桓하며 詠歌와 舞蹈와 窮理와 盡性에 전념하였다. 누가 무슨 소

리를 하여도 介意치 않았다. 결코 누구와도 다투는 일이 없고, 허허 웃
으며 '그러면 어떠냐. 내버려 두어라' 하고 超然하였다. (…) 이런 困窮
한 가운데서도 先生은 心懷가 항상 光風霽月과 같아, 새벽이면 동산에
올라가 松林 사이에 舞蹈를 하고 기쁨을 주체하지 못하여 '福받아 가거
라'고 외친 것을 생각하면, 先生은 아무래도 이 세상을 완전히 超越하
신 분이라고 아니 할 수 없다. (…) 先生과 같은 분은 人間을 높이 초월
하였으되, 결코 人間을 떠나지 않는 大人 중의 大人이요, 君子 중의 君
子라 하겠다.

《訓民正音과 一夫正易》,〈一夫先生의 超世間的 側面〉

　오늘날과 같이 異端雜敎가 亂舞하고 너도나도 敎主를 自稱하여 서
로 헐뜯고 서로 미워하는 世態를 생각할 때 三敎를 다하였으되 그 位를
두지 않고 오직 眞理만을 따라 서로 理解하고 尊重하며 묵묵히 天意를
행하신 선생이야말로 成言의 主人公이요 當來의 龍華主일까 한다. (同
上)

　그리고〈終萬物始萬物의 땅〉은 鶴山 특유의 易學的 관점으로 매우
重要視하는 논점으로 보인다. 이미 통상적으로〈文王八卦圖〉와 연관
시켜 보는《周易》〈說卦傳〉제5장에 "艮은 東北의 괘이니 만물이 마침
을 이루는 바이며 비롯함을 이루는 바이다[艮, 東北之卦也. 萬物之所
成終而所成始也]"라 하였거니와 著者는 "萬物을 끝마치고 萬物을 비
롯는 것은 艮보다 盛한 것이 없다[終萬物始萬物者, 莫盛乎艮]"는 문
구를 담고 있는〈說卦傳〉제6장 자체가 一夫의〈正易八卦圖〉와 일치
하는 것임을 재확인한다. 또한 여기서 저자는〈說卦傳〉에서 '艮'에 대
해 '땅의 끝', '東北', '少男', '果蓏[열매]', 그리고 '끝마침[終]과 비롯음

[始]'으로 풀이함에 비추어, 易이 발상한 黃河流域 및 舊東夷地帶의 東北面으로 만주일대와 한반도지역을 艮方으로 한다면 우리나라는 艮方에 해당하는 少男의 나라가 된다고 보고 있다.

실제로 鶴山은 '終萬物始萬物의 땅', 바로 艮方인 우리나라에 주어진 사명과 역할을 재삼 강조하고 있다. 일찍이 학산은 다음과 같이 기록하였다(1982) :

> 少男은 막내요 一家族中 가장 年少者이므로 後進性을 면치 못한다. 그러나 막내는 一家族의 最終 結實이요 父母의 所望이듯이, 艮方인 우리나라는 方今은 物力面에서 약간의 落後性을 면치 못하나, 그가 成長함에 따라 早速히 그 零細性을 탈피하고 日就月將 善苗하여 거의 先進隊列에 참여하게 됨은 의심할 여지가 없다. 이때를 當하여 우리 國民이 一致團結하여 民族의 使命과 世界에 있어서의 韓國의 存在意義를 大悟自覺하여 한층 自重邁進한다면, 世界情勢와 天地自然의 顚倒的 契機와 더불어 百尺竿頭의 碩果와도 같이 머지않아 長男의 位置를 획득하여 그 基業과 治理大權을 移讓받게 될 것이니, 이른바 늦게 난 뿔이 우뚝하다는 격으로, 이제야 艮國인 우리나라는 世界萬邦의 선두에 서서 고도의 福社社會인 琉璃世界의 先導者가 되어 新秩序構築의 旗手役을 맡을 것이다. 그리하여 우리나라가 온 世上의 땅 끝에서 世界人類의 總結實을 한데 모아 새 天地에 넘겨주는 첫 땅의 역할을 하여 《易》에 이른바 終萬物始萬物하는 터전을 이룰 것이다. (《訓民正音과 一夫正易》, 〈終萬物始萬物의 땅〉)

鶴山에 따르면 〈正易八卦圖〉에 보이듯이 지난날 中國으로 상징되던 震(長男☳)이 退位하고 艮(少男☶)이 성장하여 (지난날 〈文王八

卦圖〉의) 震의 자리에 들어서며, 艮이 지난날에는 동아시아권의 東北
方에 처했으나 이제는 세계적 차원에서 西方에 대한 東方을 대표하는
지위를 확보하여 그 구실을 다해야 하는 것으로 보는 것이다. 이런 견
해는 一見 韓國民族을 選民化하는 民族主義로 비칠 수 있으나, 鶴山
의 경우 애당초 폐쇄적 민족주의를 타파하는 입장이기도 하려니와 이
는 先入見이 전제된 것이라기보다 '正易'에 기본한 易學的 探索과 闡
發의 결과로 얻어진 귀결이므로, 그런 논급을 표명할 수밖에 없었다
고 보는 것이 타당할 듯하다.

　鶴山은 本篇의 취지를 좀 더 구체적이고 심도있게 논의하기 위하여
(1) 韓國易學에의 접근, (2) 人間完成의 길, (3) 人性의 문제, (4) 坤卦
論 그리고 (5) 己位親政 등 근본적인 문제를 5개의 주제로 나눠 논술
함으로써 자연변화, 인간변화 그리고 사회변화를 포함한 이른바 '后
天' 第一步의 정황과 '終萬物始萬物'의 광경을 묘사하고 찬탄하여 마
지않았다.

　論考(三)은 앞부분에 〈二天七地에 대하여〉와 〈六九之年〉이라는 짧은
논문과 그 다음 〈正易后天에서 본 乾卦·坤卦論〉과 〈一乎一夫論〉 등
비교적 長文인 두 편의 논문으로 되어 있다. 앞의 2편은 기왕의 《學易
篹言》에, 그리고 뒤의 2편은 《正易과 一夫》에 수록되었던 것이다. 뒤
의 2편은 본디 일찍이 圓光大 종교문제연구소(소장 柳炳德 교수)의
요청으로 《韓國宗敎》7·8집(1983/1984)에 실렸던 것이다.

　우선 論考(三)의 첫 번째는 〈二天七地에 대하여〉이다. 〈正易八卦圖〉
에서 '二天'과 '七地'의 위치에 대한 논의와 해명으로 되어 있다.

　저자에 따르면 第一卦圖이며 生卦圖인 〈伏羲卦圖〉는 1에서부터 8

數에 그치고, 第二卦圖이며 長卦圖인 〈文王卦圖〉는 9數까지 자랐으나, 오직 第三卦圖이며 成卦圖인 〈正易卦圖〉에 이르러서야 10數까지 모두 열려서, 二와 七이 天과 地의 數로서 각기 乾과 坤에 배치될 수 있는 것이라고 본다. 즉 〈正易八卦圖〉에서처럼 二天과 七地는 十乾(北)과 五坤(南)에 內向으로 縱列連接하여 있음을 볼 수 있는 것이다. 遯巖書院板 原本과 그 밖에 여러 書冊이 모두 그러하다.

그런데 저자는 《訓民正音의 構造原理》,《正易研究》 그리고 《周易正義》 등 그의 주요저술에서 〈正易八卦圖〉를 圖示할 때에 위의 판본과는 달리 二天과 七地의 位置를 각기 三兌(西)와 八艮(東)에 붙여 外向으로 橫列配置하였다. 이는 저자가 어느 때 朴相和氏(《韓國의 詠歌》의 저자)가 제시한 의견을 여러모로 고찰한 결과 그렇게 보는 것이 매우 합리적이라고 판단하게 된 것임을 밝히고 있다.

실로 전래의 〈正易八卦圖〉를 다소라도 변형시키는 것은 조심스러운 일이며 疑難이 없을 수 없을 것이다. 평소 一字一句, 一點一劃에 신중을 기하는 저자로서는 이를 해명하기 위해 매우 치밀한 변증을 시도할 수밖에 없을 것이다.

저자는 '二天'·'七地'를 현존 〈正易八卦圖〉와 다르게 배치하여 보는 것이 서로 모순되는 것이 아니라, 시각에 따라 방법을 달리할 수 있다고 한다. 이를테면 위의 두 가지 방식은 體秩序와 用秩序와 같이 體用關係로 볼 수 있다는 것이다. 그리고 이는 〈金火正易圖〉를 연관지위 볼 때 좀 더 확실히 드러난다고 한다.

저자는 그러한 양면적 의미를 명확히 하기 위해 〈二天 七地 乾坤配合의 當然性〉 그리고 〈二天 七地 兌艮結合의 合理性〉이라는 제목으로 논증하고 있다. 앞의 것은 4조목, 뒤의 것은 10조목으로 논의하여

그 의취의 중대성을 적극 강조하였다. 이 역시 鶴山이 도달한 易學的
연찬의 정밀한 천착과 성취가 아니고서는 시도하기 어려운 논제라 할
것이다.

저자의 결론 一端을 적어보도록 하겠다:

二天 七地는 天地면서 日月이다. 그것을 天地로 볼 때에는 乾坤에 配
하고 日月로 볼 때에는 兌艮에 합하는 것이다. 乾坤에 配하면 天地의
大經과 乾坤의 總體를 나타내고, 兌艮에 합하면 日月의 往來와 禮樂의
時用을 보여 준다. (…) 二天 七地 또한 乾坤에 配하여 그 總體를 보존
함이 당연하지만, 이것을 兌艮에 합하여 그 時用을 闡明해도 乾坤의 總
體에 하등의 영향을 끼치지 않을 뿐만 아니라 오히려 己位親政의 내용
을 現實에 드러내는 데 중대한 뜻이 있고, 艮兌가 十一歸體로 乾坤의
代行을 하여 그 功德이 无量함을 나타내는 데 이바지한다 하겠다. 二天
七地를 兌艮에 붙이는 이유가 여기에 있다. (…) 끝으로 한마디 할 것
은 二天 七地의 방향이다. 伏羲卦圖와 文王卦圖는 모든 글자가 다 內向
하고 있는데 대하여 正易卦圖는 그것들이 다 外向하고 있다. 그러므로
二天 七地도 乾坤에 配하는 限 마땅히 外向해야 할 것이다. 그러나 二
天을 三兌에, 七地를 八艮에 결합시키는 경우에 있어서는 이와 다르니,
이것은 〈金火正易圖〉에서 己가 巽의 위치에 있되 震을 향하고, 戊가 震
의 위치에 있되 巽을 향하며, 또 日이 坎의 위치에 있되 離를 향하고, 月
이 離의 위치에 있되 坎을 향하고 있는 것과 같이, 二天은 三兌의 위치
에 있되 八艮을 향하고, 七地는 八艮의 위치에 있되 三兌를 향하는 것
이 마땅하다. (《訓民正音과 一夫正易》, 〈二天 七地에 대하여〉)

論考(三)의 두 번째는 〈六九之年〉이다. '六九'란 6과 9 두 수를 곱한

54를 말한다.《正易》에 나오는 문구로 "六九之年始見工"이라 하였다.《正易》의 작자 一夫가 54세에 이르러 그동안 탐구해온 진리를 비로소 깨닫게 되었다는 뜻이다.

저자는 이 '六九之年'이 매우 중요한 의미를 지닌다고 보고 있다. 一夫學의 중대한 고비가 되기 때문이다. 일찍이 一夫는 36세에 스승 蓮潭 李雲圭로부터 매우 심중하게 咐囑받은 바를 專心致之 탐색하기를 마지않아 18년째가 되는 54세에 마침내 그 진리를 밝혀내고야 말았다는 것이다.《正易》의 기록은 이러하다: "내 나이 삼십륙세(余年三十六)에 비로소 蓮潭 李先生을 좇으니, 선생이 號 두 자를 내리시되 '觀碧'이라 하시고 詩 한 수를 주시되 '맑음을 보는 데는 물만 같음이 없고, 德을 좋아하면 仁을 행함이 마땅하다. 달빛이 천심월에서 동하니 [影動天心月] 그대에게 권하노니 이 진리를 찾아보소'(《正易》19張, 〈先后天周回度數〉뒷부분)." 그리고 이러한 사연에 대해 鶴山은 다음과 같이 적었다: "이렇게 생각하면, '余年三十六'의 辛酉는 一夫가 蓮潭 李先生에게 天地設位와 用九用六과 影動天心月의 소식을 비로소 듣고, 一夫 平生의 先天學이라 할 수 있는 詩文과 禮說에의 致力으로부터 窮理盡性과 鼓舞盡神의 后天學으로 들어간 중요한 契機를 이룬다 할 수 있다. 一夫는 이 해로부터 滿 18年間의 喫苦와 率性의 工力을 다하여 드디어 影動天心月의 진리를 찾아낸 것이다."

위의 문장에 들어 있는 語句들은, 다른 데서도 그러하지만, 다소 전문적이고 生感한 표현이 들어 있으므로 易學 자체의 논리에 익숙하지 않고서는 난해하게 들릴 수 있다. 어떻든 一夫 54세 己卯年(1879)은 36세 辛酉年(1861)이후 18년 積功이 이루어져 크게 마디 짓고 새로운 次元으로 들어서는 해로 기억되어야 할 것이다. 이를테면 一夫

54세에 재래 伏羲·文王의 두 八卦圖와 전혀 다른 새로운 卦圖를 떠올리기 시작하여 2년 뒤인 辛巳年(1881)에는 〈正易八卦圖〉를 劃成하고, 다시 4년 뒤인 60세 乙酉年(1885)에는 《正易》一冊이 완성되었다. 이처럼 一夫 54세 己卯年은 一夫學이 성립되고 正易의 세계가 열리는 중요한 시기라 할 것이다.

저자는 一夫 一生의 학문적 途程을 《周易》과 《正易》 곳곳에 보이는 주요 항목과 '經外別傳'으로 일컫는 〈至變干支錯綜圖〉와 연관하여 변증하기도 한다.

실제로 《正易》에서는 〈先后天周回度數〉에 이어 〈立道詩〉, 〈无位詩〉, 〈正易詩〉 그리고 〈布道詩〉 다음에 〈金火正易圖〉를 배치하고 있다.

저자는 특히 〈立道詩〉에 "묘묘하고 현현한 현묘한 이치는 없고 없고 있고 있는 있고 없는 중(속)이었네[妙妙玄玄玄妙理 无无有有有无中]"라 함을 이끌어 그것이 '六九之年'에 깨달은 이치요 내용임을 말하고, 또한 正易固有의 象數論(十·一·五)과 三極論(无極·太極·皇極)으로써 그 內密한 妙義를 해명하고자 한다. 그리고 다시 〈布道詩〉에 "고요히 우주 속의 '무중벽(无中碧)'을 바라보니 누가 '천공(天工)'이 사람을 기다려 이룰 줄을 알았으랴[靜觀宇宙无中碧 誰識天工待人成]"라 함을 이끌어 이것이 "正易后天의 宇宙의 새 版圖—天地人의 未來像을 그려내는 '金火正易圖'를 선포하는 詩"임을 주장하고 있다. 뿐만 아니라 一夫 36歲(辛酉)에서 54歲(己卯)에 이르는 기간과 관련하여 〈至變干支錯綜圖〉에는 一, 二, 三次의 飛躍(壬申-壬辰/丙申-丙辰/庚申-庚辰)이 내재되어 있음을 지적하고, 이것을 《周易》에 이른 바 "革言三就 有孚"(革卦九三)의 三段階變化에 비겨서 이해하고 있다. 이와 관련해서는 이 책 〈正易后天에서 본 乾卦·坤卦論〉(제1장 乾

卦論)과 〈一乎一夫論〉(제4장 〈今日今日의 一乎一夫〉)에서 좀 더 자세히 살필 수 있을 것이다.

〈至變干支錯綜圖〉는 干支(天干地支·六甲)로 된 한 장의 간단한 圖表이지만 一夫學에서 '手指象數'와 더불어 매우 중요한 文件으로 취급되고 있다. 一見 쉽사리 접근하기 어려워 보이지만, '手指象數'가 正易이해에 필수적이라면 '지변간지착종도' 역시 가벼이 볼 수 없는 것으로,《正易》에서 말하는 "天道變革과 社會改革과 人間革命", 즉 天道와 人事의 거대한 혁신과 관련하여 때마다 다가오는 파동과 그 시기를 예상하고 대비하는 데 결정적 암시를 제공하는 것으로 간주되기 때문이다.

참고로 한문 〈至變干支錯綜圖〉는《周易正義》의 末尾에 수록되어 있다. 그리고 〈국문 지변간지착종도〉는 상세한 脚註와 함께《원문대조 국역주해 정역》의 부록에 나와 있어서 독자들이 참고할 수 있다.

論考(三)의 세 번째는 〈正易后天에서 본 乾卦·坤卦論〉이다. 乾·坤卦는《周易》64卦 가운데 1, 2 번째의 卦로 天地父母를 상징함은 익히 아는 바이다. 실로《周易》에 이미 "乾坤은 易의 근본[縕]이다. 乾坤이 자리가 이루어짐에 易이 그 가운데 성립되는 것이다(〈繫辭〉上 十二 3 : 乾坤其易之縕邪 乾坤成列而易立乎其中矣)"라든가 "乾坤은 易의 門戶이다(〈繫辭〉下 六1 : 乾坤其易之門邪)"라 하였듯이 64괘의 代表格으로 중요시되어 왔다.

그러나 이 논문에서 다루어지는 乾坤論은 재래의 경우와 전혀 시각을 달리하여 접근하고 있다. 지난날《周易》을 풀이하는 논법의 연장이 아니라, 차원을 달리하여 전적으로 저자가 이해하는 바 '正易'의 입장에서 고찰하였다. 저자는 제목에 보이는 그대로 正易의 관점에서 乾坤卦를 풀어내고자 한다. 아울러《周易》의 乾坤卦로부터 正易이 도출될 수 있는 근거를 闡發하기도 한다. 著者는 "周易 속에는 多分히 后天性理의 道가 들어있는 것"이라 하고, "자세히 周易을 살펴보면 上下篇의 構造로부터 六十四卦의 卦序에 이르기까지 后天에 대한 配慮가 너무나 많다"고 한다.

〈正易后天에서 본 乾卦·坤卦論〉은 분량도 많거니와 내용이 심중하다. 저자는 正易 固有의 여러 논법을 적용하기도 하고 자신의 관점을 부연하여 서술하기도 한다. 이를테면 乾坤卦에 내장되어 있는, 正易과 연관되는 것으로 보이는 原典 내용을 탐색, 제시할 뿐 아니라 이를 새롭게 조명하여 '后天'世界의 內實을 전망해 보이기도 한다.

鶴山易學의 일관된 특성은 지난날의 周易世界 즉 '先天'이 지나가고(終了하고) 새로이 正易世界 즉 '后天'이 到來하는(始作되는) 先后天轉倒의 이론에 있다 할 수 있다. 그것은 앞에서도 언급하였지만, 자연·인간·사회의 근본적 변화를 뜻한다. 鶴山의 문장을 이끌어 보면, "첫째는 天地變化로 因하여 朞365日의 閏曆이 360日의 正曆으로 轉換되어 '君子以하야 治曆明時'하여야 하는 點이요, 둘째는 이에 따라 '大人은 虎變하고 君子는 豹變하는' 人間革命을 이루어야 하는 點이요, 셋째는 '湯武革命하야 順乎天而應乎人이라' 한 社會改革을 斷行하지 않을 수 없는 點 等이라 하겠다."; "이러한 事實이 乾卦와 坤卦의 象象文言에 處處히 아로새겨 있지만 注意깊게 보지 않으면 자칫 겉만 슬쩍 看過하기 쉬우므로 이에 筆者는《正易》의 立場에서 다시 한 번 乾卦와 坤卦를 훑어보고 그 結果를 若干整理하여 이 小論을 構成하였다"라 하고(序言), 다시 "天地變化에 따른 自然完成에 對應하여 人間

完成과 社會改革의 길을 熱心히 摸索하고 探求하여 期必코 그것을 成就하여야 한다"고 하였다(結語).

이 논문의 〈乾卦論〉에서는 먼저, '乾 元亨利貞'이라는 卦辭와 함께 乾用九의 '用九 見羣龍 无首吉'을 제목으로 하여 논하였다. 그 특징적인 것을 들어본다면, 乾은 한갓 자연주의적으로 해석하는 것이 아니라 좀 더 포괄적이며 통합적으로 파악한다. 鶴山은 乾을 '하나님'이라 한다. 여기서 '하나님'은 특정 종교에서 일컫는 명칭이 아니다. 鶴山은, 모든 종교가 성장과정에서는 民族神의 성격을 띠고 있었지만, 이제 완전히 성숙한 입장에서 個別的 分派性을 넘어서는 근본의 근본으로서, 배타성을 전적으로 지양한 오직 하나의 궁극자라는 뜻으로 '하나님'이라는 호칭을 쓴다. 이를테면, 乾은 '하나님'이며, 창조의 능력, 경륜과 주재의 근원, 恒久不變者, 有이며 無인자, 萬有가 나오고 돌아가는 곳이다. 또한 乾은 道이다. 陰과 陽의 완전조화체이다. 乾은 사랑이다. 元은 수직적 사랑이다. 元은 仁이다. 仁은 수평적 사랑이다. 元은 至善無惡이다. 易의 사랑은 '能愛'이다. '現實에 뿌리를 두고 仁에 깊숙이 뿌리박은 사랑'이다.

以上 乾에 대한 鶴山의 文句를 모아서 그 의취를 살펴보았거니와 실제로 鶴山은 '乾 元亨利貞'을 다음과 같이 풀었다: "하나님이 만물을 사랑으로 지으시고 번창케 하시고 열매 맺게 하사 다 이루시니라." '乾 元亨利貞'은 宇宙와 인간이 의거하여야 할 大原則, 大綱領으로 가장 으뜸이 되는 命題라 할 것이다. 造物主의 뜻은 元亨利貞의 이상세계를 실현한다는 목표가 前提되어 있다.

그러나 그것은 저절로 이루어지는 것이 아니다. 鶴山에 따르면 인류의 성장과정에는 반드시 겪어야 할 장애가 가로 놓여 있다는 것이

다. 이를테면 이는 易學的 立場에서 볼 때 河圖에서 洛書로, 즉 四·九
와 二·七의 위치가 바뀌어 金·火가 제자리에 있지 못하고, 또 〈文王
八卦圖〉와 〈一夫大易序〉에서 볼 수 있듯이 天地가 傾危하고 乾坤이
失位하여 지구는 360度가 아니라 5度를 절어 閏易(曆)을 쓰고 있으
며, 黃道·赤道의 不一致와 南北 23度半의 회귀현상 및 기후의 불균
형 등으로 인하여 실제로 이러한 제약 속에 있는 인간은 자신의 힘만
으로는 결코 극복할 수 없는 한계가 있었기 때문이라는 것이다. 따라
서 乾道의 愛育過程에는 試鍊과 困苦와 窮乏과 改革이 따른다. 이를
테면 "투쟁과 시련과 相錯과 抑制"는 피할 수 없는 과정이었다. "價値
觀의 顚倒로 인한 生命輕視, 人權無視, 拜金主義 등은 말할 것도 없고
기타 利己主義, 刹那主義, 感覺主義, 頹廢主義, 詐欺, 悖逆, 破廉恥, 暴
惡行 등등은 그 두드러진 例"이다. 저자는 다음과 같이 기록하였다 :

　　太初의 素朴하고 淳厚하던 熙皞太平의 氣象은 漸次 사라지고 奸智
　　와 文巧와 欺瞞과 抑制가 天下를 휩쓸어 個人主義와 利己思想이 世上
　　을 風靡하게 되었다. 特히 近代의 産業革命 以來 蓄積된 資本과 이것을
　　維持 또는 破壞하려는 兩大勢力이 强力한 武器를 産出하여 强大國間
　　에 熾烈한 軍備競爭을 자아내어 人類는 장차 可恐할 核武器의 威脅下
　　에 놓여 있는 實情이다. (《訓民正音과 一夫正易》, 〈正易后天에서 본 乾
　　卦·坤卦論〉)

　이러한 말세적 상황에 길들여진 사람들은 마비상태로 무감각하고
자포자기에 빠져 있으며 사랑과 믿음과 소망을 상실한 채 종말론에
귀착하기 일쑤이다.

그러나 易學의 견지에서 저자는 거기에 머무르지 않고 終末論이 아닌 '終始論'을 뚜렷이 하였다. 쉽게 말하여 先天으로 끝나고 마는 것이 아니라 后天으로 새로운 세계가 열린다는 사상이다. 사고방식의 일대 전환을 뜻한다. 저자는 〈文王八卦圖〉의 8번째 마지막인 艮卦에 대하여 〈說卦傳〉에 "萬物을 마치고 萬物을 비롯는 것은 艮보다 盛한 것이 없다[終萬物始萬物者 莫盛乎艮]"라 함과 "山澤이 通氣한 然後에 能히 變化하여 萬物을 다 이룬다[山澤通氣 然後能變化 旣成萬物也]"라 함을 상기시키고, 다시 《正易》에 "능히 마치고 능히 비롯으니 十數易이 萬歲易일세[克終克始 十易萬曆]"라 함을 논거로 제시하고 있다. 그렇게 됨으로써 天地乾坤이 바로 서고 제자리를 얻어 일찍이 聖人이 '憂天下來世'한 終末의 憂患을 넘어 易道의 완성을 期約하며, 이제야 '乾元亨利貞' 본래의 이상실현을 보게 되는 것이라고 한다. 이른바 '己位親政', 乾位 곧 己位가 직접 政事를 하게 된다는 뜻이다.

여기서 다시 著者의 문장을 이끌어 그 내용과 이론근거를 분명히 살펴보도록 하겠다.

　　己位親政이란 무엇인가. 己位는 〈十干原度數〉의 第一位요 〈正易八卦圖〉의 十乾位를 가리키니, 先天의 天地傾危에서 后天의 尊空된 正位로 還御한 乾을 말한다. 具體的으로는 하나님의 位置라 하겠다. 親政은 親히 政事한다는 뜻이니, 先天에는 "帝出乎震하야 齊乎巽"하던 雷風政事 즉 長男으로 하여금 乾位의 代行政事를 하게 하던 것을 后天에는 乾位 즉 己位가 直接 政事를 한다는 意味이다. 다시 말하면 周易先天에는 世界各國에 하나님의 長男格인 그 나라 그 나라의 民族神으로 하여금 하나님의 代行政事를 맡게 하여 各各 自己民族을 指導케 하던 것을 正

易后天에는 한 하나님이 世界各國을 한집안으로 化成하여 直接 다스린 다는 것이다. 이때에 己位親政을 받들어 行할 이는 "…成言乎艮"의 艮 少男으로서 그가 世界各國을 指導하는 役割을 담당할 位置에 있다고 하겠다. 〈正易八卦圖〉의 八艮東이 그것을 雄辯하고 있기 때문이다. (同 上)

乾이 己位親政을 하게 되면 이때까지의 民族分裂, 黑白紛糾, 貧富隔 差, 理念偏見, 自尊蔑他, 宗教紛爭…等의 先天的 殘滓는 봄볕에 눈 녹 듯이 사라지고 푸른 하늘에 새 天地 새 日月의 一大 光明世界가 펼쳐질 것이다. 《正易》에서는 이런 世界를 天地가 淸明하고 日月이 光華한 琉 璃世界라 한다. 이 世界는 다만 福祉社會의 類가 아니다. 모든 生命이 神聖視되며 人權이 尊重되고 높은 敎育이 均等히 實施되며 黑白과 貧 富는 이미 心中에 있지 않다. 謙道가 天下에 가득 차 있으매 누가 누구 를 下視하며 누가 무엇 때문에 自尊蔑他할 것인가. 한 하나님 한 祖上 을 같은 父母로 섬기는데 宗教紛爭이 왜 있으며 民族葛藤이 왜 있단 말 인가. 天下는 一視同仁하되 大同小異하고 大公平 大自由 속에 가는 곳 마다 和氣가 가득 차 서로 반기고 서로 尊重할 것이 분명하다. 乾卦〈彖 傳〉에 "保合大和하여 乃利貞하니라" 하고 바로 이어서 "庶物 위에 首出 하니 萬國이 다같이 平安하다"고 한 것은 이 事實을 證據하는 것이라 하겠다. (同上)

저자는 여기에 덧붙여 360日 正曆의 時期와 己位親政의 내용에 대 하여 좀 더 구체적으로 논급하였다. 저자는 먼저 孔子의 朞 즉 一夫의 朞인 360日이 들어서는 시기에 대해서는 63·72·81의 合數인 乾策 216, 그리고 《周易》의 "參伍以變, 錯綜其數"(〈繫辭〉上十3)와 연관된 다고 보는 一夫의 〈至變干支錯綜圖〉를 통해서만 推理할 수 있는 것이라 하였고, 이는 "人力을 초월한 大自然의 超自然的 變化에 起因"하는 것이니만큼 "우리 人間은 人間으로서 可能한 最善의 對備策이 要望된다"고 하였다. 그리고 正易成道後 己位親政의 내용에 대해서도 6가지 부면, 즉 정치·경제·교육·문화예술·학술도덕 그리고 종교사상 등에 걸쳐 그 주요내용과 노선방향을 소상히 전개하고 있다.

다음, 〈乾卦論〉의 두 번째 논리는 '无首吉에 대하여'이다. 저자는 "用九 見羣龍 无首吉"을 "乾은 아홉을 쓰는데 무리 龍을 보았지만 (용으로) 머리하지 말아야 吉하다"고 풀었다. 여기서 '用九'와 '羣龍' 그리고 '无首吉'의 세 가지로 나눠 볼 수 있겠다.

(1) 鶴山에 따르면 九數는 老陽으로 陽數의 極이요, "文王八卦圖의 終止數이며, 1·3·5 生數의 합으로서 先天의 마감수이며, 后天誕生의 전환을 계기짓는 張本"이라는 것이다. 한마디로 "洛書先天에서 河圖后天으로 넘어서는 디딤돌이다." 그리고 鶴山은 '用九'에 대하여 다음과 같이 마무리한다 : "先天 속에 后天을 싸고 있는 周易의 乾卦는 河圖의 十을 乾의 體로 삼고 洛書의 九를 그 用으로 하여, 十乾이 머금고 있는 모든 變化의 相을 老陽數 九의 可變性을 빌어 나타내고 있다. 그 六爻의 各位에 初九 九二 九三 九四 九五 上九와 같이 九를 쓰고 있는 것이 바로 그것이니 이것을 用九라 하는 것이다."

(2) '羣龍'에 대한 논의이다. 龍은 변화의 실체이며 생명력의 상징이다. 저자는 한편 乾卦六爻에 대하여 그 時位와 性格을 다음과 같은 사례를 들어 설명한다. 이를테면, 初九潛龍의 경우, 堯舜이 유효적절한 시책을 실행하되 隱然無爲하여 노골화하지 않는 태도라든가 ; 九二 見龍의 경우, 禹와 같이 善을 베풀되 자랑하지 않으며, 三代小康을 열어놓고 經世濟民하였으며, 瑞龜 洛書 또한 우연한 일이 아니라는 것 ;

九三君子에 대해서는 湯에 비추어 보아 '開羅起祝'의 仁愛와 '七世昭穆'의 忠孝를 일컫고, 堯舜禹의 뒤를 이은 東夷政治의 대단원을 기렸다. 그리고 九四躍龍과 관련하여서는 文王, 武王, 周公이 順天應人으로 사회혁명을 이루고 東夷文化에 이어 西夷文明을 이룩하였다는 것, 그리고 孔子로 하여금 西周文化에 심취케 할 만큼 찬란한 文化 藝術을 이루었다는 것 ; 九五飛龍의 자리는 孔子를 일컫고 있는바, 이는 '하늘도 어기지 않고', '하늘을 받드는' 大人·聖人의 경지로서, 이른바 '天地·日月·四時·鬼神'과 더불어 하나가 되는 자리라고 본다. 특히 저자는 孔子가 "乾坤策數 360은 1년의 朞日에 당한다" 하고(繫辭上九4), "山澤이 通氣한 然後에 能히 變化하여 萬物을 다 이룬다" 하여(說卦六1) "神化世界의 易인 第三易을 確言하였다"고 明記하였다. 그 밖에 "詩書와 禮樂을 刪定하고 周易을 十翼으로 贊하였으며, 春秋를 作하여 萬古倫綱을 扶植하는 등 그 道德과 文章이 萬世에 스승되며, 文學의 宗長이요 學術의 總帥라 하겠다"라 하여 孔子의 이름으로 乾卦 九五爻를 장식하였다. (이상 初九~九五까지의 논설은《正易》첫머리 '十五一言'을 참조함이 좋겠다.) 마지막으로, 上九亢龍에 대하여서는 흔히 中庸을 벗어나 亢極한 것으로 보는 것이지만, 여기서는 그러한 해석과 관계없이 전혀 다른 방식으로 고찰한다. 이를테면, 上九는 九五大人이 上九에 오면 하나님과 하나가 되는 자리이다. 上九의 亢龍은 '无位의 땅'이요, '无爲의 化'로서 그 用을 나타낼 때는 九五大人의 자리를 빌어서 행하는 것이니, 여기서 '天人合一', '敎政一致'를 보게 되는 것이라 한다.《正易》에 "化翁은 无位"라 하고, "空은 无位"라 하였거니와 上九亢龍은 "至高至上의 神聖無比한 宗敎的 道場이요, 心靈의 至聖所가 되는 것이다."

(3) '无首吉'에 대한 正易的 解法이다. 상당한 탐색과 통찰이 요망되는 바로서 《正易》을 이해하는 데 매우 중요한 대목이다. 흔히 老陽은 太剛하므로 前進을 삼가고 남의 머리됨이 없어야 한다는 일반의 해석과 다른 正易 고유의 논법이다. 이른바 '天地設位'에서 六爻의 첫머리는 辰이 아니고 亥이다. 따라서 '天地設位'의 첫머리는 癸亥가 될 수밖에 없는 것이며, 그래야 戊辰龍과 庚午馬가 만나고, "包五含六", '五運六氣' 그리고 '十一歸體'가 이루어질 수 있다고 본다. 鶴山은 다음과 같이 요약한다 : "乾卦의 六爻는 모두 陽爻이니 九를 쓰되 龍인 戊辰을 머리로 하지 말고 天地設位의 첫째 干支인 癸亥(즉 己甲夜半에 난 癸亥)를 머리로 써야 吉하다는 뜻이 된다."

이 논문의 〈坤卦論〉에서는 卦辭의 '先迷後得'과 用六의 '利永貞'을 논제로 하였다. 먼저 저자는 坤卦彖辭를 다음과 같이 풀었다: "땅은 하늘 따라 사랑으로 萬物을 낳고 한없이 두터운 德으로 길러내니 암말과 같이 貞潔함이 利함은 君子가 가기 때문이다. 먼저 가면 아득하여 길을 잃고 (기다려서) 뒤에 가면 順하게 길을 얻을 것이니 利를 맡은 것이다[坤 元亨利牝馬之貞 君子有攸往 先迷後得 主利]." 짧은 원문을 저자의 서술논조에 맞추어 풀어썼다. 여기서 坤卦論이라 하였으나 단순히 坤卦의 문장을 주석하는 것이 아니라, 正易의 논리에 따라 乾卦와의 뗄 수 없는 관계에서 고찰하는 것이다. 이를테면 '君子有攸往'이라 함에서 坤의 '牝馬'는 乾의 '龍德君子'가 타는 바이다. '天地設位'의 干支法으로는 乾의 戊辰君子(龍)가 坤의 庚午 말(牝馬)을 타는 것이니, "君子의 出發處가 十退一進자리요 庚午馬를 타는 곳이 包五含六자리임은 다시 말할 것도 없다." 이는 "乾과 坤의 交驪場이요 萬

物生生의 根源處이며 河圖 洛書의 말미암아 나는 바이다."

그리고 저자는 乾·坤을 太陽(日)과 太陰(月)에 비기어 兩者의 主從관계와 相互調和를 말한다 : "달이 해와 先迷後得하면서도 보름에 맞바라보고 그믐의 품에 안겨 걸음마다 사랑이요 자국마다 믿어 가듯, 男女가 서로 尊重하며 사랑으로 分을 지키면 무슨 抑陰이 왜 있으며 先迷後得을 왜 못쓰겠는가."

저자는 "人倫은 天倫에서 오고 人間儀則은 天理節文에서 由來한다"고 하면서 坤象에 '利牝馬之貞'과 〈象傳〉의 '柔順利永貞'을 상기시킨다. 인간(坤道)은 지극히 謙遜할 것이며, 진리(乾道)에 絶對服從하여야 한다. 고전에 "하늘의 일을 인간이 대신 행한다[天工人其代之]"라 하였고,《正易》에도 "누가 天工이 사람을 기다려 이룰 줄을 알았으랴[誰識天工待人成]"라 하였거니와 하늘 뜻을 받들어 행할 책임이 인간에게 있다.

다음, 저자는 '用六 利永貞'을 "坤은 여섯을 쓰는데 늘 (암말의) 貞潔을 지켜야 한다"고 풀었다. 乾의 '用九'와 상대하여 坤의 '用六'을 쓰는 것은 익히 아는 바이다. 老陽數 九와 老陰數 六으로 陽爻·陰爻를 나타내는 것도 마찬가지이다. 여기서 저자는 用六의 뜻을 두 가지로 보고 있다 : "첫째는 包五含六의 皇極의 中으로서 가지는 뜻이요, 둘째는 五六이 天地의 際涯에서 만나는 牝馬로서 지니는 뜻이다."

저자는 '六'이 "地數(二·四·六·八·十)의 가운데 수로서 生數 2·4의 合數이며 陰陽老少 중 老陰"에 속할 뿐 아니라, "后天 皇極의 象으로서 十一의 中이요 倒生하는 成數의 끝"이라고 한다. 여기서 用六 즉 '여섯을 쓴다'는 것은 '가운데를 쓴다'는 것이다. 그리하여 마치 坤卦 文言 六五爻(黃中通理 正位居體)와 家人卦 六二爻(无攸遂 在中

饋)에 보이는 것처럼 用六用中은 그 속의 坤德과 謙德을 바탕으로 그 빛을 찬연히 발휘하는 것이라 한다. 그리고 또 하나는 '包五含六 十退 一進'의 中으로서 用九用六이 담당하는 뜻을 취하고 있다 : "무릇 만물은 싸고 머금고 당기고 밀치며, 물르고 나아가며 삼키고 뱉는 가운데 生命의 躍動이 있고 創造의 기쁨이 용솟음친다." 아울러 저자는 用六 속에 用九가 도사려 있고, 牝馬에는 君子가 타고 있음을 想起하여, 이것을 다시 干支法 庚午馬와 戊辰龍이 결합하는 뜻으로 설명한다. 그리고 牝馬가 君子를 맞이하는 巽德으로서 '貞'을 강조하고 있다.

저자는 한편 坤卦 初六의 '履霜堅氷'과 上六의 '龍戰于野'에 보이는 재앙과 파국에 대해 우려와 경고를 보낸다. 당초에 신중하지 못하여 마치 서리를 밟아가면 굳은 얼음에 이르게 되듯이 돌이킬 수 없는 殃禍에 봉착한다든가 또 분수없이 陰과 陽이 맞서 싸워 유혈이 낭자하게 되는 참극을 결단코 예방하여야 한다. 그러나 실제로는 저자는 坤卦 六二爻~六五爻에 보이는 巽順한 坤德을 말하여, '牝馬之貞'과 '利永貞'의 뜻을 재삼 강조하고 있다. 坤德은 巽順한 것이다. 하지만 나약함과 무능함을 뜻하지 않는다. 오히려 그것은 貞潔, 貞淑, 順理, 柔順 등의 특징과 함께 "恰利하고 果斷性이 있는데다가" 강인한 인내성이 있다. "특히 庚午馬는 果致性과 아울러 忍耐性이 出衆하므로 넉넉히 戊辰龍의 짝이 될 만하다. (…) 그 끈질기게 참을성 있음으로 해서 마침내 安貞之吉의 最後勝利를 거두는 것"이다. 乾도 吉하고 坤도 利할 수 있는 길이 열려 있다. 乾元과 坤元의 합치와 正易 성립의 논리를 여기서 재확인한다.

論考(三)의 네 번째는 〈一乎一夫論〉이다. '一乎一夫'란 《正易》의 첫머

리 '十五一言'에서 盤古以來 孔子 그리고 一夫에 이르는 十五聖人을 일컫는 終結部에 나오는 문구이다. 본문에는 "嗚呼라 今日今日이여 六十三 七十二 八十一은 一乎一夫니라"라 되어 있다.

이 논문의 主題는 一夫論이라 할 수 있다. 저자는 일찍이 《正易과 一夫》를 출간한 바 있고(1985), 이번 全集에서도 《訓民正音과 一夫正易》이라는 表題를 붙였으며, 위의 두 책에는 모두 〈正易后天에서 본 乾卦·坤卦論〉과 〈一乎一夫論〉이 실려 있어서 一脈相通, 補完的 구실을 하고 있다. 두 논문이 모두 正易과 一夫를 논제로 하고 있거니와 본 논문에서는 '一夫'의 의미를 중심으로 하여 正易과 관련되는 핵심내용을 드러내 보이고자 하였다.

저자에 따르면 '一夫'라는 말은 《正易》의 작자 金恒의 다른 名號로 고유명사이며, 그것은 56세에 〈正易八卦圖〉를 劃了한 뒤에 받게 된 것이라 한다. 그리고 '一夫' 또는 '一乎一夫'란 '오직 하나이신 하나님'의 뜻으로 풀이되는 것이며 어느 特定한 인물의 고유명사가 아닌 것이다. 하지만 저자는 "一夫란 본시 唯一無二한 至尊者의 名號인데 乾坤의 長子인 雷風恒에게 내리신 것"이라 생각된다고 하였다. 이에 대해서는 별도의 설명이 필요하다. 어떻든 '一乎一夫'는 문맥에 따라 여러 가지로 해석될 수 있겠으나, 저자는 이 글에서 '一夫'가 뜻하는 바와 관련하여 道統淵源上, 乾策上, 十進一退, 今日今日, 그리고 새 나라 새 종교의 創道者라는 5條目에 걸쳐 논술하였다.

이 논문은 鶴山의 여러 논문이 그러하듯이 《周易》과 《正易》에 대한 通貫的 이해를 바탕으로 하고 《正易》 自體의 특유한 논법에 의거하여 전개되어 있으므로, 그 내용을 충분히 인지하기 위해서는 그에 상당한 기초적 지식이 필수적으로 요망된다. 다른 한편 이미 발표된 논문

저술을 통하여 正易 고유의 논법을 습득해 갈 수도 있을 것이다. 鶴山의 논문은 단순한 해설서가 아니므로, 《周易》·《正易》의 원문에 대한 이해를 전제로 하는 것이며, 특히 正易과 관련해서는 《周易》과 《正易》에 내재된 干支度數와 手指象數, 그리고 〈至變干支錯綜圖〉 및 一夫의 〈大易序〉 등에 대한 理解와 素養을 바탕으로 하여야만 충분한 논의가 가능하다.

예컨대 여기서 약간 補完하여 말한다면, 正易解讀에 필수적인 '手指象數'의 경우 이것은 얼핏 가볍게 생각할 수도 있으나, 그렇게 단순히 취급할 일이 아니다. 이를테면 世宗의 訓民正音의 경우 그것이 易學的 구조로 되어 있음을 기왕의 學人들이 깜깜하게 모르고 간과하였던 것이다. 그것은 易學의 학술적 성격과 중요성에 대한 인식이 너무나 박약했기 때문이었다. 〈訓民正音解例〉 '制字解' 첫머리에, "하늘과 땅의 이치는 하나의 陰陽과 五行일 뿐이다. …그러므로 사람의 목소리도 다 음양의 이치가 있건마는 돌이켜 사람이 살피지 못할 뿐이다. … 正音 28자도 각각 그 形象을 본떠서 만들었다."라 하였다. 鶴山은 일찍이 《訓民正音의 構造原理: 그 易學的 硏究》에서 소상히 밝힌 바 있거니와 初聲 十七字에 대하여 '口腔五行'이라 하여, 그것이 易의 원리에 따라 發聲器官의 모습을 본떠 創制된 것임을 천명하였다. 그리고 正音의 中聲 11字도 易의 〈河圖〉에 의하지 않고서는 그 원리적 설명이 전혀 불가능한 점에 유의할 필요가 있다.

이렇듯 正音이 '口腔五行'과 〈河圖〉 등의 易理를 바탕으로 하는 것이라 한다면, 正易과 '手指象數'와의 관계를 근거지우는 易學的 성찰이 있을 법하다. 《周易》 〈說卦傳〉에 少男인 艮卦와 少女인 兌卦를 짝지어 그 성격을 규정하는 가운데, 艮은 손[手]이 되고 兌는 입[口]이 된다(9장 1절 : 艮爲手, …兌爲口)라 하고, 또 艮은 손가락[指]이 되고(11장 7절 : 爲指), 兌는 입과 혀가 된다(11장 8절 : 爲口舌)라 함이 나온다. 艮·兌에 대해서는〈說卦傳〉에 "山과 澤이 氣를 통한다(6장 : 山澤通氣)"라 하였고,〈正易八卦圖〉또는〈金火正易圖〉에서도 艮·兌는 少男卦와 少女卦로서 (後天用事者로서) 東西로 마주하고 있는 등 뗄 수 없이 密接한 관계를 볼 수 있다. 특히 正音과 관련하여 兌卦의 '口舌'을, 그리고 正易과 관련하여서는 艮卦의 '手指'를 대조적으로 볼 수 있음은 매우 흥미롭다고 하겠다.

일찍이 鶴山은 世宗의《訓民正音》과 一夫의《金火正易》을 '后天의 先后天易'이라 하였거니와 正音에는 '口舌'이 그리고 正易에는 '手指'를 일컬을 수 있다는 점에서, 이른바 '手指象數'는 正易의 원리적 탐구에 중요한 몫을 차지하는 것으로 類推해 볼 수 있다. 이와 같이 저자는 이 논문의 전개에서 正易의 固有한 논법에 따라 서술하였으므로 그 올바른 이해를 위해서는 誠意와 忍耐心을 가지고 愼密하게 접근하는 태도가 요망된다.

앞에서 저자는 이 논문의 제목인 '一乎一夫'를 5조목으로 서술한다고 하였는데 그 주요내용을 살피면 다음과 같다.

첫째로, 저자에 따르면 易學의 '道統淵源'으로 볼 때 一夫는 이른바 十五聖人의 마지막으로 易道의 완성자에 해당한다. 그러나 一夫의 궁극적 연원은 "〈十五一言〉에 나타난 伏羲·燧人·有巢氏 외에 더욱 올라가 人皇·地皇·天皇氏를 거쳐 盤古氏까지 이르게 되고, (…) 窮極處는 化翁 즉 天地無窮化无翁이라" 한다. 이어서 저자는 말하기를, "따라서 一夫易學의 淵源 또한 天地無窮化无翁에게 있다 하겠으니, 세상에서 흔히 八卦는 伏羲氏가 긋고, 周易은 文王 周公이 짓고, 十翼

은 孔子가 하고 正易은 一夫가 지었다고 믿지만, 사실은 그분들은 그때 그때 作易의 손을 빌렸을 뿐이요, 그 내용의 유래는 멀리 天地無窮 化无翁에 淵源하였음을 알아야 할 것"이라 하였다. 이와 관련하여 저자는 〈訓民正音解例〉의 '制字解'에 "아아 正音을 지으시매 천지만물의 이치가 다 갖춰 있으니 참 신기하도다. 이것은 아마도 하늘이 大王(世宗)의 聖心을 열어 그 손을 빌어서 이루신가보다[吁 正音作而天地萬物之理咸備 其神矣哉 是殆天啓聖心而假手焉者乎]"라 하였음을 상기시키고 있다. 따라서 〈大易序〉에 보이듯이, '一夫易學의 연원은 無窮하고 來歷은 長遠하다'는 것이다. 作易聖人의 뿌리는 모두 '天地無窮化无翁'에 있으며, 이제야 一夫가 天時天命을 받들어 《正易》을 짓고 易道를 완성한 聖人으로서 자리매김되고 있다. 저자는 一夫의 사명을 다음과 같이 요약한다:

> 先生의 使命은 正易八卦圖와 十五一言과 十一一言과 金火正易圖와 十二月二十四節의 氣候度數(律曆圖)를 온 世上에 宣布하여 先天의 終末에는 后天의 地天泰가 임할 것과 그 과정에는 반드시 말로 표현할 수 없는 至神至明한 日月政事의 變化로 말미암아 水潮南天・水汐北地의 難이 있음을 일깨워서 사람으로 하여금 心法의 學을 닦고 性理의 道를 행함으로써 몸과 마음의 구원을 얻게 하여 龍華后天 琉璃世界를 建設하는 데 있다고 하겠다." (《訓民正音과 一夫正易》, 〈一乎一夫論〉)

一夫의 경우 단순히 學的 탐구에 머무르지 않고 類別한 바 있었으니, 그것은 '道通天地無形之外'의 경지로 "化无上帝와 對話할 程度의 超越을 하였으나 결코 人間을 잊지 않고 人間을 떠나지 않은 점"과 또

한 '化无上帝의 長子'格으로 '그 德이 上帝와 合하였으나' 추호도 矜貴
함이 없이 '六十平生狂一夫'로 자처하였을 뿐 아니라 "乾坤을 十五正
位"에 모시고 스스로는 退位하여 '正倫'을 지킬 것을 다짐하고 '不肖
子'라 하여 인간으로서의 본분을 다하였음을 特記하였다.

둘째로 저자는 '乾策上의 一乎一夫'라 하였다. 먼저 저자는 乾之策
216과 坤之策 144의 算出方法과 乾坤策의 의미를 밝히고자 하였다.
저자는 《周易》(繫辭傳 上九)에 나오는 分·掛·揲·扐의 四營法과
《正易》의 原文 및 手指象數를 가지고 설명한다. 《周易》의 揲蓍法은 새
로운 것이 아니다. 《正易》에 따르면 乾策 216은 '一元推衍數' 216 또
는 '一夫의 推衍數' 63·72·81에서, 그리고 坤策 144는 坤三絶(手指
象數) 策數 54·45(歸空)·36·27·18·9의 合數에서 볼 수 있다.
또한 '四象分體度數'159(15를 尊空하면 144)에 잘 나타나 있다. 그리
고 乾坤策數는 모두 360으로 1年의 期數이다.

여기서 저자는 一元推衍數가 곧 一夫의 推衍數이며 그것이 乾策數
이므로 乾策의 몫은 一夫의 것임을 분명히 한다. 다른 한편 《周易》에
"乾之策은 216이요, 坤之策은 144니 무릇 360은 돌에 해당하는 날
[當期之日]"이라 하고, 《正易》에 "一夫의 朞는 375度이니 15를 尊空
하면 바로 우리 孔夫子의 朞니 朞는 360일이 된다"(《正易》七張 前面)
라 하였듯이 《周易》과 《正易》에서 다같이 乾坤合數 360이 期年에 當
한다고 한 점에 비추어 볼 때 《正易》은 孔子와 一夫의 '合作'임이 확실
하다는 소신을 피력하였다.

다음으로 저자는 三元一元, 三山一鶴, 그리고 一夫壯觀이라는 小題
目으로 一夫의 위상과 역할을 논한다. 《正易》의 원문, 〈大易序〉 그리
고 手指象數에 의거하여 고찰하는 것은 마찬가지이다.

(1) 저자는 三元一元과 관련하여 三元을 '天地人 三才', '天皇 地皇 人皇' 그리고 '无極 皇極 太極' 등으로 볼 수 있다고 한다. 그리고 "三 은 一의 작용이요, 一은 三의 본체"이므로 元은 三元인 동시에 一元이 라고 할 수 있다. 그런데 81·72·63은 乾三連의 象이며 '一夫에서 하나가 된다(一乎一夫)'라 하였듯이, 나눠 보면 三이요, 전체로 보면 一이다. 一元推衍數의 乾策上에 三元一元의 이치가 있다. 저자는 一夫 는 "一元推衍數 63·72·81의 주인으로서 一元盤古와 상통하는 존재"라고 보며, '通天地第一元'(大易序)이요 '一元推衍數의 주인'으로서 연원을 '天地無窮化无翁'에 두고, 〈十五一言〉의 첫머리에서 보듯이 '최후의 계승자'요 '최종의 聖人'으로서의 몫을 구현할 사명이 있다고 한다. 이를테면 〈易序〉에 이른바 '先天下而開其物'에 대하여 '後天下 而成其務'의 책임이 있다는 뜻으로 볼 수 있겠다.

(2) '三山一鶴'과 관련해서는, 《正易》의 〈金火二頌〉에 나오는 '三山 一鶴'과 '三碧一觀'을 〈正易八卦圖〉에 비추어 대비해 설명하였다. 전자는 "一元推衍數인 乾策의 주인으로서 八艮에 據하여 乾道를 맡아 己位親政을 행할 一夫의 상징"이라면 후자는 "四象分體度인 坤策의 주인으로서 三兌에 憑하여 坤德을 맡아 戊位尊空될 人子의 表象"이라 하였다. 三兌가 '五坤의 中'임에 비하여 八艮은 '十五乾坤의 中'임을 드러내 보이는 바라 하겠다. 새로 솟아날 艮民의 사명이 중차대함을 원리적으로 암시하고 있다.

(3) '一夫壯觀'이라 함에서도 이는 《正易》의 〈金火二頌〉에 나오는 문구로 저자는 역시 〈正易八卦圖〉와 手指象數에 의거하여 풀이하고 있다. 여기서 壯觀은 다시 六震·十乾의 雷天 大壯과 一巽·五坤의 風地 大觀으로 전개된다. 그리하여 저자는 "大壯은 禮와 樂으로 東西

에 履行하고, 大觀은 神道와 設敎로 萬民이 悅服하는 卦"로서, 이러한 광경이야말로 "好一夫之壯觀[좋구나 일부의 장관이로다]"이요 "古今天地의 一大壯觀"(金火四頌)인 것으로 찬탄하고 있다.

〈一乎一夫論〉의 세 번째는 '十退一進의 一乎一夫'라 하였다. 이미 살폈듯이 《正易》에는 正易 自體의 논리가 있다. 簡明하게 쓰여진 문장과 象數에 함축된 의미를 함께 익혀야 한다. 이를테면 无極·太極·皇極이라는 용어를 老子《道德經》,《周易》〈繫辭傳〉,《書經》〈洪範〉, 周濂溪의 〈太極圖說〉 그리고 邵康節의 《皇極經世書》 등에서 볼 수 있다. 그러나 《正易》의 경우 无極·太極·皇極은 종래의 성리학적 개념과도 다르다. 전혀 새로운 체계라 할 수 있다. 《正易》 자체가 종래의 것과 다른 새판짜기의 構圖라 할 수 있는 만큼 그 自體 論理를 가지고 접근함으로써만 그 내용이 선명하게 드러날 수 있다고 보았다.

(1) 《正易》에서 一夫의 中은 "包五含六 十退一進의 자리"라 하였다. 그리고 无極은 十, 太極은 一, 그리고 皇極은 五에 해당한다. 저자는 《正易》에 보이는 것처럼 '堯舜의 精一執中은 厥中之中이요, 孔子의 時止時行은 時中之中임에 비하여 一夫의 包含進退는 全體의 中'이라 한다. 또한 十退一進은 '十이 물러나 體가 되고 그 대신 太極이 나와서 用이 되는 것'이라면서 궁극적으로 先天의 太極人이 后天의 皇極人이 되며, 一太極과 十无極이 하나되어 十一歸體를 이룸을 목표로 한다는 것이다. 저자의 글을 인용해 본다: "先天 太極이 无極의 用으로서 자라기를 다함에 皇極을 거쳐서 无極에 도달하여 十一歸體가 된다"; "先天의 太極人은 后天의 皇極人으로서 인간완성을 이루어 无極의 본체와 一體가 되어 己位親政의 天時를 받들게 되니 十一歸體라 하고 그 功德이 无量하다 하였다."

(2) 저자는 《正易》에 이른바 '正倫'이라 함을 매우 중시하여 그 역학적 해명을 시도한다. 《正易》의 〈化无上帝重言〉가운데 "推衍[度數를 밀어불림]에 正倫을 어기지 말라. 天理를 倒喪하면[거꾸로 잃으면] 父母님이 위태하시다"라는 분부에 대하여 "不肖가 감히 어찌 理數를 밀리요마는 오직 원하옵기는 부모님 마음 安泰하실 뿐입니다."라고 대답하는 장면이 나온다. 여기서 "不肖子 金恒은 느껴 울며 받들어 쓰옵니다[感泣奉書]"라는 표현을 볼 수 있다.

그러면 여기서 正倫을 지키어 부모의 마음을 편안케 하여 드린다는 말의 易學的 의미는 무엇인가? 그것은 〈文王八卦圖〉와 〈正易八卦圖〉를 대조하여 고찰해야 할 듯하다. 저자는 이렇게 기록하였다; "여기 '只願安泰父母心'이라 誓約한 內容은 (…) 實地는 上帝의 "推衍无或違 正倫하라 倒喪天理父母危시니라"고 吩咐한 데 대한 和答이기 때문에, 그 內容은 天理를 倒喪하여 乾坤父母가 危殆로운 狀態에 있으니 장차 正倫을 어기지 않음으로써 父母를 그 危境(天地傾危)에서 安全한 땅 (正位)으로 모셔내겠다는 決意를 表明한 것으로 생각된다."

위의 진술은 이른바 '文王易'(先天)에서 '一夫易'(后天)으로의 전환을 명시하는 바라 하겠는데, 저자는 이를 뒷받침하는 원리와 내면적 연관을 역학적으로 闡述하고 있다. 이를테면 다음과 같은 사항을 중심으로 논술을 전개한다. 즉 十五乾坤에 대하여 震巽도 그 數가 十五로서 '五行의 宗'이요 '六宗의 長'이라는 것, 震巽은 그 象이 雷風으로서 '恒'을 뜻한다는 것, 〈文王卦圖〉에는 乾坤父母가 西北과 西南의 維位에 偏在하였으나 〈正易卦圖〉에는 正北 正南의 正位에 모셔 받들고 (尊空), 震巽은 西北과 東南의 六一로 후퇴하여 乾坤을 擁衛輔弼하는 役을 다할 뿐이라는 것, 그리고 六震一巽은 己位親政의 代行職權을

八艮三兌에 移讓하여 十一歸體를 이루고 十一用政케 한다는 것 등이다. 이것이 '正倫'의 내용이며 '正易'의 실현으로 보는 것이다.

〈一乎一夫論〉의 네 번째는 '今日今日의 一乎一夫'라 하였다. 저자는 여기서 3개의 도표를 제시하고 이것을 상호 비교하여 이른바 一夫의 推衍數 216의 내면적 의의를 탐색하였다. 즉 '時·日·月·年의 小周期 및 世·運·會·元의 大周期'와 '六十三 七十二 八十一은 一乎一夫'의 도표 그리고 '率性之功六十年과 无无位六十數'와 연관짓는 〈至變干支錯綜圖〉 후반부를 연관시켜 고찰하고 있다. 다루어지고 있는 주요 내용은 대개 다음과 같다.

① 大周期 一元은 12會이므로 129,600年이나, 戌會를 尊空하면 실제로는 118,800년이다.

② 129,600년~118,800년은 인류학에서 말하는 슬기 있고 直立한 사람의 면모를 갖춘 완전한 사람(Homo erectus-sapiens)의 출현과 공통된다.

③ 《正易》의 첫 장 '今日今日'은 一夫生年(西紀 1826년 · 盤紀 118,585년)부터 子會一元의 끝(西紀 2041년 · 盤紀 118,800년)까지 216년에 해당된다.

④ 金一夫가 1826년(丙戌)에 출생하여 《正易》을 完工한 1885년(乙酉)까지의 求道의 歷程은 〈至變干支錯綜圖〉와 깊은 관계가 있다.

⑤ 今日今日의 216년 사이에 빚어지는 주요사실과 〈至變干支錯綜圖〉에 보이는 度數 및 飛躍을 연관시켜 탐색할 필요가 있다.

〈一乎一夫論〉의 다섯 번째이며 마지막 절은 '새나라 새종교 創道者로서의 一乎一夫'라 하였다. 저자는 다음의 세 가지 절로 나누어 서술하고 있다.

(1) '새나라'라 함은 글자 그대로 지난날의 헌 나라가 아닌 '새로 탄생할 새로운 나라'이다. "過去에는 없었던 것이다." 乾坤에서 시작하여 旣濟·未濟로 마감하는 周易時代를 끝내고 새로이 열리는 正易時代를 두고 말하는 것이다.

저자는 말하기를 지난날은 大小國家를 막론하고 그 영역이 地球의 일부분에 한하였다는 것이다. 그러나 '새나라'는 "天下가 一家되고 世界가 한 나라 되어 (…) 나라와 나라가 대결하고 民族과 民族이 紛爭하는 先天의 모습은 이미 사라져버린" 大同世界를 뜻한다. 저자는 "이렇게 변화한 새나라를 正易에서는 琉璃世界 또는 无量世界라 한다"고 하였다. '새나라'는《正易》에서 말하는 자연적·인간적·사회적 조건을 구비하여야 한다. 여기서 저자는《正易》에 "易은 三이니 乾坤이요, 卦는 八이니 否·泰·損·益·咸·恒·旣濟·未濟"라 함을 이끌어 "易이 伏羲에서 文王, 文王에서 一夫로 세 번 바뀌었으니 正易世界는 第三의 乾坤이다"라 하고 위에 인용한 八卦 즉 否·泰·損·益·咸·恒·旣濟·未濟를 짝지어 내함된 의미를 풀어씀으로써 正易后天의 內實을 전망하고자 하였다.

(2) '새종교' 역시 "人類가 일찍이 만들어내지 못했던 한 하나님과 한 백성의 절대적인 종교인 것"이라 한다. 여기서 저자는 하나님, 믿음, 그리고 종교사업 등으로 나누어 설명한다.

먼저, '하나님'이라 할 때 앞에서도 살핀 바 있지만, 이는 특정 종교의 명칭이 아니다. 즉 "새종교의 하나님은 실로 그 덕이 无量光明으로 光大包容하사 嫉妬 안 하시고 選民 안 하시니, 이젠 各國의 民族神도 아니며 大小 有形 無形의 偶像神도 아니다. (…) 다 이를 包容하여 품안의 天使로, 麾下의 使者로 同一視하여…嘉納首肯하신다." 이와 같이 새종교의 하나님은 大雅量 大公平 大自由 大慈悲 大智慧 大和平의 化身으로 萬人의 靈臺 위에 照臨親政하시는 것이다." 저자는 여기에 덧붙인다: "비록 作易聖人은 때에 따라 地域에 따라 다를지라도 그 말씀을 내리신 분은 바로 하나이신 하나님인 것이다."

다음,《正易》과 관련하여 필수적으로 다음 몇 가지에 대한 믿음이 수반되기 마련이라는 것이다. 이를테면 ① "晦朔弦望 進退屈伸 律呂 度數 造化功用"이 바로 섬으로써 閏易이 正易으로, 즉 1年 360日과 24節氣의 和化現象으로 변화를 가져온다고 일컫는《正易》의 기록 ; ② 〈文王卦圖〉에서 보듯이 그동안 '傾危'하였던 乾坤(天地父母)을 〈正易卦圖〉처럼 正位에 모시고, 또한 〈金火正易圖〉처럼 六震 一巽(長男・長女)이 己・戊의 위치에서 己位親政(하늘의 뜻)을 봉행하되 八艮 三兌(少男・少女)로 하여금 代行케 한다는 것 ; ③ '人子'가 坤策數 144를 兌에서 책임져 오늘에 이르렀다면, '一夫'는 乾策 216을 艮에서 책임져서 360數를 완성한다는 것 ; 그리고 ④《周易》의 〈序卦傳〉과 〈雜卦傳〉은 필요불가결한 보완관계에 있으며 이른바 離大人(伏羲)・困大人(人子) 그리고 一夫는 맺은 이가 푸는 격으로 正易을 완성시키는 데 원리적으로 상관관계에 있다는 것 등이다.

끝으로, 宗敎事業과 관련해서는 敎化事業과 慈善事業을 꼽고 있다.

저자는 교화사업은 일반교육과 달리 종교의 몫임을 강조한다. 感化와 感服 그리고 感應과 感動은 교화의 근본이다. 지난날에도 정신적 求心體요 至聖所로서 가정의 家廟와 나라의 宗廟가 있었거니와 이는 "흩어진 마음을 수습하고 어지러운 정신을 가다듬어, 이로써 渙散에 處하고 이로써 萃聚에 居하는 것"이라고 한다. 나아가 새 나라의 至聖

所는 先天의 民族爲主의 소규모 행사에 그치는 경우와 달리, "大渙散後의 全人類가 營造하는 새 나라의 宮殿은 역시 全人類가 처음으로 團合하여 세우느니만큼, 가장 華麗하고 莊嚴하게 嚴肅의 美를 다한 未曾有의 大宮殿이어야 할 것으로 생각된다"고 말하고 있다[《周易》 渙卦〈象傳〉 참조; 〈象傳〉, "先王以 享于帝 立廟." 참조]. "그리하여 이 殿堂은 全人類가 다 같이 가장 崇高하고 莊嚴한 音樂을 지어 하나님의 德을 讚頌하고 그것을 높이 받들어 하나님께 드리며, 곁들여 各自의 父母祖上에게도 아울러 祭祀드리는 神聖無比한 信仰의 大神壇이요 敎化의 大本山이 되어야 할 것이다[《周易》 豫卦〈象傳〉, "雷出地奮 豫 先王以 作樂崇德 殷薦之上帝 以配祖考" 참조]."

그리고 慈善事業의 방향은 불우한 인생에 대하여 국가적 대처뿐 아니라, 宗敎事業으로 충분한 대책이 있어야 한다.

(1) 저자는 첫째로 生老病死를 말한다. 특히 嬰兒와 産母에 대한 배려, 老人에 대한 평생교양과 신앙부흥과 위락시설 그리고 환자를 위한 의료 및 요양시설, 약물뿐 아니라 '하나님의 거룩한 眞理'에 따른 치료를 일컫는다. 그리고 죽음에 대하여 "后天의 葬送은 治粧보다는 鄭重을, 豪華보다는 簡潔을 要旨로 하여야 할 것"이라고 한다.

(2) 鰥寡孤獨[홀아비 · 과부 · 고아 · 독거노인]은 예로부터 천하의 '四窮民'이라 하였다. 특히 '어려서 부모 없는 자식의 슬픔', '늙고 병들어 외톨로 당하는 고통', '孤寂한 老境'에 대한 배려이다. 그리고 "鰥寡를 짝지우고 孤獨을 結緣시켜 家庭의 樂을 누릴 수 있도록 하여야 한다"는 소견을 밝힌다.

(3) 疲癃殘疾에 대해서이다. 이들은 鰥寡孤獨보다 더욱 처참한 사람들이다. 先天的, 後天的 肢體障碍와 不治의 질환에 대한 국가적 시

책은 당연하려니와, 더욱 절실한 것은 종교적 역할이라 할 수 있으니 그것은 "저주와 절망과 원한과 고통의 늪 속에서 헤매는 이들에게 정신적 위안과 生에 대한 의욕을 불러일으킬 수 있게"하는 일이며, 그리하여 "절망이 希望으로, 암흑이 光明으로, 원망이 感謝로 變하여 苦痛 속에서도 즐거움을 발견하여 새로 제二의 人生을 되찾게 하는 것"이 자선사업의 보람이요 神聖한 의무임을 재확인하고 있다.

이 절의 마지막 부분은 '새宗敎 創道者로서의 一乎一夫'이다. 저자는 이 글에서 一夫 선생이 1826년 朝鮮 땅 忠淸道 連山의 시골마을 외진 곳에 태어나 한 사람의 가난한 선비로 36세에 蓮潭 李 先生의 咐囑을 받아 60세에 《正易》 一冊을 펴내기까지의 歷程과 때마다의 成就를 되돌이켜 본다. 놀랍게도 이 땅의 일개 寒士가 인류사상 처음으로 第三易인 正易을 創制宣布하였다는 사실은 누구도 짐작하거나 예상하기 어려운 일이었다. 하지만 저자는 그의 저술 가운데서 謙虛하기 짝이 없는 一夫 先生에게 전혀 남다른 측면이 있었음을 論及하였다. 특히 《正易》과 〈大易序〉를 보면 범상치 않은 면모를 볼 수 있다.

앞에서 약간 살핀 것처럼 《正易》에는 一夫와 上帝와의 대화장면이 있다.(《正易》十張: 화무상제 말씀[化无上帝言]; 화무상제 거듭 말씀[化无上帝重言]). 이른바 '天心月' 및 '皇心月'과 관련한 것이다. 一夫 스스로 "不肯 감히 어찌 理數를 밀리요마는 오직 願하옵기는 부모님 마음 安泰하실 뿐입니다[不肯敢焉推理數, 只願安泰父母心]"라는 말씀으로 화답하고, "不肖子 金恒은 느껴 울며 받들어 쓰옵니다[不肖子 金恒 感泣奉書]"라 하였다. '化无上帝'와 親子 관계임을 확인하는 대목이다. 이 장면에 바로 앞서 또한 다음과 같은 문장을 볼 수 있다 : "天地가 말씀이 없으시면 一夫가 무엇을 말하리요, 天地가 말씀이 계

시니 一夫가 敢히 말한다. 천지가 一夫에게 말하라 말씀하시니, 一夫
가 천지의 말씀을 말하노라 (《正易》九張 : "嗚呼, 天地无言, 一夫何言.
天地有言, 一夫敢言. 天地言一夫言, 一夫言天地言.)."

그리고 〈大易序〉에 기록된바 저자가 一夫에 대해 '道가 天地无形 밖
에까지 通한 것과, 능히 天地无形의 景槪를 내다본 것과 道學의 淵源
을 天地无窮化无翁에게 둔 것'을 引證하고 있는 점에 비추어 볼 때 종
래의 어느 儒者에게서도, 어느 學派나 宗派에서도 쉽사리 볼 수 없는
남다른 面이 있음을 看取할 수 있다. (一夫와 西學과의 관련성은 어떠
한 흔적도 찾아볼 수 없다.) 과연 저자는 "그가 후일 蓮潭 先生에게 '影
動天心月'의 소식을 듣고 窮理盡性과 鼓舞盡神의 功을 다하여 드디어
正易八卦圖를 긋고 十五一言과 十一一言을 闡明하여 人類史上 처음
으로 正易을 선포한 一夫 先生"이라고 썼다.

실로 저자는 一夫가 어느 누구도 도달하지 못하고 이루지 못한 일
을 성취하여 易道를 완성시킨 作易聖人으로서의 位相을 확인하고 있
다. 저자는 《正易》이야말로 인류문명상 이제까지의 것과 차원을 달리
하여 새롭게 열리는 새나라 새종교의 기본원리가 담긴 圖書(그림과
글)임을 재확인하고 一夫 先生이야말로 正易后天의 새종교 創道者로
자리매김하여 마지않는다. 그러면서도 저자는 다시 "先生은 새 宗敎
를 스스로 唱導한 일이 없다"고 한다. "일찍이 한 번도 그런 內色을 한
일이 없고 내가 바로 그로라고 입에 올린 일이 없다"는 것이다. 一夫
가 萬夫이며, 萬夫가 一夫일 뿐이다. 一夫 스스로 "사람이 없으면 홀로
지키고, 사람이 있으면 전하리로다(无人則守, 有人傳)"라 적었으며,
鶴山은 "아침마다 뒷동산에 올라가 '福받아 가거라'고 외쳤을 뿐이다"
라고 썼다. 一夫는 특정교단(종교집단)의 교주가 결코 아니다.

이 책의 論述편 다음에는 '饌言'이라 하였다. 본디 1982년에 간행된 《學易饌言》의 뒷부분에 들어 있던 것인데 이번 전집에서는 《訓民正音과 一夫正易》의 뒷부분에 넣었다. 여기 수록된 글들은 論文論說類라기보다는 隨想 또는 詩文이며, 〈民主와 天主〉를 비롯하여 모두 16편이다. 饌(찬)이란 飯饌이란 뜻으로 저자는 음식에 반찬이 필요하듯이 '饌言'이 학문에 도움이 되고자 하는 취지라 하였으나 대부분 저자의 易學思想이 진하게 묻어 있는 글이다. 哲學思想뿐 아니라 文章으로서도 龜鑑이 될 법한 筆致를 볼 수 있다.

6. 《第三의 易學》

이 책은 1992년 저자 鶴山 先生의 팔순에 즈음하여 간행되었다. 鶴山은 還甲이나 七旬 때에도 후학들이 紀念論文集을 내고자 하여도 끝내 사양하였다. 그것은 八旬에 이르러서도 마찬가지였다. 그 대신 기왕에 발표된 여러 저서가운데서 요긴하다고 여겨지는 부분을 재편집하여 한 권의 冊으로 내기로 하였다. 말하자면 1972년 鶴山 六旬이 되는 해에 처음 《해설 역주 훈민정음》(國英文)이 출간된 이래 數三卷의 저술이 나왔고, 20년이 지나 80歲에 이르러 마지막으로 간행된 것이 이 책이다. 그리고 이 책에 수록된 내용은 저자 스스로 재구성하였다. 저자가 晩境의 눈으로 選拔한 내용들이니만치 鶴山 一代의 學問的 決算이라고 할지, 鶴山學術의 要緊處가 이 책 한 권에 담겨 있다고 할 수 있겠다.

이 책의 제목은 《第三의 易學》이며 '鶴山文粹'를 竝記하였다. '第三

의 易學'은 一夫親筆의 〈大易序〉와 《訓民正音》 解例本에서 集字하였고, '鶴山文粹'는 道原 柳承國 博士의 筆이며, 著者名은 鶴山自筆이었다. 이 책의 내용은 上下篇으로 되어 있으며, 上篇은 〈訓民正音의 올바른 字體〉를 비롯 論文 隨想 15편과 詩文 2편, 그리고 下篇은 〈韓國 易學에의 接近〉 등 論文 12편과 叙 · 頌 각 1편으로 엮었다. 附錄으로 御製 〈訓民正音〉과 一夫 《正易》의 원문이 실려 있다.

이 책은 심오한 학술적 원리를 담고 있지만, 비교적 부드럽고 읽기 쉬운 교양적인 내용이 상당히 포함되어 있다. 그리고 自序一文에서 저자가 추구하여 온 易學研究가 어떠한 것이었는가, 즉 《周易》에서 《正易》으로 移行하는 易學的 의의를 포괄적으로 명확하게 서술하였음을 볼 수 있다.

저자의 自序 뒷부분을 인용하여 이 책의 간행취지를 되짚어본다 :

金火正易은 十五一言과 十一一言으로 되어 있다. 우리나라 訓民正音도 자세히 살펴보면 十五一言과 十一一言에 符合한다.

筆者는 일찍이 이 두 文獻을 后天의 先后天이라 하여 '學易'하는 態度로 工夫하던 중, 이에 관하여 數三卷의 저술을 한 바 있다. 이에 다시 그것들은 廻光反照하여 그 精粹라 할 수 있는 若干篇을 모아 '鶴山文粹'로 엮어낸다. 이는 오로지 이 책의 讀者 諸位와 우리 겨레의 兄弟들과 나아가서는 온 人類 全體의 無量福祉社會인 琉璃世界建設에 결정적인 一助가 되고자 하는 一念에서이요, 아울러 筆者가 세상에 빛을 본지 八旬됨을 記念하여 스스로의 里程標로 삼기 위함이다. (《第三의 易學》〈自序〉)

7.《鶴山散藁》

《鶴山散藁》는 대부분이 저자가 학술적 목적으로 논술하여 출판에 부친 글 이외의 문장으로, 대개가 隨筆 隨想 또는 書簡文과 賀辭, 序文 그리고 硏究所發起趣旨文 등으로 拾遺性格의 글이다. 더러는 원고지에 써서 남겨놓은 것도 있다. 따라서 이 책은 저자의 글이지만 자신이 직접 편집한 것이 아니다. 이 책으로 鶴山 선생 평소 생각의 일단을 엿볼 수 있을 것이다. 이 책은 아래의 몇 단으로 나눠 편집하였다.

첫째는 〈回想〉 편이다. 이것은 지금부터 삼십 여년 전(1985)에 쓰여진 글이다. 鶴山 李正浩 博士와 夫人 金蕙淑 여사는 바로 전 해(1984. 12. 6.) 江原道 楊口 남북분계선 최전방에 軍宗法師로 근무하던 막내아들 東信 중위(大尉로 追叙)의 殉職으로 慘憾을 보게 되었다. 25세의 짧은 인생이었다. 鶴山은 그 짧은 인생을 슬퍼하며 〈새벽이슬〉이라는 제목으로 지난 일을 회상하여 13항목으로 된 小傳記를 썼다. 이 글은 이듬해 12월 到岸法師一周忌 追慕文集《새벽이슬(이동준 엮음, 1985)》이라는 책자 맨앞에 수록되었으며 법회에 모인 大衆들에게 배포되었다.

둘째는 〈月印千江之曲 (抄譯)〉 편이다. 世宗께서 지은 〈月印千江之曲〉 194편을 鶴山 先生이 東信을 추념하는 뜻으로 현대문에 가깝게 번역하여 그 중 81편을 역시《새벽이슬》에 넣었다.

셋째는 〈書簡(一)〉 편이다. 鶴山이 일찍이 子弟들에게 보낸 書信 가운데 둘째 아들 東仁에게 주신 15통(1967~1977/1984)과 막내 東信에게 주신 10통(1970~1984) 그리고 東信이 아버님께 올린 15통(1980~1984)의 편지를 함께 실었다. 아울러 외국 유학중이던 두 孫

女 善慶과 善寧이 올린 편지 몇 편(1993/1993~1995)을 넣었다.

넷째는〈書簡(二)〉편이다. 이것은 往年에 (1970년대) 옛 國際大學 (現 西京大學校)에서 師弟의 緣으로 만난 李福揆 씨(현재 西京大 國文科 교수)와의 書信으로, 지난날 주고받은 質疑應答 및 平常書信이다. '質疑答信'은 學術的 思想的인 문제로 13꼭지(1984. 2. 24~1985. 3. 4), 그리고 '平常書信'은 문안 또는 일상생활에 관한 것으로 14꼭지 (1981~1996)이다.

다섯째는〈書簡(三)〉편이다. 鶴山 晩年에 大田 祇園精舍의 和宗스님에게 보낸 12편의 書札이다. 晩境의 鶴山과 山房의 心懷를 읽을 수 있을 것이다.

여섯째는〈鶴山隨錄〉편이다. '鶴山遺文' 20餘篇과 '鶴山回心漫錄' 40餘篇이다. 이미 발표된 것도 있고 대부분 鶴山이 원고지에 手筆로 남긴 것이다.

일곱째는〈鶴山詩藁〉편이다. 최근에 발견된 상당수의 漢文 및 國文 詩文들이다. 漢文은 國文으로 풀었다.

여덟째는 英文 학술논문 편이다.〈On Houhnmin Juhng-um and Juhng-yauk〉(훈민정음과 정역에 대하여). 이 논문은 鶴山이 65세에 (1977. 6.) 미국 워싱턴대학(Seattle. WA)에서 행한 강의록이다. 이 글은《國際大學論文集》제6집(1978)에 揭載되었다. 英文으로 되고 학술논문이지만 鶴山의 학술을 집약적으로 보여주고 또 대외적으로 알리는 뜻이 있어서 이 책의 末尾에 넣어 全集의 학술적 결론으로 마무리하려는 뜻이 있다.

끝으로 이 책의 附錄 편이다. 맨앞에《學易籑言》의 跋文을 실었다. 道原 柳承國 敎授는 鶴山의 七旬紀念論文集을 만들어 드리고자 하였

으나 선생의 固辭로 그리되지 못하자, 단독으로라도 先生의 古稀를
紀念하는 뜻을 표하고자 鶴山 七旬에 나온《學易篡言》에 〈韓國易學의
特質과 文化的 影響〉이라는 論文 一篇을 붙이고 그 책의 '跋文'을 썼
다.《鶴山散藁》의 부록으로 柳敎授 名儀의 〈跋文〉을 넣어 그 뜻을 기
렸다.

한편 鶴山 선생의 淸州高普 시절에 日人敎師였던 富山 民藏 先生의
書信 數通을 韓國語로 번역하여 첨부하였다. 그로부터 約 50년 뒤의
것이다. 富山 선생은 일찍이 젊은 鶴山에게 다른 무엇보다 '朝鮮學'을
專攻하도록 권유한 분이다. 그밖에 呑虛(金鐸聲) 스님의 書札 1편을
넣었다. 鶴山의《正易研究》를 받고 보내온 答信이다(1977).

아울러 동학의 참고가 되기를 바라는 뜻에서 鶴山의 〈哲學上으로
본 世宗大王 研究 : 그 方向에 대한 若干의 構想〉을 덧붙였다. 평소 世
宗을 존숭하고 大王의 학술에 관심이 깊었던 학산의 세종대왕 연구
試案인데, 제목과 함께 다루어질 내용과 항목의 원고가 남아 있어 실
었다.

8.《원문대조 국역주해 정역》

이 책은 제목이 보여주는 것처럼《正易》을 國譯하고 註解를 붙였다.
저자는 일찍이《正易研究》(1976)와《學易篡言》(1982)에서도 國譯註
解를 시도한 바 있다. 하지만 이 책(初版은 1988)에서는 좀 더 完美하
게 편찬하였으니, 이를테면 原文과 譯文을 左右로 대조할 수 있고, 原
文의 讀音과 토를 붙이고, 脚註를 소상하게 달았다. 이렇게 몇 단계를

거쳐 결정판이라 할 단행본을 완성한 것은 처음 보는 盛事요, 뜻 깊은 일이다. 그리고 附錄으로《正易》의 원문 영인과 함께 一夫의 〈大易序〉를《正易》의 경우와 같은 방식으로 국역주해하고, 아울러 〈정역에 대하여〉라는 해설(《正易과 一夫》에서 옮겨옴)을 수록한 것은 연구자들이《정역》을 익히고 공부하는 데 매우 요긴한 길잡이가 될 것이다.

9.《周易字句索引》

鶴山 李正浩 박사의《周易字句索引》은 학계에서 처음 선보인 저작이었다. 草稿는 1956년에 이루어졌으며, 初版은 1963년에 忠南大學校에서 200部 限定版으로 出刊되었다. 개정판으로 15년 후 1978년에 서울의 國際大學 人文社會科學硏究所에서 復刊된 바 있다. 그 뒤 이번에 나오는 再改訂版은 이미 1990년에 亞細亞文化社에서《正易字句索引》과 함께 내기로 決定을 보았으며, 당시 개정본 원고는 탈고되어 있었으나 오랜 세월이 지나 38년 만에 全集에서 새로운 모습으로 다시 햇빛을 보게 되었다.

鶴山의《周易字句索引》(1963)은 美國 하바드대학 燕京學舍의《周易引得》(1966)보다 이르고, 錦章書局所引 十三經注疏附校勘記本이 아니라 朝鮮朝 內閣版《周易傳義大全》에 의거하였고, '字索引'과 '句索引'을 겸하였으며, 漢文字의 劃順索引뿐 아니라 韓國現代漢字音에 따른 音順索引까지 포함하고 있음이 특장이다.

컴퓨터시대임에도 글자 하나하나를 정밀하게 살피고 문구를 상호 연관하여 탐구하며 그룹을 지어 通括的으로 파악하는 등 周易硏究에서 이 索引은 필수적이라 평가받는다.

10.《正易字句索引》

《正易字句索引》역시 鶴山 晚年에 一字一句를 整書하여 작성한 것
이다. 鶴山은 그동안 자신의 저술 거의 전부를 출판하였고, 다시 이 책
의 출판을 결정한 亞細亞文化社 李昌世 사장의 嘉意에 대하여 특별한
謝意를 표하고 있다. 序文의 一段을 이끌어 보겠다: "筆耆는 오래前부
터 그 作成을 期했으나 좀처럼 뜻을 이루지 못하던 중, 近來 老休의 餘
暇에 조금씩 整理하여 平日의 所望을 이루게 되니 스스로 기쁜 마음
을 금치 못한다. 마침 그 草稿를 亞細亞文化社 李昌世 社長에게 提示
하고 後學을 위하여 出刊을 議論한바, 近日 漢字出版이 極難임에도
卽席에서 그 刊行을 承諾하였다. 그 國學의 宣揚과 學問의 愛好와 後
進의 啓導에 대한 熱意가 남다름을 느껴 感謝와 더불어 敬意를 表하
는 바이다."

《周易》과《正易》의 索引을 어느 개인이 직접 작성한다는 것은 대단
한 노력과 精密을 요하는 일이다. 그러한 작업을 수행하였음도 놀랍
다 하겠지만 실은 학문이란 이렇듯 확고한 기초 위에 성취될 수 있는
것이라 할 때 鶴山이 이룬 학문적 성취가 결코 우연한 것이 아니었음
을 짐작할 수 있다.

鶴山은 이 索引을 작성하면서 後學인 權寧遠 著《正易句解》(景印文
化社, 1983)의 附錄에 힘입은 바 있다고 밝히고 있다.

11.《周易集注大要》

《周易集注大要》는 鶴山 선생이《周易》에 대한 歷代 諸家의 注釋을 精讀하고, 연구와 교육에 가장 요긴하다고 여겨지는 것들을 추려서 成冊할 수 있도록 기록해 놓은 周易研究資料集이다. 儒家의 十三經 가운데《周易》에 대한 해석이야말로 오랜 세월에 걸쳐 가장 浩繁하고 풍성하다고 할 수 있다.《十三經注疏》의 〈周易正義〉를 비롯《四書五經大全》의 〈周易傳義大全〉 그리고《周易折中》에 이르기까지 그 세부에 들어가 보면 이루 헤아릴 수가 없다.《周易》해독을 위해 주요 註說만을 섭렵하는 데도 상당한 功力이 필요하다.

鶴山은《周易》上下經과 〈繫辭〉上下篇에 걸쳐 작업을 실시하였다.《周易》上下經은 1957년(乙酉下)부터 1963년(癸卯下)까지 만6년간이었으며, 〈繫辭〉上下篇은 연대가 기록되지 않았는데, 그 이후인 듯하다. 강의와 연구의 틈에, 忠南大 在職時, 장소는 香積山房이었다.

《周易》64괘는《周易集注大要》(一)~(六), 〈繫辭〉上下는 (七)~(八)에 해당되며, 이번 全集에서는 上·中·下 3卷으로 편집하였다.

이 책은 一一이 肉筆로 된 원고 상태이다. 活字로 출간하지 못하고 그동안 少數人이 複寫製本하여 소장하고 있었다. 이번에 鶴山親筆本을 영인하여 상·중·하 3권으로 전집에 포함시켰다. 당시에 紙質도 좋지 않은데다가 갱지에 만년필로 써서 더러는 難讀일 수 있다. 하지만 鶴山 선생의 筆致를 느끼고, 모름지기 학문적 자세가 어떠하여야 하는지에 대한 깨우침을 받을 수 있을 것이다.《周易》을 독실히 연구하는 학인들을 위한 길잡이로서 훌륭한 반려가 될 것이다.

이제 鶴山先生全集을 11種 13册으로 마무리하게 되었다. 위에서 책

의 간행취지와 鶴山의 학문 및 저술에 대하여 전반적으로 살펴보았
다. 이 전집이 선생이 살아계실 때 간행되었더라면, 당연히 저자 서문
과 해설이 있었을 터이나 그리되지 못하여, 타인(아들)의 손으로 거칠
게나마 간행의 배경과 해설[解題]을 붙였다. 原意에 어긋나거나 疏漏
함을 무릅썼다.

〔《학산이정호전집》, 제1집, 아세아문화사(2017)〕

Ⅲ

訓民正音과 方格規矩四神鏡에
나타난 古代 東方 思想

― 李正浩:《解說 譯註 訓民正音》·〈訓民正音의
易學的 研究〉에 붙임 ―

이남덕

1. 여는말

한글 문자의 기원에 대하여는 1940년 《훈민정음해례본》이 발견되기까지는 제설(諸說)이 구구하여 고전자(古篆字) 기원설·범자(梵字) 기원설·몽고자(蒙古字) 기원설·중국 운학(韻學) 기원설, 서장(西藏)문자 내지 팔사파자(八思巴字) 기원설, 타탈문자·거란자(契丹字)·여진자(女眞字) 기원설 등 세계의 문자는 다 끌어뎔 정도였다. 해례본이 발견되자 제설은 일시에 잠잠해졌다. 완전히 세종대왕의 독창이요, 그 제자 원리는 〈제자해(制字解)〉에 "정음이십팔자 각상기형이제지(正音二十八字 各象其形而制之)"라 하였고, 정인지 발문에 "상형이자주고전(象形而字倣古篆)"이라 한 것으로 그 모든 것을 밝혀 주었기 때문이다.

그 후 30년 우리는 '발음기관의 상형'설에 만족하여 그 배후에 있는

제자 원리에 대하여는 깊은 생각을 하지 않은 것이 사실이다. 이번에
이정호(李正浩) 선생께서《해설 역주 훈민정음》과〈훈민정음의 역학
적 연구(논문)〉를 내신 것은 30년 내의 커다란 수확이다. 해례본이 발
견되기까지는 본문을 못 보아 망설(妄說)이 횡행했고, 본문을 읽게 된
후에는 눈뜬장님이라 정음의 참뜻을 깨닫지 못하였었다. 혹 대학 강
단에서 훈민정음 해례본을 강석(講釋)하는 경우가 있어도〈음양오행
설〉은 무용하고 번쇄(煩瑣)한 동양철학으로 돌리고 이를 오직 장식적
부분으로 오해하여 문자의 해설에만 그치지 않았던가 한다.《한글의
기원》의 저자도〈중성해(中聲解)〉에 대하여 다음과 같이 말하고 있
다.[1]

〈제자해(制字解)〉 중의 〈중성해〉에 있어서 천, 지, 인의 상형(象形)
과 그 교합에 의한 성음(成音)의 해명도 사실 기상천외의 착상이기는
하나, 극히 자연스럽고 극히 교묘하여 3탄(三嘆)함을 금ㅎ지 못하겠다.
다만 음양오행설과 방위음계(方位音階)의 교변(交變)에 의한 설명에
이르러서는, 당시에는 극히 신묘심오(神妙深奧)하다고 생각했겠지만,
오늘날 우리로 볼 것 같으면 혹은 번쇄, 혹은 부회(附會), 한갓 논리의
유희에 빠진 듯한 느낌이 없지도 않으니… 그것은 요컨대 문자 제작 후
그 이론적 근거를 유력하게 하고 그 연원을 심오하게 하고 그 설명을
정교히 하기 위하여 차용 또는 부가한 요소라고 볼 것이오, 소위 문자
제작의 근본적 직접 동기로 볼 발음기관의 '상형'과 동일한 중요성으로
논할 수는 없다.(필자 가선)

---

1) 이상백,《한글의 기원》(서울: 통문관, 1957), p.25

우리가 〈제자해〉를 허심하게 읽는다면 10분지 9 이상이 음양오행설인데 그것을 오로지 문자 제작 후에 차용 부가(付加)한 요소라고 보았으니 우리는 훈민정음 제작에 대한 첫 번째 실례에 덧붙여 또 한 번 실례를 감행했던 것이다.

실로 훈민정음은 세종 자신은 물론 당시 보필의 소임을 맡았던 집현전 학사들 모두의 총력, 총 지혜의 결정체인 만큼, 그 철학·세계관·우주관 전부가 담겨져 있는, 문자이면서 문자 이상의 상징이었던 것이다. 처음으로 새 문자를 만들려고 할 때 머리에 떠오를 수 있는 모든 점과 선과 형은 단지 그를 창작자의 '조작'일 뿐 아니라, 시간과 공간이 거기 일점(一點)으로 표현되는 필연성으로 이해되어야 한다. 그러기에 정인지는 "금정음지작, 초비지영이력색, 단인기성음이극기리이이, 이기불이, 즉하득불여천지귀신동기용야(今正音之作, 初非智營而力索, 但因其聲音而極其理而已, 理旣不二, 則何得不與天地鬼神同其用也)" 또는 "우, 정음작이천지만물지리함비, 기신의재, 시태천계성심이가수언자호(旰. 正音作而天地萬物之理咸備 其神矣哉 是殆天啓聖心而假手焉者乎)"라 한 것이 반드시 과장이 아니다. 바꾸어 말하면, 문자를 머리로 먼저 만들어 놓고, 그 뒤에 문자의 연원을 심오하게 하고 설명을 정교히 하기 위해서 그들이 신봉하는 철학으로 10분지 9 이상의 지면을 채운 것이 아니라, 문자 제작 이전에 그들의 철학이 선행했다는 말이다. 더 정확히 말하면 그들의 철학이 훈민정음을 제작케 했다고 이해되어야 한다.

세종께서 《사서오경대전(四書五經大全)》이나 《성리대전(性理大全)》을 전심(專心) 전공(專攻) 공부한 그 열성은 세종 자신의 자기 형성의 과정을 알려주는바, 정음은 그러한 불꽃 튀는 정려단련(精勵鍛

錬)의 결실이다. 그를 중심으로 한, 당시의 집현전 학사들이 또한 궁리정심(窮理正心)의 정수였음도 세종대왕이라는 핵이 있어 비로소 한데 뭉칠 수 있었다. 궁리정심이 성리학의 궁극이라면 그들은 동양철학의 핵심을 몸으로 실천한 학문 그룹이며 동시에 구도 그룹이라 하겠다. 그 고매하고 신선한 구도 정신을 오늘 생각하면 그 찬란함에 눈이 부실 지경이다. 이러한 일은 우리 역사에는 전무후무한 일 같다. 후일의 퇴계 율곡을 성리학의 최고봉이라 하거니와, 성리학을 처음 실천적으로 받아들인 역사의 전환기, 여명을 거쳐 창조기에 들어선 세종 일대는 신선한 감격으로 차 있다. 세종 문화의 창조성은 세종과 그를 둘러싼 학사준재(學士俊才)들의 인간 형성을 빼고는 설명할 수가 없다.

이번에 이정호 선생의 연구로 밝혀진 사실 중에 특히 중요하다고 생각된 것은 훈민정음이 역(易) 중에서 하도복희역(河圖伏羲易)의 원리로 제작되었다는 점이다. 주(周) 문왕(文王)역은 낙수(洛水)에서 발견된 귀배(龜背)의 무늬로 된 역이라 하여 낙서역(洛書易)이라 하며 이는 하도(황하의 용마배[龍馬背] 무늬에 나타난 그림)역에서 변화한 것이다. 역괘에서 볼 수 있는 ☰, ☷ 등은 문자 이전의 고대인들이 사용했던 상징적 부호로 이해되며, 특히 하도역은 주역보다 선행하는 고대인의 사고(특히 우주관)를 표현한 것이라 하겠다. 역이 점서(占書)라 하여 진시황의 분서의 난을 면해서 오늘날 남아 있거니와 고대에 관한 기록이 영성(零星)하다 해서 고대가 없었던 것이 아니다. 가령 우리 민족을 알타이(Altai)계 민족이라 할 때 중국에 문자가 만들어지기 이전 아득한 고대에 황하를 거쳐 동으로, 그리고 동남으로 이동을 계속했을 것은 의심할 여지가 없다. 따라서 중국의 북부, 황하 유역은 알타이계 문화와 중국 문화의 접촉지대로 동방문화의 온상이 되었다고 본다. 한(漢)문화가 시작되는 것도 문자 있기 이전의 알타이 문화와의 접촉에서부터임은 두말할 것도 없다.[2] 그것은 우리 쪽에서도 마찬가지다. 고대에 올라가면 올라갈수록 두 문화의 동원성(同源性)을 발견할 것이다. 역(易)사상과 같은 것은 이러한 관점에서 볼 때, 한자로 기록되었다고 해서 우리와 무관한 사상이 아니다. 우리의 신화는 한결같이 하늘과 땅의 조화를 주제로 하고 그 가운데 인간의 존재를 신격화하고 있다. 우리가 후기에 성리학을 받아들였다고 하나 그 사상의 원천인즉, 우리 자신의 것이다.[3]

여기 한대경(漢代鏡) 중에서 중요한 위치를 차지하는 방격규구사신경(方格規矩四神鏡)의 경배도(鏡背圖)를 들어 훈민정음의 문자체와 함께 논하는 의도는 이 양자 사이의 형체의 우연한(?) 일치가 실로 우연한 것이 아니고 그 배후의 사상이 꼭 같은 데서 온 것임을 보이려고 한 것이다. 정음이 창제된 근본 원리가 하도복희역에 있음이 밝혀진 결과로 정음자(正音字)의 자체(字體)와 방불한 방격규구형(形)의 의미를 결부시켜 고찰할 근거를 갖게 된 것이다. 이제까지 이 방격규구경은 속칭 〈TLV鏡〉이라 하여, 그 명칭부터가 이 '규구'의 뜻하는 바가 무엇인지 모르고 있다는 것을 단적으로 나타낸다. 혹은 이것을 한대(漢代)의 육박반국(六博盤局)에서 온 것으로 보는 설도 있으나, 육박반국에 이 도형이 나타나 있음도 거울의 도형과 한가지 원리에서 나왔음을 의미할 뿐이다. 그것이 즉 하도역, 즉 태극의 원리다.

2) 박시인, 《알타이문화연구》, (서울대출판부, 1970)
3) 류승국, 《한국유학사상사서설》, 한국민족사상사대계1(아세아학술연구회, 형설출판사, 1971)

우리의 훈민정음도, 한대의 방격규구경도 한가지 역의 원리에서 나왔다고 할 때, 우리가 빠지기 쉬운 과오가 있다. 그것은 즉 양자 사이에 직접적인 관련이 있다고 보는 견해이니, 즉 진나라 때 시작하여 전한(前漢)으로 성기(盛期)를 삼은 방격규구경에서 15세기의 훈민정음 문자가 유래했다고 본다면, 이 역시 세종대왕이란 존재를 무시하고 정음의 기원이 무슨무슨 문자에서 왔다고 하는 망설과 같은 과오에 빠지고 만다. 필자가 강조하고 싶은 것은 규구경이나, 정음을 낳게 한 고대 동방사상, 그것은 오늘날까지도 우리의 사고 심층에 잠재해 있는 사상이며, 한대 사람들에 의하여는 규구경이 되었고, 세종대왕을 통하여서는 훈민정음으로 발현하였고, 또 앞으로 얼마나 커다란 창조를 가능하게 할지도 모르는 그 사상에 대해서다.

이 소론에서 말하고 싶은 것은 첫째 방격규구사신경이 천원 · 지방 · 음양 · 4상 · 5행 · 8괘 등 하도역적 사상을 나타낸다는 점과 둘째는 훈민정음에 기록된 음양오행설이 문자 제정 후에 장식으로 부가된 것이 아니라 문자 제정 이전에 세종대왕과 집현전 학사들이 체득한 철학이었다는 점이며, 그리고 이 철학은 우리 민족에게 있어서 과거에도 중심적 사상이었지만, 장래에도 통일문화 창조를 약속하는 사상이 될 것이라는 점이다.

2. 방격규구사신경의 특징

통칭 방격규구사신경이라 함은 경배(鏡背)의 무늬가 그림(1.b)에 보듯이 한가운데 도도락한 〈뉴(鈕)〉를 중심으로 하여 크게 사각형(방

격)을 그리고, 그 각 변의 중점에서 〈T〉형을 내게 하고 그 〈T〉와 대를
이루어 〈L〉형, 그리고 방격의 귀퉁이에 대하여는 〈V〉형을 배치하여
놓고 그 〈TLV〉로 나누인 내구(內區)의 여덟 군데에 청룡, 백호, 주작,
현무의 4신과 금수신선(禽獸神仙) 등의 상을 배치한 거울을 말한다.
이것을 줄여서 규구경 또는 TLV경, 4신도를 가졌기 때문에 4신경이라
하기도 한다.

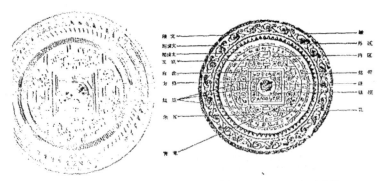

그림 (1) a. 漢 方格規矩四神鏡(臺灣 故宮博物館 藏) b.鏡背各部의 名稱

이 규구경이 행해진 연대는 전한(前漢) 후기에서 삼국시대까지라
하나 그 성기(盛期)는 한(漢) 중엽, 즉 신(新) 때가 정점이고, 그 기간
은 한대의 태반에 걸쳤으니 한경(漢鏡)의 한 특징을 이루고 있다 하겠
다. 이제까지 알려져 오기로 이는 한대에 성행한 천원지방(내구외측
원[內矩外側圓]과 방격[方格])과 음양사상(방격규구가 이를 나타냄),
4신사상, 신선사상이 담겨져 있는 것으로 보고 있다. 방격규구와 4신
문(四神文)과 합체된 것도 이 거울의 하나의 큰 특징이라 할 수 있다.
그런데 방격규구는 4신문과 합체되어서 갑자기 나타난 것이 아니
라 그 이전에서부터 출현되었던 것이니, 반리문경(蟠螭文鏡)이라는

것이 진나라 때 거울 중에서 큰 위치를 차지하는데 그 반리문경 속에 이미 방격규구를 가진 것이 보인다. 그림(2) 이로 보면 4신문과 합하기 전에 이미 방격규구의 '사상'은 진말 전한초에 나타나 있는 것으로 보아야 하며, 이러한 초기 방격규구경에서는 〈TLV〉가 대형(大形)으로 강조된 느낌조차 있다.(그림(1)과 (2) 대조)

이 방격규구 'TLV'가 무엇을 나타내느냐에 대해서는 앞에 말한 바와 같이 막연히 언급하는 외에 별 시원한 설명이 없다. 이제 몇 사람의 견해를 인용하면 다음과 같다.

그림 (2) 東京 國立博物館 提供 寫眞 秦鏡末式(前漢初라고도 함) 거울

구정화애(駒井和愛)의 〈中國古鏡の研究〉에 의하면

무릇 고대에 천(天)을 둥근 것으로 하고 땅을 모난 것으로 생각하여 이에 규(規)와 구(矩)를 배(配)한 것과 같은 관(觀)은 상당히 많이 행해

져 있었다. 그런즉 이 거울의 T.L가 지(地)의 사방, 천의 사방을 나타낸 것임은 의심할 여지가 없다. 또 V는 천의 사유(四維)를 나타낸 것으로 볼 수도 있다.

라고 하였은즉, 내구외측(內區外側)을 두른 둥근 원은 천을 나타내고, 중앙의 방격은 지를 나타내니, 천원지방의 사상이며, 규구는 방위의 관념을 나타낸 것으로 보고 있는 셈이다. 수옥효장(守屋孝藏) 씨는 그의 〈방격규구사신경 도록〉에서 이 천원지방 사상에 덧붙여 "구(자, 尺)는 방형을 그리는 것, 규(콤파스)는 원을 그리는 도구로서 음양의 상징이라고도 보이며, 양인 원, 음인 방격과 합해서 음양합체를 나타낸다고도 보인다"라 하였다. 그는 또 한의 무씨사(武氏祠)의 화상석(畫像石)에는 여와(女媧) 복희(伏羲)의 가지고 있는 물건에 음양을 나타내는 규구의 문(文)이 보인다고 덧붙이고 있다.

또 방격규구의 원형(圓形)이 한대의 〈육박(六博)〉반국(盤局)에도 보이고, 햇시계(時計)판, 염승전(厭勝錢) 중에도 보인다고 구정(駒井) 씨는 지적하였는데, 이 때문에 방격규구의 육박반국 기원설을 펴는 이도 있다. (왕사륜[王士倫]의 〈절강 출토 동경 선집[浙江出土銅鏡選集]〉) 육박반국(또는 육박기국[六博棋局])은 전국시대부터 송대에 이르기까지 유도(遊賭)의 패로 사용되었는데 방격규구형보다 선행하는 전국(戰國), 진(秦) 시대의 산자형경(山字形鏡)이나 능문경(菱文鏡)도 네 개 무늬가 서로 대를 이루고 있는 점 등을 고려한다면 이 사상의 배후가 상당히 고대로 소급되지 않을 수 없다.

3. 훈민정음의 易學的 배경

훈민정음의 제자 원리가 역(易)사상에 있음은 해례본에서 정인지 등이 천명한 바요, 이번에 이정호 선생께서 재천명한바, 여기 사족을 붙여 "상형이자방고전(象形而字倣古篆)"의 뜻을 되새기고자 한다.

"상형"에 대하여는 발음기관 상형으로 해석하는 데 이제껏 이의가 없는 듯하다. 그러나 자음자(子音字)에 있어서는 기본 자형 ㄱ, ㄴ, ㅁ, ㅅ, ㅇ이 각각 아(牙), 설(舌), 순(脣), 치(齒), 후(喉)의 상형이요, 나머지 자음자는 그것을 기본으로 하여 그 소리의 변화에 따라 가획도 하고 병서도 하고 변자체(變字體)도 만들었으니 발음기관의 상형이라고 못 박아도 무방할지 모르나, 모음자(母音字)에 있어서는, 가령 •는 천(天)을, ㅡ는 지(地)를, ㅣ는 인(人)을 각각 상(象)하였으니, 이 상형은 발음기관의 상형이 아니다. 비록 우리 훈민정음이 표의문자가 아닌 표음문자일지라도 천지만물에서 취상(取象)했다는 넓은 뜻에서 '상형'이라고 한 것으로 이해된다. 한자 제작의 6사(六事) 중에 상형이 그 으뜸가는 것인 줄 알지만 그것은 우리 훈민정음 제자의 상형보다는 구체적이고 직접적이다. 훈민정음 제자의 상형은 물론 직접 발음기관의 상형도 있지만 그 경우에도 그 배후에 역(易)의 원리와 관계되지 않음이 없다. 예를 들면 설음(舌音) /n/이 ㄴ의 자형을 얻은 이유는 그 발음점이 설단(舌端) 부위에 있으므로 혀(舌)를 상형한 것으로 보겠으나 혀는 다른 발음기관에 비하여 자유로이 움직이기를 잘하는 점이 마치 불이 "전전이양양(轉展而揚揚)"하는 것과 같다 하여 이에서 〈불의 이미지〉를 취상하여 5행에서 화(火)에 배치하니 자연 2·7화

(火), 8괘 중 이괘(離卦),[4] 5방 중 남방, 사시 중 하(夏), 5성(五聲) 중
치조(徵調)에 해당한다. 이러한 모든 의미를 포함한 상형이기 때문에
⊙에서 일(日)이 되고 ᐣ에서 산(山)이 되는 상형보다 추상적이고 역
학적인 의미가 내포되었다는 말이다. 더구나 모음자 •, ─, │, …와 같
은 상형은 꼭 역의 양(陽)을 ─, 음(陰)을 --로 하여 그 배합으로 4상을
이루고 8괘를 이루고 64괘를 이루는 그 상징적 부호의 의미와 같을
만큼 추상성을 띄고 있다.

이제 정음자와 하도역과를 상관시켜 제자 원리에서 골자가 되는 사
상을 이정호 선생 연구에서 살펴보기로 한다.

1) 초성자에 나타난 역(易)사상

a. 초성자 기본형의 제자원리

'첫소리 17자의 제자 원리는 태극과 음양과 3재(三才)와 5행의 원
리'이며 이에 의하여 구강 내 발음부위를 5부위 아, 설, 순, 치, 후로 나
누고, 각각 그 발음기관의 형상을 본떠서 그것을 기본형으로 삼고, 소
리의 변화에 따라 획을 더하여 부위마다 세 층씩을 만든 것이라 설명
하였다.(역주본 pp.8-9, 논문 pp.15-25 참조)

자음자의 기본형은 아, 설, 순, 치, 후, ㄱ, ㄴ, ㅁ, ㅅ, ㅇ인데 이를 목,
화, 토, 금, 수 5행에 배하고 그중에서도 ㄱ과 ㄴ은 ㅁ 속에 자재(自在)
하니 ㅇㅁㅅ(원방각) 3자가 기본이 되며 이는 각각 천원(天圓) 지방
(地方) 인립(人立)의 삼재 상징이라고 보았다. 이는 한의 방격규구경

---

4) [편집자주]: 8괘를 이괘(離卦)로 보는 것은 정음(正音)과는 무관하다.

에서 언급하고자 하지만 천을 ○으로, 지를 □으로 나타냄은 동방 고대 사상에서 줄곧 상형해 온 바로, 훈민정음의 원방각형이 이에 완전히 부합한다.

b. 첫소리의 5행상생 원리와 하도역

역에 상생(相生)과 상극(相剋)의 원리가 있음을 알거니와, 정음 첫소리에 나타난 5행 순위는 하도적(河圖的) 상생원리와 부합하는 것이다. 수생목(水生木), 목생화(木生火), 화생토(火生土), 토생금(土生金), 금생수(金生水), 그것을 도식으로 하면 다음과 같다.

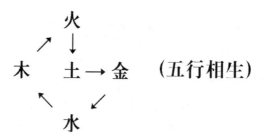

만일 이것을 낙서(주역)로 바꾸어 놓으면 상생도는 깨어지고 만다. 그림 (3)에 보이듯이 낙서(洛書)는 하도에서 변화한 것인데, 2 · 7 화(二 · 七 火)와 4 · 9 금(四 · 九 金)이 뒤바뀐 꼴이라 다음과 같이 된다.

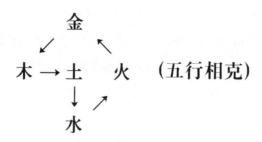

이는 목극토(木剋土)·토극수(土剋水)·수극화(水剋火)·화극금(火剋金)·금극목(金剋木)의 상극도를 그리게 되어 상생도를 그릴 수가 없으니 정음은 하도역의 5행상생도와 관계있음을 알 것이다.

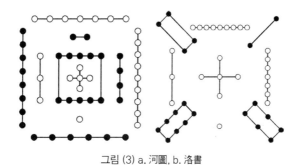

그림 (3) a. 河圖, b. 洛書

2) 중성자에 나타난 역사상

a. 모음 11자 제자 원리와 복희8괘(伏羲八卦)의 생성도(역주본 pp.9-13)

모음 11자 중 그 기본이 되는 것은 ·, ㅡ, ㅣ 3자이며, 그 중에서도 · 음으로써 그 수위를 삼으니 이는 천원을 상형한 것이요, '천개어자(天開於子)'라 하여, 첫 시작(시원[始元], 태초[太初])을 의미하며 궁극을 의미한다. 인간은 오랜 세월을 두고 어떤 완전성을 표시하는데 원, 또는 원점(圓點)을 그려 왔다. 우리 선사시대의 동심원(언양 알터바위)이 그렇고, 불교의 원사상(밀교의 만다라, 치부(治父)의 ○(원상), 우리나라 원불교의 원)이 그렇고, 주염계(周濂溪)의 태극도설의 원이 그렇고, 여기 정음의 · 모음자가 그렇다. 인간이 처음으로 그리고 궁극적으로 그릴 수 있는 이미지의 표현이 · 점에 있음을 생각하게 된다. 이 · 에서 다시 발전하여 땅의 평탄함을 —로 나타내고, 인간의 직립을 ㅣ로 상형한 것이니 이 기본형을 가지고 서로를 배합시켜 2차 3차의 변화형을 만들어 나가는 것이 마치 역에서 태극에서 양의(兩儀)로, 양의(음양)에서 4상(태양, 소음, 소양, 태음)으로, 4상에서 8괘로, 2번, 3번 생성 발전해 나가는 것과 같은 변화의 원리이다.

b. 음양오행의 방위 생성 수(數)에서 본 정음 중성과 하도역(논문 pp.25-33)

방위 생성 수하도수(數)	간지[5]	방위	
• 천5생토(天五生土)	5토(五土)	무진(戊辰)	중앙
— 지10성토(地十成土)	10토(十土)	을축(乙丑)	중앙
ㅣ '인간은 만물 중 최령(最靈)하여 정위성수(定位成數)로 논할 수 없음'			
ㆍ 천1생수(天一生水)	1수(一水)	임자(壬子)	북
ㅏ 천3생수(天三生水)	3목(三木)	갑인(甲寅)	동
ㅜ 지2생화(地二生火)	2화(二火)	정사(丁巳)	남
ㅓ 지4생금(地四生金)	4금(四金)	신유(辛酉)	서
ㅛ 천7성화(天七成火)	7화(七火)	병오(丙午)	남
ㅑ 천9성금(天九成金)	9금(九金)	경신(庚申)	서
ㅠ 지6성수(地六成水)	6수(六水)	계해(癸亥)	북
ㅕ 지8성목(地八成木)	8목(八木)	을묘(乙卯)	동

위의 표에서 볼 수 있듯이 정음은 천지생성수와 하도오행수와의 관

---

5) [편집자주]: 여기 보이는 干支는 해례본에 나타나 있지 않음.

런에서 제작되었다. 우리가 1·6수(一六水), 3·8목(三八木)이라 함
은 천1(생수[生水]) 지6(성수[成數])의 생성수로 상징되는 수(水), 천
3 지8의 생성수로 상징되는 목(木)이란 말이다. 하도의 그림을 보면
천수는 ○로, 지수는 ●로 나타내어 반드시 천지수(양과 음)의 합으로
5행이 생성된 것임을 보여준다. 바꾸어 말하면 수(水)는 1의 양과 6의
음으로 이루어진 것이며 화(火)는 2의 음과 7의 양으로 이루어진 것
이라고도 할 수 있다.

　중성자 제작의 원리가 하도역에서 나왔음은 이상에서 본 바와 같
다. "자방고전(字倣古篆)"은 "한자 전자체의 방정한 모양을 모방한
것"(논문 별쇄 p.15)이라고 풀이하는 이상으로 더 나은 해석이 있을
것 같지 않으나, 필자가 소론에서 한경(漢鏡)인 방격규구경을 들어 훈
민정음과 가지런히 고찰의 대상으로 삼은 이유가 바로 방격규구경의
문양에 나타난 원과 방과 속칭 TLV라고 하는 규구형이 왜 정음 자형
과 혹사한가를 밝힘으로써 적어도 방격규구경에 나타난 사상을 이해
하는 열쇠가 되지 않을까 생각한 것이다. 방격규구는 문자의 상징 이
전의 상징이다. '고전(古篆)'의 뜻이 혹 이러한 문자 이전의 상징에까
지 소급할 수 있는지는 단언할 수 없으나, 이러한 원형적 상징이 고대
동방사상의 발현이었다는 점만은 인정해야 할 것 같다. 전자(篆字)에
는 대전(주문[籒文])과 소전(전문[篆文])이 있고 그 둘이 다 주(周)에
서 전국시대에 걸쳐 사용된 문자임은 알려진 사실이거니와 여기 '고
전(古篆)'이란 표현이 꼭 전자(篆字)를 한정해서 의미하는지, 만일 그
렇다면 대전, 소전 어느 편을 가리키는지 알 수 없다. 현존하는 〈설문
(說文)〉 속에서 훈민정음과 같은 전자형을 찾으려 할 때, 단지 전자가,
그보다 선행하는 은대(殷代)의 갑골문자(契文)나 종정(鍾鼎)문자(금

문[金文])에 비해 방정하고 균형 잡힌 느낌을 주는 것 외에 양자가 일
치하는 자형을 찾기가 어렵다. 따라서 '고전'이라 함은, 대전도 소전도
아닌 그 이전의 더 오래된 전자라도 발견되기 전에는 '옛날의 전자체'
로 이해할 수밖에 없다.

4. 하도역과 동방사상

이제 훈민정음이 역학의 원리에서 제자되었다는 사실에서 세종대
왕이 받아들인 역사상이 어떤 것이었나를 이해할 필요가 있다. 역은
시대의 변천에 따라서 그 강조하는 점이 다른 듯하다. 한역(전후한[前
後漢]의 역학)은 그 푸는 법이 괘의 상(象)과 수(數)를 중시하기 때문
에 상수역(象數易)이라 하는 데 반하여, 삼국 위(魏)의 왕필(王弼)과
같이 윤리적 해석을 하는 역을 의리역(義理易)이라 한다는데, 의리역
에서 정이천(程伊川)역과 주회(朱熹) 역(易)이 완성된 작품으로 알려
져 있다. 그러나 주자역은 역의 윤리적 해석은 정자역(程子易)에 따
라서 큰 차이가 없다지만 역의 신비성에 대한 평가는 정자와는 달리
깊이 이를 믿었다 한다. 그래서 〈역본의(易本義)〉의 권두에 소옹(邵
雍), 유목(劉牧)의 〈선천도(先天圖)〉, 〈하도낙서〉를 실어서 주역보다
더 오랜 복희역(伏羲易)의 도식을 존중한 것이다. 이러한 도식이 한위
(漢魏)에서 송(宋)에 이르는 도교 연단술의 근원임은 물론, 한(漢)의
상수역과 관련 있음도 사실이다.

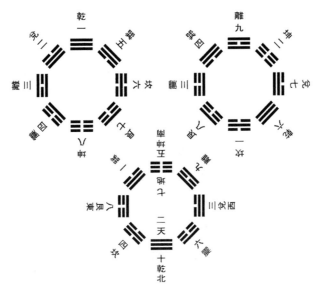

그림 (4) a.河圖易(伏羲易) b.洛書易(周易) c.正易(一夫易)의 圖式(卦圖)

세종대왕이 심취했던 송 성리학, 그중에서도 우리나라 유학이 신봉했던 주자학에서 역학은 비단 의리역뿐 아니라 상수역이 또한 존숭되었을 것이니, 훈민정음 제작의 원리가 된 역은 하도복희역임은 그 중 성자 제자해에서 드러나 있음이 밝혀졌다. 이정호 선생이 논문에서 여러 번 인용한 김일부(金一夫) 선생의 〈정역(正易)〉이 또한 하도역에 복귀하는 것임은 그림 (4)에서 잘 알 수 있다.

〈정음〉이나 〈정역〉이 왜 한결같이 주역 이전의 고대역인 하도와 관계를 가지고 있느냐, 이는 참으로 흥미있는 일이다. 하도는 우주 구조를 신비수(神祕數)로 일목요연하게 보이는 상징적 부호로 되어 있는 바, 양(—)과 음(--)의 3교(三交)로써 ☰건(乾), ☷곤(坤), ☳진(震), ☴손(巽), ☵감(坎), ☲리(離), ☶간(艮), ☱태(兌)의 8괘가 그것이다. 복희씨는 이 8괘로써 만물을 상징하려 했고 그 8괘를 제곱으로 해서 64 괘를 만들었다. 하도역은 그림에서 보듯이 건곤(천지)과 감리(수화 [水火])가 정상대(正相對)하였는데 낙서역에 가면 감리는 남북으로 상대했지만 건곤의 자리는 서북, 서남에 기울어져 정위(正位)를 못 얻고 있으니 역(易)은 역(逆)이란 말이 나온다. 그것을 바로 잡으려는 것이 〈정역〉의 도식이다. 우리의 태극사상이란 바로 하도역에서 출발한다. 1 건천(乾天)≡, 2 태택(兌澤)≡, 3 리화(離火)≡, 4 진뢰(震雷)≡ 등 4괘는 양이요, 5 손풍(巽風)≡, 6 감수(坎水)≡, 7 간산(艮山)≡, 8 곤지(坤地)≡ 등 4괘는 음이니, 음양이 합체하여 하나의 원, 즉 우주를 상징하고 있다. 시간적으로 주역은 후천역(後天易)이라면 복희역은 선천역(先天易)이요, 공간적으로 주역은 서방역(낙수역)이라면 복희역은 동방역(하도역)이다. 아직도 한자가 생기지 않고 은대(殷代)의 갑골문자도 생기기 이전, 동방에서는 고대에 이런 상징적 부호로서 우주의 구조와 생성을 설명하는 철학이 있었다는 것을 믿지 않을 수가 없다. 그 동방이 우리와 어떤 관계를 가지느냐는 것을 밝히는 것은 필자의 능히 감당할 바가 못 되지만, 우리의 고대신화에 나타나는 천지합일에서 사람이 태어나는 사상, 단군신화나 동명왕 탄생 신화가 모두 정반합(천지인)의 변증법적 발전 생성의 논리를 보여주고 있다. 오늘날 민간신앙 내지 고유종교에서 보편화되어 있는 듯이 보이는 궁궁을을(弓弓乙乙; 양음[陽陰]을 나타내는 태극선[太極線]) 사상, 태극기에 상징되는, 대칭을 초월 통합하는 태극사상 등, 역에 나타난 고대 동방사상이 즉, 우리의 고대사상이었음을 능히 짐작할 것이다.

5. 방격규구사신경에 나타난 易사상

방격규구사신경이 요선(凹線)으로 홈이 파진 방격규구(TLV)문과, 가는 철선(凸線)으로 그려진 4신문을 가지고 있는 것이 특징인 외에 뉴좌(鈕座)와 방격 사이에 12지명(十二支銘)을 가지고 있는 경우가 있다. (그림 (1) 참조)

그림 (1) b에 보이는 시건국천봉2년(始建國天鳳二年)의 명(銘)을 가지고 있는 규구경에서 보면 주작이 그려진(하부) 바로 중심의 12지명은 〈오(午)〉로 되어 있고 그 반대로(상부) 현무가 그려진 바로 중심부에는 〈자(子)〉가 새겨져 있다. 〈자〉(북)의 자리에서 〈오〉(남)를 향하고 앉으면 좌(동) 청룡 우(서) 백호가 될 것은 당연하다. 이것이 남향하여 전진해 온 우리 민족의 방향 감각으로는 정좌(正坐라 하겠다. (이계집[耳溪集] 북새기략(北塞記略)—〈남왈전, 북와후[南曰前, 北曰後]〉)

다음에 그림 (3)의 a 하도를 대조시켜 보면 아래쪽이 1ㆍ6수(一六水), 위쪽이 2ㆍ7화(二七火)이니, 수(水)의 방위는 북이고 화(火)의 방위는 남이라. 그림 (1)과 (3)은 위가 아래로 되었을 뿐, 그 5행을 나타내는 것은 다름이 없다. 즉 규구경을 가지고 시계 방향과 같은 방향으로 돌리며 읽으면 천1생수(天一生水; 북)는 자(子)에 시작하고, (지6성수[地六成水]는 해[亥]), 동은 천3생목(天三生木; 인[寅])하여 지8성목(地八成木; 묘[卯])한다. 남은 지2생화(地二生火; 사[巳])하여 천7성화(天七成火; 오[午])하며 서는 지4생금(地四生金; 유[酉])하고, 천9성금(天九成金; 신[申])이 되었다. 생(生)과 성(成)이 동과 남은 인→묘, 사→오로 순(順)이나 서와 북은 유→신, 자→해이니, 역

(逆)이다. 이렇게 두 부분으로 갈라지는 것은 그림 (4)의 a 복희괘도를 보아도 건≡, 태≡, 리≡, 진≡≡은 양괘(맨아래 선, 효[爻]가 전부 양효(一)이다)이고, 손≡≡, 감≡≡, 간≡≡, 곤≡≡은 음괘(陰卦)이다. 이것이 바로 태극의 양과 음의 합체를 상징한 것으로 본다.

우리가 감(북)을 대중 삼아 본다면, 감과 대를 이루는 것이 리요, 방향은 남이다.[6] 규구문(TLV) 때문에 내구(內區)의 주 문양구(文樣區)가 8부분으로 갈라짐으로 4신 이외에 또 4상이 들어간다. 감을 중심으로 한 내구 양쪽에는 현무를 상징하는 구(龜)·사(蛇)의 그림이 들어가고, 리의 내구에는 주작과 새가 들어가 있다. 청룡(청룡과 용)과 백호(백호와 웅[熊])가 좌우에 각각 들어가면 4신 문양이 되는데 이 4신은 하늘 사방에 있는 성수(星宿)로 천지사방을 장악하고 불상(不祥)을 벽제(辟除)하고 음양의 기운을 순하게 하는 고대사상의 표현이다. 여러 가지 유물에 성행을 보인 것은 한대(漢代)라 하지만 이 역시 그 이전의 시대로 소급되는 사상이며, 우리나라 고구려 고분의 벽화에도 나오는 것은 다 아는 사실이다.

위에서 본 것을 다시 살피면, 이 방격규구사신문경에 나타난 것은 한(그 이전)나라 사람들이 가지고 있었던 우주관의 표시다.

하늘이 둥근 것을 나타내는 것은 비단 '내구외측(內區外側)'을 두른 '원형의 띠'만이 아니라 외연(外緣)에서 시작해서 겹겹이 두른 외구(外區)의 안팎 선, 내구외측선 등 동심원의 전부가 나타내는 것이라고 본다. 방격은 '지방(地方)'을 나타내며 방격 내에 12지를 배함으로서 시간과 공간을 그 안에 집약시키고 있다. 뉴좌(鈕座)와 뉴—중심부는

---

6) [편집자주]: 감(坎)과 리(離)를 북과 남으로 보는 것은 문왕괘도의 경우이다.

바로 5황극(五皇極)의 자리다. 문제는 내구 안에 그려진 규구문의 의미다.

4신문(四神文)이 내구 안에 함께 그려진 것은 하늘과 땅 사이 우주 공간을 나타내는 것으로 봐야 하겠다. 우선 방격에 붙은 ┬인데 서양 학자들은 그것이 T 한 자로 보일지 모르나 훈민정음에 익은 우리 눈으로는 'ㅗㅏㅜㅓ'로 읽힌다. 그렇지만 우리의 훈민정음과 다른 점이 있다. 정음자는 'ㅗㅏㅜㅓ'(ㆍ와ㅡ, ㅣ의 합체)로 이루어졌는데 반하여 거울 쪽은 두 개의 선으로 이루어졌다. 방격에 붙은 선은 짧고, 내구 중에 붙은 선은 길다. 나는 전자를 음의 상징, 후자를 양의 상징으로 본다. 음과 양, 2변(二變)은 넷(2×2)이 된다. 네 개의 'ㅜ'는 그 컴비네이숀이 각각 다르나 'ㅗㅏㅜㅓ'가 되고 이는 4상(四象)을 나타낸다. 12지 '자(子)'와 붙은 'ㅜ'는 감(북)을 아래로 하여 보면 'ㅗ'가 되고, 그 반대편인 리(남)는 'ㅜ'가 된다. 동은 'ㅏ'이며 서는 'ㅓ'이다. 그러므로 이 'ㅗㅏㅜㅓ'는 방위가 되는 것은 물론이지만 4상을 표시하고, 5행(수-북, 목-동, 화-남, 금-서, 토-중앙)을 표시한다. 우리 훈민정음이 천(ㆍ), 지(ㅡ), 안(ㅣ)으로 기본 상형을 삼았기 때문에 'ㅜ'와 꼭 같은 의미는 갖지 않으나, 그 변화의 원리는, 같은 역학적 원리에서 나왔기 때문에 같은 양상을 보여주는 것이다. 중성자 ㅗ ㅏ ㅜ ㅓ를 훈민정음에 풀이한 하도역수대로 하면 ㅗ는 1수요, ㅏ는 3목이오, ㅜ는 2화요, ㅓ는 4금이니 이는 '생(生)'의 면이오, 재출자 ㅛ ㅑ ㅠ ㅕ는 각각 화, 금, 수, 목의 '성(成)'의 면이다. 따라서 방격규구경에 나타난 'ㅜ'는 하도역의 원리에서 푸는 수밖에 없다.

다음에 그 'ㅜ'와 상대하는 'ㄴ'과 귀퉁이의 'V'는 이 역시 서양인 눈으로 보니 'Ⅳ'이지 우리 눈으로는 'ㄱ, ㄴ'과 'ㅅ'형이다. 그렇다고 훈민정음 자음자와 직접 결부시켜 설명할 수는 없고 필자는 이것을 양(—)과 음(--)의 3변(變)인 8괘의 표상으로 보고자 한다. 완전히 4짝의 대칭을 인정하지 않을 수 없다. 북에 'ㄱ'면 남에는 'ㄴ'이 이와 대칭을 이룬다. 동에 'ㄱ'은 서의 'ㄴ'과 대가 된다. 동북과 서남의 'ㄱ : ㄴ', 동남과 서북의 'ㄱ : ㄴ'도 동일한 대칭이다. 이는 8괘의 ☵ : ☲(감:리), ☷ : ☰(곤:건), ☶ : ☱(간:태), ☳ : ☴(진:손)의 대칭을 문양으로 표한 것이니, 그 규구형이 그 자리를 뜨면 그 의미를 잃어 버리게 된다. 규구문을 방위로만 보는 것은 막연한 견해요, 그것을 따로 떼어서 'TLV' 운운하는 것은 말도 안 되는 소리다. '방격규구경'이라는 명칭도 형식적인 이름인데, 'TLV'같이 이질문화의 다른 명칭을 쓸 때 본질에서 완전히 이탈하게 되는 것은 당연하다.

방격규구경에 나타난 사상은 천원 지방, 음양 5행, 그리고 4상과 8괘, 즉 하도역의 사상이다. 주역은 하도역에서 변천해 나온 것이기 때문에 통틀어 역학적 사상이라 해도 좋다.

생각건대 동양에서는 불교의 만다라도 그렇지만 우리를 둘러싸고 있는 우주에 대해서 코스모스적 이미지를 어떤 그림으로 나타내는데 능했던 것 같다. 방격규구에 4신도까지 그려 넣어 고대인들은 한편의 그림으로 전우주를 나타내며, 다시 그 그림에 의해서 마음속에는 거기에 대응하는 이미지의 세계가 전개되었을 것이다. 우리가 이제까지 등한히 생각한 것이 '이 이미지의 세계사'다. 요즘 갑자기 구석기 시대의 동굴회화 등에 대하여 문화인류학자들이 관심을 갖게 된 듯한데 그 이유는 인류의 원초적, 원형적 이미지의 표현이 인간의 본질 고찰에서 중요한 출발점이 되기 때문이다. 하도나 낙서가 용마의 등에 그려졌다던가, 거북의 등에 그려졌다던가 하는 얘기도 인류사의 아득한 원초시대의 실상을 상징적으로 나타내는 표현 같다. 언어의 기원에 대해서는 정설이 현재 없지만, 동굴회화의 기원보다 더 오랜 이전으로 잡지는 않는 것 같다. 즉 사람은 말하기 전에도 이미지를 가졌었고, 그 이미지를 만드는 인간이 출현했다가는 없어지고 하기를 계속하던 끝에 이미지도 가지는 한편 로직(즉 언어)도 사용할 수 있는 인간이 남게 되었다고 보는 견해가 타당한 설 같다. 아무튼 인간이 영상을 그림으로 그린다는 일과 언어를 문자로 정착시킨다는 일은 인류 정신사에서 획기적인 일이다. 이제 우연히도 동방문화의 기점을 이루는 태극 음양 사상의 도식인 역괘도와 세종대왕의 훈민정음자가 같은 원리에 근원했음을 보고, 이미지와 상징의 세계의 신비를 깨닫게 된다.

6. 맺는말

역의 세계관—그것이 담겨진 그림이 방격규구경이다. 한 편의 거울을 손에 들었을 때의 고대인의 심리를 상상해 보면 거기에는 거울이면서 거울 이상의 의미가 있다. 이 거울이 신물로서의 대우를 받은 배후에는 이가 가지는 주술적 의미를 이해해야 한다. 특히 이 거울은 그 출토례(出土例)로 보아서 제정일치 시대의 군장의 상징이며 태양신의 제기로 전세(傳世)되어 왔음을 알 수 있다. 한 편의 거울은 우주 전체의 의미를 가지고 있다. 이 고대인의 이미지야말로 체계적으로 나타난 것이 역이다.

역이 본시 점서(占筮)의 서임은 주지의 사실이다. 그 가장 오래된 형이 8괘이며 그 작자가 복희라 함은 계사전(繫辭傳)에 나와 있다. 고대 전설 중에서 복희씨는 반신인면(半身人面)의 문화신적 제왕으로 전한다. 그가 8괘를 자승(自乘)하여 64괘를 만들었고 주문왕이 64괘에 괘사(卦辭)를 만들었다는데 이 역시 이미지가 먼저 있었고, 다음에 말이 붙게 된 순서를 알려 주는 얘기다. 주역 이전에도 연산역(連山易; 하왕조 B.C.23세기~18세기) 귀장역(歸藏易; 은대)이 있었다 하나, 고대역(古代易)은 없어지고 주역만이 남아서 오늘날 행해진다. 하도역을 선천역이라 하고 주역을 후천역이라 함은 앞에서도 언급했다.

우리나라의 유학자뿐 아니라 거의 민중의 신앙이 되어 있는 사상이 후천시대, 후천세계(후천선경[後天仙境])를 고대하는 후천(後天) 사상이다. 이는 혁명적 이상향 사상이라 할 수 있다. 그것은 주역 시대를 다시 선천(先天)으로 보고 그것이 끝나는 시점에서 진정한 후천이 시작된다는 것으로 말하자면, 하도역으로의 회귀를 의미한다. 주역의 시대는 상극(相剋)의 시대요, 역(逆)의 세계요, 강식약육(强食弱肉)의 세계였으나 이제 그것이 머지않아 끝나고 호호낭랑(浩浩朗朗)한 인류평화의 신시대가 도래하리라는 사상이다. 종말론적 위기의식을 가지고 민중은 새세상의 출현을 기다려 온 지 오래다. 조선 말기의 김일부, 최수운, 강증산 등의 민중사상 내지 신앙은 지금도 마르지 않고 있다. 사실 우리 역사에서 도참사상의 근원을 찾으려면 역사 이전으로 소급해야 할 것이다. 왜 우리는 수천 년을 한결같이 내일을 기다리며 살아왔느냐——나는 그것이 역이 주는 '미래의 이미지', '창조의 이미지', 때문이라고 믿는다.

우리가 서양 사상을 받아들이고 나서부터의 역(易) 내지 동양사상 전반에 대한 태도는 부정적이었다고 해도 과언이 아니다. 객관적이 아니고, 귀납적이 아니고 요는 과학적이 아니라는 뜻에서 〈번쇄(煩

瑣)한, 장식적〉 등의 폄사(貶辭)를 예사로 했음을 기억할 것이다. The Image의 저자 볼드잉(Boulding)은 말하기를 〈세상에는 세 가지 시스템이 있는 것 같다. 첫째는 태양계와 같이 필연에서 생기는 시스템이고, 둘째는 생물계와 같이 필연과 우연에서 생기는 시스템이고, 셋째는 인간과 인간이 만들어 내는 것인데 필연과 우연뿐이 아니라 자유에 의해서 만들어지는 시스템이다──자유란, 미래에 대한 이미지를 실현하는 능력이다〉라고 했다. 역이 점서적(占書的) 의의를 가지고 있는 것은 인간의 미래에 대한 이미지 실현의 능력과 관계가 있기 때문이다.

역학이 이제 시대의 요청에 의해서 새로 미래학으로서 등장하는 데는 몇 가지 이유가 있다고 생각된다.

첫째는, 객관주의에서의 탈피다. 이에는 바슈랄(Bachelard, 1884-1962)의 업적이 커다란 영향을 주고 있다 하겠다. 과학주의니, 귀납주의니 사실주의(寫實主義)니 하여 시선을 외계에만 주고 있던 것을 이제 정신 내부의 세계로 눈을 돌렸을 때 거기 전개되는 새로운 광경에 놀라게 된다. 바슈랄이 처음 과학철학자로서 코페르니쿠스적 전환을 하게 된 것은, 순수한 객관이 그 극치에서 주관과 통한다는 것을 깨달았기 때문이라 한다. 그가 시도한 정신분석학적 방법에 의한 불의 이미지, 물의 이미지 등의 추구에서 대지와 공간의 이미지로 전개되면서부터는 그는 정신분석학의 거추장스러운 옷까지 벗어 던진다. 우리 고대인이 물과 불의 상징으로 감괘(坎卦)와 이괘(離卦)를 설정한 것이 바슈랄의 원형이라 하겠다. 사실주의에서부터 상징주의로의 전환은 우리들의 이미지의 변혁을 의미한다.

둘째로는 인간성의 회복이다. 근대 사회에서 인간은 기계가 되고 생명을 잃고 보잘것없는 존재로 전락을 해야만 했다. 우리가 우주를 한 손에 들고 나 자신과 일치시킨다는 것은 가위 생명의 회복이라 할 만하다. 대우주와 소우주의 합일과 같은 어마어마한 생각을 나사못과 같은 인간이 상상이나 했겠는가. 상상력의 커다란 발전이다.

셋째는 사고의 성숙을 불가피하게 하는 현실적 여건이다. 상대적인 대칭을 설정한다는 것 자체가 벌써 대칭에서의 초월을 의미한다. 이 자택일적(二者擇一的) 사고는 변증법적 발전의 사고가 아니다. 오히려 두 개의 반대되는 것을 하나로 뭉치게 하는 힘이 상대적인 알력의 세계를 벗어났을 때 가능하다. 태극 사상이란 통일의 사상이다. 원의 이미지다.

훈민정음이 하도역의 역리(易理)에서 나온 것도 우연한 일이 아니다. 세종대왕이 즉 한국의 정수요 그의 사고 심층에는 하도역적 기반이 잠재해 있었기에 성리학을 받아들이자 그 역리에 의해서 훈민정음이 창제된 것으로 이해된다. 또 바꾸어 말하면 훈민정음 창제에 의해서 고대 동방사상의 복고의 서광이 비쳤다고도 할 수 있다. 이는 장차 일부(一夫)의 〈정역〉으로 더 명확하게 드러나지만 우리 문화의 발현이 반드시 계계승승의 양상을 띠는 것이 아니라, 돌연히 한 천재의 출현에 의해서 빛을 뿜는 점, 정음이나 정역이나 동궤의 현상이라고 본다. 겉에 나타나는 것은 갑자기 섬광과 같이 나타나서, 전후가 단절된 듯이 보이는 문화 현상 속에 거기 근본적으로 상통하는 정신이 있다면 한국인은 사상 밑바닥에 영원히 마르지 않는 한 가지 원천을 가지고 있다고 설명할 수밖에 없다. 우리는 고대 문헌이 영성한 만큼, 우리 문물의 여러 면에서 이를 귀납시켜 그 원형을 재구하지 않으면 안 된다. 여기 한국적 학문의 특성도 설명된다. 우리의 학문은, 형식적 전달이나, 자료의 축적, 지식의 나열만으로는 이룩할 수 없는 어떤 귀중한 면을 가지고 있는 듯하다. 그것은 서양철학이 말하는 〈학술〉보다 더 고차원의 동양적 〈도〉의 경지라고 믿는 것이다.

(1973.3.1. 여행 중 Morocco에서 각필)

＊ 편집자 추보

1. 이남덕 교수의 논문에 제시된 이정호 교수의 저술 및 논문으로, ① 해설 역주 훈민정음(국한문) 초판은 1972년 1월 한국도서관연구회(국립중앙도서관)에서 간행되었음. 후일 그 개정판이 1986년 보진재에서, 재개정판이 2017년 아세아문화사에서 〈〈학산 이정호전집〉〉1로 출간되었다. ② 〈〈훈민정음의 역학적 연구〉〉는 충남대학교 논문집 제11집(1972.11)에 게재되었으며, 〈〈훈민정음의 구조원리 : 그 역학적 연구〉〉(아세아문화사, 1975)에 편입되었다.

2. 이남덕 교수의 논문 중 제2장 '方格規矩四神鏡'에 보이는 "八卦中 離卦"라는 문구는 훈민정음 해례본과는 직접적인 관계가 없는 것으로 보임.

3. 이남덕 교수 논문 중 제3장 '훈민정음의 역학적 배경' 2.b에서 中聲 및 河圖와 관련한 서술 가운데 干支 부분(戊辰…乙卯)은 역주본(이정호)에는 나와 있지 않고, 해례본에도 나타나 있지 않음.

4. 이남덕 교수 논문 제5장 '方格規矩四神鏡'에 대하여 坎과 離를 北과 南으로 기술한 것은 文王卦圖를 두고 말하는 것으로 河圖 또는 伏羲卦圖와는 직접 연관시킬 수 없는 것으로 보임.

5. 이 논문에 제시된 그림들인 그림(1), 그림(2)의 상태가 희미하여,

이와 유사한 고대의 銅鏡을 보충하여 해독에 도움이 되게 하였음 (아래 참고).

[그림] 도쿄국립박물관 (나라현 가와이초 사미타타카라총고분 출토)

[그림] 국립중앙박물관 소장 (M번 338)

[그림] 鍍金方格規矩四神鏡 前漢 1世紀 (日本 天理大學附屬 天理參考館)

[그림] 方格規矩四神鏡 前漢 1世紀 (日本 古代鏡展示館 -兵庫県 加西市 豊倉町飯森1282-1)

[그림] 무녕왕릉 육박경

IV
鶴山 李正浩의 訓民正音 易理硏究에 대하여
-《훈민정음의 구조원리》를 중심으로 -

이선경

1. 여는말

학산(鶴山) 이정호(李正浩;1913-2004)의《訓民正音의 構造原理-
그 易學的 硏究》(아세아문화사, 1975)는[1] 훈민정음연구사에 있어서
매우 획기적인 저작이라 할 수 있다. 1940년대《해례본》이 발견된 이
래 언어학적 측면에서는 연구가 진행되었으나, 사상적 측면에서의 연
구는 미미하였다. 학산의 훈민정음연구는 훈민정음이 철두철미 역학
적 원리에 입각하여 제작되었음을 밝히고, 그 역학적 구조원리를 체
계적으로 제시한 것이다. 이는 사상적 측면에서 훈민정음 연구에 하

---

1) 그보다 먼저,《해설역주 훈민정음》(보진재, 1972) 국·영문판이 국립중앙도서관
한국도서관학연구회에서 해외문화교류용으로 발간된 바 있다. 이후《訓民正音의
構造原理》는《鶴山李正浩全集》(전13권) 제2권으로 수록되었다.(아세아문화사,
2017. 3)

나의 이정표를 세운 것으로 이후 학계에서 진행된 연구들은[2] 학산의 연구범위를 크게 벗어나지 않는다고 하여도 과언이 아니다. 따라서 사상적 측면에서 훈민정음연구가 진전하기 위해서는 먼저 학산의 연구내용을 면밀히 검토할 필요가 있겠다. 이 글에서는 학산의 저서 《훈민정음의 구조원리》를 분석함으로써 그가 훈민정음을 바라보는 역학적 관점이 무엇인지를 고찰하고자 한다.

훈민정음연구에서 학산이 제기하는 역학적 관점은 크게 두 가지인데, 하나는 '상수에 치중한 의리'라는 것이며, 또 하나는 《정역(正易)》의 관점이다. 그러나 이 두 관점은 모두 인간론으로 귀결된다. 이때의 인간은 '만물을 살리려는 천지부모의 마음'을 계승하여 그 책임을 완수하는 자로서의 인간, 즉 천지인(天地人) 삼재(三才)로서의 인간이다. 이를 좀 더 부연하자면, 학산은 훈민정음이 바탕한 역학적 특징이 '상수(象數)에 치중한 의리(義理)'에 있으며, 이는 《훈민정음 해례본》에서 언급하고 있는 '象形而字倣古篆[글자형태는 발음기관의 형상을 본뜨면서 서체는 옛 전서체를 모방함]'이라는 원리로 드러난다고 보았다. 또한 훈민정음 초성은 삼오착종(三五錯綜)의 주역적 원리를 담고 있고, 중성은 구이착종(九二錯綜)의 정역(正易)적 원리를 예비하고 있다고 보아, 초성과 중성의 원리를 통하여 미래세계의 선도자로

---

2) 김홍렬, 《훈민정음의 역학적 해석》, 충북대 교육대학원, 석사논문, 2006.
   김성범, 《훈민정음 창제원리에 관한 역철학적 고찰》, 충남대, 석사논문, 2003.
   정희선, 《훈민정음의 역학적 배경론에 관한 고찰》, 중앙대 석사논문, 1983.
   이성구, 《훈민정음의 철학적 고찰:해례본에 나타난 제자원리를 중심으로》, 성균관대 석사논문, 1983.
   _____, 《훈민정음 해례의 철학사상에 관한 연구:역리와 성리학을 중심으로》, 명지대 박사논문, 1984.
   강신항, 《훈민정음연구》, 성균관대출판부, 2003.

서 '간방(艮方)'에 해당하는 한국[한국인]의 위상과 사명을 제기한다.
학산의 역학은 정역(正易)을 바탕으로 하는 것으로, 주역도 정역의 관
점에서 바라보며, 이는 훈민정음연구에 있어서도 물론 그러하다. 이제
그 구체적 내용을 살펴보겠다.

2. 《訓民正音》은 왜 字가 아닌 音인가?

훈민정음을 창제당시의 언해에서는 '백성ᄀᆞᄅ치시논正ᄒᆞᆫ소리라'라
고 풀고 있다. 《훈민정음》을 접할 때 누구나 한번쯤은 이것이 글자임
에도 불구하고 왜 '소리'라고 하였는지에 대해 의문을 갖게 된다.

이에 대하여 학산은 '소리'의 경우가 '글자'라고 하는 것보다 의미가
더 깊다는 견해를 제시한다. 《해례본》의 〈정인지후서〉에서 "천지자연
의 소리가 있으면, 반드시 이에 해당하는 천지자연의 문채(文彩)가 있
다"고 하였듯이, 소리란 단지 문자를 가지고 소통할 수 있는 범위를
훨씬 넘어서서 천지자연의 온갖 문채를 다 포함한다는 것이다. 즉 종
교, 철학, 예술, 과학과 같은 인류문화의 제반영역을 포괄한다고 본다.
이를 문자학적으로 살펴보면, 音[소리]의 전서(篆書)는 䚻로 '言'자
의 口안에 한 획을 더하는데, 이 한 획이 言[말]속에 들어있는 어떠한
뜻을 함축적으로 표현하는 것으로, 이것이 바로 '소리'이다. 이 소리는
천지자연의 온갖 문채를 포괄하는 것이기에 훈민정음은 단지 언어문
자적 측면에서 뿐 아니라, 과학, 예술, 철학, 종교 등 다방면에서 접근
이 가능한 것이다.[3]

실제로 훈민정음 초성을 발음이 나오는 기관에 따라 5개의 소리군

(群)으로 분류하고, 발음기관의 모양을 본떠 글자를 만든 것은 오늘날 매우 과학적인 것으로 평가되고 있다. 또한, 음양오행, 〈하도〉, 천지인 삼재사상이 곧바로 글자체로 형상화된 것은 철학적이며 동시에 종교적[4]이다. 뿐만 아니라, 훈민정음은 오음(五音), 칠조(七調), 12율려(律呂), 모음조화 등의 원리가 들어있어서 조선조에서 음악의 영역에서도 취급되었음을 볼 수 있다.[5][6]

3. 훈민정음의 易理에 대한 鶴山의 이해

(1) 象數와 義理의 합일: 道器不離

학산이 훈민정음 제자원리의 가장 큰 특징으로 지적한 것은 '상수 (象數)와 의리(義理)의 합일'이라고 하겠다. 그는 "역(易)에는 천지

---

3) 《訓民正音의 構造原理-그 易學的 研究》아세아문화사, 1975, 30쪽.

4) 학산은 '소리'는 종교적 성격을 지닌다고 보았다. 그는 역학의 象으로 이치를 말하길 즐겨하였는데, 소리에 대해서도 그렇게 설명하였다. 聖人의 말씀을 담은 것을 經이라 하는데, 이는 하늘에서 내려오는 수직적인 것이다. 그래서 귀는 하늘에서 내려오는 소리를 들으라고 세로로 붙었고, 눈은 세상 것을 보라고 가로로 붙었다는 것이다.

5) 《동국문헌비고》樂考에서는 "세종대왕 시절의 훈민정음은 입술과 치아와 목구멍과 혀에서 나는 소리의 이치를 다하고, 궁상각치의 악조를 다하였으며, 소리의 맑고 흐리고 높고 낮은 변화를 다한다. 이것은 다 음악을 짓는 이치의 실마리를 미루어서 우리나라의 말을 아름답게 한 것이니 대체로 음악 아닌 음악이다. 때문에 악고의 뒤에 붙였다"라고 기록하고 있다.(《훈민정음의 구조원리》, 31쪽)

6) 훈민정음의 글자체는 시각적으로 아름답기도 하다. 훈민정음은 전서체를 모방하였는데, 고대로부터 금석문 등에 두루 쓰였던 전서체는 현대적 감각에 부합하는 풍부한 예술성을 지닌 서체로 평가된다.

자연의 있는 대로의 모습을 그린 상수의 역이 있고, 그 천지자연의 모습에서 우리 인간생활에 합당한 법칙을 발견하는 의리의 역이 있다"[7]고 하고, 양자가 별개가 아니라 '상수가 있는 동시에 그에 대한 의리가 있는 것'[8]임을 지적한다. 모든 괘에는 반드시 상(象)이 있으며, 동시에 그에 따라 '군자이(君子以)'·'대인이(大人以)'·'선왕이(先王以)' 등으로 인간의 행동방향을 지시한다는 것이다. 또한 〈계사전〉에서는 〈하도(河圖)〉의 수(數)를 설명하고, 이로부터 자연의 온갖 변화가 이루어짐을 말하며,[9] '역(易)에는 태극이 있으니, 이것이 양의(兩儀)를 낳고, 양의가 사상(四象)을 낳고, 사상이 팔괘(八卦)를 낳는다[10]'라 함을 볼 수 있다. 이외에도 삼오착종(三五錯綜), 구이착종(九二錯綜)과 같은 여러 가지 예들을 통하여 학산은 다음과 같이 말한다.

> "역(易)의 상수(象數)와 의리(義理)는 각각 유리되어 별개의 것으로 아무런 연관도 없는 것 같이 보이나, 실은 그렇지 않으니 무릇 상수(象數)가 있는 곳에 그에 합당한 의리(義理)가 있고, 의리(義理)가 있는 곳에 그 근거를 이루는 상수(象數)가 내재하는 것이다."[11]

---

7) 《훈민정음의 구조원리》, 15쪽.

8) 위의 책, 17쪽.

9) "天一, 地二, 天三, 地四, 天五, 地六, 天七, 地八, 天九, 地十."(〈계사전〉상 11장)
  "大衍之數五十, 其用四十有九. 分而爲二以象兩, 掛一以象三, 揲之以四以象四時, 歸奇於扐以象閏, 五歲再閏, 故再扐而後掛. 天數五, 地數五, 五位相得而各有合. 天數二十有五, 地數三十, 凡天地之數五十有五. 此所以成變化而行鬼神也."(〈계사전〉상 9장)

10) "易有太極, 是生兩儀, 兩儀生四象, 四象生八卦, 八卦定吉凶, 吉凶生大業."(〈계사전〉상 11장)

11) 《훈민정음의 구조원리》, 18쪽.

학산은 이러한 역학관을 바탕으로, 세종의 역학을 '상수(象數)에 치중한 의리(義理)의 학'으로 규정하고 있다.[12] 훈민정음의 제자원리와 '象形而字倣古篆'과 같은 발상은 역학(易學)이 아니고서는 도저히 그 근거를 찾아볼 수 없다는 것이다. 세종대에 이루어진 천문, 지리, 기상 측우, 음률, 척도에 관한 정밀한 구상과 발명 역시 이러한 역학관이 바탕이 된 것으로 추정한다. 그 증거가 《훈민정음 해례본》〈제자해〉의 첫머리이다.

"하늘과 땅의 이치는 하나의 음양(陰陽)과 오행(五行)뿐이다. 곤괘(坤卦)와 복괘(復卦)사이가 태극(太極)이 되고 움직이고 고요한 후에 음양이 된다. 무릇 생명을 지닌 무리로서 하늘과 땅 사이에 있는 자 음양을 두고 어디로 가랴. 그러므로 사람의 목소리도 다 음양의 이치가 있건마는 도리어 사람이 살피지 못할 뿐이다. 이제 정음(正音) 지으신 것도 애초에 꾀로 일삼고 힘으로 찾아낸 것이 아니라, 다만 그 목소리에 따라 그 이치를 다하였을 뿐이다. 이치가 이미 둘이 아닌 즉 어찌 천지귀신으로 더불어 그 작용(作用)을 같이 하지 않을 수 있겠는가. 정음 28자도 각각 그 형상을 본떠서 만들었다."[13]

〈제자해〉의 첫머리에서는 총론적으로 훈민정음의 원리를 설명한다. 태극과 음양오행은 이 세계를 구성하는 보편적 원리로서 이 세계 안에 존재하는 것은 모두 다 태극, 음양오행이라는 보편적 원리의 지배하에 있다는 점을 전제한다. 따라서 사람의 목소리도 이 세계 내에

---

12) 위의 책, 20쪽.
13) 《훈민정음 해례본》〈제자해〉.

존재하는 것인 만큼, 음양, 오행, 태극의 이치가 필연적으로 있을 수밖에 없다는 것이다. 즉 훈민정음은 인위적으로 조작해 낸 것이 아니라 보편적 원리-진리-의 구현체라는 설명이다.

학산은 위에 인용한 〈제자해〉첫머리의 의의를 다음과 같이 3항목으로 정리하였다.[14]

1) 천지자연의 생성원리를 하나의 체(體), 즉 태극으로 보고 그 생성작용을 태극의 용(用)인 음양과 오행으로 보았다는 점이다.

2) 만물의 생성에 음양과 오행이 작용되듯이 우리 인간의 성음(聲音)현상에도 음양과 오행이 작용한다는 데 착안한 점이다.

3) 정음(正音)은 글자 하나하나가 다 구강내부의 음양과 오행의 방위에 해당하는 각 발음부위의 발음기관의 발음형태를 그려내서 만들어졌다는 점이다.

이와 같이 훈민정음은 천지자연의 모습을 그대로 관찰하는 상수(象數)의 학과 그에 내재하는 이치를 궁구하는 의리(義理)의 학이 하나가 된다는 것이 학산의 지론이다.

그는 이러한 상수와 의리의 일치를 도기불리(道器不離)로 설명하기도 한다. 도(道)는 그 자체로 드러나는 것이 아니라, 기(器)를 통하여 그 모습을 드러내듯이, 의리(義理)는 상수(象數)라는 기(器)를 통하여 구현되는 것이며, 훈민정음은 이러한 이론을 완벽하게 구현하는 사례라 할 수 있다.

---

14)《훈민정음의 구조원리》, 24쪽.

(2) 초성의 원리: 오행상생과 천지인삼재

학산은 초성의 원리를 규명함에 있어 먼저 〈훈민정음해례본〉을 충실히 분석한다. 초성 17자(ㄱㅋㆁㄷㅌㄴㅂㅍㅁㅅㅈㅊㅎㆆㅇㄹㅿ)는 발성위치에 따라 5개의 소리군으로 분류된다. 이 때 각 소리군의 기본음, ㄱ, ㄴ, ㅁ, ㅅ, ㅇ은 그 소리군을 발음할 때의 발음기관모양을 상형한 것이다.[15]

학산은 이 글자들을 반듯하게 전서체 모양으로 쓴 것이 이른바 '상형이자방고전(象形而字倣古篆)'이라고 본다. 따라서 고전(古篆)을 고대의 다른 문자라고 해석하는 항간의 설에는 동의하지 않는 입장이라고 하겠다.

학산은 초성 17자에 대하여 각기 그 제자의 기원과 역학적 의의를 일일이 설명하고 있다. 그 가운데에서 특기할만한 것은 ㄱ을 건원의 의미로, ㄴ을 곤원의 의미로 해석하는 것이다. 학산은 마치 건원(乾元)에서 만물이 비롯되고, 건원의 덕이 나머지 형·리·정(亨利貞)에 두루 흐르듯이, ㄱ에서 하늘로부터 생명의 씨가 땅으로 내려오는 수직적 사랑의 의미를 읽는다. 우리말에 갸륵, 거룩, 검[神] 등이 ㄱ으로 시작하는 것을 흥미로운 예로 들고 있다.

---

15) 아래의 그림은 《해설역주 훈민정음》(보진재, 1972)에 실린 것을 옮겨온 것이다.

ㄱ이 위에서 내려주는 것이라면, ㄴ은 그것을 순하게 받아서 받드는 뜻을 나타낸다고 본다. 이는 역에서 '지극하다 곤원(坤元)이여, 만물이 다 그 사랑을 힘입어 태어나니 이에 순하게 하늘을 받든다'라 함에 해당한다는 것이다. 받들어 올린다는 것은 다름 아닌 내 이웃과 겨레를 내 몸과 같이 사랑하는 것으로, 이것이 바로 천명(天命)에 순종하는 것이라 본다.

또 한 가지 주목할 것은 기본음에서 소리가 거세지는 것에 따라서 획을 더하는 것이므로, 획을 더할 때는 위로 더해야지 아래로 더하지는 않는다는 것이다. 즉 ㅋ의 경우 ㄱ에서 획을 위로 올려붙인 것이며, ㅊㅎ의 경우도 ㅈㆆ에서 꼭지가 옆으로 눕지 않게 위로 힘차게 올려써야 한다는 것이다.[16]

〈해례본〉에서는 5개 소리군을 오행에 따른 분류로 설명하는데, 학산은 이를 종합하여 다음과 같은 표로 정리해 제시한다.[17]

---

16) 《훈민정음의 구조원리》, 41쪽.
17) 《훈민정음 해례본》〈제자해〉. "무릇, 사람이 목소리를 가지고 있는 것이 오행에 근본하기 때문에 이것을 四時에 합하여 보아도 거슬리지 않고 오음에 맞추어 보아도 틀리지 않는다. ① 목구멍은 깊숙하고 물기가 있으니 水라. 그 소리가 비고 걸림이 없음은 물이 속이 환하고 잘 흐르는 것과 같다. 四時로는 겨울이 되고 오음으로는 羽가 된다. ② 어금니는 얽히고 기니 木이라. 그 목소리가 목구멍소리와 비슷하되 實함은 마치 나무가 물에서 나되 형상이 있음과 같다. 四時로는 봄이 되고 오음으로는 角이 된다. ③ 혀는 날카롭고 움직이니 火라. 그 소리가 구르며 날으니 마치 불이 굴러 퍼지며 너울너울함과 같다. 사시로는 여름이 되고 오음으로는 徵가 된다. ④ 이는 굳고 끊으니 금이라. 그 소리가 부스러져 막힘(滯)은 마치 쇠가 부스러져 단련됨과 같다. 사시로는 가을이 되고 오음으로는 商이 된다. ⑤ 입술은 모나고 다무니 土라. 그 소리가 머금고 넓음은 마치 흙이 만물을 함축하여 넓고 큼과 같다. 四時로는 끝여름이 되고 오음으로는 宮이 된다."

오행	木	火	土	金	水
오성	角(어)	徵(이)	宮(음)	商(아)	羽(우)
오음	牙	舌(반설)	脣	齒(반치)	喉
초성 17자	ㅋ ㆁ ㆁ	ㅌ ㄷ(ㄹ) ㄴ	ㅍ ㅂ ㅁ	ㅊ ㅈ(ㅿ) ㅅ	ㆆ ㆅ ㅇ
기본음	ㄱ	ㄴ	ㅁ	ㅅ	ㅇ
계절	春	夏	旺季	秋	冬
방위	동	남	중	서	북
오장	간장	심장	비장	폐장	신장
오상	仁	禮	信	義	智

훈민정음 초성은 발음기관의 형상을 본뜬 형태일 뿐 아니라, 각기 오행의 방위에 해당하는 위치를 갖는다. 이를 〈해례본〉에서는 다음과 같이 설명한다.

"목구멍은 뒤에 있고 어금니는 그 다음에 있으니 북(北)과 동(東)의 자리요. 혀와 이가 또 그 다음에 있으니 남(南)과 서(西)의 자리이다. 입술은 끝에 있으니 오행의 토가 일정한 자리가 없이 사시(四時)의 끝 에 붙어서 그 기운을 왕성하게 하는 뜻이 있다. 이상은 첫소리에 음양 과 오행의 방위의 수가 있음을 말한 것이다."

학산은 초성의 방위가 오행상생의 방향임을 지적하고, 이를 다음과 같은 방위도로 제시하였다. 여기에서 ㅁㅂㅍ를 뭉쳐서 ♯으로 표기하 여 어느 방향에서 보아도 알 수 있게 하였으며, 초성 17자 가운데 오직 입술소리(순음)에서만 이것이 가능한 것은 그것이 만물을 머금는 토

(土)에 속하기 때문으로 보았다.[18] 또한 초성17자에서 반음(半音) 둘을 제외하면 모두 15자가 되는데, 이는 오행(五行)과 삼재(三才)의 상승수(相乘數)[19]이자, 정역의 15일언(十五一言)에 해당하는 것으로 풀이하고 있다.[20]

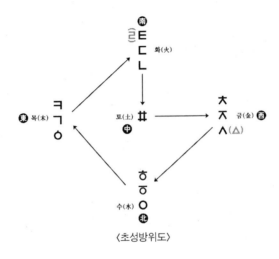

〈초성방위도〉

이상은 학산이 〈해례본〉의 본문에 의거하여 해석한 내용이다. 그런

---

18) 학산은 오행에서 土가 나머지 木火金水의 근본이 되고, 조절과 균형의 중추가 되는 것처럼, 사람언어의 기본이 되는 것이 脣音이라고 보았다. 어느 언어이든 아기들이 처음 배우는 말은 맘마, 빠빠, 파파인데, 이는 가장 쉬운 발음이면서 원초적 인간관계인 부모를 의미한다. 이처럼 부모를 뜻하는 발음 ㅁㅂㅍ가 순음의 土에 해당하는 것은 매우 재미있는 일이라 하겠다.(《훈민정음의 구조원리》, 49쪽)

19) 아래의 〈초성평면도〉에서 ㅁ은 ㄱㄴ을 포함하고 있으므로, 기본음 5음이 3음으로 축약되어, 3과 5가 착종되어 있음을 알 수 있다.

20) 학산은 《정역》에 있어서 〈十五一言〉은 주역의 乾·坤격이고, 〈十一一言〉은 咸·恒격이라고 한다. 주역 건곤은 9와 6수로서 15가 되고, 咸은 간·태의 합으로 11이 되며, 恒 역시 《정역》에서는 十一 歸體를 이룬다.(이정호, 《정역》, 아세아문화사, 1988, 111쪽)

데 학산은 초성에 대하여 해례의 설명 외에 천지인 삼재사상을 덧붙여 해석한다. 그는 초성을 다음과 같은 그림으로 설명하였다.

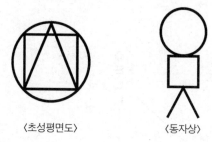

〈초성평면도〉   〈동자상〉

왼편그림은 오행상생(五行相生)에 입각한 것이며, 오른편은 왼편그림을 펼쳐놓아 천지인삼재를 표현한 것이다. 학산은 이 그림을 머리가 큰 어린이와 같다하여 '동자상(童子像)'이라 명명하고,[21] 역학적으로 간방(艮方)의 소년에 해당한다고 해석하였다. 간(艮) 소년의 의미에 대하여는 중성의 '관음탑(觀音塔)'과 함께 다시 논의하도록 하겠다.

앞서 언급한 바와 같이 학산은 동자상에서 ㄱ은 하늘에서 생명의 씨가 내려와 만물이 비롯되는 건원(乾元)과 같고, ㄴ은 이를 고스란히 담아내는 곤원(坤元)과 같다고 보았다. 이를 좀 더 확대해서 해석하자면, 천지부모의 사업을 그 자식인 사람(ㅅ)이 받들어 이 땅(ㅁ)에서 실현한다는 삼재사상으로 볼 수 있을 것이다.

---

21) 학산은 동자상을 일견 TV수상기의 象에 견주어 보기도 하였다. 보이지 않는 전파를 TV수상기에서 형색으로 드러내지 않으면 보고들을 수 없는 것은 '道器不離'로 설명된다는 것이다. 마찬가지로 훈민정음은 하늘소식을 그대로 드러내는 器와 같은 것이고, 오히려 훈민정음의 器가 아니고서는 하늘소식을 듣고 볼 수 없는 것이다. (《훈민정음의 구조원리》, 63-64쪽)

(3) 중성의 원리: 〈河圖〉의 조화원리와 天地人 三才의 인간존엄성

학산은 〈해례본〉이 담고 있는 중성원리의 핵심을 〈하도〉의 음양조화론과 천지인 삼재의 인간론으로 이해하였다. 훈민정음 창제 당시 모음의 배열은 오늘날과 달리 •, ㅡ, ㅣ, ㅗ, ㅏ, ㅜ, ㅓ, ㅛ, ㅑ, ㅠ, ㅕ의 순서를 취하고 있다. 이는 천지인(天地人)을 근본으로 하여 나머지 모음들이 생성되는 순서를 보여주는 것이다. •는 둥근 하늘을 본뜬 것이고[天之圓], ㅡ는 평평한 땅을 본뜬 것이며[地之平], ㅣ는 직립한 사람을 본뜬 것[人之立]으로, •, ㅡ, ㅣ 3자가 천지인 삼재로서 모음 형성의 기본자가 된다. 학산은 이를 다음과 같은 그림으로 표현하였다.

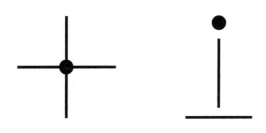

〈천지인 삼재도〉

이하 ㅗ, ㅏ, ㅜ, ㅓ, ㅛ, ㅑ, ㅠ, ㅕ의 8자는 천지의 만남을 제자원리로 삼는 ㅗ, ㅏ, ㅜ, ㅓ의 초출(初出)과 인간의 작용으로 형성되는 ㅛ, ㅑ, ㅠ, ㅕ의 재출(再出)의 원리로 나누어진다. 먼저 초출에 대하여 살펴보자.

ᅩ, ㅏ, ㅜ, ㅓ는 삼재(三才)가운데에서도 천지(天地)의 만남을 위주로 하여 형성되는 글자이다. 〈해례본〉에서는 ᅩ와 ㅜ는 모두 하늘과 땅이 처음 만나는 소리이기에 그 소리가 오므라들고, ㅏ와 ㅓ는 천지의 작용으로서의 ᅩ와 ㅜ가 '사물에 피어나되 인간을 기다려 이루는' 소리라고 설명한다.

재출의 경우는 ᅭ, ㅑ, ㅠ, ㅕ에 인간 'ㅣ'가 개입하여 이루어진 소리로, ᅭ, ㅑ, ㅠ, ㅕ에 공통적으로 들어있는 앞의 •는 'ㅣ'의 축약형이다.

학산은 중성의 초출과 재출에 깃든 인간의 위상에 대하여 〈해례본〉과는 다소 다른 주장을 펼친다. 〈해례본〉에서는 초출인 ㅏ와 ㅓ에 대하여 이미 '천지의 작용이 사물에 피어나되 사람을 기다려 이룬다'고 설명함에 비해, 학산은 초출은 〈하도〉의 생위(生位)에 해당하는 체(體)로서, 여기에서 인간의 힘은 적극적으로 작용하지 않는다고 본다. 〈하도〉의 성수(成數)에 해당하는 재출에 이르러 인간은 비로소 적극적으로 활동하여 천지가 만물을 살리는 작용에 동참하는 만물의 영장으로서의 인간상이 확립된다고 보는 것이다.

천지인 삼재로서 인간의 존엄성은 중성11자에 〈하도〉의 방위(方位)와 수(數)를 부여하는 과정에서 극대화된다. 〈하도〉은 복희팔괘와 같이 태극의 조화를 의미한다. 4방위 모두에 음양의 균형과 조화를 이루고 있으며, 오행상생의 원리를 갖는다. 〈계사전〉에서는 〈하도〉의 수(數)를 다음과 같이 설명한다.

"천은 1이요, 지는 2요, 천은 3이요, 지는 4요, 천은 5요, 지는 6이요, 천은 7이요, 지는 8이요, 천은 9요, 지는 10이다. 하늘 수도 다섯(五)

이요, 땅 수도 다섯(五)이다. 이 두 조의 오위(五位)는 서로 얻어서 각기 그 짝을 만난다. 하늘 수는 25이고 땅 수는 30이니, 무릇 천지의 수의 합은 55이다. 이것이 변화를 이루어서 귀신을 행하게 하는 까닭이다."[22]

〈하도〉의 수 가운데 1, 2, 3, 4, 5는 생수(生數)이고, 6, 7, 8, 9, 10은 성수(成數)로서 〈하도〉는 숫자로써 우주의 생성을 말한다. 그러면, 〈하도〉의 수(數)와 훈민정음 중성은 어떻게 대응하는가?

〈하도〉에 있어서 양수(陽數)는 하늘 수로서 양성모음에 해당하며, 음수(陰數)는 땅 수로서 음성모음에 해당한다. 그 가운데 5, 10이 기준이 되어 5는 하늘을 상징하는 •에 해당하고, 10은 땅의 상징인 ━에 해당한다. 나머지 1, 2, 3, 4의 생수(生數)는 초출로서 ㅗ, ㅏ, ㅜ, ㅓ에, 6, 7, 8, 9의 성수(成數)는 재출인 ㅛ, ㅑ, ㅠ, ㅕ에 해당하는 것이다.[23] 학산은 다음과 같이 훈민정음 중성도(中聲圖)를 그려내어 〈하도〉와 일치함을 증명한다.

---

22) 《주역》 繫辭上 9 : 天一地二天三地四天五地六天七地八天九地十. 天數五地數五, 五位相得而各有其合. 天數二十有五. 地數三十. 凡天地之數五十有五. 此所以成變化而行鬼神也.

23) 《훈민정음해례본》제자해: "ㅗ가 첫째로 하늘에서 오니 天一生水의 자리요, ㅏ가 다음에 오니 天三生木의 자리이다. ㅜ가 첫째로 땅에서 나니 地二生火의 자리요, ㅓ가 다음에 오니 地四生金의 자리이다. ㅛ가 둘째로 하늘에서 나니 天七成火의 數요, ㅑ가 다음에 오니 天九成金의 수이다. ㅠ가 둘째로 땅에서 나니 地六成水의 수요, ㅕ가 다음에 오니 地八成木의 수이다. 水와 火는 氣에서 떠나지 못하여 음과 양이 교합하는 처음인 고로 오므라지고, 木과 金은 음과 양이 固定한 質인 고로 벌어진다. •는 天五生土의 자리요, ━는 地十成土의 수이다."(이정호, 〈해례본 국역〉《훈민정음의 구조원리》, 142쪽)

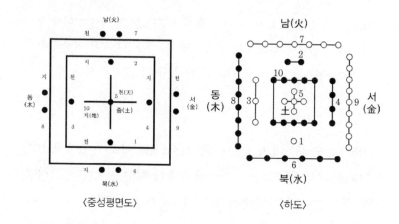

〈중성평면도〉   〈하도〉

이로써 훈민정음 중성에는 〈하도〉의 음양조화와 오행상생의 원리
가 있음을 알 수 있다. 그런데, 여기에서 주목할 것이 있다. 바로 인간
에 해당하는 ㅣ에는 자리와 숫자가 부여되지 않았다는 것이다. 〈하도〉
의 수는 10까지이므로, 당연히 모음의 하나가 숫자배열에서 남게 되
는데, 그것이 바로 ㅣ이다. 그렇다면, ㅣ에는 왜 숫자와 방위가 부여되
지 않은 것일까?《해례본》에서는 그 이유를 이렇게 밝힌다.

" ㅣ만이 홀로 자리와 수가 없는 까닭은 대개 사람은 무극(無極)의 진
리[眞]와 음양오행의 정기[精]가 신묘하게 엉겨 있는 존재이므로, 참으
로 일정한 자리와 수를 가지고 논할 수 없기 때문이다."[24]

해례의 이러한 설명은 상수와 의리의 절묘한 조합을 통하여 인간존
엄사상의 극치를 담고 있다고 하겠다. 훈민정음의 인간존엄사상과 관

---

24)《훈민정음해례본》〈제자해〉: " ㅣ獨無位數者, 蓋以人則無極之眞, 二五之精, 妙合而
凝, 固未可以定位成數論也."

련하여 한 가지 더 주목할 것은 초성, 중성, 종성의 관계에 있어서 초
성과 종성을 매개하여 소리를 이루는 중성(中聲)을 인간의 상으로 본
다는 것이다. 〈해례본〉에서는 이렇게 말한다.

> "첫소리는 피어나 움직이는 뜻이 있으니 하늘의 일이요, 끝소리는 그
> 쳐 정하는 뜻이 있으니 땅의 일이요, 가운데 소리는 첫소리의 생(生)하
> 는 것을 받아서 끝소리의 이루는[成] 데에 접하니 사람의 일이다."[25]
> "첫소리와 끝소리가 (가운데 소리와) 합하여서 글자의 음을 이루는
> 것이 마치 하늘과 땅이 만물을 [26]生하고 이루되[成], 그 마르재어 이루
> 고 보필하여 돕는 것은 반드시 사람의 힘에 의지함과 같다."

어떤 소리가 생성(生成)되는가는 인간에 해당하는 중성(中聲)에 달
렸다는 것이다. 우리말은 모음의 역할이 발달한 언어이다. 훈민정음
에서 모음에 해당하는 중성의 철학적 원리를 상세하게 구성하고, 초
성·중성·종성의 관계에서 중성을 인간의 위치와 작용으로 설명하
는 것은 우리말에서 모음이 갖는 중요성과 인간의 존엄성을 하나로
엮은 것이라 생각된다. 훈민정음이 담고 있는 역학사상은 궁극적으로
참사람의 발견이라는 인간론으로 귀결된다고 할 것이다.

학산은 이상과 같이 《해례본》에 담긴 제자원리를 설명하고 한 걸
음 더 나아가 독창적 견해를 제시한다. 그는 훈민정음에서 볼 수 있는
인간의 의미를 초성의 〈동자상(童子像)〉과 중성의 〈관음탑(觀音塔)〉
으로 설명한다. 훈민정음의 태극사상기원설과 발음기관상형설은 이

---

25) 이정호, 〈해례본 국역〉《훈민정음의 구조원리》, 142쪽.
26) 위의 책, 143-144쪽.

전 학자들에게서도 제기된 흔적을 볼 수 있다.[27] 그러나, 초성의 〈동자상〉과 중성의 〈관음탑〉은 학산이 독창적으로 고안한 것으로, 훈민정음을 바탕으로 하여 인류가 지향해 나아갈 새로운 인간상에 대한 비전을 제시한 것이다. 그는 중성도(中聲圖)를 펼쳐 다음과 같이 그리고, 이를 〈관음탑〉으로 명명하였다.

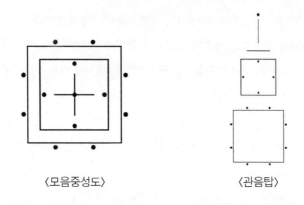

〈모음중성도〉   〈관음탑〉

　　학산이 동자상과 관음탑을 통하여 제시하는 인간상은《정역(正易)》과 밀접한 관련이 있다. 앞서 초성을 논의하면서 학산이 동자상(童子像)을 간방(艮方)의 소년으로 본다는 점을 언급하였다. 역학에서 간괘(艮卦)는 젊은 남성, 막내아들로서 소년을 상징한다.

　　〈설괘전(說卦傳)〉에서는 문왕괘(文王卦)의 방위에 입각하여, 동북방을 간(艮)으로 표시하며, 동방의 진(震:장남)에서 시작한 문명이 한 바퀴를 돌아 동북방에 이르러 그 막을 내리고, 막을 내린 그 자리에서

27) 최현배의《한글갈》에 의하면, 조선시대학자로서 신경준, 홍량호, 강위, 지석영, 이익습, 어윤적 등은 해례본을 본 흔적은 없으나, 태극사상기원설과 발음기관상형설을 제기하였다.(《훈민정음의 구조원리》, 26쪽)

새로운 문명이 탄생할 것임을 암시하고 있다.《역경》에 의하면 간방
(艮方)은 그러한 말씀이 이루어지는 방위라는 것이다.

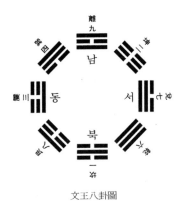

文王八卦圖

"만물이 진(震)에서 나오니, 진(震)은 동방이다. …간(艮)은 동북방
의 괘로서 만물이 마치는 곳이고 시작하는 곳이다. 그런 까닭에 말씀이
간(艮)에서 이루어진다고 하였다."[28]

그는 이러한 간(艮)소년이 나아갈 길을 앞에 보인 〈관음탑〉에서 찾
는다. 〈관음탑〉에는 천지인 삼재로서 인간의 존엄성이 갖추어져 있으
며, 동시에 11면 관음보살의 자비행(慈悲行)의 의미도 갖는다는 것이
다. 관음보살은 얼굴과 머리가 11면이지만, 정음탑[관음탑]은 중성11
자로 구성되기에 전신(全身)이 11면으로서 온몸[全身]으로 관음행

---

28) 〈説卦傳〉5장, "萬物出乎震, 震東方也, 齊乎巽, 巽東南也, 齊也者, 言萬物之絜齊也.
離也者, 明也, 萬物皆相見, 南方之卦也, 聖人南面而聽天下, 嚮明而治, 蓋取諸此也.
坤也者, 地也, 萬物皆致養焉, 故曰致役乎坤. 兌, 正秋也, 萬物之所說也, 故曰說言乎
兌. 戰乎乾, 乾西北之卦也, 言陰陽相薄也. 坎者, 水也, 正北方之卦也, 勞卦也, 萬物
之所歸也, 故曰勞乎坎. 艮東北之卦也, 萬物之所成終而所成始也, 故曰成言乎艮."

(觀音行)을 실행한다는 뜻을 갖는다.[29] 간(艮)소년이 자기성숙을 통하여 위기지학(爲己之學)과 위인지학(爲人之學)을 실현함[30]으로써 '지극한 선에 머문다[止於至善]'는 원대한 목표를 관음탑에서 발견한다.[31]

동자상은 유교적이고, 관음탑은 불교적이다. 학산은 훈민정음의 인간론을 통하여 생명을 사랑하는 마음으로 종교 간의 벽을 넘어서서 참다운 세계평화를 일구어 가는 성숙한 인간으로 인류가 거듭나야한다는 염원을 표출한 것이라 하겠다. 이것이 또한 그가 평생 종사한 정역(正易)의 심법일 것이다.

4. 〈훈민정음도〉의 고안과 그 역학적 의미

학산이 훈민정음이 지닌 역리의 특징을 '상수에 치중한 의리의 학'으로 강조함은 앞서 언급한 바와 같다. 이러한 그의 역학관은 각기 초성과 중성의 원리를 계발하는 동자상과 관음탑의 도안으로 표출되었

---

29) 학산은 훈민정음 중성을 《정역》의 〈十一一言〉에 해당한다고 본다. 위에서 언급하였듯이, 〈十一一言〉은 주역의 下經으로서 咸·恒에 해당하며, 이는 人事를 말하는 것이다. 또한 〈십일일언〉은 艮·兌合德의 뜻이 있는 동시에 山澤通氣의 用을 보여준다. 산택통기의 用은 인간의 초인간적 변화로 인한 인간완성의 길을 의미한다.(이정호,《정역》, 아세아문화사, 1988, 111쪽)

30) 주희의 주해에 따르면 爲人之學은 '남이 알아주는 공부' '세상에서 명예를 취할 수 있는 공부'라는 의미로 풀이되지만, 본고에서는 자기자신의 성숙을 위한 공부인 위기지학을 통하여 이웃과 사회에 긍정적으로 기여하는 공부라는 의미로 사용하였다.

31)《훈민정음의 구조원리》, 85쪽.

다. 이제 학산은 초성과 종성의 원리를 종합한 〈훈민정음도〉를 고안
하기에 이른다. 이는 초성과 중성의 평면도를 종합하여 사방에서 모
두 28자를 그릴 수 있게 한 것이다. 이 〈훈민정음도〉에서는 정역에 입
각한 그의 역학관이 면면이 드러난다.

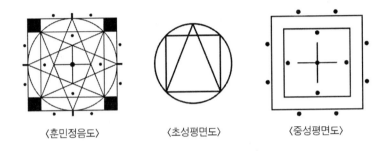

〈훈민정음도〉　　　　〈초성평면도〉　　　　〈중성평면도〉

　학산은《주역》에 '역이란 상이요, 상이란 것은 모습이다[易者象也,
象也者像也]'(〈계사전〉 하 3장)라 함에 근거하여, 〈훈민정음도〉에서
도 상에 의거하여 그 의미를 도출한다. 그 가운데《정역》과 관련하여
특히 언급할 것은 나침반 또는 핸들(조종 키)의 의미이다. 나침반은
길잡이 구실을 하는 하나의 표준이 된다. 학산은 이 그림이 정역팔괘
의 방위와 일치한다고 보았다. 정역팔괘에서는 선천의 문왕괘와 달리,
남북에 건곤부모를 정위(正位)케 하여 영원토록 존공(尊空)하는 정
륜(正倫)을 확립한다. 또한 이 〈정음도〉는 안쪽의 십자十와 바깥쪽의
십자▢를 가지고 있는데, 안쪽의 십자는 우리 마음의 십자이고, 바깥
의 십자는 우리를 둘러싼 우주의 십자이다. 학산은 이것이 주역의 9수
에서 정역의 10수로 넘어가는, 새로운 차원의 세계를 예고하는 메신
저 역할을 하는 것으로 보았다.
　이 외에도 학산은 〈훈민정음도〉를 천문도와 견주어 〈훈민정음도〉

에 별자리 28수를 배치하고, 가운데 중심을 북극성의 천황대제로 본다. 한 달을 30일로 보았을 때, 2일은 존공(尊空)될 천황대제의 자리로 천심(天心)과 황심(皇心)(즉 내십자와 외십자의 중심)의 합을 의미한다. 그는 이 2일을 신성한 휴일로 정할 것을 제안한다.[32] 끝으로 학산은 〈훈민정음도〉에서 인류의 정신핵을 깨치는 폭발의 상과 의미를 읽는다. 물질의 핵이 폭발한 것이 과거의 일이라면, 이제는 인류의 정신핵이 폭발하여야 한다는 것이다. 그 길은 역시 '천리를 존숭하고 인욕을 다스림[存天理 遏人慾]'에 있다.[33] 이제 〈훈민정음도〉의 결론에 대한 학산의 글을 인용함으로써 본문을 마치고자 한다.

〈정음28宿圖〉

"이상 필자는 〈정음도〉의 나침반에서 방향성의 설정을, 천문도에서 영혼의 구심점을, 핵물질의 폭발에서 심성의 초탈을, 방원(方圓)문양의 연화(蓮花)의 결실에서 생명의 완성을 보았다. 〈정음도〉가 이와 같이 천지만물의 모든 이치를 함축하고 있다면 실로 《해례본》의 작자들

---

32) 한 달을 30일로 본 것은 정역에서 후천세계에서는 1년이 360일로 조정될 것이라 한데 따른 것이라 하겠다.
33) 위의 책. 103쪽.

과 함께 '그 참 신기하다'고 아니할 수 없으며, 이와 같이 간단한 도면
속에 28자의 상형이 다 포함되어 있다면 〈계사전〉의 작자와 함께 '쉽고
간략함으로써 천하의 이치를 얻었다[易簡而天下之理得矣]'고 아니할
수 없다."[34]

학산은 역의 '이간(易簡)의 도'로 훈민정음의 역리(易理)를 맺음하
는 것이다.

5. 맺는말

학산은 《훈민정음의 구조원리》 서문에서 다음과 같이 말한다.

"진실로 정음(正音)은 천지자연의 이치에서 나서 인간만사의 치용
(致用)을 다하는 이른바 개물성무(開物成務)의 구실을 하는 인류의 보
배요, 우리의 자랑이다. 그것은 천지자연의 이치를 실은 역(易)에서 나
서, 다시 천지자연의 이치를 귀장(歸藏)한 일종의 역(易)이 되는 것이
다. 그러므로 필자는 정음의 구조적 성립을 역에서 찾고, 그 역리(易理)
에서 나온 정음의 구조를 통하여 다시 미발적(未發的) 역리(易理)를 찾
으려 하였다"

《훈민정음해례본》 제자해의 첫머리에서도 명시된 바와 같이, 학산
은 훈민정음의 제자원리가 천지자연에서 왔음을 다시 확인하고 있다.

---

34) 위의 책. 107쪽.

천지자연의 이치란 달리 말하면 역의 이치이다. 동어반복같지만 역이
란 바로 천지자연의 이치자체를 담고 있는 것이기 때문이다. 따라서
훈민정음은 자연의 이치를 담고 있는 까닭에 그 안에 무한한 역의 이
치를 담고 있으며, 그 이치는 연구자의 시각과 안목에 따라 앞으로도
얼마든지 다양한 형태로 계발될 수 있다는 것이다. 자연의 이치란 고
갈되지 않는 무한한 보고(寶庫)와 같기 때문이다. 학산은 그의 연구가
그러한 미발적(未發的) 역리(易理)의 일단을 찾은 것이며, 이를 통하
여 '앞날의 정음학자에게 약간이나마 가능한 기여를 하기 위한 것'이
라고 그 자신의 연구에 대한 의의를 피력한다.[35]

《훈민정음》은 창제된 지 600년에 가까운 오늘날에서야 비로소 그
가치를 평가받기 시작한 것 같다. 옥스퍼드 대학의 한글에 대한 평가
나,《훈민정음》의 유네스코 세계기록문화유산제정(1997) 및 세종대
왕상 제정 등은 훈민정음에 대한 세계의 인식을 보여준다. 국내에서
도 훈민정음에 대한 학계와 일반의 관심이 예전에 비해 훨씬 고양되
었음을 체감할 수 있다. 그동안 국내에서 훈민정음에 대한 연구는 언
어음성학, 공학, 철학 등 각 분야별로 연구된 바 있으며, 근래에는 예
술작품의 소재로 활용되는 등 문화적 관심도 증대하고 있다.

이렇게 우리글에 대한 관심이 고양되는 것은 고무적인 일이지만,
필자는 한 가지 아쉽게 생각되는 점이 있다. 현재 훈민정음에 대한 연
구는 각 영역별로는 진행되고 있지만, 각 영역들이 서로 만나지 못한

---

35) 학산은 훈민정음과 역학연구를 통하여 겨레의 앞날과 인류의 미래로 향하는 문을
열고자 하였다. 이는 인문학자가 평생을 한 칸의 연구실에 앉아 공부함으로써 어
떻게 세계에 기여할 수 있는가를 보여주는 사례라 할 것이다. 이것이 학산이 남긴
학자의 상이라 하겠다.

다는 것이다. 현대학문의 특징인 전문화, 분절화가 훈민정음연구에 있어서도 예외가 아닌 것이다.

전통시대에 있어서 태극, 음양오행 그리고 천지인 삼재사상은 특정 분야에만 적용되는 진리체계가 아니었으며, 학문과 삶의 제반영역을 포괄하는 체계였다. 우리말글의 진리성을 보다 명확히 드러내고, 또 발전시켜 나가기 위해서는 각 영역의 연구자들이 모여서 토론하고 서로의 영역을 이해할 수 있는 기회가 지속적으로 마련되어야 할 것이다.

필자는 세계에 내어놓을 수 있는 대한민국의 대표 브랜드는《훈민정음》이라고 생각한다. 〈정인지 후서〉에서 "개소리 닭소리까지 다 적을 수 있다"고 자신하였던 것은 결코 헛된 말이 아니다. 연구 여하에 따라서 향후 국제 표기수단으로서 훈민정음의 활용도 그리 무모한 꿈만은 아닐 것이다. 영어 보편화시대에 우리말과 글, 사상을 갈고 닦는 일이 새삼 더 값지게 여겨지는 것이 비단 필자만의 생각은 아니지 않을까?

〔유교문화연구 13, 성균관대학교 유교문화연구소, 2009〕

V
학산 이정호 선생의 선후천론에 관한 연구
- 정역괘도 출현의 근거를 중심으로 -

최일범

1. 여는말

정역과 관련한 학산 선생의 저술은 여러 편이지만, 그 중《정역연구》[1]는 선생의 정역사상을 가장 정밀하게 드러낸 저술이라고 생각한다. 필자는 박사과정 재학 중인 1984년 겨울방학에 선생을 대전 유성의 자택으로 찾아뵙고《정역연구》를 통독하며 가르침을 받은 적이 있다. 오랜 시간이 지나 그때를 회상하니 감회가 새롭다. 수업은 오전 10시부터 12시까지 진행되었고, 필자가 첫 장부터 소리 내어 읽고, 때로 궁금한 부분을 여쭈면 선생께서 답해주시는 형식으로 진행되었다.

《정역연구》의 목차는 제1장 〈역의 선후천론〉으로 시작하여, 제2장

---

1) 이정호.《정역연구》. 국제대학부설 인문사회과학연구소. 1976년. 서울. (학산이정호전집 03. 아세아문화사. 서울. 2017.). 이하 〈정역연구〉 인용은 1976년 판본임.

〈정역팔괘도에 대하여〉, 제3장 〈십오일언에 대하여〉, 제4장 〈십일일언에 대하여〉, 제5장 〈황극론〉 및 제6장 〈일부선생전〉으로 구성되어 있다. 당시 필자의 흥미를 가장 끌었던 것은 제1장과 제2장이었다. 정역 이론으로 보면 제3장 '십오일언'과 제4장 '십일일언'이 핵심이라고 하겠으나, 당시에는 그 의미가 난해하게만 느껴졌기 때문에 흥미를 갖지는 못했다. 그러나 정역괘도의 기본적인 의미와 그 출현의 근거를 내용으로 하는 제1장의 '선천과 후천의 논리'와 제2장의 '정역 출현의 합리적 근거와 신비적 근거'에 대해서는 매우 흥미를 느낄 수 있었다.

제1장의 내용은, 《주역》에서는 복희괘도와 문왕괘도가 각각 선천과 후천에 해당하는데, 이제 정역괘도가 출현함으로써 문왕괘도는 선천, 정역괘도는 후천으로 전도된다는 것이다. 그리고 제2장의 내용은 정역괘도 출현의 근거에 합리성과 신비성의 양면이 존재한다는 것이다. 제1장에서 선생이 설명한 선천과 후천의 내용을 그대로 인용하면 다음과 같다. "...하도에서 생긴 복희괘도는 영원한 체(體)요 선천이며, 낙서에서 바탕한 문왕팔괘는 무궁한 용(用)이요 후천으로 여겼던 것이다. 그러나 위에서도 언급한 바와 같이, 이제부터 91년 전(1885)에 우리나라에는 이때까지 볼 수 없었던 십수팔괘도 즉 제삼괘도(일부괘도 또는 정역괘도)가 나왔으니, 이 괘도야말로 완전무결한 하도의 실현이며, 이때까지 낙서의 모순과 부조리 속에 헤매던 하도의 행정은 이제야 비로소 본래의 궤도를 회복하여 본연의 설계대로 조화와 평화의 세계를 이룰 수 있는 무량한 초석을 놓은 것이라 하겠다."

이 글을 읽으면서, 정역이란 복희팔괘와 문왕팔괘, 그리고 정역팔괘의 관계를 일종의 진화적 역사관으로 해석한 것이 아닌가 하는 생각이 들었다. 그러나 진화론과는 차별되는 것이, 인류 문명의 이상적 질서(?)가 복희팔괘에 이미 설계되어 있다는 것으로서, 이는 마치 맹자의 성선설과 같이 생각되기도 했다. 다시 말하면 인류는 본래 이상적이고 완전한 문명을 실현할 것으로 설계되었으며, 복희팔괘는 그것을 상징적으로 표현한다는 것이었다. 진화론이라면 적어도 이런 내용은 허용되지 않을 것이다. 이 문제는 일단 차치하고, 필자의 흥미는 문왕팔괘와 정역팔괘로 옮겨졌다. 문왕팔괘는 복희팔괘의 이상적 질서를 온전히 구현하지 못한 불합리한 문명을 표현하며, 이제 정역팔괘야말로 복희팔괘의 원초적이고 이상적인 질서를 온전히 실현할 수 있는 의미를 담고 있다는 것이다. 이것이 단지 관념적이고 철학적인 사유가 아니라, 실제 인류 사회에서 역사적으로 실현될 내용을 담고 있다는 것은 매우 충격적이었으며, 일종의 예언과 같은 것인가 하는 생각도 들었다. 이런 생각을 더욱 흥미롭게 이끈 것은 바로 제2장의 내용이었다.

앞에서 말한 바와 같이, 제2장의 내용은 "정역팔괘도 출현의 합리적 근거와 신비적 근거"였다. 이 가운데 신비적 근거는 일종의 종교적 체험과 같은 것으로서 논리적 사유가 미칠 바가 아니었으므로, 관심은 자연히 합리적 근거에 집중될 수밖에 없었다. 그러나 실제로 당시 필자의 관심은 신비성에 집중되었다. 그것은 선생으로부터 정역 출현의 신비성에 접근할 수 있는 일종의 수행방법으로서, 정역팔괘의 작자인 일부 선생이 평생 몸소 실천한, 영가무도(詠歌舞蹈)에 대한 소식을 들은 후였다. 필자는 계룡산 국사봉 아래 향적산방으로 처음 선생을 찾아 뵈었을 때, 학인들을 후원하는 송철화 선생의 댁에서 매일 저녁 사람들이 모여 영가를 하고, 영가가 무르익으면 자연히 무도로 이어져 밤이 이슥해진다는 소식을 듣고 있었다. 당시 필자는 선생께 오전과

오후로 정역 강의를 들은 후, 나머지 시간에 혼자 영가를 시험해보기
도 하였는데, 영가에 대한 관심은 선생께 사사한 삼정 권영원씨를 만
난 후로 더욱 깊어졌다. 그는 필자에게 학산 선생과 자신의 만남, 정
역을 공부한 과정에 대해 소상히 얘기해주었는데, 그 내용은 매우 흥
미로웠을 뿐 아니라, 일종의 신비한 면까지 느껴졌다. 특히 삼정은 정
역뿐 아니라 영가에 조예가 깊어서 학산 선생의 인정을 받고 있었다.
"음, 아, 우, 어, 이"라는 오음(五音)을 자연스럽게 반복하는 영가를 익
히기 위해 삼정의 영가를 녹음하여 따라서 연습하였던 기억이 지금도
새롭다. 그 후로 필자는 영가를 지속하지는 않았지만, 지금까지도 영
가는 매우 좋은 수행법이라고 생각하고 있다. 다만 '소리' 때문에 산중
이 아니라면 실행하기 쉽지 않다는 점이 있다.[2]

　　정역 출현의 합리성은 선생이 《정역연구》 21면에서, "'이것'이 주역
에서 제삼괘도의 출현을 강력히 시사한 가장 유력한 증거라고 생각한
다."는 대목에 나타나 있다. 여기에서 선생이 말씀한 '이것'이란 바로
《주역》 〈설괘전〉의 "神也者妙萬物而爲言者也"에서 "然後能變化, 旣成
萬物也"[3]까지의 내용을 가리킨다. 다시 말하면 선생은 《주역》 〈설괘
전〉 제6장에 보이는 "神也者妙萬物而爲言者也"에서 "然後能變化, 旣
成萬物也"까지의 내용을 주역에서 제삼괘도의 출현을 시사한 가장 유
력한 증거라고 말씀한 것이다. 또 선생은 "〈설괘전〉의 '神也者妙萬物
而爲言者也....然後能變化, 旣成萬物也'의 내용을 따라 괘도를 그리면
정역괘도와 똑같은 괘도를 얻을 수 있다."라고 말씀하였다. 당시 〈설

────────────────────

2) 영가무도(詠歌舞蹈)에 대한 선생의 말씀은 《정역연구》 196면-199면 및 230
　　면-232면 참조.
3) 《주역》 〈설괘전〉 6장.

괘전〉에 정역괘도가 이미 예고되어 있었다는 말씀은 참으로 경이롭게
들렸다. 그리고 〈설괘전〉에 어떻게 정역괘도가 예정되어 있는지 여러
모로 궁리해보았지만 이해하기 어려웠다. 선생께서도 이에 대해 특별
히 상세한 설명은 하지 않으셨던 것으로 기억된다. 당시에 필자는 몹
시 궁금하기는 했지만, 앞으로 공부를 하다 보면 자연히 알게 되리라
하는 기대도 있었고, 또 모르는 것이라 하여 궁리도 안 해보고 선생께
곧바로 여쭙는 것은 학생으로서 온당한 자세도 아니라고 생각하였다.

　당시 선생께서는 해방 이후 직장을 떠나 산사(山舍 논산군 두마면
우적동牛跡洞)에 칩거하시면서 주역과 정역에 몰입하였다고 말씀하
셨는데, 주역의 주석으로는 특히 래지덕(來知德)의 《주역집주(周易集
註)》와 이광지(李光地)의 《주역절중(周易折中)》[4]이 좋다고 하신 것을
필자는 기억하고 있다. 그때 필자는 《주역집주》와 《주역절중》을 반드
시 통독해야겠다고 마음먹었는데, 막상 필자가 강단에서 주역을 강의
하게 되었을 때는 대체로 정전(程傳)과 본의(本義)에만 머물게 되었
다. 그러다가 몇 해 전에야 겨우 《주역집주》와 《주역절중》을 완독하였
는데, 필자는 마음속으로 선생의 말씀을 '하나는 실천했구나'라고 생
각하였다. 이야기가 잠시 빗나갔는데, 다시 선생이 정역 출현의 합리
적 근거로 말씀하신 〈설괘전〉 제6장 '神也者…'의 내용으로 돌아와 보
면, 필자는 고백하건대 지금까지도 '神也者…'의 내용을 상세히 살펴보
지 못하였고, 이 글을 쓰는 기회를 통해서 한 번 시도해보자고 마음먹
게 되었던 것이다.

---

4) 《주역절중》의 작자에 대해, 선생은 〈御制周易折中序〉의 "朕自弱齡留心經義, 五十
　餘年未嘗少輟"에 근거하여 실질적으로 강희제(康熙帝)라고 하셨다.

그리하여 그 방법으로《주역집주》와《주역절중》의 〈설괘전〉 제6장
의 해석을 중심으로 살펴보고, 필요에 따라 다른 제가의 주석들을 참
조하여 과연 〈설괘전〉 제6장의 내용이 정역을 예정하고 있는지 추론
해 볼 것이다. 그리고 이 글의 끝자락에서 정역이 21세기의 중반을 향
해 달리고 있는 지금, 어떤 문명사적 의미를 보여주는가에 대해 논할
것이다.

2. 선후천론과 정역괘도의 연관성

앞에서 말한 바와 같이,《정역연구》의 목차는 제1장 〈역의 선후천
론〉으로 시작하여 제2장 〈정역팔괘도에 대하여〉로 전개된다. 이는 정
역팔괘도를 알기 위해서는 역의 선후천론에 대한 이해가 선행되어야
함을 시사하는 것으로서, 선생은 선후천론의 중요성에 대해 다음과
같이 강조하였다.

역의 선후천을 밝히는 것은 거의 역 자체를 논하는 것과 같아 결코
용이한 일이 아니다. 그러나 하도 낙서 복희역 문왕역 및 정역 등의 호
상 관계성을 밝히고 이것이 오늘날 우리에게 무엇을 의미하고 무엇을
시사하는가를 올바로 이해하려면 선후천에 대한 정확한 개념을 구비할
필요가 있으므로 필자는 이에 대해 가능한 추구를 시도하여 보기로 한
다.[5]

---

5)《정역연구》3면.

이상에서 주목되는 것은 '하도, 낙서, 복희역, 문왕역 및 정역의 호
상 관계성과 그것이 시사하는 바를 올바로 이해하려면 선후천에 대한
정확한 개념을 구비할 필요가 있다.'는 것이다. 먼저 '정역'에 대해 선
생이 말씀한 바를 살펴보고, 이어서 '하도, 낙서, 복희역, 문왕역 및 정
역의 호상 관계'의 의미를 찾아보기로 한다. 선생은 정역에 대해서 다
음과 같이 언명하였다.

> '일월위역(日月爲易)'이요, '역자(易者)는 역야(曆也)'라 하였다. 정
> 역은 복희역과 문왕역의 뒤를 이어 우리나라에서 비로소 나타난 제3역
> 이요 미래역이다.[6]

선생은 정역을 정의하기 전에, 먼저 역(易)을 '일월위역(日月爲易)'
이며 '역(曆)'이라고 전제한 후, 정역을 복희역과 문왕역에 이어 우
리나라에서 나타난 제3역이며 미래역이라고 언명하였다. 다시 말하
면 선생은 역의 정체성을 일월(日月), 즉 태양과 태음의 변화에 의해
이루어지는 역법(曆法)으로 규정하고, 그것을 전제로 정역을 미래역
으로 정의한 것이다. 일월위역(日月爲易)이라는 말은 도가의 경전인
《주역참동계(周易參同契)》에 보인다. 역(易)을 일월의 변화, 또는 변
화의 법칙으로 해석한 것은 《참동계》라는 도가(道家)의 경전에서 시
작했다는 뜻이다.[7] 그리고 "역자(易者)는 역야(曆也)"이라는 말은 일

6)《정역연구》1면 자서.
7)《정역연구》71면에서 선생은 '일월위역(日月爲易)'이 도가(道家)의 말이라고 하였
다.《설문해자》를 보면 "비서(祕書)에 '일월이 역이다'라고 하였다.(祕書曰日月爲
易)"고 하였고, 그 주(注)에서 "비서는 위서(緯書)다...《참동계(參同契)》에서 '일월
이 역이다'라고 하였다.(祕書謂緯書...按參同契曰 日月爲易)"고 밝히고 있다.

부 선생이 지은 정역의 서문, 〈대역서(大易序)〉에 등장한다. 그러므
로 정역에 대해서는 먼저 역법(曆法)이라는 관점에서 이해하는 것이
매우 중요하다. 사실 역(易)에 대해서는 다양한 해석이 가능하다. 먼
저 역이 점서(占筮)와 관련되어 있다는 것은 잘 알려진 사실이다. 즉
점을 쳐서 인사의 길흉(吉凶)과 회린(悔吝)을 예측하는 것이다. 따라
서 이런 관점에서 보면 역은 점복(占卜)이라고 할 수 있다. 또 역은 인
문문화와 관련이 있다. 천문과 지리의 자연환경을 배경으로 살아가는
인간의 생명과 삶의 주체적 의미를 반성할 수 있는 인문적 관점을 제
공한다. 그런데 선생이 역을 일월(日月)과 역(曆)으로 규정한 것은, 이
미 언급한 바와 같이, 역을 먼저 우주 자연의 시간 공간적 변화의 관점
에서 이해할 필요가 있다는 것을 의미한다. 본래 역이 우주 자연의 변
화를 배경으로 인간의 생명과 삶의 의미를 추구하는 관점을 지향한다
면, 정역은 우주 자연의 변화를 복희역, 문왕역, 정역의 변화과정으로
구체화하고 그 속에서 인간의 생명과 삶의 의미를 추구하는 것이기
때문이다.

《정역》은 크게 보면 〈십오일언(十五一言)〉과 〈십일일언(十一一
言)〉으로 구성되어 있는데, 그 시작인 〈십오일언(十五一言)〉은 말 그
대로 십(十)과 오(五)와 일(一)에 대한 말씀이다. 십(十)은 무극(无
極), 오(五)는 황극(皇極), 그리고 일(一)은 태극(太極)으로서, 각각
천(天) 지(地) 인(人)을 상징한다. 그 내용을 《정역》에서 확인하면 다
음과 같다.

들으면(擧) 곧 무극(无極)이니 십(十)이다. 열하면 곧 태극(太極)이
니 일(一)이다. 하나가 열이 없으면 체(體)가 없고, 열이 하나가 없으면

용(用)이 없으니 합하면 토(土)이다. 가운데 있는 것(居)이 오(五)이니 황극이다. (擧便无極十, 十便是太極一, 一无十无體, 十无一无用, 合土, 居中五, 皇極)[8]

이 말은 사실상 〈십오일언(十五一言)〉의 시작이라고 할 수 있다. 《정역》의 본문에 토를 달아서 보면, 처음에 〈십오일언(十五一言)〉이라는 제목하에 "오호(嗚呼)라 반고화(盤古化)하시니…"로 시작하여 "일호일부(一乎一夫)로다"로 맺는 서문, 즉 〈십오일언(十五一言)〉의 서문에 해당하는 내용이 있다. 그리고 바로 이어서 "들면 무극이니 십이요(擧便无極十)" 등 위에서 인용한 문장이 등장하는 데 여기에서 "들면(擧)"이 무엇을 의미하는 것인지 처음부터 생각이 막힌다. 학산 선생은 이를 스승인 덕당(德堂)으로부터 전수받은 가르침인 소위 수지상수(手指象數)로 설명하였다.[9]

수지상수란 말 그대로 수지(手指)의 상과 수로서, 이를 통해서 정역을 설명하는 일종의 방편이다. 왼손을 펴고 하나부터 열을 세어보자. 그러면 누구나 엄지손가락을 닫는 동작으로 하나를 표시하게 되고, 검지를 닫는 동작으로 둘을 표시하고, 마지막으로 엄지손가락을 드는 (=펴는) 동작으로 열을 표현하게 된다. 그렇다면 엄지손가락을 드는 동작으로 "들면 무극이니 십이요"를 설명할 수 있다. 다시 말하면 엄지손가락을 드니까 열(十)이 되었고, 열(十)은 단지 숫자 아홉(九)에 이어지는 열(十)뿐 아니라 무한을 표현하는 영(零, 0)을 나타내므로

---

8) 《정역연구》 238면.
9) 일부선생이 덕당에게 직접 수지상수를 전수한 내용에 대해서는 《정역연구》 212-213면 참조.

무극(无極)이 되는 것이다.

이처럼 수지(手指)로써 시간과 공간을 표현하는 방법은 전통적인 방법이다. 동북아시아 문명권에서 간지(干支)로써 시간과 공간, 방위를 표현해 왔다는 것은 누구나 아는 사실이며, 또한 간지를 손가락의 마디에 표시한 것도 역시 잘 알려져 있다. 즉 왼손을 펴서 네 번째 손가락인 약지가 손바닥과 맞닿는 마디가 십이지의 자(子)에 해당하고, 그 왼편 중지의 마디는 축(丑), 검지의 마디는 인(寅)에 해당한다. 이렇게 해서 손바닥에 십이지(十二支)를 표시하게 되는 것이다. 여기에 십간(十干)을 붙이면, 다시 말하면, 십간과 십이지를 조합하면 소위 육십갑자가 이루어지는 것이다. 이렇게 육십갑자를 수지로 표시하는 방법은, 익숙해지면 매우 효율적으로 날짜를 계산할 수 있다. 그런데 정역의 수지상수는 단순히 육십갑자를 수지로 표시할 뿐 아니라 하도와 낙서, 및 정역의 상수(象數)를 수지로 표시하게 되는 것이다. 예를 들면, 정역에는 '포오함육(包五含六)' '십퇴일진(十退一進)' 등의 개념이 등장하는데[10] 이를 수지상수로 표시하면 매우 쉽게 이해할 수 있다. '포오함육(包五含六)'이란, 낙서의 황극이 단지 오(五)인데 비해서, 정역의 황극은 오와 육(六)을 모두 포함한다는 뜻이다. 왜냐하면 낙서는 구궁수(九宮數), 즉 일(一)에서 구(九)까지이므로 그 중간의 수인 5가 황극이 되지만, 정역은 십수이므로 오와 육을 모두 황극에 내포한다는 뜻이다. 이를 학산 선생은 설명하기를 "무지(拇指)를 굴하여 십에서 육까지 헤아리면 이미 오의 형태를 나타내고, 오에 이르면 육의 형태를 나타낸다. 그러므로 정역의 황극은 종전대로 오를 칭

---

10)《정역연구》123면, 124면 참조.

했으나 실은 육인 것이다. 선천의 오는 후천의 육이요, 후천의 오는 선천의 육인 것이다....”라고 하였다. 즉 무지(拇指), 엄지손가락을 굽혀서 열을 표시하고, 검지를 굽혀서 아홉을 표시하는 순서로 내려와서 다섯째 손가락(=소지小指, 새끼손가락)을 굽히면 육이 되는데, 이는 무지를 굽혀서 일을 표시하는 선천수의 경우 오에 해당하므로, 육 속에 오를 포함한다는 뜻이다.

애기가 나온 김에 좀 더 하자면, 낙서의 구궁수는 선천수라고 해서 일부터 아홉까지인데, 이를 수지상수로 표시하면 무지를 굽혀서 일(一)을 표시하는 것으로 시작해서 소지를 굽히는 것은 오가 되고 마지막으로 검지를 펴는 것으로 아홉을 표시하게 된다. 다시 말하면 하나부터 세어서 둘, 셋, 넷으로 진행하는 것으로서, 이 과정을 역생(逆生)이라고 한다. 그런데 정역은 후천으로서, 선천이 역생인 것과 정반대로 도생(倒生)하여, 열부터 세어 아홉, 여덟의 순서로 셈을 세게 되는 것이다. 왜 열부터 세는가? 선천, 낙서에서 아홉으로 마쳤으니, 일단 무지를 열어서 열이 되어야 하도의 십수역을 회복할 수 있고, 열어 놓은 열부터 거꾸로 아홉, 여덟의 순서로 세는 것이 가능해지기 때문이다. 이는 일단 후천 정역이 선천 낙서의 구궁역과 정반대의 질서, 가치를 형성한다는 것을 상징하는 것으로 해석할 수 있다. 이렇게 보면 ‘십퇴일진(十退一進)’이라는 개념도 쉽게 이해할 수 있다. 선생은 이를 설명하기를, “십퇴일진이란 도생의 질서에 있어서 무지를 굴하여 십을 상(象)하면 십은 물러가고 일이 진(進)함을 말함이니 무극이태극(无極而太極)의 상이요, 괘도로는 십건(十乾)이 퇴하고 일손(一巽)

이 진입함을 나타낸다."[11]고 하였다. 이로써 앞에 설명했던 정역 원문, "들면(擧) 곧 무극(无極)이니 십(十)이요, 십은 곧 태극(太極)이니 일(一)이다."(擧便无極十, 十便是太極一)가 바로 십퇴일진의 수지상수로 나타나는 것임을 알 수 있다.

　여기에서 다시 역의 선후천론과 정역괘도의 연관성 문제로 돌아가기로 한다. 앞에서 말한 바와 같이, 선생은 선후천론에 대해서, "역의 선후천을 밝히는 것은 거의 역 자체를 논하는 것과 같아…"라고 하여, 선후천론을 이해하는 것이 역, 특히 정역을 이해하는 데 관건이 된다는 것을 밝히고 있다. 그리고 선생은《참동계》의 "일월위역(日月爲易)"과《정역》〈대역서〉의 " 역(易)은 역(曆)야"를 인용하여 역(易)을 역법(曆法)으로 정의하였다. 그리고 바로 이어서 "정역은 복희역과 문왕역의 뒤를 이어 우리나라에서 비로소 나타난 제3역이요 미래역이다."라고 정역의 의미를 확정하였다. 사실 여기에서 우리는 선생이 역을 이해함에 있어 선후천론이 중요하다고 강조하는 이유를 짐작할 수 있다. 그것은 역을 복희역과 문왕역 및 정역으로 나누는 데에 단초가 있는 바, 복희는 팔괘를 그은 전설적인 성인이요, 문왕은 팔괘를 연역하여 육십사괘로 확장한 주역의 창시자이기 때문이다. 다시 말하면 복희역과 문왕역을 거론하는 데서 우리는 이미 역의 의미 내지는 작용이 시간적으로 구별되어, 복희역은 복희의 시대에 통용된 역이고 문왕역은 문왕의 시대에 적용된 역이라는 것을 알 수 있다는 뜻이다. 따라서 정역은 앞으로 다가오는 미래에 활용될 수 있는 역이라는 의미가 자연히 드러나게 된다는 것이다.

---

11)《정역연구》123면. 124면 참조.

이처럼 역을 시간적으로 구별하는 관점은 사실 새로운 것은 아니다. 우리는 역의 기원에 대해 주역(周易) 이전에 귀장역(歸藏易)과 연산역(連山易)이 있었으며, 주역이 건곤괘로 시작하는 데 비해 귀장역은 곤괘로 시작하고 연산역을 간괘를 머리로 한다는 것, 그리고 그것은 각각 하(夏)와 은(殷) 시대의 역을 지칭한다는 일종의 설화를 들어서 알고 있다. 그런데 우리가 알고 있는 소위 삼역, 즉 연산역·귀장역·주역은 주로 점서(占筮)의 기능을 나타내고 있다. 따라서 복희역과 문왕역을 역법(曆法)의 관점에서 시간적으로 구분하여 정의하는 것은 지금까지의 역의 정의와는 다른 새로운 관점이라고 할 수 있는 것이다. 복희역과 문왕역만을 보더라도, 복희역과 문왕역의 실체인 복희팔괘와 문왕팔괘는 각각 하도와 낙서의 체용적 관점에서 해석되어 왔기 때문이다. 구체적으로 말하면, 하도는 오행을 대입하면 오행의 상생을 나타내고, 낙서는 오행의 상극을 나타내므로, 하도와 낙서 즉 복희팔괘와 문왕팔괘는 오행의 상생과 상극의 법칙을 나타내는 것으로 해석되어 왔던 것이다. 이 경우에 복희팔괘와 문왕팔괘를 일종의 체용 관계로 해석하는 것은 가능하지만, 시간적 선후의 관계로 보는 데는 문제가 있다. 왜냐하면 상생과 상극이란 음양의 관계와 같아서 일체의 양면과 같은 관계이지, 시간적으로 독립되거나 유리된 관계로 볼 수 없기 때문이다.

좀 더 구체적으로 설명하면 오행 상생과 상극 법칙은 전체적이고 유기적으로 만물에 내재한 운동 법칙으로서, 만물에는 상생과 상극의 법칙이 동시에 작용한다는 것이다. 가령 수극화(水克火)의 상극에 화생토(火生土), 토극수(土克水)의 법칙이 동시에 적용됨으로써 수(水)와 화(火)의 균형이 이루어진다는 것이다. 따라서 하도와 낙서 즉 복희팔괘와 문왕팔괘에 대한 기존의 해석으로는 복희팔괘 즉 하도가 적용되는 시간과 문왕팔괘 즉 낙서가 적용되는 시간의 구별에 대해서는 특별히 주의하지 않았다고 할 수 있다. 이런 논리는 체용의 개념에 더 명확하게 적용된다. 선천을 체, 후천을 용이라고 할 때, 다시 말하면 복희팔괘(= 하도)를 체라고 하고, 문왕팔괘(= 낙서)를 용이라고 할 때, 복희팔괘와 문왕팔괘는 시간적 선후로 구분되지 않는다. 체용이라는 개념이 갖는 특수한 철학적 의미가 그것을 허용하지 않기 때문이다.

다 아는 바와 같이, 체용은 동아시아 철학의 범주로서 체는 세계의 본체 또는 근원을 나타내고 용은 본체의 작용으로서 현상을 가리킨다. 따라서 체와 용은 서로 유리되어 독립적으로 존재할 수 있는 관계가 아닌 것이다. 동아시아 철학의 특성은 이와 같이 본체와 작용의 일원성을 강조하는 데 있다. 물론 여기에서 말하는 일원성이란 서양철학에서 말하는 유심론이나 유물론이 세계의 근원을 정신이나 물질 중 어느 하나를 선택해서 일원론을 구성하는 것과는 다르다. 동아시아 철학의 특성은, 본체와 현상 또는 정신과 물질 중에서 어느 하나를 선택하는 대신, 양자를 소통의 관계로 해석한다. 불교와 역학에서는 세계의 본체와 현상을 나타내는 진속이제(眞俗二諦)와 형이상하(形而上下)의 범주를 부즉불리(不卽不離) 또는 원융(圓融)의 관계로 해석함으로써 양자의 소통을 추구하는 것이다. 부즉불리(不卽不離)의 부즉(不卽)은 양자가 일체가 아니라는 것을 의미하며, 불리(不離)는 양자가 서로 유리되지 않는 관계임을 말한다. 다시 말하면, 부즉불리란 세계의 본체와 현상의 두 범주를 동일화하지도 말고, 동시에 상호 독립된 이원적 관계로 보지도 말라는 것이다. 이런 관계를 가장 적극적으로 표현하는 것이 바로 체용(體用)이라는 개념이다. 체용은 말 그대로 본체와 작용을 결합한 개념이며, 본체의 작용이 곧 현상이라는 의미를 담고 있다. 불교에서는 체용을 흔히 대해수와 파도로 비유하는데, 여기에서 대해수는 본체를, 파도는 현상을 나타내는 것은 물론이다. 바닷가에 파도는 거칠고 변화가 무쌍하지만 그 본체는 거대하고 고요하며 잔잔하게 보이는 큰 바닷물 자체이다. 다시 말하면 철썩거리며 거칠게 변화하는 파도와 잔잔하고 거대한 바닷물은 본래 하나이다. 즉 보이는 현상은 다양하지만 그 본래의 모습은 하나라는 것이요, 이를 수파불이(水波不二)라고 한다. 그러므로 체용은 동아시아 철학의 일원론을 가장 잘 나타내는 개념이라고 할 수 있다.

　이런 체용의 개념으로 표현되는 세계는 불교뿐 아니라 역(易)에도 적용된다. 역의 괘상을 보면, 음효(--)와 양효(—) 양의(兩儀)로부터 사상(四象)이 이루어지고, 이로부터 건괘(乾卦☰)와 곤괘(坤卦☷) 등의 팔괘가 이루어지고, 나아가서 육십사괘가 형성된다. 육십사괘는 상경의 삼십개의 괘와 하경의 삼십사괘로 이루어지는데, 상경 삼십괘는 건괘와 곤괘로 시작하여 천지만물의 변화 현상을 상징하고, 하경의 삼십사괘는 함괘(咸卦)와 항괘(恒卦)로 시작하여 인간사회의 변화를 상징한다. 어쨌든 육십사괘는 자연과 인간의 변화 현상을 상징적으로 표현하며, 그 근원은 건괘와 곤괘로 수렴되고, 건괘와 곤괘는 또한 음효와 양효에서 시작한다. 그렇다면 음효와 양효의 관계는 어떤가? 음효와 양효는 서로 독립적으로 유리된 것이 아니라 일체의 양면과 같은 것이다. 형상을 보면 양효를 분단시킨 것이 음효이고, 음효를 연결한 것이 양효이며, 양효가 변화한 것이 음효이고 음효가 변화한 것이 양효이다. 이로써 우리는 음효와 양효가 비록 형상은 서로 다르지만 본래 하나라는 것을 알 수 있다. 다만 그 하나의 모습은 현상으로 나타나지 않으며, 그런 의미에서 일종의 형이상자이며 초월인 것이다. 이를 역(易)을 설명한 《계사전》에서는 태극(太極) 또는 형이상(形而上)의 도(道)라고 한다. 잘 알려진, "역에 태극이 있으니, 이것이 양의를 발생한다."(易有太極是生兩儀)와 "한번 음하고 한번 양하는 것을 도라고 한다."(一陰一陽之謂道)는 명제가 그것이다. 이런 명제는 다양한 현상의 변화를 상징적으로 표현하는 육십사괘의 본체는 하나이며, 양자는 체용의 관계라는 것을 알려주고 있다.

이렇게 체용이라는 개념을 통해서 세계를 해석하면, 다양하게 변화하는 현상이 곧 하나의 근원의 자기표현이라는 것을 알 수 있다. 역의 괘상에서 설명하면, 건괘(乾卦)의 경우 전체적으로는 순양(純陽)이지만 초구효는 잠룡(潛龍), 구이효는 현룡(見龍) 그리고 구오(九五)는 비룡(飛龍) 등 각각의 효위에 따라 다양성을 보이고 있다. 즉 초구효의 잠룡은, 말 그대로, "물에 잠긴 용"으로서 비록 건괘가 순양을 상징하지만 초구효의 위치에서는 양이 미약하여 마치 물에 잠겨있는 형상과 같다는 뜻이다. 이 경우 미약한 양기를 둘러싸고 있는 물은 당연히 음기(陰氣)이다. 다시 말하면 건괘는 비록 전체적으로는 순양이지만, 초구(初九)는 아직 왕성한 음기에 둘러싸인 상태로서 여전히 음기에게 지배 당하고 있는 것이다. 그럼에도 불구하고 초구는 장차 비룡으로 성장할 가능태라는 점에서 본질적으로는 순양에 속한다고 볼 수 있는 것이다. 이렇게 보면, 복희팔괘와 문왕팔괘의 경우도 큰 틀에서 각각 지배하는 상황이나 시기가 다르지만 상호 연결된 관계라는 것을 알 수 있다. 즉 복희팔괘가 주도하는 시기와, 문왕팔괘가 주도하는 시기의 구분이 가능하며, 나아가서 문왕팔괘로부터 정역팔괘로의 전환이 가능하다는 것이다. 정역의 관점에서는 문왕팔괘가 지배하는 시기가 바로 낙서의 상극이 지배하는 시기가 된다. 그러나 원초적으로 복희팔괘의 가능성을 잠재하고 있기 때문에 일정한 시기, 즉 문왕팔괘가 지배하는 상극의 시기를 벗어나면, 점차 복희팔괘의 상생을 실현할 수 있는 시기가 도래하며, 그것이 바로 정역의 시대라는 것이다.

선생이 역의 선후천론이 중요하다고 강조하는 이유는 바로 여기에 있다. 역이 다양한 현상을 전개하면서, 또한 그 본체의 실현을 확신할 수 있는 논리가 확보되어야 비로소 복희팔괘의 시대, 문왕팔괘의 시대의 존재를 해석할 수 있고, 나아가서 장차 정역의 시대가 도래할 것을 확인할 수 있기 때문이다. 선생은 선후천이라는 개념을 제1절에서 일반적 의미의 선후천, 제2절에서 역(易)의 선후천으로 나누어 설명하였다.

먼저 일반적 의미의 선후천에 대한 선생의 설명은 다음과 같다. "일상 용어에 나타난 선후천의 뜻은 과거와 미래 중에서 어떤 특수한 기간 내지 시점을 말한 것이며, 출생 전 모태 중의 열 달은 선천, 출생 후 일생을 후천이라고 하거나, 과거는 선천 미래는 후천이라고 하는 것이다." 여기에서 선생은 일상 용어로 쓰이는 선후천의 의미가 시간의 선후, 과거와 미래에 있다고 하였으나, 엄밀하게 말하면, 단순히 과거와 미래가 아니라 "출생 전의 모태와 출생 후의 일생"의 예와 같이, 선천에는 후천의 근거나 근원의 의미가 있고 후천에는 선천에 의한 전개나 과정의 의미가 있다. 여기에 이어서 선생은 역(易)의 선후천을 1.(주역) 본문상의 선후천 2. 괘체상의 선후천 3. 이편(二篇)상의 선후천 4. 괘도(卦圖)상의 선후천 5. 하도 낙서의 선후천 6. 선후천의 전도

제3괘도 출현의 가능성 등으로 구분하여 설명하였다.[12] 이 중에서 정역과 관련하여 직접적인 의미가 있는 것은 4. 괘도상의 선후천과 5. 하도낙서의 선후천 및 6. 선후천의 전도이므로 여기에서는 이를 중심으로 선후천의 의미를 살펴보기로 한다.

선생은 괘도상의 선후천에 대해서 "역에는 복희괘도와 문왕괘도가 있다. 선유(先儒)는 전자를 선천도라 하고 후자를 후천도라 한다. 필자는 이것을 제1괘도, 제2괘도라 한다."고 전제하고, 제1괘도에 대해 다음과 같이 설명한다.

"제1괘도는 8수괘(數卦)로서 양의(陽儀)와 음의(陰儀)의 양의(兩儀)로 되어 있는 태극(太極)이며 만물의 출생을 표시한다. 만물이 출생할 때에는 반드시 머리부터 나오는 것이 순리이므로 머리를 상징하는 건(乾)이 먼저 생하고, 다음 이목비구수족을 나타내는 감리간태진손(坎離艮兌震巽)이 차제로 나니 결국 동체인 배(腹)가 나오게 되어 배를 상징하는 곤(坤)이 맨 끝에 와 있는 상(象)이다."[13]

선생의 설명을 요약하면 제1괘도는 태극을 상징하며, 그것은 인간이 출생할 때의 모습으로 실현된다는 것이다. 제1괘도가 태극이라는데 대해서 선생은 "건(乾) 분야의 태리진(兌離震)과 곤(坤) 분야의 간감손(艮坎巽)이 양의를 이루어 부즉불리(不卽不離)의 태극을 표시한다."[14]고 설명하였다. 실제로 제1괘도 즉 복희팔괘도를 보면 북방의

---

12) 《정역연구》 7면-25면.
13) 《정역연구》 11면.
14) 《정역연구》 13면.

순음(純陰) 곤(坤)괘를 지나 일양(一陽)이 발생한 진괘(震卦)가 등장하고, 이어서 이양(二陽)으로 장성한 태괘(兌卦)를 지나 순양(=三陽)으로 성숙한 건괘가 남방에 위치하고 있다. 건괘를 지난 서남방에는 일음(一陰)이 발생한 손괘(巽卦)가 등장하고, 이어서 이음(二陰)으로 장성한 간괘(艮卦)를 지나 순음(純陰=三陰)으로 성숙한 곤괘가 북방에 위치한다. 그렇다면 진괘 다음에 위치한 리괘(離卦)와 손괘(巽卦) 다음에 위치한 감괘(坎卦)는 무엇을 의미하는가? 그것은 각각 건괘와 곤괘의 작용을 나타낸다고 생각한다. 즉 건괘가 순양이기는 하지만 작용은 태양(해)을 상징하는 리괘를 통해서 작용하고, 곤괘도 순음이지만 태음(달)을 통해서 작용하게 되는 것이다. 다시 말하면 건괘의 작용상의 실체는 리괘와 같이 외부에서 양이 내부의 음을 둘러싸고 있는 형상이며, 곤괘의 작용상의 실체는 감괘와 같이 외부에서 음이 내부의 양을 둘러싸고 있는 형상이다. 이는 순양이나 순음이 존재하지 않는다는 것이 아니라, 순양 속에 음이 내포되어 있고 순음 속에 양이 내포되어 있는 것을 가리킨다. 그리고 순양 속에 음이 내포되어 있다는 것은 곧 순양이 음과 소통하고 있다는 것이고, 또한 순음 속에 양이 내포되어 있다는 것은 순음이 양과 소통하고 있음을 나타낸다. 이를 선생은 양과 음, 음과 양 즉 "양의의 부즉불리(不卽不離)"의 관계라고 설명한 것으로 보인다. 건과 곤의 음양 소통을 그림으로 표시하면, 순양인 건괘에서 손괘의 일음이 발생하는 순간과 순음인 곤괘에서 진괘의 일양이 발생하는 순간으로 표시할 수 있다. 태극기의 도상으로 보면, 순양의 완성과 일음의 발생이 교차하는 지점과 순음의 완성과 일양의 발생이 교차하는 지점으로 표시된다. 따라서 제1괘도, 복희괘도는 융심리학의 개념으로 표현하면 원형(原型 Archetype)으로서 태고적 이미지(primordial images)라고 할 수 있다. 융심리학에서는 이 이미지를 자신의 꼬리를 물고 삼키는 커다란 뱀 또는 용의 형상을 한 우로보로스(그리스어: ουροβόρος)라는 고대의 상징으로 표현한다.[15] 이 상징은 수 세기에 걸쳐서 여러 문화권에서 나타나면서, 시작이 곧 끝이라는 의미로서 윤회 또는 영원성의 상징으로 인식되어왔다. 선생이 해석한 제1괘도, 복희괘도는 바로 이와 같은 원형적 이미지 또는 도상이라고 할 수 있는 것이다.

융심리학에서 원형인 집단무의식이 개인무의식과 의식에 작용함으로써 본래의 자기를 실현하듯이, 제1괘도인 복희괘도는 제2괘도인 문왕괘도에 작용하여 마침내 제3괘도인 정역괘도의 출현을 이룬다는 것이야말로 선생이 선후천론을 통해서 드러내고자 하는 본의로 해석된다. 이에 대한 설명은 뒤로 잠시 미루고, 선생이 말하는 제2괘도, 문왕괘도에 대해서 살펴보기로 한다. 선생은 다음과 같이 제2괘도를 설명하였다.

> 제2괘도는 구궁괘(九宮卦)로서 일감(一坎), 삼진(三震), 칠태(七兌), 구리(九離)는 사정면(四正面)에 나와 있고, 이곤(二坤) 사손(四巽) 팔간(八艮)은 사유우(四維隅)에 물러서서 각기 사상(四象)을 표시하므로 네 발로 자라남을 상징한다. 만물이 자라남에는 상극(相克) 패역(悖逆)하여 조화를 결(缺)함이 많으므로 좌도와 같이 음양이 전연 부조화하고, 괘에 있어서는 괘도의 중추를 이루는 감리(坎離) 외에는 곤(모)은 간(소남)과, 진(장남)은 태(소녀)와, 손(장녀)은 건(부)과 상대하게 되

---

15) 유아사 야스오 지음. 이정배 등 옮김.《봄의 우주성》. 개정판. 2013년. 17면에서 25면까지 참조. 도서출판 모시는 사람들. 서울.

니 패역을 면치 못할 것이다. 그러므로 설괘전에서도 '數往者順, 知來
者逆 易逆數也'라 하여 역이 거슬려 자람을 표시한 것이다. 어쨌든 제2
괘도는 자라남을 나타내는 괘도로서 제일괘도가 선천괘도임에 대하여
이것은 후천괘도라고 한다

　선생이 먼저 지적하는 것은 제2괘도가 구궁괘(九宮卦)요 자라남
을 상징하는 동시에 거스름의 괘라는 것이다. 즉 8수괘인 제1괘도가
구궁괘로 진일보 성장한 것을 나타내면서, 동시에 성장 과정의 미숙
함을 "상극 패역의 부조화"로 표현하고 있는 것이다. 구궁괘라는 것
은 문왕팔괘의 각괘의 수가 1에서 9까지 배열되어 있음을 표시하는
데, 여기에 서북의 감(1)과 건(6), 서남의 곤(2)와 태(7), 동북의 진(3)
과 간(8), 동남의 손(4)과 리(9)가 각각 짝을 이루고 있는 모습이 낙서
의 수 배열과 동일하다는 것에 주목하여, 문왕팔괘가 낙서의 질서를
표현한 것이라고 보는 데에 더 큰 의미가 있다. 다음에 "5. 하도와 낙
서의 선후천"에 대한 선생의 설명에도 보이는 바와 같이, 하도는 1·6,
2·7, 3·8, 4·9, 5·10으로 수의 배열이 음양이 조화를 이루고 있는
데 반해, 낙서는 1·9, 2·8, 3·7, 4·6, 5로서 음양의 부조화를 상징하
기 때문이다.[16] 게다가 하도와 낙서를 오행의 질서에 배합하면, 하도
는 토생금, 금생수, 수생목, 목생화, 화생토의 순서로 좌선(左旋) 상생
(相生)의 질서를 보여주고 있는 데 반해서, 낙서는 토극수, 수극화, 화
극금, 금극목, 목극토의 우선(右旋) 상극(相克)의 역질서를 시사하고
있는 것이다.[17] 이는 역시 선생이 설명하는 바와 같이, 하도는 남방에

---

16) 《정역연구》 16면.
17) 《정역연구》 17면.

2·7화가 있고 서방에 4·9금이 있어서 각기 제 고장을 지키고 있는데 비하여, 낙서는 4·9금과 2·7화가 교역(交易) 전위(轉位)됨으로써 엄청난 역행(逆行)을 하고 있기 때문이다. 정역을 금화정역(金火正易)이라고 부르는 이유가 바로 여기에 있다. 즉 낙서에서 금과 화가 교역함으로써 이루어진 상극의 역질서를, 금화를 다시 제 위치로 교역함으로써 상생의 질서로 전환할 수 있다고 보기 때문이다. 여기에 낙서의 선천팔괘의 8수가 문왕팔괘의 구궁수로 장성한 것이 장차 10수로 완성되기를 기대하는 것 또한 당연한 것이다. 그렇다면 장차 문왕팔괘와 낙서의 "상극 패역의 부조화"를 극복하고 복희팔괘와 하도의 "상생 순리의 조화"라는 원형적 이미지를 실현하여 성숙한 모습으로 나아가는 제3의 괘도가 기대되는 것이 당연하며, 그것이 바로 정역의 출현을 시사하는 것이라고 추론할 수 있겠다.

이제 하도와 낙서의 선후천에 대한 선생의 해석을 보기로 한다. 선생은 먼저 "하도와 낙서는 일종의 신물(神物)이며 하늘이 내린 상수(象數)"라고 하여, 하도와 낙서를 일종의 신물, 즉 신이 내린 상징물로 규정한다. 이는 《주역》〈계사상전〉(11-8)의 "河出圖 洛出書 聖人則之"와 "天垂象 見吉凶 聖人象之", 그리고 《논어》〈자한편〉의 "鳳鳥不至, 河不出圖, 吾已矣夫"에 근거한 것이지만, 다른 한편으로는 하도와 낙서가 정역 출현의 결정적 근거를 제시한다는 데 그 이유가 있다. 앞에서 복희팔괘와 문왕팔괘의 선후천을 설명하면서 이미 하도와 낙서에 대한 선생의 설명을 인용한 바와 같이, 소위 복희팔괘(선천팔괘)와 문왕팔괘(후천팔괘)를 해석하는 데 있어서 하도와 낙서가 내포하는 상생과 상극의 논리가 결정적 역할을 하기 때문이다. 물론 하도와 낙서의 상생과 상극은 전통적으로 이미 선유(先儒), 역학가들이 인정하

는 것이므로 선생의 새로운 학설은 아니다.[18] 그러나 정역이라는 후천
의 새로운 질서의 관점에서 보면, 하도 낙서에 대해 보다 새로운 관점
이 없을 수 없고, 선생이 선후천의 설명 중에서 하도와 낙서에 대해 가
장 많은 부분을 차지하는 것은 이 때문이다. 하도 낙서에 대한 새로운
관점이란 바로 하도와 낙서를 정역의 관점에서 재해석하는 것임은 말
할 것도 없다. 먼저 선생의 하도에 대한 해석을 보자.

　　하도는 우주 창조의 설계도이다. 그 설계에 의하여 순차적으로 풀려
　나온 것이 낙서요 괘도이다. 그러기에 그것은 하나의 계획이요, 그 자
　체 실현은 아닌 것이다. 알기 쉽게 풀이하면, 하도는 어머니 뱃속 즉 태
　중 십 개월의 기시점이요, 정자와 난자의 수정상태를 표시하는 이른바
　포태를 말한다. 이에 포태된 태아가 열 달 동안을 무사히 순조롭게 발
　육하는 양육과정이나, 열달 후 어머니 뱃속을 벗어나 출생하는 것이나,
　그 후 유년기를 지나 청장년기를 거쳐 중년기 노년기에 이르러 드디어
　이 세상을 하직하기까지의 기나긴 인생의 역정이 실로 이 포태의 순간
　에 어떤 의미로는 운명적으로 결정지어진다고 생각된다. 그러므로 선
　천을 잘 타고 나야 후천이 튼튼하다고 할 수 있고, 반대로 선천을 부실
　하게 타고나면 후천도 허약하여 인생 역정에서 중도 탈락하고 마는 것
　이다. 그러므로 하도는 본시 1·6, 2·7, 3·8, 4·9, 5·10과 같이 선천적
　으로 완전무결한 수에 의하여 설계되었지만, 그것은 어디까지나 설계
　요 계획이요 윤곽이기 때문에 그 실현과정에 있어서는 반드시 완전무

---

18) 선생은 이를 다음과 같이 설명한다. "선유도 하도 선천, 낙서 후천에는 이의가 없
　　는 것이다. 그리하여 하도를 체(體)라 하고 낙서를 용(用)이라 하여, 하도에서 생
　　긴 복희괘도는 영원한 체요 선천이며, 낙서에 바탕한 문왕괘도는 무궁한 용이요
　　후천이라고 여겼던 것이다."《정역연구》19면)

결하게만 발현되는 것은 아니다.[19]

이상의 설명에서 흥미로운 것은 아기를 포태하는 과정으로 하도를 비유한다는 점이다. 그런데 이런 비유는 선생이 창안한 것이 아니고 《정역》에 등장하는 개념을 차용한 것이다. 《정역》에서는 무위(戊位) 기위(己位)와 태음(太陰) 태양(太陽)의 관계를 설명하는 중에 포태양생(胞胎養生)의 개념을 사용하고 있는데, 선생은 이를 차용해서 하도와 낙서 및 정역의 관계를 설명하는 데 포태의 개념을 사용한 것으로 보인다. 여기에서 먼저 낙서에 대한 선생의 설명을 인용해 보고, 그 후에 하도 낙서와 관련된 전체적인 의미를 해석해보기로 한다.

> 낙서는 무엇인가? 낙서는 구궁수를 말한다.... 하도가 포태를 의미한다면 낙서는 태중 십 개월간의 발양을 의미한다. 만물이 자랄 때는 거슬려 자라듯이, 원설계인 하도는 10, 9, 8 … 3, 2, 1로 순하게 계획되었지만, 그것을 실현하는 과정에 있는 낙서는 1, 2, 3 … 7, 8, 9로 역(逆)하여 자라는 것이다. 위에서도 말한 바 이것이 (설괘전에서) '易, 逆數也'라고 말한 까닭이다.[20]

여기에서 선생은 낙서에 대해서 두 가지를 말하고 있다. 하나는 낙서는 구궁수라는 것과 다른 하나는 원도인 하도는 10, 9, 8, 7 등으로 순하게 계획되었는데, 그것을 실현하는 과정인 낙서는 1, 2, 3, 4 등으로 거슬려(逆) 자라난다는 것이다. 거슬려 자란다는 표현이 상징하는

---

19) 《정역연구》 15~16면
20) 《정역연구》 17면

바는 다음과 같이 설명되고 있다.

> 낙서의 오황극(五皇極)은 … 십무극(十无極)이 없으므로 그 체(體)
> 가 없어 전연 십자소식(十字消息)이 단절되었으니 용(用)을 못하고, 오
> 직 2, 4, 6, 8의 사유음(四維陰)을 체로 하여 1, 3, 7, 9의 사정양(四正陽)
> 을 용함으로 체방용원(體方用圓)의 역기능을 자아내어, 천지는 비색하
> 고 상하는 두절되어 외강내유하고 외군자(外君子), 내소인(內小人)인
> 지라 소인도(小人道)는 성하고 군자도(君子道)는 쇠하는 형편이니 성
> 인이 우려하여 부득이 억음존양(抑陰尊陽)으로 심법지학(心法之學)을
> 삼을 수밖에 없었던 것이다.[21]

이른바 "거슬려 자란다"는 말의 구체적 내용은 십무극(十无極)이
없어졌다는 것으로 해석된다. 즉 십무극이 있으면 10, 9, 8, 7 등으로
도생(倒生)할 것인데, 낙서에는 십무극이 없기 때문에 1, 2, 3, 4 등으
로 1부터 거슬려 자랄 수밖에 없었다는 뜻으로 해석되는 것이다. 선생
의 이 해석은 정역에서 설명한 하도, 낙서의 내용에서 연유된다고 볼
수 있다. 왜냐하면《정역》에는 "용도는 미제의 상인데 거꾸로 나서 거
슬려 이루고 보니 선천의 태극이다.(龍圖未濟之象而倒生逆成先天太
極), 귀서는 기제의 수인데 거슬려 나서 거꾸로 이루고 보니 후천의
무극이다.(龜書旣濟之數而逆生倒成后天无極)"[22]라고 하여 용도(龍圖
=河圖)와 귀서(龜書=洛書)의 생성에 대해서 밝히고 있다. 이는 하도
에서 선천태극이 나오고, 다시 선천태극에서 후천무극으로 성장하는

---

21)《정역연구》58면.
22)《정역연구》334면. 원문 번역은《정역연구》238면의《정역》〈국역과 주〉.

과정을 말한 것이라고 생각된다. 먼저 "용도는 미제의 상"(龍圖未濟之象)이라는 말은 하도는 아직 '실현되지 않은'(未濟) '일종의 설계도나 이미지'(象) 같은 것이라는 의미로 해석된다. 설계도인 하도가 실제로 구현되는 과정은 10에서 9, 8, 7, 6 등으로 "거꾸로 나서 거슬려 이루고 보니"(倒生逆成) 선천태극(先天太極=1)이고, 이 선천태극은 1에서 2, 3, 4 등으로 "거슬려 나서 거꾸로 이루고 보니"(逆生倒成) 후천무극(后天无極)이다.

"거꾸로 나서 거슬려 이루고 보니"(倒生逆成)와 "거슬려 나서 거꾸로 이루고 보니"(逆生倒成)는 매우 이해하기 어려운《정역》만의 독특한 개념이다. 이는 위에서 인용한 대로 "용도(龍圖)"와 "귀서(龜書)"의 생성을 설명하기 위한 개념인데, 이미 앞에서 말한 바와 같이, 복희팔괘도와 문왕팔괘도는 각각 용도와 귀서에 해당한다. 즉 복희팔괘도에 설계된 대로 실현되면 문왕팔괘도가 정역팔괘도로 완성되는 것이다. 따라서 "거슬려 나서 거꾸로 이루고 보니(逆生倒成) 후천무극(后天无極)이다."라는 말은 선천인 문왕팔괘에서 후천인 정역팔괘로 변화하는 과정과 결과를 지시하는 것이다. 이와 같이 선천에서 후천으로 변화하는 양상은, 팔괘도 외에도, 여러 가지 상징으로 표현된다. 오행(五行)도 그 중의 하나이다.《정역》에서는, "용도"와 "귀서"로 선천과 후천의 변화를 상징한 바로 뒤에, "역은 거슬리니 다하면 돌이키는 것이다."(易逆也 極則反)라 하고, 이어서 "토가 다하면 수를 낳고, 수가 다하면 화를 낳고, 화가 다하면 금을 낳고..."(土極生水, 水極生火, 火極生金...)라고 하여 오행의 변화를 설명한 끝에 "금과 화가 서로 같은 집에 있는 것은 거꾸러지고 거슬리는 이치이다."(金火互宅, 倒逆之理)라고 하여 또한 "거꾸로"(倒)와 "거슬림"(逆)을 말한 것이다. 그런

데 이 말이 가리키는 것은 낙서(洛書)가 오행 질서로는 상극을 나타내
는데, 그것은 오행 상생의 질서를 나타내는 하도(河圖)와 비교해보면
금과 화가 서로 자리를 바꾸고 있는 것으로 나타난다. 즉 하도에서는
2·7이 정남방에 위치하고 4·9가 정서방에 위치하여 오행의 상생을
나타내는 데 반하여, 낙서에서는 2·7과 4·9가 각각 서남방과 동남방
으로 자리를 바꿈으로써 상극을 나타내고 있는 것이다. 따라서 서로
자리가 바뀐 2·7과 4·9를 제자리에, 즉 낙서의 2·7과 4·9를 하도
의 위치에 복귀해 놓으면 상극을 상생으로 복구할 수 있는 것이다. 이
밖에도 태음과 태양의 생성을 설명하면서 역시 "거꾸로"(倒)과 "거슬
림"(逆)의 개념을 사용하고 있다. 따라서 실로 "거꾸로"(倒)와 "거슬
림"(逆)이야말로《역》의 변화를 나타내는 핵심적인 개념이라고 할 수
있는 것이다.

정리해서 말해보면, "거꾸로"(倒)는 복희팔괘(또는 정역팔괘)에 속
하는 생성의 양상이고, "거슬림"(逆)은 문왕팔괘에 속하는 생성의 양
상이라고 할 수 있다. 다시 말하면 하도는 거꾸로 나왔는데 거슬러 이
룬 것이 선천 태극이고, 귀서는 거슬려 나왔지만 장차 거꾸로 이루면
후천 무극이 된다는 것이다. 앞에서도 말했지만, "거슬림"(逆)은 1, 2,
3, 4의 질서를 가리키고, "거꾸로"(倒)는 10, 9, 8, 7의 질서를 말하는
것이다. 선생이《정역연구》제6장〈일부선생전〉에서 전한 윷말판에
대한 다음의 일화는 "거꾸로"(倒)가 바로 후천을 여는 소식이라는 것
을 알려준다.

촌중의 박씨 노처녀가 30이 넘도록 시집을 못가다가 마침내 '누구나
뺄참에서 다섯 끝으로 넉동무니 구어 빼는 이가 있으면 그에게 시집가

겠느라'고 선언하자 혈기에 넘치는 청탄(김영곤)이, 돛밭에서 뒤로 돌
려 거꾸로 뺀 계월(하상역)의 등에 올라 타고 '하도용마 내가 탔으니 그
수 내게 넘기라'고 떠들썩하니 선생이 문을 여시고 '무엇을 그러느냐'
하시매 그 사연을 여쭈니 선생이 빙그레 웃으시며 '거꾸로 뺐으니 그것
도 후천이구나'라고 한 것이 기연이 되어 말판이 후천이라고 하였다고
후일 윷말판을 정역팔괘도의 바탕인 것처럼 오인하여…그것으로 정역
의 뜻을 푼 것처럼 여기는 사람도 생기게 되어 일파만파의 소란을 빚어
내게 된 근본 동기를 이루게 되었으니…[23]

학산 선생은 위와 같이 일부(一夫) 선생의 제자 중에 몇 사람이 정
역이 윷말판에서 나왔다고 주장하게 된 기연을 전하며 매우 유감스러
운 뜻을 표하였다. 그러므로 필자 역시 여기에서 윷말판의 설화를 인
용한 것이 행여 정역을 윷말판과 연관시키려는 뜻은 전혀 없음을 먼
저 밝힌다. 그러나 일부선생께서 '거꾸로 뺐으니 그것도 후천이구나'
라고 말씀한 것은 사실로 전해지는 것이니, 이로써 선천 낙서에서 후
천 정역으로 넘어가는 방법(=推算)이 바로 '거꾸로 빼는 것'(倒)임을
알 수 있는 것이다.

'거꾸로 빼는 것'(倒)이 바로 후천을 추산하는 방법이라는 것을 알
려주는 일례를 찾아보면 다음과 같다.

선천의 십육일은 후천의 초하루인 것이다. 정역에 '월분우술(月分于
戌)하니 십육일이요….월합중궁지중위(月合中宮之中位)하니 일일(一
日)이 삭(朔)이니라'고 하여, 십육일은 선천에 계미(계축)이지만 중궁

의 중위에 합삭(合朔)하는 달은 초하루가 계미(계축)이므로 자연 후
천의 십육일은 무술(무진)에 해당하게 되어 '월분우술'이라고 한 것이
다....후천 황중월 계미(계축) 초하룻달이 선천 십육일에 솟아 오름을
알겠노라는 뜻이다. 이 같은 급전환, 선후천의 전도(轉倒), 이른 바 코
페르니쿠스적 변화는 선망(先望) 십오일을 존공(尊空)함으로써 이루
어지는 것이니...[24]

이는《정역》에서 선천의 365와 1/4도가 후천의 360도로 변화하는
현상을 말하는 "一夫之朞三百七十五度니 十五를 尊空하면 正吾夫子
之朞當朞三百六十日"의 바로 뒤에, 역시 선천으로부터 후천으로 진행
하는 달의 변화를 서술한 것이다. 즉 "달이 술(戌)에서 나뉘니 16일이
고"(月分于戌十六日)에서 "달이 중궁의 중위에서 합하니 일일이 초
하루이다."(月合中宮之中位一日朔)에 대한 선생의 설명이다. 여기에
서는 선천 십육일인 계미(계축)가 후천에서는 초하루인 계미(계축)
에 해당한다는 추산(推算)의 과정에 대해서는 생략하고, 단지 선천 16
일이 후천 초하루에 해당한다는 소식에 대해서만 말하기로 한다. 즉
선천으로부터 후천으로의 전도 현상은 선천으로는 15일 망(望) 다음
날 저녁에 16일 달이 떠올라야 하는데, 돌연 선천이 후천으로 급변하
면서 초하루 달이 떠오르게 된다는 것이다. 위의 인용에 의하면, 선
생은 이와 같은 "이른 바 코페르니쿠스적 변화는 선망(先望) 십오일
을 존공(尊空)함으로써 이루어지는 것"이라고 밝히고 있다. "선망(先
望) 십오일"이란 한 달 중에서 보름 이전의 15일간을 말하는 것이니,

---

24)《정역연구》75-76면.

"선망(先望) 십오일을 존공(尊空)"한다는 것은 15일을 "거꾸로 빼는 것"(倒)이다. 즉 선천에서 15일을 거꾸로 빼면 후천으로 전도 변화가 가능하다는 뜻이다.

이상으로 정역을 이해하는 데에 핵심적 개념인 선후천관에 대한 선생의 해석을 살펴보았다. 이어서 정역 출현의 가장 중요한 근거로 거론되는 주역 설괘전의 내용을 살펴보기로 한다.

3. 정역 출현의 합리적 근거

선생은 《정역연구》 제2장 "정역팔괘도에 대하여"의 제1절에서 "정역팔괘도 출현의 실상"이라는 제목으로 정역 출현의 신비적 근거와 합리적 근거를 거론하는데, 여기에서는 그 중 합리적 근거에 대해서 논하기로 한다. 선생이 합리적 근거로 제시한 것은 주역 설괘전 제6장의 내용이다. 선생은 이에 대해 "이것이 주역에서 제3괘도의 출현을 강력히 시사하는 가장 유력한 증거라고 생각한다."[25]고 하여 그 중요성을 강조하였다.

주역 설괘전의 제3장부터 제6장까지는 팔괘에 대한 설명을 담고 있다. 제3장과 제4장은 보통 복희팔괘에 대한 설명으로, 제5장은 문왕팔괘를 설명한 것으로 해석되어 왔다. 특히 제5장에 대해서 주자는 "소자가 말하기를, 이 괘위는 문왕이 정한 것으로 소위 후천의 학이다."(邵子曰 此卦位. 乃文王所定 所謂後天之學也)라고 한 말을 인용하

---

25) 《정역연구》 21면.

여, 그 내용이 문왕팔괘를 서술한 것임을 인정하였다. 그런데 주자는 제5장에 대해서 "이 장(章)에서 추론한 괘위(卦位)의 설명은 잘 모를 부분이 많다."(此章所推卦位之說 多未詳者)라고 하여, 괘위(卦位)에 대한 설명에 이해할 수 없는 곳이 많다고 하였다. 그뿐 아니라 주자는 이어서 제6장에 대해서도 "이는 건(乾)·곤(坤)을 빼고 오로지 육자(六子)만을 말하여 신(神)이 하는 바를 나타내었다. 그런데 그 위치와 차례는 또한 상장(上章)의 말을 따랐으니 그 뜻을 잘 모르겠다."(此去乾坤而專言六子 以見神之所爲 然其位序亦用上章之說 未詳其義)고 하여, 제6장 역시 제5장의 괘위(卦位)와 괘서(卦序)에 대한 설명을 썼기 때문에 그것이 의미하는 바가 무엇인지 잘 알 수 없다고 토로하였다. 제5장의 괘위와 괘서를 설명한 내용은 다음과 같다.

만물(萬物)이 진(震)에서 나오니, 진(震)은 동방(東方)이다. 손(巽)에 깨끗하다는 것은 손(巽)은 동남(東南)이니, 제(齊)는 만물(萬物)이 깨끗함을 말한 것이다. 이(離)는 밝음이니, 만물(萬物)이 모두 서로 만나보기 때문이니, 남방(南方)의 괘(卦)이다. 성인(聖人)이 남면(南面)하여 천하(天下)를 다스려서 밝은 곳을 향해 다스림은 여기에서 취한 것이다. 곤(坤)은 땅이니, 만물(萬物)이 모두 기름을 이루므로 곤(坤)에 일을 맡긴다 한 것이다. 태(兌)는 바로 가을이니, 만물(萬物)이 기뻐하는 바이므로 태(兌)에 기뻐한다 하였다. 건(乾)에 싸운다는 것은 건(乾)은 서북(西北)의 괘(卦)이니, 음(陰)·양(陽)이 서로 부딪힘을 말한 것이다. 감(坎)은 물이니, 바로 북방(北方)의 괘(卦)이니, 위로받는 괘(卦)이니, 만물(萬物)이 돌아가는 바이므로 감(坎)에 위로한다 한 것이다. 간(艮)은 동북(東北)의 괘(卦)이니, 만물(萬物)이 종(終)을 이루

고 시(始)를 이루는 것이므로 간(艮)에 이룬다 한 것이다.(萬物出乎震,
震東方也, 齊乎巽, 巽東南也, 齊也者 言萬物之潔齊也. 離也者, 明也. 萬
物皆相見, 南方之卦也, 聖人 南面而聽天下, 嚮明而治, 蓋取諸此也. 坤也
者, 地也, 萬物皆致養焉. 故曰致役乎坤. 兌, 正秋也. 萬物之所說也, 故曰
說言乎兌. 戰乎乾, 乾西北之卦也, 言陰陽相薄也. 坎者, 水也. 正北方之
卦也. 勞卦也. 萬物之所歸也. 故曰勞乎坎. 艮, 東北之卦也, 萬物之所成
終而所成始也. 故曰成言乎艮.)

이상에서 소위 괘위(卦位)란 "震, 東方也" "巽, 東南也" "離也者…南
方之卦也" "乾, 西北之卦也" "坎者, 正北方之卦也" "艮, 東北之卦也"
라고 한 바와 같이 팔괘의 방위를 가리킨다. 그리고 괘서(卦序)는 "만
물이 진에서 나오니"(萬物出乎震)이라고 하여, 괘의 순서가 진괘(震
卦)로부터 시작되고, 이어서 손(巽), 리(離), 곤(坤), 태(兌), 건(乾), 감
(坎), 간(艮)의 순서로 진행된 것을 말한다. 그리고 "齊乎巽, 齊也者,
言萬物之潔齊也" "離也者, 明也. 萬物皆相見" "戰乎乾, 言陰陽相薄也"
등 괘의 의미를 설명한 내용이 부가되어 있다. 그러므로 주자가 ""이
장(章)에서 추론한 괘위(卦位)의 설명은 잘 모를 부분이 많다."고 말
한 것은, 소위 문왕팔괘가 왜 이런 구조와 순서로 구성되어 있는지, 나
아가서 각 괘에 대한 설명은 어떻게 이루어졌는지 잘 알 수 없다는 뜻
으로 해석된다.

위 주자의 말에 대해서 명대의 역학가 래지덕(來知德)은 다음과 같
이 말하였다.

선유(先儒)가 대대(待對)와 유행(流行)을 몰라서 선천후천설을 말

했다. 그래서 (주자의) 본의에서도 이 절에 대해 잘 모르겠다고 말했으니, (복희, 문왕) 두 개의 팔괘도가 하늘과 땅이 대대의 관계인 것과 같아, 선후로 나눌 수 없다는 것을 알지 못했기 때문이다. 천기(天氣)와 지기(地氣)가 교감하여 만물을 생성하는 것이 유행이니, 천지가 어찌 선후가 있겠는가? 남자와 여자도 대대의 관계이다. 남자의 기와 여자의 기가 교감하여 남녀를 생성하는 것이 유행이니, 남녀에 어찌 선후가 있겠는가? 그러므로 복희팔괘도와 문왕팔괘도는 어느 하나도 없앨 수 없다.

(先儒不知對待流行, 而倡爲先天後天之說, 所以本義于此一節, 皆云未詳, 殊不知二圖分不得先後, 譬如天之與地對待也, 二氣交感, 生成萬物者流行也, 天地豈先後哉. 男之與女對待也, 二氣交感, 生成男女者流行也, 男女豈先後哉, 所以伏羲文王之圖, 不可廢一.)[26]

여기에서 래지덕이 말한 "선유(先儒)가 대대(待對)와 유행(流行)을 몰라서 선천후천설을 말했다."의 "선유(先儒)"는 소강절을 가리킨다. 즉 소강절이 "대대(待對)와 유행(流行)"을 알지 못했기 때문에 복희팔괘와 문왕팔괘를 선천과 후천으로 분리했다는 것이다. 래지덕은 "대대(待對)"를 천지 또는 남녀의 관계로 설명한다. 즉 천기와 지기가 교감하고 어울려야 만물이 생성하는 것이나, 남녀가 서로 교감하고 어울려서 생명을 탄생하는 것과 같이, 천기와 지기 또는 남성과 여성은 상호 의지해서 존재하는 관계로서, 양자 간에는 선후가 성립하지 않는다는 것이다. 그리고 생성은 이런 상호 대대 관계로부터 이루어진다는 것이다. 이런 관점에서 래지덕은 복희팔괘와 문왕팔괘를 대대

---

26) 《周易集註》, 明, 來知德撰, 〈說卦傳〉.

유행의 관계로 규정한다. 먼저 복희팔괘에 대한 래지덕의 설명을 보면 다음과 같다.

상착(相錯)이라는 것은 양과 음의 상호 대대(待對) 관계로서, 일음(一陰)은 일양(一陽)과 대대하고, 이음(二陰)은 이양(二陽)과 대대하고, 삼음(三陰)은 삼양(三陽)과 대대한다. 그러므로 일(一)과 팔(八)이 상착하고, 이(二)는 칠(七)과 상착하고, 삼(三)은 육(六)과 상착하고, 사(四)는 오(五)와 상착한다. 팔괘가 상착하지 않으면 음양이 서로 대대하지 않으니 역(易)이 아니다. 송유(宋儒)는 착종(錯綜)이라는 두 글자를 알지 못하였기 때문에 서로 (팔괘가) 교합하여 육십사괘를 이룬다고 생각했으니, 이것(복희팔괘)이 오로지 팔괘가 역수(逆數)하여 상착한 것을 말했을 뿐, 육십사괘를 말한 것이 아님을 알지 못했다. (相錯者, 陽與陰相對待, 一陰對一陽, 二陰對二陽, 三陰對三陽也. 故一與八錯, 二與七錯, 三與六錯, 四與五錯. 八卦不相錯, 則陰陽不相對待, 非易矣. 宋儒不知錯綜二字, 故以爲相交, 而成六十四卦. 殊不知此專說八卦逆數, 方得相錯, 非言六十四卦也.)[27]

여기에서 래지덕이 주장하는 것은, 복희팔괘는 팔괘의 상착 관계를 지시하는 것이므로, 팔괘가 서로 교합해서 육십사괘를 이루는 것으로 해석한 송유들의 학설은 오류라는 것이다. 다시 말하면 래지덕이 주장하는 것은, 복희팔괘는 음양 대대로써 팔괘가 상착의 관계를 형성함으로써 만물의 생성과 변화를 추동하는 근본 구조의 형성을 설명하는 논리일 뿐, 팔괘가 서로 교합, 중첩하여 육십사괘를 형성하는 과정

---

27)《周易集註》〈說卦傳〉 제3장. "八卦相錯" 註.

을 설명하는 논리가 아니라는 것이다. 그렇다면 래지덕이 말하는 팔괘의 상착(相錯)에 대해서 좀 더 살펴보기로 한다.

상착(相錯)이라는 개념은 설괘전 제3장에 등장한다. "천(天)과 지(地)가 자리를 정(定)하고, 산(山)과 택(澤)이 기(氣)를 통하며, 뇌(雷)와 풍(風)이 서로 부딪히고, 수(水)와 화(火)가 서로 해치지 않아, 팔괘(八卦)가 상착(相錯)하니…"라고 한 것이 그것이다. 북송의 역학자 소강절은 이를 팔괘와 팔괘가 서로 교합해서 육십사괘를 형성하는 논리로 해석했다.[28] 그런데 여기에서 래지덕은 "상착"에 집중하여, 복희팔괘가 단순히 육십사괘의 형성 과정을 설명하는 논리가 아니라, 다시 말하지만, 만물이 생성 변화하는 근본 구조의 논리라고 주장한 것이다. 래지덕은 "착(錯)"과 "종(綜)"을 다음과 같이 설명한다.

착(錯)은 교착, 대대의 명칭이다. 양이 좌측이면 음이 우측이고, 음이 좌측이면 양이 우측인 것이다. 종(綜)은 양이 위면 음이 아래이고, 음이 위면 양이 아래인 조직을 말한다. 비록 육십사괘이지만 다만 건(乾), 곤(坤), 감(坎), 리(離), 대과(大過), 이(頤), 소과(小過), 중부(中孚) 팔괘만이 상착이다. 그 나머지 56괘는 모두 상종(相綜)의 관계로서, 28개의 괘이니 상착한 8괘를 더하면 모두 36개의 괘이다.

(錯者交錯對待之名, 陽左而陰右, 陰左而陽右也. 綜者高低織綜之名, 陽上而陰下, 陰上而陽下也. 雖六十四卦止乾,坤,坎,離,大過,頤,小過,中孚 八卦相錯, 其餘五十六卦皆相綜而爲二十八卦, 並相錯八卦, 共三十六卦.)

---

28) 주자의 《本義》에는 다음과 같은 소강절의 해석이 소개되어 있다. "邵子曰 此 伏羲 八卦之位. 乾南坤北 離東坎西 兌居東南 震居東北 巽居西南 艮居西北 於是 八卦相 交而成六十四卦 所謂先天之學也"

　이로써 보면 상착이란 두 괘가 좌우로 음양이 서로 반대인 형상을 가리킨다. 예를 들면 건(乾)과 곤(坤)은 좌우의 음양이 서로 반대이다. 감(坎)과 리(離), 대과(大過)와 이(頤), 소과(小過)와 중부(中孚)도 서로 음양이 좌우로 반대이다. 상종(相綜)은 두 괘가 위와 아래가 서로 뒤집힌 형상을 말한다. 예를 들면 둔(屯)과 몽(蒙)이 상종의 관계이다. 즉 둔을 뒤집으면 몽이 되고, 몽을 뒤집으면 둔이 된다. 래지덕은 이와 같이 착종(錯綜)이 바로 육십사괘를 형성하는 기본 원리라고 한다. 그 이유는 음양의 대대 관계가 이루어져야 비로소 변화를 추동한다는 데에 있다. 그래서 래지덕은 복희팔괘를 설명하면서 "팔괘가 상착하지 않으면 음양이 서로 대대하지 않으니, 역(易)이 아니다."라고 강조한 것이다.

　이런 관점에서 보면 복희팔괘는 전형적인 상착의 관계를 나타내고 있다. 위에서 "일음(一陰)은 일양(一陽)과 대대하고, 이음(二陰)은 이양(二陽)과 대대하고, 삼음(三陰)은 삼양(三陽)과 대대한다. 그러므로 일(一)과 팔(八)이 상착하고, 이(二)는 칠(七)과 상착하고, 삼(三)은 육(六)과 상착하고, 사(四)는 오(五)와 상착한다."고 말한 바와 같이, 복희팔괘는 철저히 음양의 대대와 상착을 표현하고 있는 것이다. 거듭 말하지만, 래지덕에 의하면, 복희팔괘는 만물의 생성변화를 가능하게 하는 음양 대대의 기본구조를 보여주고 있는 것이다.

　앞에서 이미 살펴본 바와 같이, 래지덕은 복희팔괘와 문왕팔괘를 대대와 유행의 체용관계로 인식하고 있다. 앞에서 우리는 이미 래지덕이 복희팔괘를 대대착종으로 해석한 것을 보았다. 그렇다면 문왕팔괘는 어떻게 유행으로 해석되는 것인지 살펴보기로 한다. 설괘전 제5장의 내용은 "상제(上帝)가 진(震)에서 나와 손(巽)에서 깨끗이 하

고.... 감(坎)에서 위로하고, 간(艮)에서 이룬다."(帝出乎震, 齊乎巽...勞
乎坎, 成言乎艮)는 문장과 "만물(萬物)이 진(震)에서 나오니, 진(震)
은 동방(東方)이다.... 간(艮)은 동북(東北)의 괘(卦)이니, 만물(萬物)
이 종(終)을 이루고 시(始)를 이루는 것이므로 간(艮)에서 이룬다고
한 것이다."(艮東北之卦也, 萬物之所成終而所成始也, 故曰成言乎艮)
라는, 앞의 문장보다는 다소 긴 문장으로 구성된다. 이 두 개의 문장이
모두 문왕팔괘를 나타내고 있음은 분명하다. 래지덕은 이 두 개의 문
장에 대한 주석에서 문왕팔괘가 유행(流行)을 나타낸다는 뜻을 분명
히 하였다. 그 주석의 내용은 다음과 같다. 먼저 "戰乎乾, 勞乎坎, 成言
乎艮"에 대한 주석은 다음과 같다.

　술해의 방위에 이르면 양이 상처를 입는다. 그러므로 음과 전쟁을 한
다. '戰乎乾'이라는 것은 건(乾)과 싸운다는 뜻이 아니라, 음과 양이 건
의 방위에서 싸운다는 뜻이다. 복희원도의 건은 천지(天地)를 나타내
는 건이고, 문왕원도의 건은 오행의 건금(乾金)의 건을 말한다. 감(坎)
에 이르면 숙살지기(肅殺之氣)로 서로 싸우고, 그 후에 위로와 휴식의
기간이 있다. 양은 자(子)에서 태어나므로 수고롭다(勞)고 했고, 간방
(艮方)에 이르면 양이 이미 발생했기 때문에 이미 마침을 이루고 또한
시작을 이룬다고 했다.

　(至戌亥之方, 陽剝矣, 故與陰戰, 曰戰乎乾者, 非與乾戰也.陽與陰戰于
乾之方也.伏羲圓圖之乾, 以天地之乾言.文王圓圖之乾, 以五行乾金之乾
言.至坎則以肅殺相戰, 之後適值乎慰勞休息之期.陽生于子, 故曰勞, 至
艮方陽已生矣, 所以旣成其終, 又成其始)

이어서 다음 문장에 대한 래지덕의 주석을 보면 다음과 같다.

　결제(潔齊)는 고선(姑洗)의 뜻이다. 춘삼월이니 아직 만물이 땅속에서 나오지 않았고 잎이나 꽃도 열리지 않았으므로 서로 볼 수가 없다. 5월에 이르러 만물이 번창하여 서로 보게 된다. 그러므로 '만물이 모두 서로 본다'고 하였다. 여름과 가을이 교체할 무렵 만물은 땅에서 길러져 모두 열매를 얻는다. 그러나 모두 양이 일을 위임한 것이다. 그래서 '곤에서 일을 위임했다.'고 하였다. 가을이 되면 양이 낳은 만물이 모두 열매를 이룬다. 그래서 술해의 달에 이르러 양이 해침을 당한다고 했다. 그래서 음과 건의 방위에서 서로 싸우게 된다. 자월(子月)에 이르면 만물은 이미 돌아가서, 자월 중에 휴식을 취하고 위로를 받으므로 노(勞)라고 하였다. 겨울과 봄의 교체 시기에 이르면 만물은 이미 마친다. 그러나 일양이 다시 생겨나므로 또한 시작을 이룬다. 이는 문왕원도의 '帝出乎震'의 8구의 문장을 공자가 해석한 것이다. 비록 문왕팔괘는 진(震), 손(巽), 리(離), 곤(坤), 태(兌), 건(乾), 감(坎), 간(艮)의 차례이지만, 실제는 춘하추동, 오행의 순환 유행의 질서이다. 진손(震巽)은 목이니 목생화이므로 다음에 리괘(離卦)가 온다. 리화(離火)는 토를 생하므로 곤괘(坤卦)가 다음에 온다. 곤토는 금을 생하므로 태건(兌乾)이 다음에 온다. 금은 수를 생하므로 감(坎)이 다음에 온다. 수는 토가 아니라서 목을 생하지 못하므로 간(艮)이 온다. 수토는 또한 목화를 생하니 이는 자연의 질서이다. (潔齊卽姑洗之意.春三月, 物尙有不出土者, 或有未開花葉者, 彼此不得相見.至五月, 物皆暢茂, 彼此皆相見, 故曰萬物皆相見.夏秋之交, 萬物養之于土, 皆得向實, 然皆陽以委役之, 故曰致役乎坤.至正秋, 陽所生之物皆成實矣, 故說至戌亥之月, 陽剝矣, 故與陰相戰於乾之方.至子月, 萬物已歸矣, 休息慰勞于子之中故勞.至冬春之

交, 萬物已終矣, 然一陽復生, 故又成其始.此文王圓圖帝出乎震八句, 孔子解之.雖八卦震巽離兌乾坎艮之序, 實春夏秋冬, 五行循環流行之序也.蓋震巽屬木, 木生火, 故離次之.離火生土, 故坤次之.坤土生金, 故兌乾次之.金生水, 故坎次之.水非土, 不能生木, 故艮次之.水土又生木火, 此自然之序也)

위 문장의 내용을 요약하면, 문왕팔괘의 진(震), 손(巽), 리(離), 곤(坤), 태(兌), 건(乾), 감(坎), 간(艮)의 순서는, 실제는 오행의 순환상생 유행의 질서를 나타낸다는 것이다. 다시 말하면 진손(震巽)은 오행 중에서 목(木)에 속하고, 리(離)는 화(火), 곤(坤)는 토(土), 태건(兌乾)은 금(金), 감(坎)은 수(水)에 속하여, 목생화, 화생토, 토생금, 금생수, 수생목의 상생 질서를 나타낸다는 것이다. 따라서 다시 한번 요약하면, 래지덕은 복희팔괘는 음양의 대대를 표현하고, 문왕팔괘는 음양의 유행을 표시한다고 해석한 것이다. 래지덕은 그것을 설괘전 제6장에서 다시 한번 정리하고 있다.

'신(神)이라는 것은 만물을 오묘하게 함을 말하는 것이다.'라는 말을, 문왕팔괘도로 말하면, 우레(震)의 움직임, 바람(巽)의 휘날림, 불(離)의 열기, 못(兌)의 기쁨, 물(坎)의 윤택함, 산(艮)의 마침과 시작이 유행하여 만물을 극히 융성하게 하는 것이다. 그러나 반드시 복희팔괘의 대대(待對)가 있어서, 물과 불이 서로 구제하고(水火相濟), 우레와 바람이 서로 어그러지지 않고(雷風不相悖), 산과 못이 기를 통한(山澤通氣) 후에야 음양이 변화하여 만물을 신묘하게 운행하여 생성할 수 있다. 만약 단지 유행만을 말하고 대대가 없다면 남녀가 서로 짝하지 않고, 강유가 서로 마찰하지 않는다. (양과) 독립한 음만으로는 낳지 못하고 (음과) 독립한 양만으로는 이루지 못하니, 어떻게 능히 귀신을 행하고 변화를 이루어 움직이고, 휘날리고, 덥게 하고, 기쁨을 주고, 윤택하게 하여 만물을 마치고 시작하게 할 수 있겠는가?

(神也者妙萬物而爲言者也, 以文王流行之卦圖言之, 雷之動, 風之撓, 火之燥, 澤之說, 水之潤, 艮之終始, 其流行萬物, 固極其盛矣, 然必有伏羲之對待, 水火相濟, 雷風不相悖, 山澤通氣, 然後陽變陰化, 有以運其神妙萬物, 而生成之也.若止于言流行而無對待, 則男女不相配, 剛柔不相摩, 獨陰不生, 獨陽不成, 安能行鬼神, 成變化, 而動之撓之燥之說之潤之, 以終始萬物哉)

이상은 래지덕이 〈설괘전〉 제6장의 "神也者妙萬物而爲言者也"를, 음양 변화의 신묘한 작용이 만물에 유행하여 만물을 극히 융성하게 하는 것으로 해석한 것으로서, 문왕팔괘도의 진괘, 손괘, 리괘, 곤괘, 태괘, 건괘, 감괘, 간괘의 구조를 오행의 상생 구조로 해석하고, 오행의 상생, 유행에 의한 만물의 발생과 극성(極盛)의 바탕에 음양 변화의 신묘한 작용이 있음을 말한 것이다. 거듭 말하지만, 래지덕에 의하면 문왕팔괘는 만물의 발생과 지극한 융성의 현상을 나타낸 것이며, 복희팔괘는 만물의 발생과 융성의 근본이 되는 음양 대대의 구조 내지는 원리를 나타낸다고 해석하였다. 구체적으로 말하면, 만물의 발생과 융성은 문왕팔괘의 "우레(震)의 움직임, 바람(巽)의 휘날림, 불(離)의 열기, 못(兌)의 기쁨, 물(坎)의 윤택함, 산(艮)의 마침과 시작"의 작용과 유행에 의해 이루어지는데, 앞에서 살펴본 바와 같이, 래지덕은 팔괘의 작용과 유행을 착종(錯綜)의 구조로 해석한다. 착종이란 곧 음양의 대대(待對) 구조를 가리킨다. 음양의 대대 구조란, 위의 설명에 의하면, "(양과)독립한 음만으로는 낳지 못하고, (음과)독립한 양만으로는 이루지 못하는 것"이며, 팔괘에 적용해서 보면, "복희팔괘의 대대(待對) 구조에 의해, 물과 불이 서로 구제하고(水火相濟), 우레와 바람이 서로 어그러지지 않고(雷風不相悖), 산과 못이 기를 통하는 것(山澤通氣)"을 가리킨다.

여기에서 〈설괘전〉에서 팔괘에 대해 설명한 문장들을 정리해보자. 알려진 것과 같이, 제3장의 "天地定位 山澤通氣 雷風相薄 水火不相射 八卦相錯"은 복희팔괘의 구조에 대한 설명이고, 제5장의 "帝出乎震 齊乎巽 相見乎離 致役乎坤 說言乎兌 戰乎乾 勞乎坎 成言乎艮"은 문왕팔괘를 설명한 것이다. 그리고 제6장의 "水火相逮 雷風不相悖 山澤通氣 然後 能變化 旣成萬物也"에서 "水火相逮 雷風不相悖 山澤通氣"가 무엇을 설명한 것인가에 대해서는 학자에 따라서 견해가 다르다. 예를 들면 주자는 알 수 없다고 했고, 래지덕은 복희팔괘의 음양 대대(待對) 구조를 가리키는 것으로 해석한다. 여기에서는 래지덕의 견해에 따라 제6장의 "水火相逮 雷風不相悖 山澤通氣"가 복희팔괘를 설명하는 것으로 보기로 한다. 그렇다면 제3장의 "天地定位 山澤通氣 雷風相薄 水火不相射"과 제6장의 "水火相逮 雷風不相悖 山澤通氣"는 같은 내용으로 보아야 할 것이다. 그런데 제3장과 제6장의 설명을 대조해보면 "산택통기"만 일치할 뿐 수화와 뇌풍에 대한 설명은 서로 어긋나고 있다. 먼저 수화(水火)에 대한 설명을 보면, 제3장에서는 "水火不相射"이라고 한 반면에 제6장에서는 "水火相逮"라고 했다. 뇌풍(雷風)에 대해서도 제3장에서는 "雷風相薄"이라고 했지만 제6장에서는 "雷風不相悖"라고 하였다.

여기에서 〈설괘전〉 제6장에 대한 정역의 관점을 다시 확인하기로 한다. 앞에서 말한 바와 같이, 학산 선생은 〈설괘전〉 제6장에 대해 "이것이 주역에서 제3괘도의 출현을 강력히 시사하는 가장 유력한 증거라고 생각한다."고 강조하였다. 선생이 "가장 유력한 증거"라고 강조한 바와 같이, 《정역연구》 28면부터 30면에는 그와 관련된 내용이 상세히 기술되어 있다. 그 내용을 이 글에서 다시 반복할 필요는 없기 때문에 필요한 내용만 간단히 확인하기로 한다. 선생의 기술은 "일부 선생의 제자 가운데 정역팔괘도를 그리게 된 신비로운 사연에 대하여 아는 분은 덕당(德堂)뿐이었다."로 시작된다. 학산 선생은 덕당으로부터 정역의 내용을 직접 전수받았기 때문에 이와 관련된 내용은 덕당 문하에서만 전하는 것이라고 할 수 있겠다.[29] 일부 선생과 덕당은 동종(同宗) 숙질(叔姪) 간으로 덕당은 일부 선생을 평소에 스스럼없이 아저씨라 불렀다 한다. 덕당은 일부 선생이 정역팔괘를 그리게 된 사연이 궁금해서 여러 차례 조르다시피 물었고, 마침내 일부 선생은 조카인 덕당에게 모두 밝히게 되었다고 한다.

일부 선생은 조카인 덕당에게 "너 눈 감으나 뜨나 환하지, 나도 그렇더라."고 말씀을 시작한다. 눈을 감으나 뜨나 환히 밝은 상태가 되었다는 것이다. 이는 일부 선생이 평생 지속한 영가무도로 인한 일종의 신비 체험의 경지라고 하겠는데, 일부 선생은 자신의 조카인 덕당 역시 이런 경지에 들었다는 것을 인정하고 있다는 점이 흥미롭다. 그러나

---

29) 일부선생과 덕당의 관계 및 덕당의 공부에 대해서는 《정역연구》 212면-213면 및 221면-223면 참조. 학산선생은 덕당의 공부에 대해서 '덕당의 공부가 가장 고조에 달하고, 영가무도로 인하여 내광(內光)이 되어 눈은 감으나 뜨나 환하고, 삼년을 하루 같이 잠을 자지 않아도 졸리지 않았으며…덕당이 영가를 하면 호랑이도 와서 같이 춤을 추듯이 두 발을 번쩍들고 흔들거렸다.'고 하였다.

신비 체험의 경지에 차이가 있었는데, 그것은 눈을 감으나 뜨나 환한 상태 중에서, 일부 선생에게는 기묘년(1879, 선생 54세) 정역의 괘획이 뚜렷하게 나타났다는 것이다. 일부 선생의 말을 그대로 옮기면 "정역 괘도는 점점 뚜렷이 나타나 나중에는 온 천지가 다 이 이상한 괘획으로 덮일 정도로 가득했다."고 한다. 일부 선생은 그 괘획이 무엇인지 알 수 없어 무한 애를 쓰다가 설괘전에서 '神也者妙萬物而爲言者也....' 라는 조를 발견하고, "공부자께서 미리 말씀하신 것이니 후생이 그려도 허물이 아니리라" 생각했다고 한다. 다시 말하면, 덕당 문하에서 전한 바에 의하면, 정역괘도는 설괘전 제6장의 "神也者..."를 해석한 결과가 아니라, 신비 체험으로 눈앞에 정역괘도가 나타나고, 후에 "神也者..."가 바로 정역괘도를 서술한 것임을 확인했다는 것이다.[30]

학산 선생은 "神也者..."는 물론 제3장의 "天地正位..." 역시 복희팔괘가 아닌 정역팔괘를 서술한 것이라고 하며, 그 근거로서 다음 몇 가지를 들고 있다.[31]

첫째, 천지정위(天地定位)는 건북곤남(乾北坤南)이 되어야 하는데 복희괘도는 건남곤북(乾南坤北)이다.

둘째, 산택통기(山澤通氣)는 간동태서(艮東兌西)라야 하는데 복희괘도는 간(艮)은 서북, 태(兌)는 동남으로 상박(相薄)의 위치에 처해 있다.

셋째, 뇌풍상박(雷風相薄)은 서북동남이 상박의 위치이나 복희괘도의 진손(震巽)은 동북서남에 위치한다.

---

30) 정역팔괘 출현의 신비성에 대해서는 《정역연구》 202면-205면 참조.
31) 《정역연구》 31-35면.

넷째, 수화불상석(水火不相射)은, 수화가 불상석(不相射)하려면 감리(坎離)가 동서(東西) 상석(相射)을 피해야 한다. 그러나 복희괘도는 리동감서(離東坎西)로 상석(相射)하고 있다.

이상의 논리에 근거해서 선생은 제3장의 "天地定位..."가 복희괘도가 아닌 정역괘도를 나타낸다고 하였다. 그런데 여기에서 문제가 되는 것은 정위(定位), 통기(通氣), 상박(相薄), 상석(相射)의 위치에 대한 근거가 충분하지 않다는 점이다. 선생이 제시한 것은, 정위(定位)가 건북곤남(乾北坤南)이라는 것과 〈설괘전〉 제5장의 "戰乎乾 乾西北之卦也 言陰陽相薄也"에 근거해서 볼 때 서북동남이 상박의 위치라는 것이며, 통기(通氣)와 상석(相射)의 위치에 대해서는 정확한 근거가 없다. 필자는 이점이 매우 궁금하여 역대의 역학가들의 역설(易說)과 주석을 찾아 보았으나 이에 대한 정확한 근거를 찾지 못하였다. 그뿐 아니라 상박(相薄)이나 상석(相射)의 의미에 대한 해석도 일치하지 않는다. 손성연(孫星衍)의 《周易集解》(일명 孫氏周易集解)에 의하면[32], 마융(馬融), 정성강(鄭康成) 등은 "薄, 入也"라고 하여, 박(薄)을 "들어감(入)"으로 해석하는 한편, 공영달(孔穎達)은 《周易正義》〈疏〉에서 상석(相射)의 석(射)을 입(入)으로 해석하는 반면, 상박(相薄)은 "陰陽相戰 則在乎乾"이라고 하여 상전(相戰)으로 해석하였다.

그 중에서 공영달의 〈설괘전〉 제3장과 제6장에 대한 해석은 주목할 만하다.

상장(제3장)에서는 '水火不相入'이라 하고, 여기에서는(제6장) '水

---

32) 중국바이두. 역학망(易學網) 역경전적(易經典籍).

火相逮'라고 한 것은, 이미 서로 들어가지 못하면서 또 서로 만나지도 못하면 성물의 공이 없기 때문에, 수화의 본성은 비록 서로 들어가지 못하지만 기(氣)는 서로 만나야 함을 밝혔다. 위에서는 '雷風相薄'이라 하고 여기에서는 '불상패(不相悖)'라고 한 것은, 두 상(象)이 모두 움직임의 상으로 움직이면 서로 싸우게 되는데 게다가 서로 패역(悖逆)하면 서로 상해를 입어 성물의 공도 없기 때문에 비록 상박이지만 상역은 아니라고 밝혔다. (上章言水火不相入, 此言水火相逮者, 旣不相入, 又不相及, 則无成物之功, 明性雖不相入而氣相逮及也. 上言雷風相薄, 此言不相悖者, 二象俱動, 動若相薄, 而相悖逆則相傷害, 亦无成物之功, 明雖相薄而不相逆也.)

이 해석은 제3장의 수화불상석(水火不相射)의 불상석(不相射)과 제6장의 수화상체(水火相逮)의 상체(相逮)를 서로 다른 의미로 본 것이며, 제3장의 뇌풍상박(雷風相薄)과 뇌풍불상패(雷風不相悖)도 서로 다른 의미로 본 것이다. 즉 불상석(不相射)의 석(射)을 입(入)으로 해석함으로써, 불상석은 '서로 들어가지 못함' '서로 용납하지 못함'으로 해석되는 데 반해 수화상체의 상체(相逮)는 '서로 만남'을 의미한다고 본 것이다. 마찬가지로 제3장의 상박(相薄)은 상전(相戰)이지만 불상패(不相悖)는 서로 상해를 입히지 않는다는, 상반된 의미로 해석한 것이다. 그리고 그 이유를 음양의 상반상성(相反相成)의 법칙에서 구하였다. 즉 복희괘도에 대한 제3장의 설명을 보면 천지정위(天地定位)와 산택통기(山澤通氣)는 서로 화합하는 상으로 해석된 데 반해서 수화(水火)와 뇌풍(雷風)은 각각 불상석(不相射), 상박(相薄)이라고 하여 서로 대립하는 상으로 설명되어 있기 때문에 제6장에서 각각 상채(相逮), 불상패(不相悖)라고 하여 대립하면서도 서로 용납하는 상을 보여주었다는 것이다.

복희괘도의 팔괘의 위치에 대해서는 황종희(黃宗義)가 찬(撰)한 《易學象數論》卷一. 〈先天圖二〉[33]의 복희선천도에 대한 해석도 볼만하다. 다소 긴 내용이고, 이 글에서 모두 분석할 것은 아니지만 일단 번역하여 자료로 제공하려 한다.

> 소자(邵子)의 〈선천방위(先天方位)〉는 '天地定位, 山澤通氣, 雷風相薄, 水火不相射, 八卦相錯'에 근거하여 '乾南,坤北,離東,坎西,震東北,兌東南,巽西南,艮西北'의 팔괘도를 그린 것이다. 그리고 말하기를 "'數往者順'은 하늘에 순종하여 좌선으로 운행하는 것이니 이미 발생한 괘이다.(즉 乾一,兌二,離三,震四이 발생의 순서이다. 震初는 冬至, 離兌의 중간은 春分, 乾末은 夏至와 만난다. 그러므로 震에서 乾까지는 모두 이미 발생한 괘이다.) '知來者逆'은 하늘을 거슬러 우행(右行)하는 것이니 모두 발생하지 않은 괘이다.(巽五,坎六,艮七,坤八은 발생하는 순서이며, 巽初는 夏至, 坎艮의 중간은 秋分, 坤末은 冬至와 만난다. 그러므로 巽에서 坤까지는 모두 발생하지 않은 괘이다.) 또 이것을 모방하여 연역함으로써 육십사괘의 방위로 삼았다. 그런데 괘의 방위는 이미 '帝出乎震'의 一章(제5장)에 보이고 있다. 소강절은 분명히 근거할만한 것은 버리고 방위를 말하지 않은 것을 거듭 뽑아내어 선천이라고 하였으니 이는 근거하지 않을 것을 근거로 삼은 것이다. '天地定位'는 하늘이 위에 있고 땅이 아래에 있는 것인데, 남쪽이 위이고 북쪽이 아래라는 말은 듣지 못했다. '山澤通氣'는 산은 반드시 못을 의지하고 못은 반드

---

33) 欽定四庫全書 經部.

시 산에서 나와 그 기운이 서로 통하여 어느 경우나 그렇지 않은 것이 없는데 어째서 서로 대립시키는가? '雷風相薄'은 震은 東에 거하고 巽은 동남에 거하여 가까이 만나서 합하기 때문에 상박이라고 한 것이니 멀다면 상박할 수 없을 것이다. 東北은 寅이 되고, 시(時)로는 정월이니 어찌 우레가 소리를 내겠는가? '水火不相射'은 남방은 덥고 북방은 추우니 겨울이 춥고 여름이 더운 것과 같다. 離東坎西는 봄은 덥고 가을은 서늘한 것(春熱秋寒)을 가리킨 것이라 하니 누가 믿겠는가? 이것은 모두 선유가 이미 말한 것인데 나는 소강절이 근거한 것으로 소강절의 말을 논파할 뿐이다. '帝出乎震'의 아랫글에 '動萬物者莫疾乎雷, 撓萬物者莫疾乎風, 燥萬物者莫熯乎火, 說萬物者莫說乎澤, 潤萬物者莫潤乎水, 終萬物始萬物者莫盛乎艮'이라고 하였으니, 그 순서는 윗글의 '離南坎北'의 방위가 아닌가? 다만 건곤만 제외했을 뿐이다. 계속해서 '故水火相逮, 雷風不相悖, 山澤通氣, 然後能變化, 旣成萬物也'라고 하였으니, 그렇다면 앞의 '天地定位' 사구(四句)는 바로 '리남감북(離南坎北)'의 방위를 말한 것이다. 어찌 선천설을 그 속에 섞어 넣을 수 있는가? 또 괘효(卦爻)로 방위를 말한 것으로, 서남은 모두 곤(坤)을 가리키고, 동북은 모두 간(艮)을 가리키며, 남수(南狩),남정(南征)은 반드시 리(離)가 되고, 서산(西山),서교(西郊)는 반드시 태(兌)가 된다. 건남곤북(乾南坤北)의 방위를 먼저 있게 하면 응당 괘효에 난입한 것이 없지 않을 것이니, 소강절이 말한 이생(已生),미생(未生)은 복희팔괘도의 '乾一兌二'의 순서를 확대했기 때문인데, '乾一兌二'의 순서는 한 사람의 사언(私言)에 불과하니 좌선(左旋),우행(右行)의 설은 믿을 것이 없다. 게다가 선천사도(先天四圖)의 설은 모두 소강절에 의해서 나온 것도 아니다. 주진(朱震)의《경연표(經筵表)》에서 말하기를, '진단(陳摶)은 〈先天圖〉를 충방(种放)에게 전하고, 충방은 목수(穆修)에게 전하고, 목

수는 이지재(李之才)에게 전하고, 이지재는 소옹(邵雍)에게 전했다.'고
하였다. 충방은 〈河圖〉,〈洛書〉를 이개(李漑)에게 전하고, 이개는 허견
(許堅)에게 전하고, 허견은 범악창(范諤昌)에게 전하고, 범악창은 유목
(劉牧)에게 전했다고 한다. 그래서 주자는 '宓戱四圖'는 그 학설이 모두
소강절에게서 나왔다고 하였다. 그러나 유목의 《鉤深索隱圖》에 의하
면, 건(乾)과 곤(坤)의 수가 아홉(九)이고, 진(震)과 손(巽)의 수가 아
홉이고, 감(坎)과 리(離),간(艮)과 태(兌)의 수도 모두 아홉이다. 소위
아홉이라는 수는 천(天 一)과 지(地 八)가 정위(定位)하고, 산(山 七)과
택(澤 二)이 통기(通氣)하고, 뇌(雷 四)와 풍(風 五)이 상박(相薄)하고,
수(水 六)와 화(火 三)가 불상석(不相射)한 것이니, 〈선천도〉라는 것이
소강절만 얻은 것이 아님을 알 수 있다.

(邵子先天方位, 以〈天地定位, 山澤通氣, 雷風相薄, 水火不相射, 八
卦相錯〉爲據, 而作乾南,坤北,離東,坎西,震東北,兌東南,巽西南,艮西北
之圖.於是爲之說曰：數往者順, 若順天而行, 是左旋也, 皆已生之卦也
(乾一,兌二,離三,震四, 生之序也.震初爲冬至, 離兌之中爲春分, 乾末交
夏至.故由震至乾皆已生之卦).知來者逆, 若逆天而行, 是右行也, 皆未生
之卦也.(巽五,坎六,艮七,坤八, 生之序也.巽初爲夏至, 坎艮之中爲秋分,
坤末交冬至.故由巽至坤, 皆未生之卦.)又倣此而演之, 以爲六十四卦方
位.大卦之方位, 已見〈帝出乎震〉一章.康節舍其明明可據者, 而於未嘗言
方位者重出之, 以爲先天, 是謂非所據而據焉.天地定位, 言天位乎上, 地
位乎下, 未聞南上而北下也.〈山澤通氣〉：山必資乎澤, 澤必出乎山, 其氣
相通, 無往不然, 奚取其相對乎？〈雷風相薄〉, 震居東, 巽居東南, 遇近而
合, 故言相薄, 遠之則不能薄矣.東北爲寅, 時方正月, 豈雷發聲之時耶？
〈水火不相射〉：南方炎, 北方寒, 猶之冬寒夏熱也.離東坎西, 是指春熱秋
寒, 誰其信之! 此皆先儒所已言者, 某則卽以邵子所據者破邵子之說.〈帝

出乎震〉之下文〈動萬物者莫疾乎雷, 撓萬物者莫疾乎風, 燥萬物者莫熯乎火, 說萬物者莫說乎澤, 潤萬物者莫潤乎水, 終萬物, 始萬物者莫盛乎艮〉. 其次序非卽上文離南坎北之位乎? 但除乾坤於外耳. 而繼之以〈故水火相逮, 雷風不相悖, 山澤通氣, 然後能變化, 旣成萬物也〉. 然則前之〈天地定位〉四句, 正爲離南坎北之方位而言也, 何所容先天之說雜其中耶! 且卦爻之言方位者, 西南皆指坤, 東北皆指艮, 南狩, 南征必爲離, 西山, 西郊必爲兌. 使有乾南坤北之位在其先, 不應卦爻無闌入之者. 康節所謂已生, 未生者, 因擴圖乾一兌二之序. 乾一兌二之序, 一人之私言也, 則左旋, 右行之說益不足憑耳. 凡先天四圖, 其說非盡出自邵子也. 朱震經筵表云〈陳搏以先天圖傳种放, 放傳穆修, 修傳李之才, 之才傳邵雍. 放以河圖, 洛書傳李漑, 漑傳許堅, 堅傳范諤昌, 諤昌傳劉牧.〉故朱子云 宓戲四圖其說皆出自邵氏. 然觀劉牧鉤深索隱圖, 乾與坤數九也, 震與巽數九也, 坎與離, 艮與兌數皆九也. 其所謂九數者, 天(一)地(八)定位, 山(七)澤(二)通氣, 雷(四)風(五)相薄, 水(六)火(三)不相射. 則知《先天圖》之傳, 不僅邵氏得之也)

황종희의 소강절에 대한 비판이 논리적으로 타당한가에 대해서는 또 다른 각도에서 연구가 필요하므로 여기에서는 논의하지 않기로 한다. 다만 "天地定位'는 하늘이 위에 있고 땅이 아래에 있는 것인데, 남쪽이 위이고 북쪽이 아래라는 말은 듣지 못했다."는 황종희의 논리는 제3장의 "천지정위(天地定位)"가 건북곤남이라는 선생의 주장과 같은 것이어서 인용해 본다.

이제 다시 정역의 출현에 대한 선생의 논리로 돌아가기로 한다. 선생은 위에서 열거한 근거에 따라 "천지정위 산택통기 뇌풍상박 수화불상석"은 복희괘도를 설명한 것 같으나 실은 복희괘도를 통해 앞으로 출현할 제3의 괘도 즉 정역팔괘를 설명한 것으로, 다시 말하면 "천지는 정위(定位)하여야 할 것이고, 산택은 통기(通氣)하여야 할 것이고, 뇌풍은 상박(相薄)의 위치에 놓여야 할 것이고, 수화는 서로 쏘지 않는 위치에 있어야 할 것이다."라는 괘도의 미래상을 설명한 것으로 해석하였다. 그리고 이런 해석이 일부 선생의 정역괘도의 괘위와 일치한다는 것이다.

일부 선생의 평생에 걸친 영가무도의 수련에서 실현된 신비체험을 제외하면, 주역 〈설괘전〉 제3장과 제6장의 내용이야말로 유일한 정역괘도 성립의 증거라고 하겠다. 그러므로 괘도에 나타난 괘위의 의미, 팔괘의 상호 관계에 대한 연구는 부단히 계속되어야 할 것이다. 특히 정역은 하도낙서와 불가분의 관계이기 때문에 이에 대한 연구도 중요하다고 하겠다.

4. 맺는말 – 정역사상의 현대적 의의

이상으로 정역의 기초에 해당하는 선후천론과 정역 출현의 의미에 대한 선생의 설명에 대해 필자의 생각을 소략하게 언급하였다. 다시 말하면 정역의 출현이 어떻게 가능한가, 그리고 그 의미는 무엇인가에 대한 기초적 사유와 기본적 탐구인 셈이다. 그것은 괘도의 선천성과 후천성에 대한 체용론적 사유로서, 정역에서는 그것을 복희팔괘, 문왕팔괘, 무극(无極) 황극(皇極) 태극(太極) 음양(陰陽) 오행(五行) 및 십간(十干) 십이지(十二支) 등 철학과 천문역법(天文曆法)의 개념과 개념 간의 유기적 구조를 도구로 삼아서 전개한다. 이런 도구적 관념에 익숙하지 않은 사람은 미신적이고 비철학적, 비과학적 신념으로 치부하게 될 수도 있다. 그러나 여기에는 논리성과 철학성이 충만하다. 서양철학에서 보면 아리스토텔레스의 가능성(potentiality)과 현실성(actuality)의 원리나 사원인(四原因) 즉 형상인(形相因, formal cause), 질료인(質料因 material cause), 동력인(動力因 efficient cause), 목적인(目的因 final cause)의 생성과정(becoming process) 등에 대한 철학적 사유와 비교할 수 있고, 또는 존재(being)의 구성요소가 생성과정과 활동, 운동이라고 하는 헤라클레이토스나 헤겔의 철학적 사유 같은 것이 대비될 수 있다. 체용론은 불교에서 이미 철학적 관념으로 자리잡았고, 웅십력(熊十力) 등에 의해 역(易)의 체용론이 심도 있게 논의된 바 있다. 또한 정역에는 중국 한대(漢代)에 형성된 천인상감(天人相感)의 관념과 도교의 내단 수련과 관련된 음양오행론의 우주관도 내재해 있으며, 여기에서 나아가 통체적으로 심물불이(心物不二)의 본체론과 우주론이 정역의 근간을 이룬다고 할 것이다. 그것은 정역이 천도와 인도의 완성, 즉 우주 자연과 인간의 성도(成道)를 상호대대 관계로 제시하는, 생태철학과 윤리학, 나아가서 과학을 통일하는 데 핵심이 있다고 할 수 있다. 다시 말하면 학산 선생이 제기한 선후천론은 이미 견고한 철학적 배경을 갖고 있는 것이다. 이런 배경하에 진일보한다면, 정역의 진리성과 그 현실적, 실용적 의미에 대한 진정성 있는 탐구가 진행될 것이며, 그것은 《정역연구》 제3장과 제4장의 "십오일언"과 "십일일언"의 탐구에서 기반을 닦게 될 것이다.

선생이 필자에게 정역을 전수하실 때 가장 역점을 두신 것은 정역을 수지상수로 표현하는 것이었다. 당시에도 그랬고 지금도 생각하기를, 선생의 의도는 자연을 반영한 수지상수에서 정역의 합리성을 발견하고 신념화하는 데 있다고 본다. 실제로 선생은 수지상수를 통해서 정역에 대한 창조적 사유가 계발된 점을 여러 차례 말씀하셨던 것으로 기억한다. 그러므로 학인들에게도 수지상수를 전수함으로써 향후 각자의 공부에 창조성을 계발하도록 배려하신 것으로 믿고 있다. 맹자의 말씀에도 "군자가 도를 깊이 통달하려면 자득해야 하고, 도를 깊이 통달하면 주변의 일상적 삶이 모두 도의 근원에서 만난다."(이루하14)고 하였거니와, 선생도 수지상수를 전수하여 학인들이 자득의 길을 걷기를 바랐던 것으로 믿는다. 또한 정역의 철학적, 인문학적 강의에 대해서는, 그 내용이 이미 《정역연구》 곳곳에 들어있기 때문에 각자의 공부에 맡긴 것이라고 생각한다. 필자는 당시 선생의 뜻을 짐작은 했지만 수지상수에 천착하지는 않았다. 게으른 탓도 있고, 아직 그 맛을 알지 못했기 때문이다.

선생께 정역을 공부하던 1980년대에서 10년이 더 지나고 21세기에 진입한 후 10년, 2010년에 이르자, 필자로서는 정역의 소식이라고 생각되는, 새로운 문명에 대한 예측이 공공연해졌다. 이미 20세기 말 1997년 출간된 제레드 다이아몬드 교수의 《총, 균, 쇠》는 인류 문명의 역사에 대한 통찰의 시각을 제시했고, 그의 영향을 받은 이스라엘의 역사학자 유발 하라리가 2017년에 출간한 《호모데우스》는 인류의 미래 문명에 관심을 고조시켰다. 유발하라리의 호모데우스란 호모 사피엔스 이후의 초인간을 가리킨다. 유발 하라리는 생명공학, 사이보그 공학(인조인간 만들기), 비유기체 합성으로 인해서 신이 된 인간, 호모데우스의 탄생 가능성을 말하였다. 즉 생명공학자들이 사피엔스의 몸을 가져다 유전암호를 고치고, 뇌 회로를 바꾸고, 생화학 물질의 균형을 바꾸게 되고, 나아가 사이보그 공학이 유기체를 비유기적 장치들과 융합함으로써, 우리가 호모 에렉투스와 다른 만큼이나 지금의 사피엔스와는 전혀 다른 새로운 초인간이 탄생하게 된다는 것이다. 그 결과 호모 사피엔스는 세 가지 위험에 직면하게 될 것인데, 첫째는 인간이 가치를 완전히 잃게 된다는 것, 둘째는 인간이 집단으로서의 가치는 유지하더라도 개인은 권위를 잃고 외부 알고리즘의 관리를 받게 된다는 것, 셋째 일부 사람들은 업그레이드 되어 소규모 특권 집단을 이룰 것이지만 대부분의 업그레이드되지 못한 사람들은 이들과 컴퓨터 알고리즘의 지배를 받는 열등한 계급이 된다는 것이 바로 유발 하라리가 예측한 호모 데우스의 내용이다.

실제로 이런 미래가 도래할지는 알 수 없다. 그러나 이미 AI 공학이 우리 사회의 교육, 문화, 경제, 정치 등등 다방면에서 큰 변화를 주게 될 것이라는 예견들이 거의 확실시되고 있으며, 그 일부는 이미 실현되고 있는 것이 사실이다. 참으로 호모데우스의 시대가 실현된다면 우리는 어떻게 해야 할 것인가? 유발 하라리는 그의 또 다른 저서 《21세기를 위한 21가지 제언》에서, 지금 무슨 일이 일어나고 있는가? 오늘날 우리가 직면한 최대의 도전과 선택은 무엇인가? 우리는 무엇에 관심을 가져야 하는가? 우리 아이들에게는 무엇을 가르쳐야 할까를 묻는다. 이런 유발 하라리의 질문은 비록 상상에 가까운 미래 예측에 기반하고 있는 것이지만, 실제로는 21세기의 인류가 당면한 문제들을 내포하고 있다는 사실을 간과해서는 안 된다. 그가 미래의 호모데우스를 거론하면서, 바꾸어 말하면 과학의 측면에서 인간의 변화를 말하면서, 거론하는 것은 파시즘과 공산주의가 붕괴한 후 자유민주주의와 시장자본주의가 세계를 지배할 것처럼 보였지만 지금은 도리어 곤경에 처한 정치적, 이념적 현실이다. 실제로 우리는 지금 대외적으로는 북한의 핵 위협과 중국의 공세에 직면하고, 대내적으로는 체제의 좌우를 선택해야 하는, 아니 선택당할 가능성이 매우 높은 위기에 처해 있다. 이미 정역의 시대가 도래해 있는 것이다.

여기에서 학산 선생이 정역의 시대에 직면한 인류에게 던지는 메시지를 음미해보자.

> "정역은 우주의 변화와 그에 응하는 인간의 개혁을 논하여 자연의 초자연적 변동에 대처할 인간의 초자연적 완성을 지향하여 우리의 나아갈 바 길을 지시하고 있다. 정치 · 경제 · 교육 · 문화 · 예술 · 신앙 등의 모든 영역도 이러한 당래의 상황하에 어떻게 키를 잡아 어느 방향으로 갈 것인가를 시사하는 바가 적지 않다. 정역은 오늘날 이미 범연히 간과할 수 없는 허다한 문제를 제기하고 있고 우리는 이에 대하여 이미 모르노라 할 수 없는 중대한 고비에 놓여져 있다."

이 말씀에 나타난 바와 같이, 생태 변화를 극복하는 길은 인간의 개혁, 즉 인간의 초자연적 완성에 있다. 그렇다면 인간의 초자연적 완성이란 무엇을 의미하는가? 어떤 초월적 능력을 가리키는 것인가? 이 문제와 관련해서 필자는 유발 하라리가 자신의 수행 체험에 대해 언급한 내용을 참고로 제시하고 싶다. 그것은 그가 20여 년 실천해 온 명상, 구체적으로는 불교의 비파사나 수행이다. 그는 "한 번 숨을 쉬는 동안 자신을 진정으로 관찰할 수 있다면 모든 것을 관찰할 것"이라 하고, 명상 수행을 하면서 깨달은 것은 "자신이 자신에 대한 통제력을 거의 갖고 있지 않았고 자신에 대한 CEO가 아니라 문지기 정도에 불과했다는 사실이었다."고 토로한다. 유발 하라리는 자신이 대학에서 했던 학문적 경험은 단지 지적 즐거움에 불과했으며, 진정한 통찰은 명상으로 정신을 이해하게 됨으로써 가능했고, 적어도 자기 개인으로서는 명상수행이 과학적 연구와 갈등을 일으키는 일은 없다고 한다.

철학자 마르쿠스 가브리엘이 자신의 저서 《나는 뇌가 아니다》[34]에서 주장한 바도 눈여겨 볼 가치가 있다. 그는 정신철학자로서 지금이야말로 인간 정신이 무엇인지를 새롭게 숙고할 때이며, 21세기를 위한 정신철학의 윤곽을 제시할 때라고 한다. 또한 정신의 개념은 자유의 개념과 짝을 이루며, 인간에게 자유의지가 있다는 것이 곧 인간이 정신적 생물임을 증명하는 중요한 요인이라고 주장한다. 그는 오늘날 철학적 성찰이 인간의 정체성 또는 본성의 문제에 있으며, 그것은 다시 말하면 인간의 자유의지에 대한 문제임을 일깨운다. 이 시대의 철학이 인간에 대한 정신과 육체에 대한 전체적이고 창조적 성찰임은 분명하다. 필자는 학산 선생이 말씀한 인간의 초자연적 완성이 바로 인간에 대한 새로운 성찰에서 출발한다고 본다. 우리가 근대에 행해 온 자연과 인간 간의 투쟁과 인간과 인간 간의 갈등을 당연시하는 학문, 교육, 문화 전반에 대한 반성과 인간의 정체성에 대한 겸허한 태도야말로 새로운 출발을 위해 우리가 준비할 것이라고 생각한다.

끝으로 필자가 이 글을 쓰면서 참조했던 중국 바이두의 한 개인 블로그에서 본 내용의 일부를 공유하려고 한다. 그 이유는 이 글이 정역의 선후천론과 유사한 관점을 담고 있기 때문이다.(단 정역의 선후천

---

34) 전대호 역. 열린책들. 서울. 2018년.

론과 같다는 뜻은 아니다.) 글의 제목은 "뇌풍상박이 선후천 팔괘도의
변화를 만들었다.(雷風相薄造成先后天八卦圖的變化)"이며, 2019년 1
월 14일에 자연금응(自然金鷹)이라는 필명의 작자가 올린 것이다. 그
내용은 다음과 같다.

"나는 근래 계속해서 선후천팔괘의 연계 문제를 생각해왔다. 오늘 선
천팔괘의 위치를 조정하고 관찰하는 중에 갑자기 이런 생각이 들었다.
단지 선천도의 손괘와 곤괘를 리괘 좌우 양옆으로 옮기면 선천도(先天
圖)가 곧 후천도(后天圖)로 변화한다는 것이다. 내가 발견한 것은, 선
천도의 각도에서 보면 이 과정은 바로 "하늘은 서북으로 기울고, 땅은
동남으로 함몰되다"("天傾西北, 地陷東南)는 현상이라는 것이다. 이에
나는 공공(共工)이 불주산(不周山)을 쳤다는 전설을 생각하게 되었다.
또 발견하기를, 공공(共工)의 형상 및 공(共)자가 손괘(巽卦)의 손(巽)
자와 공통처가 있다는 것이다. 또 태양계의 행성과 팔괘의 관계도 연
계하게 되었다. 이에 이 글을 정리해서 발표한다. 선천팔괘도는 우주가
무로부터 유로 형성되는 과정을 나타낸 것이다. 선천팔괘의 우주 구조
는 당연히 평형상태의 우주 형태를 구체적으로 드러낸 것이다. 후천팔
괘도는 우주만물의 비평형상태의 구조를 드러낸 것이다. 단 후천의 우
주체계도 상대적 평형 체계이다. 평형 중에 불균형이 있고, 불균형 중
에 평형이 있는데, 그중에 음양 호근(互根)의 법칙을 함유하고 있다. 만
약 선천을 우주의 시공적 기조(基調 main key), 배경으로 보고, 후천은
우주의 시공적 표현이라고 본다면, 선천과 후천이 어떻게 상호 전화(轉
化)할 수 있는지 이해할 수 있을 것이다. 선천과 후천은 음과 양의 관
계와 같아서 서로 근거가 되어 서로 변화하는 것이다. 후천이 선천으
로 회귀한다는 것은 곧 불균형으로부터 균형으로 돌아간다는 것으로

서, 이것은 또한 수련의 원리이기도 하다. 선천은 체(体), 장(場) 기(氣)가 되고, 후천은 용(用), 물(物), 형(形)이 되니, 우주는 항상 음양(陰陽)전화(轉化)의 동태와 평형 중에서 발전, 변화하는 것이다. 우주는 본래 평형적인데, 만물의 존재와 시위(時位)의 전환으로 말미암아 에너지의 유통의 막힘과 에너지장의 불균형을 조성한다. 선천팔괘도로부터 보는 전체 우주는 평형적인 것이고, 후천팔괘도로부터 보는 것은 음양의 불균형이다. 그렇다면 우주는 어째서 선천의 평형상태에서 후천의 불균형 상태로 변화하게 되었는가? 우주가 선천팔괘의 구조형태로부터 후천팔괘의 구조형태로 변화하려면 반드시 동력이 있어야 한다. 우주의 최대의 운동에너지와 진동수는 무엇인가? 당연히 바람(風)과 우레(雷)로서, 바람과 우레는 천지 사이에서 가장 활력을 가진 에너지이며, 특히 바람은 우주 중에 어느 곳에서나 존재하는 유동하는 기(氣)로서, 가장 약동적인 에너지이다. 선천팔괘 중에서 뇌풍은 상대적으로 "뇌풍상박(雷風相薄)"을 형성한다. 박(薄)은 박(搏 후려침)의 뜻으로 (바람과 우레의) 상호작용이다. 이런 뇌풍상박(雷風相搏)의 현상은 당연히 우주를 동탕하는 변화의 근본 원인이 된다. 즉 뇌풍상박(雷風相搏)은 천지 음양지기(陰陽之氣)의 분포의 불균형을 일으키는 것이다. 즉 어느 곳에나 들어가지 못하는 곳이 없는 우주의 바람이 선천우주의 균형상태를 파괴하는 것이다.

(我近来一直在思索先后天八卦图之间联系的问题。今天我在调整和观察先天八卦的位置时突然发现，仅仅是把先天图上的巽卦和坤卦移到离卦左右两边，先天图就变成后天图了。我发现从先天的视角来看，这个过程正是那个 "天倾西北，地陷东南" 的现象！于是我想到了共工撞倒不周山的传说故事，又发现共工之形象及共字与巽卦之巽字的共通处，又联系到太阳系行星与八卦的关系。于是整理出此文。先天八卦图体现了宇宙从无到有的形成过程，先天八卦的宇宙结构当是平衡状态的宇宙形态的体现。后天八卦图则是宇宙万物非平衡态的结构体现，但后天的宇宙体系也是一个相对的平衡系统。平衡中有不均衡，不均衡中有平衡，其中蕴有阴阳互根之道。若把先天看做宇宙的时空基调、背景，后天看做宇宙的时空表现，就可以理解先天后为何能互相转化了，因为先后天犹如阴与阳，互根互化也，后天回归先天就是由失衡回归平衡，这也是修炼之理。先天为体为场为气，后天为用为物为形，宇宙总是在阴阳转化的动态平衡中发展变化着，宇宙原本是平衡的，但由于万物的存在及时位转换，就造成了能量的流通阻碍和能量场的失衡。从先天八卦图来看整个宇宙是平衡的，而从后天八卦图来看则是阴阳失衡的。那么，宇宙怎么就从先前的平衡态，变成了后天的失衡态了呢？宇宙从先天八卦结构形态变成后天八卦结构形态，必然有其动力。宇宙间最大的动能、动数是什么？应当是风与雷，风雷当是天地间最具有活力的动能、动力，特别是风，风就是宇宙中无处不在的流动之气，所以风是至为活跃的力量。在先天八卦中，风雷相对而形成"雷风相薄"，薄者博也相互作用也，这种雷风相搏当是导致宇宙动荡变化的根本动因。也就是说，风雷相搏导致了天地阴阳之气分布的失衡，即无孔不入的宇宙风打破了先天宇宙的平衡状态。）

〔2020년 8월 24일〕

VI
鶴山 李正浩의 易學과《正易》[1]

곽신환

1. 여는말 [1]

李正浩(호는 鶴山, 1913-2004)는 일생《주역》과《정역》[2]의 연구에
종사한 역학자이다. 그의 역학관련 저술은 다음과 같다.《周易字句索
引》(1963, 1978)《해설역주 훈민정음》(1972),《訓民正音의 構造原理:
그 易學的 研究》(1975),《正易研究》(1976),《周易正義》(1980)《學易籑
言: 韓國易學의 새 方向》(1982),《周易集注大要》(筆寫複製本, 1982,

---

1) 이 글은《동양철학》26집(한국동양철학회, 2006)에 게재하였던 것을 다소의 윤문
수정을 거쳐 이곳에 전재하였다.
2)《정역》은 金恒(一夫 1826-1898)이 지은 易書이다.《정역》은〈十五一言〉〈十一一
言〉하도 낙서 복희팔괘도 문왕팔괘도 정역팔괘도〈十干原度數〉十二月二十四節
氣候度數 등으로 구성되어 있다. 이정호가 정리한 것에 의하면 일부는 1881년 大
易序를 쓰고 正易八卦圖를 그렸으며, 1884년에〈十五一言〉, 1885년〈十一一言〉
〈十二月二十四節候度數〉를 썼다고 한다.

2017) 《正易과 一夫》(1985), 《국문영문 해설역주 훈민정음》(1986), 《원문대조 국역주해 정역》(1988), 《鶴山文粹 第三의 易學》(1992), 《正易字句索引》(2006)[3]

이상 저술 가운데 어느 것 하나 역학 및 일부(金恒 1826-1898) 《정역》과 관련되지 않은 것이 없다. 학산의 최초의 저술은 《주역자구색인》으로 이는 《주역》 연구에 필수적인 工具書이다. 《周易集注大要》역시 학산의 《주역》 연구에 관한 연원과 흐름을 보여주는 저술이며, 《주역정의》는 학산의 《주역》 연구의 결정이라 할 수 있다. 학산의 최초의 논문은 〈훈민정음의 易學的 硏究〉이다.[4] 이 논문에 이어 나온 《해설역주 훈민정음》, 《訓民正音의 構造原理: 그 易學的 硏究》는 《주역》 연구를 우리말 연구에 반영한 성과물들이다. 《正易硏究》, 《學易籑言: 韓國易學의 새 方向》, 《正易과 一夫》, 《鶴山文粹 - 第三의 易學》은 모두 《정역》에 관한 연구이다. 이처럼 학산은 일생 訓民正音과 《주역》 그리고 《정역》 관련 연구에만 渾淪 순연히 몰입하였음을 알 수 있다. 그런데 학산의 저술을 이렇게 세 부분으로 나눌 수 있지만 실상 이는 모두 역학의 테두리 안에 있다. 그리고 그 지속적 지향은 《정역》 연구에 있다. 필자는 《正易硏究》 《周易正義》 《學易籑言》[5] 《正易과 一夫》 《第3의 易學》 등을 중심으로 학산의 역학과 《정역》에 관한 연구를 다루고자 한다.[6]

---

3) 이상의 저술들과 미간행 《鶴山散藁》를 포함 《학산이정호전집》으로 재구성되어 11종 13책으로 2017년 아세아문화사에서 간행되었다.

4) 이 논문은 《충남대 논문집》 제11집(1972년)에 수록되어 있다. 이후 1975년 《훈민정음의 구조원리》라는 단행본의 주요내용으로 출간되었다.

5) 이상 3종을 류승국 교수는 鶴山 易學의 3部作이라고 하였다. (《학역찬언》 발문 336쪽 참조)

2. 학산의 易學觀

가. 易學 入門

학산은《주역정의》의 서문에서 자신의 젊은 날을 "困于石 據于蒺蔾"[7] "집에 와도 불안하고 밖에 나가도 벽에 부딪히는 상황"으로 표현했다. 그리고 그런 곤경에 처했다면 대장부로서 마땅히 몸을 버리고 뜻을 이뤄야 하는데[8] 그런 용기가 없어 교단을 떠나 역학공부에 몸을 던졌다고 한다.[9] 역을 지은 성인도 세상에 대한 우환과 자신이 처한 곤경에서《易》을 짓게 되었고, 이전의 역학자들 가운데 상당수가 안팎의 험난한 처지에서의 탈출구를 모색하는 과정에서《역》을 공부하게 되었음을 고백하고 있는데[10] 학산도 대체로 그러한 정황과 동기로 역학에 입문했던 것이다. 학산은《정역》의 저자인 일부의 제자 金洪鉉 (德堂)으로부터 직접 간접으로《정역》과 일부에 관한 생생한 증언을 들으며, 또 일부가 공부했던 국사봉 산방에서 수십년《정역》을 연찬했다.[11]

---

6) 학산의 훈민정음 연구와 관련한 역학에 대해서는 다음 기회로 미룬다.
7)《주역》困卦 63효사의 일부. 돌부리에 채여 넘어지고 엉겁결에 붙잡은 것이 질려덩굴이어서 손에 유혈이 낭자한 모습을 떠올리게 하는 구절이다. 주희는 4효를 돌로 2효를 질려로 보았다. 이미 가시덩쿨을 깔고 앉았는데 앞에는 돌밭이 가로놓였거나 바위가 가로막은 형상이다.
8)《주역》困卦〈대상전〉의 일부 구절 "致命遂志"
9) 이정호《주역정의》〈自序〉
10) 명말 청초 王夫之도 간난 속에서 역학을 통하여 빛을 찾았음을 고백하고 있다.
11) 국사봉 향적산방에 대해서는《정역연구》218-224쪽 그리고《제3의 역학》80-86 쪽을 참조할 것

학산의 역학은《정역》으로부터 시작하여《주역》에 미치었다.《정역》에 대한 바른 이해를 위해서도《주역》에 대한 연구는 불가피한 것이지만 어쨌든 학산의 역학 연구의 순서는《정역》그리고《주역》이었다. 그의《주역》연구는《정역》에 대한 이해의 완성을 기한 것이었음은 말할 나위가 없다.

학산의《주역》연구의 성과는《훈민정음의 構造原理》《周易正義》그리고《周易集注大要》에 반영되어 있다.《주역》연구가《정역》에 대한 연구보다는 나중에 시작되었지만 연구의 성과는《정역》에 대한 연구보다 먼저 나타났다. 이는《정역》연구에 대하여 학산이 지닌 엄밀함과 엄숙함의 태도를 나타내는 것이기도 하지만 대학에서 조선어학을 전공했다는 사실[12]과 우리말 훈민정음이《주역》의 원리에 의하여 만들어졌음과 이에 대한 온전한 풀이가 절실히 요구되고 있는 학계의 현황을 보고 남다른 사명감을 가졌기 때문일 것이다.《훈민정음의 構造原理》는 '그 易學的 研究'라는 부제가 암시하듯《훈민정음》〈解例本〉에 나와 있는 制字의 역학적 원리를 규명하여 풀이한 것으로서 학계의 어느 누구도 대신할 수 없는 업적으로 평가되고 있다. 학산《주역》연구의 정수가 바로 여기에 응결 함축되어 있다고 할 수 있다.

그러나 학산의 관심은 언제나《정역》을 지향하고 있었다.《정역》을 위한《주역》연구였고《주역》에 대한 연구도《정역》의 시각과 전망 속에 이루어졌다.[13]

---

12) 학산은 경성제국대학에서 조선어문학을 전공하였다(1931년 예과 입학, 1936년 졸업).
13)《주역정의》自序

나. 학산의《주역》관

학산은 "나의《주역》연구는《정역》으로부터 시작하였다. 先天에서 後天을 전망한 것이 아니라 거꾸로 후천에서 선천을 회고한 것이다."[14]라고 하였다. 그는 누구나 미래를 알기가 어렵고 과거를 돌아보는 것은 쉬운데《정역》을 공부하고 나서《주역》을 보니 마치 미래에서 과거를 거꾸로 순하게 보는 방향을 취한 셈이 되었다고 하였다. 그리고 이는 마치 "처음에는 어렵고 나중에는 쉽다"[15]라고 하듯 그 신비와 난해의 보자기에 쌓여있던《주역》의 구절과 의미 하나하나가《정역》의 이념과 개념으로 보니 비교적 이해하기 쉬웠다는 것이다.

이처럼 학산이 이해한《주역》은《정역》의 프리즘을 통해본 것이다. 그가 주안점을 둔 것은 후천개벽과 그 사회, 그 종교 등이었다. 그리고 이에 따라 無極, 皇極, 尊空 등과 같은 기존개념의 새로운 이해와 새로운 개념의 도출이었다. 또한 천지자연의 至變과 그에 수반하는 인간의 변화, 종교의 일치와 상호 이해의 증진, 천하 대동의 일가 구성 등등이다. 학산은 이들《정역》이 지향하는 사상과 이념이《주역》속에 어떻게 숨겨져 있는지를 밝히려 했다. 그것이 그의《주역》연구의 동기이다.[16]

그의《주역정의》는 經部, 翼部, 餘錄의 3부로 구성되어 있다. 경과

---

14)《주역정의》自序
15)《주역》〈계사하〉7장 "損, 先難而後易"
16) 그는 그의《주역》에 대한 연구의 결과를 담은 책의 제목을《주역정의》라 했는데 이는《정역》을 통해서 본《주역》의 의미, 또는《주역》속에 담긴《정역》의 意趣라는 의미이다. 공영달의《주역정의》와 구별하기 위하여 학산 스스로가 그 의미를 이렇게 규정하고 있다.

익부에서는 통상의 《주역전의대전》의 체제에 따라서 핵심적 명제를 취하여 《정역》적 해석을 가하였고, 여록에서는 《주역》 《정역》 그리고 기독교 《성서》에서 핵심적 개념이나 명제를 취하여 소견을 피력하고 특유의 해석을 가하고 있다. 그리고 부록에는 《주역》원문 《정역》원문 64괘명 및 그 번호, 序卦雜卦錯綜圖, 일부가 쓴 〈大易序〉, 《정역》不二字, 그리고 至變干支錯綜圖를 첨부하고 있다. 책의 구성에서 이미 《주역》에 대한 《정역》적 이해를 뚜렷하게 드러내고 있다. 경부와 익부에서 학산이 취하여 풀이한 것들은 64괘효사와 〈단전〉 〈상전〉 및 〈계사전〉 등의 의 주요구절들이다.[17] 餘錄에서는 匪寇婚媾, 萬夫와 一夫, 木匠의 버린 돌, 그날 그때, 騎驢入城 등이다. 학산의 학문적 편력과 그 외연의 넓이를 짐작할 수 있게 하는 조목들이다.[18]

비록 《정역》을 통해서 이해한 《주역》이지만 학산은 종래의 《주역》관을 승계한 점도 있고 혁신한 점도 있다. 우선 《역》에 대한 기본인식에서 학산은 그것이 복희역이든 《주역》이든 상관없이 '계시의 글이며, 생명의 거울로 인식한다.'[19] 또한 "우주와 인류의 완성을 위하여 그 취향할 길을 밝히고 최고의 心法과 초월적 신명으로 최후의 한 사람까지 다 건지지 않으면 마지않는 작역 성인의 근심과 그지없는 연민을

---

17) 예를 들면 다음과 같다. 乾괘의 元亨利貞, 用九用六, 保合大和, 時乘六龍以御天, 坤괘의 牝馬之貞, 其血玄黃, 屯괘의 磐桓. 乘馬班如 등과 〈계사전〉 등에서 취한 能愛. 顯仁藏用, 道義門, 天下의 至變, 鼓舞盡神, 窮理盡性 등이다.

18) 학산의 오랜 知人이요 門人이기도 한 류승국 박사의 《학역찬언》 발문에 따르면 학산의 학문적 편력은 "혹은 학원으로 혹은 산간으로 혹은 종교사회학으로 혹은 해부생리학으로 혹은 《주역》에 관한 선유학설의 침잠으로 혹은 서구사상의근간을 이루는 기독교리의 탐색으로 혹은 황로와 교섭하고 혹은 석문에 출입하며 혹은 교단으로 혹은 집회로"로 열거 표현된다.

19) 이정호 저 《원문대조 국역주해 정역》 105쪽

실은 仁愛의 문서요, 생명의 眞經"[20]으로 인식한다. 학산의 말에서 계시 신명 인애 생명 등의 용어를 주목할 필요가 있다. 이들 용어와 개념은 학산 역학에서 그것이《주역》의 이해이든《정역》에 대한 해석이든지 항상 중추적 위치에 있기 때문이다.

다. 三易觀

역학사에 등장하는《역》에 대한 칭호는 다양하다. 복희역 문왕역 공자역이라고도 하고, 상수역 의리역이라고도 하며, 한대역 송대역 청대역 등으로 구별하거나 占易 學易으로 구분하기도 한다.[21] 그런데 학산은 종래의 구별과는 달리 복희역 문왕역 다음에《정역》을 두고 이를 제3의 역으로,《정역》8卦를 복희괘 문왕괘와 더불어 제3의 괘로 그 위상을 정한다. 학산은 "복희 原易은 천지자연의 소박한 역이요, 원시부족의 結繩의 역이며, 문왕《주역》은 인문 개명의 繁巧한 역이요, 문화민족의 書契의 역이며 일부《정역》은 자연과 인문이 조화된 역이요, 세계 인류의 神化의 역이다."[22] 라고 하여《역》을 복희역 · 문왕역 · 일부역으로, 원역 · 주역 · 정역의 3단계로 이해하고 이를 각각 生易 · 長易 · 成易으로 구별한다.[23] 학산에게 있어서《정역》은《역》의 완성이다.

여기서 우리는 학산이 종래의 견해와 달리 공자역을 따로 인정하지

---

20)《원문대조 국역주해 정역》105쪽
21) 곽신환 저《주역의 이해》(서광사 1990년) 23-42쪽 참조
22)《원문대조 국역주해 정역》105쪽
23)《원문대조 국역주해 정역》105쪽

않는 것을 알 수 있다.[24] 종래 복희가 괘를 그리고 문왕이 易을 확장 부연하였으며 공자가 易을 찬양했다고 하여 복희가 괘를 긋고 문왕이 이를 64괘로 단상을 붙여 점치는 책으로 펼쳤으며 공자가 이를 찬양하고 의리를 밝혔다고 하였는데 학산은 공자의 찬역 부분을 문왕의 연역부분에 포함하여 이해하고 곧바로 문왕역에서 일부역으로 넘어가고 있다. 학산이 공자역의 위상을 종래 역학사와 같이 인정하지 않는 이유를 뚜렷이 밝히지는 않았다. 그러나 아무래도 공자역이 비록 10翼을 통하여 그 철학적 의리를 밝혔고 그리하여 왕부지 등은 이를 學易이라고 하고 문왕의 占易과 뚜렷이 구별하였지만 공자역에서 괘도가 출현하지 않음과 새로운 역리의 제시가 이루어지지 않았다는 점 등을 고려한 것으로 추정된다.[25] 괘도의 존재 여부가 역의 위상정립에 결정적 조건으로 보는 것이라 할 수 있는데 이에는 이견이 있을 수 있다.

---

24) 《정역》〈십오일언〉에서 공자에 대하여 "아아 지극하다. 무극의 무극이여 부자께서 말씀하시지 않으셨네 말씀안하시고 믿으심은 부자의 길이시네 늦게야 기뻐하사 열로 날개하시고 하나로 꿰내시니 진실로 우리 만세의 스승일세"라는 구절이 있다.(역문은《원문대조 국역주해 정역》9-11쪽 참조) 이로 보면 일부가 공자의 역학이나 공자의 위상을 부정한 것이 아니고 따라서 학산도 공자를 부정했을 리가 없다. 다만 공자에게서는 새로운 역도나 역리가 제시되지 않았고 전통적으로 역전이라 하듯 문왕역에 대한 해석을 한 것으로 보아《주역》의 한 부분으로 간주했다는 것을 말함이다. 학산의 〈일부선생전〉에 의하면 꿈에 공자가 일부에게 나타나 그의 못다 한 일을 일부에게 부탁했다고 한다. 이것을 받아들인다면《정역》은 孔子·易의 완성인 셈이다.

25) 학산은 1991년《제3의 역학》이라는 이름으로 그간의 글 가운데서 가려뽑고 또 새로 쓴 글들을 모아 출간한 일이 있다. (아세아문화사 간행)

라. 先後天의 顚倒

학산의 역학관에서 보다 두드러지는 점은 기존의 복희선천 문왕후천의 관점을 문왕선천 일부후천으로 보는 시각, 곧 선후천 전도의 관점을 갖고 있다는 것이다. 문왕역을 그동안 후천역으로 보았는데 이를 선천역으로 보는 것이다. 그는 선후천론에 《역》 자체를 논하는 것과 같다고 할 만큼 큰 비중을 두고 있다. 《주역》 건괘 〈문언〉에 처음으로 등장하는 선천 후천은 본래의 의미가 어떻든지 간에 훗날 역학사상사에서 매우 주요개념이 되었다.[26]

선후천론이 역학사에서 크게 주목하게 된 것은 송대의 소옹으로부터이다. 소옹은 복희팔괘를 선천지학으로 문왕팔괘도를 후천지학으로 규정하였다. 주희는 《주역본의》에서 소옹의 견해를 그대로 수용하였다.[27] 그리고 《역학계몽》에서는 선천을 對待로 후천을 流行으로 규정하고, 선천에서는 건곤괘를 중시하였고 후천에서는 震兌卦를 중시하였다고 하였다.[28] 淸의 이광지는 "소옹은 '천지가 제 위치를 정하고' 한 장[29]을 선천역이라 하고 '제왕이 진방에서 나오고' 이하[30]를 후천역이라 하였는데, 먼저 복희를 말하고 다음 문왕을 말한 그 순서는 믿을 수 있는 것이다. '선천도'는 쉽고 간단하며 포괄적이고 괘의 그림이

---

26) 乾卦〈文言傳〉의 이 구절에서 선후천의 천자를 학자에 따라서 天時(孔穎達) 또는 天理(權近)로 보는 견해가 있다.

27) 주희는 《주역》 설괘전 3장의 주석에서 소옹이 말한 복희팔괘도를 설명한 것이고 선천지학이며 5장 역시 소옹이 말한 문왕팔괘도요 후천지학이라고 하였다.

28) 《역학계몽》〈原卦畫〉"先天學 心法也"…"胡玉齋 주 "蓋先天對待以立其本 而所重在乾坤 後天流行以致其用 而所重在震兌"

29) 〈설괘전〉 3장을 의미한다.

30) 〈설괘전〉 5장을 의미한다.

자연의 오묘함을 얻었고, '후천도'는 정밀하고 깊으며 절실하여 《주역》의 뜻과 사례에 부합하는 것이 많으니 그 이치는 더욱 믿을 수 있다...이 선천 후천은 서로 경위가 되며 다른 듯하면서도 같고 둘이면서도 하나이다."[31]라고 하였다. 권근(1352-1409)은 선천을 천리가 아직 드러나지 않은 것, 후천을 천리가 이미 드러난 것으로 이해하였다.[32] 또한 주희와는 달리 선천에도 流行의 상이 있고 후천에도 對待의 위치가 있다고 하였다. 장현광(1554-1637)은 선후천을 체용관계로 보는 선배학자들의 견해를 수용하는 일면 선천이 후천으로 바뀌는 것에 주목하여 中天개념을 제시하고 이른바 中天交會說을 주장하였다.[33]

학산은 《주역》에 선후천사상이 뚜렷하다고 인지한다. 즉 각 卦爻象에 등장하는 先後, 終始, 初終 그리고 〈계사〉에 나오는 '시초를 탐구하고 종말로 돌아온다', '시초를 이루고 종말을 이룬다', '만물의 종말이 되고 만물의 시초가 된다' 등을 들어 이들이 《주역》의 선후천 사상을 반영하는 것으로 이해한다. 그리고 각괘체에 있어서 아래 삼획괘를 선천, 위 삼획괘를 후천으로 보는 동시에 《주역》 상편을 '하늘에 앞서도 하늘이 그를 어기지 않고'의 선천으로, 하편을 '하늘을 뒤따름에 하늘의 때를 받든다'의 후천으로 나누어 본다. 복희괘도와 문왕괘도 역시 선후천을 반영한다고 본다. 그리고 소옹, 주희의 견해를 따라서 하도 낙서도 여기에 연결시킨다. 즉 복희8괘 하도로 나타나는 선천은 胞胎과정이고, 문왕8괘 낙서로 대변되는 후천은 배양과정에 해당하는데, 선천은 상생의 모습을, 후천은 상극의 상을 보여주며, 선천 하도

---

31) 《주역절중》收錄 李光地의 註
32) 權近 《入學圖說》권1 "先天 天理未露 聖人開之 後天 天理已露 聖人用之.."
33) 張顯光 《易學圖說》권4 體用 上 中天交會圖

가 설계이고 비전이며, 음양이 완전 조화를 이룬 것이라면, 후천 낙서
는 성장과정에서 나타나는 逆行 모순 失和의 상태를 보여준다고 하였
다.[34]

그런데 학산은 선후천관이 뒤집어졌다고 말한다. 즉 이제 문왕역이
선천이 되고 새로 출현한 일부역이 후천이 된다는 것이다. 그 이유는
새로 출현한《정역》8괘도에 있다고 하였다. 복희선천은 마치 갓나 떨
어진 애기모습에 불과하니 결코 하도 실현의 전체일수는 없고, 문왕
후천은 49 27 金火交易으로 인한 천지의 기울어 위태함 때문에 모순
과 불안 속에 상극상을 노정하고 있을 뿐 역시 온전한 하도의 실현일
수 없기 때문이라는 것이다. 그런데 새로 출현한《정역》8괘도에서는
참으로 49 27을 다시 제고장으로 환원시켜 본래의 하도의 질서대로
복구하게 하니[35] 저절로 火明金清을 이루고[36] 천지를 기울어 위태해
진 데서 붙잡고 구해내어 바른 자리를 비워서 받드니 水火와 雷風이
좌우에서 보필하고 山澤이 동서에서 상통하여 질서정연한 하도의 완
전한 실현을 보게 되었다는 것이다.

학산은 새로 출현한 일부易의《정역》8괘도는 이미《주역》〈설괘
전〉에 그 출현을 예언하고 있었다고 본다. 지적되고 있는〈설괘전〉본
문은 "신이란 것은 만물을 오묘하게 한다는 것을 말함이다"의 일단의
구절이다. 이 구절은 이전의 학자들 특히 주희도 그 의미에 대해서는
자세히 알 수 없다고 하여 판정을 유보한 이른바 闕疑 부분인데[37], 학

---

34)《정역연구》(1976년 초판, 아세아문화사) 7-19쪽 참조
35)《정역》〈십일귀체시〉 "火入金鄕金入火 金入火鄕火入金",
36)《정역》〈십일일언〉〈십일음〉에 "九二錯綜兮 火明金清"이라 했다.
37) 주희는《본의》에서 "이 장은 乾坤을 제하고서 나머지 여섯괘만을 말하여 신이 하
　 는 일을 나타냈는데 그 위치와 차례 또한 앞 장의 주장을 사용했으니 그 의미를 잘

산은 이것이 《주역》에서 제3괘도의 출현을 시사한 가장 유력한 증거라고 간주한다.[38]

3. 학산의 《정역》觀

가. 第3의 易 · 成易 · 後天易

학산의 《정역》에 대한 연구는 《정역연구》[39]에 일차로 종합되어있다. 이 책은 논술편, 역주편 그리고 부록으로 되어 있다. 논술편에서는 〈易의 先後天論〉 〈正易八卦圖에 대하여〉 〈十五一言에 대하여〉 〈十一一言에 대하여〉 〈皇極論〉 〈一夫先生傳〉으로 되어있다. 譯註편에서는 《정역》에 대하여 국역과 주를 달았고 정역본문과 토를 달았다. 부록에서는 영인된 《정역》 원본과 〈大易序〉, 不二字와 大易序에 대한 토를 단 것을 두었다. 논술편에 있는 역의 선후천론은 이 책이 나오기 전에 이미 단일 논문으로 발표된 것이었고 나머지는 모두 이 책에 의하여 처음으로 세상에 나온 것들이다.

학산은 "복희역이 生易이요, 문왕역이 長易인데 비하여 일부易은

모르겠다"고 하였다.
38) 일부는 스스로 환상 중에 새로운 괘도가 환하게 드러났다고 말했다고 한다. 학산은 《정역》 8괘도 출현의 이론적 가능성을 선후천 전도와 〈설괘전〉에 묻혀있는 예언 이외에도 《주역》 〈序文〉 말미에 나오는 이른바 '아직 드러나지도 않고 형체를 갖추지도 않은 역(未見未形易)'의 개념에서도 취하고 있다.
39) 1976년 12월30일자 간행.

成易이다."⁴⁰⁾라고 하고, 또 그것은 인류가 가질 수 있는 최선의 역일 뿐 아니라 또한 진과 미의 극치를 갖춘 인간 지혜의 금자탑이요, 인류 공동의 神物이며, 神化 세계의 보배라고 하였다.⁴¹⁾ 또한 앞서 논한대로 《정역》은 문왕 선천역에 대한 후천역이라 보았다. 연산땅 일개 선비에 의하여 제시된 《정역》을 복희역 문왕역과 대등한 아니 이를 넘어 기존의 역을 완성하는 역으로 인식하는 것은 그리고 이에 일생을 던져 연구하고 밝히고 선포하는 것은 보통의 학자로서는 참으로 결단하기 어려운 일이 아닐 수 없다. 즉 학산에게 있어서 《정역》의 저자 일부는 한낱 역을 배운 선배학자가 아니다. 그는 일부를 만고문장을 한 장의 그림으로 만드는 선각 중의 大覺, 성인중의 至人, 후천의 길을 명시하는 친절한 스승, 天工을 대행한 군자의 모범으로 인지한다.⁴²⁾

나. 《정역》 출현에 부여한 의의

이미 제3의 易, 成易이라고 한 규정 속에 이미 《정역》 출현에 부여하는 중대한 의미가 반영되어 있다. 그것은 《정역》이 전하는 선후천의 전도, 자연의 대변화와 그에 따르는 우주관 인생관 모든 가치관의 새로운 정립을 요구하기 때문이다. 즉 하도 속에 담긴 또는 복희가 애초에 설계한 모든 이상과 철학을 지상에 펴는 것이기 때문이다.

학산은 이를 선천 태음세계에서 후천 태양세계의 도래를 알려주는 여명의 새벽종이라는 메타포를 사용한다. 그리고 도래할 세계는 음을

---

40) 《원문대조 국역주해 정역》(1988년, 아세아문화사), 105쪽.
41) 《원문대조 국역주해 정역》(1988년, 아세아문화사), 105쪽
42) 《정역연구》 234쪽 참조.

억누르고 양을 높이 받드는 논리에서 벗어나 음양을 조율하는 논리로 나아가고, 선천의 心法之學[43]에서 후천의 性理之道로 전환하며[44], 자연과 인간의 높은 뜻이 완전히 하나 되기를 바라는 것이 《정역》 8괘가 전하는 소식이라고 한다.[45] 또한 《정역》 8괘도가 출현한 의의를 1) 乾坤定位로 인하여 천하의 正倫이 세워짐, 그리하여 모두가 제자리를 찾고 제 직분을 다하며 상하가 화목하는 모습을 보이게 되며, 2) 河圖의 실현으로 인하여 음양의 완전조화를 이룸, 3) 坤南乾北으로 인하여 泰運을 조성하여 상하가 交泰하고 군자의 도가 행하여지는 후천의 泰運이 도래하며, 4) 艮兌合德으로 인하여 泰運의 실제를 咸에서 이룩함으로 규정하고 있다.

다. 《정역》 이해의 難關

학산은 《정역》은 선후천의 뒤집어짐의 개념과 독특한 심법으로 전해져온 특이한 手指象數와 정확한 干支度數가 아니고서는 이해하기 어려운 곳이 허다하다고 하고 《정역》이 세상에 나온 지 이미 상당한 세월이 흘렀고 또 그 이름을 들은 이와 그 책을 읽은 사람이 적지 않음에도 불구하고 그 올바른 뜻을 아는 이가 많지 않은 것도 이 까닭이라고 추정한다.[46] 그러면서 학산은 본인이 "일찍이 그 전수심법에 참

---

43) 先天을 心法學이라고 하는 것은 이미 《역학계몽》에서 주희가 사용하였다.
44) 《정역》 〈一歲周天律呂度數〉에서 "抑陰尊陽先天心法之學 調陽律陰後天性理之道" 라 했다.
45) 《정역연구》 24쪽.
46) 《원문대조 국역주해 정역》 서문.

여하여 수지상수와 간지도수를 익힐 기회를 가졌다"[47]고 하였고 이래 "40여년 노둔을 채찍하고 연구에 분발하여 이제 그 약간 만일의 소식을 짐작하게 되었다"[48]고 했다.

학산이 지적한 것처럼《정역》을 제대로 이해하기 위해서는 선후천의 전도와 전수심법과 수지상수와 간지도수에 대한 이해와 수용이 선결되어야만 한다. 여기서《정역》의 논리에 대한 보편성이 문제된다. 선후천의 전도는 위에서 설명한대로 논리적 타당성을 지니고 있어서 그런대로 이해될 수도 있다. 그러나 전수심법은 일종의 密傳이기에 그 이해에 참여할 수 있는 자가 제한될 수밖에 없고, 더구나 手指象數 즉 손을 쥐락펴락하고 손가락을 곱았다 펼쳤다 하는 과정에서 나오는 象과 數의 의리를 이해하는 것 역시 특정 제한된 선택된 집단에서 의미를 가질 수 있는 것이며, 干支度數는 더욱이나 초합리적 영역이라고 할 수 있기에 일반적 이해나 설득의 어려움이 있다. 따라서 이론적 탐색을 중시하는 입장에서는 수용이 쉽지 않고 평가하기도 어렵다. 그런데 이를 알지 못하면《정역》을 제대로 이해할 수 없다고 한다.

학산은《주역정의》말미에 〈至變干支錯綜圖〉를 부착하고 이것이 일부의 교외별전으로 전수된 것임을 밝히고 있다.[49] 교외별전이라 함은 언어문자를 통하여 또는 경전을 통하여 이루어지는 공통적 보편적 가르침이 아니라 특수한 형태로 이루어지는 개별적 가르침을 뜻하는데 학산은 이에 접하여 있었던 것이다.[50]

---

47)《원문대조 국역주해 정역》서문. 학산이 '傳受心法에 참여하였다'고 말한 것은 德山과 義山과의 만남과 그로부터의 배움을 가리킨다.
48)《원문대조 국역주해 정역》서문.
49)《주역정의》例言.
50) 정역에 대한 이해에는 일부선생에 대한 이해가 필수적인데 이에 대해서는《정역

4. 《정역》의 내용에 대한 이해

가. 〈十五一言〉과 〈十一一言〉

《정역》의 골간은 〈十五一言〉과 〈十一一言〉이다. 이는 구조적으로도 그러하다. 〈십오일언〉의 위상은 《주역》의 건곤에 해당하고 〈십일일언〉의 위상은 《주역》의 咸괘 恒괘에 해당하는 것으로 인식한다. 건곤 함항이 각각 상 하 경에 해당하듯이 〈십오일언〉과 〈십일일언〉은 《정역》의 상하경에 해당한다고 이해한다.

십오와 십일은 각각 乾坤과 艮兌의 합수에 해당한다. 따라서 〈십오일언〉은 자연의 변화로 인한 閏曆의 탈락과 正曆의 성립을 말하고, 변화 후의 새 질서 우주의 새 방위, 기후의 새 조화 등을 나타내고, 〈십일일언〉은 인간완성에 따른 황극인의 출현과 그가 행하는 정치와 행정 법령과 율려에 의한 신질서와 고도의 無量한 복지사회인 琉璃세계[51]를 찬미하고 있다. 〈십일일언〉은 '간에서 말씀을 이루고' '태에서 말씀을 기뻐한다'에 응하는 것이 된다.

자연변화의 핵심은 無閏曆으로의 변화이다. 그러나 학산은 《정역》의 이 소식을 상세히 소개하면서도 자연의 변화는 사람의 힘이 미칠 바 아니며 인류는 그저 그 가능성과 필연성을 세밀히 관찰하여 장차 그렇게 될지도 모를 우주의 대변화에 대비하는데 주력해야 한다고 하

과 일부》 또는 《학역찬언》의 〈일부선생의 초세간적 측면〉 또는 《정역연구》의 제6
장 〈일부선생전〉 《제3의 역학》 상편 〈인내 江邊의 靜寂〉 하편 〈새나라 새종교 창
시자로서의 一乎 一夫〉를 참조할 것.
51) 《정역》〈十一吟〉에 "天地淸明兮 日月光華, 日月光華兮 琉璃世界"라 했다.

였다.

나. 金火正易 -革易

《정역》의 본래 명칭은《金火正易》인데 이는 火氣와 金氣가 서로 바
뀌는 것을 핵심으로 하여《정역》이 성립했기 때문이다.《정역》에는
〈십오일언〉 다음에 금화정역을 찬양하는 노래가 다섯 편 실려 있다.[52]

금화정역은 정역팔괘도와 관련되어야 쉽게 이해된다.《정역》팔괘
도는 八艮東 九離西南 十乾北 一巽南 二天 三兌西 四坎東北 五坤南
六震西北 七地의 순서와 위치로 되어있다. 이 괘도에 대하여 학산은
"正易圖가 펴짐에 先天에 주축을 이루고 작용하고 행사했던 坎離와
震巽은 후천에는 건곤의 좌우에서 보필이 되어 각각 서로 공격하지
도 않고 서로 어긋나지도 않으며, 선천에서 기울어 위태로웠던 乾坤
은 가운데 자리에 바로 자리잡아 올바른 역이 되어 자기의 자리에서
직접 정사를 행하는 체제를 갖추고, 너무 幼沖하므로 후일의 쓰임을
기다리던 兌는 乾坤의 기울이는 힘을 받아 하루아침에 '西塞山前白鷺
飛'[53]하여 이미 震의 位에 와 있는 艮과 더불어 親政代行의 二八 用政
을 하게 되니, 환언하면 선천의 주재자 用事者는 후천의 보필자가 되
고 선천의 傾危者 待機者는 후천의 주재자 用政者가 되어 문왕역과

---

52) 金火一頌부터 金火五頌까지 있다.
53) 이는〈金火四頌〉에 있는 구절로 학산은 "서쪽 변방 산 앞에는 해오라기 날아든다"
로 번역하고 그 의미를 文王 괘도의 七兌가《정역》에서 三兌로 제자리에서 돌아
섬을 말함이라 하고 장지화의 시〈漁夫歌〉에 인연함이라 하였다.《국역주해 정역》
23쪽 참조.

正易圖는 완전히 그 체용이 전도되었음을 볼 수 있다"[54]고 하였다.

金火가 交易이 된다는 것은《주역》의 革괘에 해당한다. 그래서 학산은 정역을 革易이라고 명명한다. 革괘의 단전에 "천지가 바뀌어서 사시를 이루며 탕왕과 무왕이 혁명하여 천도와 인사에 순응하였다"라고 하였고, 효사에서 "대인은 호랑이처럼 변한다"와 "군자는 표범처럼 변한다"를 논하여 인간의 변화를 말하고 있는 것에 근거를 두고 있다. 여기서《정역》이 새 인간상에 대한 요청을 하고 있다는 판단이 가능하다. 새로운 인간에로의 변화로 리를 탐구하고 본성을 다 발현하며 마음을 고무하여 신명을 다 발휘하는 것을 그 최선의 방법으로 제시한다. 그렇게 함으로써 종래의 막혔던 天地 否卦에서 이제는 툭 트인 地天 泰卦의 세계로 비약적 초월을 하게 되어 이때까지의 도학인 곧 선천세계에서의《서경》읽고《주역》을 배우며 심법의 학문에 종사하던 수도자는 하루 아침에 본성을 따르는 황극인이 된다고 하였다.

다. 皇極論

《주역》이 중용을 강조한다면《정역》은 황극[55]을 표방한다. 학산은 乾卦의 九二爻에서 "용의 덕을 지니고 바로 중용을 취한자이다. 평상시의 말에 신의가 있고 평상시의 행동에 삼감이 있다"와 坤卦 65효사의 "黃裳"을 풀이한 것으로 보는 "군자는 황중으로 리에 통달하고 바

---

54)《정역연구》33-35쪽 참조
55)《원문대조 국역주해 정역》〈정역에 대하여〉114쪽 학산은 〈황극풍〉〈황극지대〉(두 논문은《제3의 역학》에 수록되어있다) 등의 논문에서 나타나듯 황극개념에 대하여 특별한 주의를 기울이고 있다.

른 자리에 몸을 둔다"라는 구절을 들어 건괘를 중용 중도, 곤괘를 黃中 곧 황극으로 이해한다.[56] 그리고 건은 선천이고 곤은 후천이니 선천의 중용은 후천의 황극이 된다고 주장한다. 즉《주역》의 중용의 도는 개체의 厥中과 전체의 시중을 종합하여 물리와 인정을 살피고 헤아려 그 가장 적절하고 안전함을 행함으로써《정역》의 황극의 자리에로 발전하는 것으로 해석한다.[57]

이 선천의 중용 또는 태극에서 후천의 황극으로 진출하여 모든 존재의 생명의 중심처, 우주의 無中碧에 도달하는 자를 황극인이라 한다. 학산에 의하면 이 황극인은 무엇에도 갇힌 사람이 아니다. 그는 융통 자재하고 팔달무애한 자유인이다. 그는《주역》이 지향하는 中正人이며 正倫人이다. 위로는 건곤 부모를 尊空의 자세로 正位에 모시고 그 親政의 뜻을 대신 행함으로써 그 뜻을 잘 계승하는 효자의 도리를 다하고, 아래로는 震巽의 겸양을 본받아 政令과 呂律의 用政을 행함으로써 우의를 돈독히 한다. 그는 공간적으로 시방세계를 두루 다니고 시간적으로 삼세 인연을 모두 관장하여 천시를 받들고 대중을 교화하는 대인군자로서의 인품을 갖춘다. 이것이 학산이 보는《정역》에서 지향하는 인간변화의 대체적 내용이다.[58]

---

56)《정역연구》161쪽 참조. 학산은 黃은 皇과 통용되고 中과 極은 같은 의미를 가지니 黃中은 곧 皇極으로도 풀이할 수 있다고 하였다.
57)《정역연구》162쪽 참조
58) 학산은 皇極人의 갖출 내용으로 1)사람은 直立, 頂天立地하여야 한다. 2)욕심을 절제하여야 한다 3)서로 사랑하여야 한다 4)서로 협조하여야 한다 5) 높은 믿음을 가져야 한다의 다섯 가지를 들고 있다.《정역연구》171-174쪽 참조

라. 尊空論

존공은《정역》의 특수한 용어이며[59] 역학사에서 전혀 새로운 개념
이다. 尊은 글자 그대로 높임이다. 높임의 대상은 물론 空이다. 空은
中을 가리킨다. 이 때의 中은《정역》에서 요순이 말하는 '允執厥中'[60]
의 中이고 공자의 시중의 中을 의미한다.[61] 또한 '비어있음'을 의미한
다. 다의적이다. 학산은 삼라만상이 다 空에서 창생된다고 생각한다.
《정역》의 "일년은 달에서 나고 달은 날에서 나고 날은 時에서 나고 時
는 刻에서 나고 刻은 分에서 나고 分은 空에서 나니 空은 無位이다"가
그 전거이다.[62] 학산은 空을 그 자체로는 움직이지 않지만 온갖 조화
의 추뉴며, 인간생명의 출발점인 동시에 인간영혼의 귀환처이고, 地
心과 天心을 연결하는 心腔의 窮極處요 우주의 无中碧과 인간의 虛心
丹이 만나는 자리, 곧 우주와 인간의 靈的인 公約數요 무극과 태극과
황극의 일치점으로 간주한다.[63]

그는 또《주역》의 "크게 벌린 수는 50인데 그 중 사용하는것은 49이
다"에서 49를 사용하는 것은 50의 空에서 나옴을 말하는 것으로 이해
한다. 따라서 蓍草占에서 50개의 시초가지에서 하나를 떼어내 모셔놓
고 나머지 49를 쓰는 것이 바로 존공에 해당하는 것으로 이해한다. 또
한 학산은《정역》8괘도에서 乾北坤南으로 乾坤이 바른 자리에 모셔

59) 尊空이란 용어는《正易》〈十·五一言〉 '尢角二宿尊空詩'에 처음으로 나온다.
60)《書經》에 나오는 말로 "진실로 그 중을 잡으라"로 번역된다. 이는 堯舜禹가 서로
　　주고받은 統治의 大綱領이라 한다.
61)《정역》十一歸體詩
62)《정역》〈金火五頌〉
63)《정역연구》40쪽 참조

지고 雷風과 水火가 각각 不相悖하고 不相射하여 건곤의 좌우에서 보필함으로서 건곤부모로 하여금 평안하고 태평한 마음으로 친히 만물을 다스리도록 함으로써 질서가 바로 잡히게 되는 것을 존공이라고 해석하고 있다.[64] 이때의 의미는 지존자를 지존의 지위에 모시는 자세 곧 자기 겸허를 의미한다. 그리고 그 부수적 현상은 모든 구성원이 각각 자기 자리를 지키고 자기에게 주어진 역할을 담당하는 것이 된다.

이상에서 드러나듯《정역》은 음양 남녀의 사랑과 평등과 조화를 지향하며, 그 뿌리를 전통 유학 특히 도학에 두고 있어 잡다한 異學 異敎로부터 구별하여 그 정체성을 분명히 하며, 최고의 자리 거룩한 자를 존숭하고 그곳을 비워둠으로써 스스로 겸허를 실천하는 것을 주요 덕목으로 하는 尊空 개념을 표방하여 인간 스스로 지존자의 자리에 나아가지 않고 동시에 지극한 중용의 자리를 항시 긴장 속에 구현하고자 한다. 또한《정역》은 유 불 도 삼교를 하나의 도, 같은 도라 하였고 "도가 셋으로 나뉘는 것이 이치의 자연함"[65]이라 하여 진리는 하나이나 교화의 방법이 다르다는 것을 긍정하고, 또한 인류가 마침내 천지가 해맑고 일월이 빛나는 유리세계를 건설하여 그 속에서 노래하고 춤을 추며 무량세월을 즐기는 것으로 되었음을 들어 희망의 세계를 제시했다.[66]

---

64) 《정역연구》41쪽 참조
65) 이는 정역 십오일언의 無位詩에 나온다. "道乃分三理自然 斯儒斯佛又斯仙 誰識一夫眞蹈此 無人則守有人傳"
66) 학산은 《정역》이 지니는 의의를 다섯 가지 항목으로 정리한다. 1)사랑과 평등과 조화의 주장 2) 도학의 연원과 그 계승의 명시, 3) 尊空사상과 황극정신의 고취 4) 삼교일치의 목표 5) 가치관의 전도와 대동세계의 구현과 인류최고의 복지사회건설의 지향이 그것이다. 《원문대조 국역주해 정역》114-120쪽 참조

마. 艮易-終萬物始萬物

《정역》이 連山의 金恒에게서 나왔으니 이를 한국역학이라고 하는 것은 자연스런 표현이다. 학산은 〈한국역학에의 접근〉[67] 〈한국역학의 인간학적 조명〉[68] 〈정역과 우리나라〉[69] 〈종만물시만물의 땅〉[70] 〈새나라 새종교 창도자로서의 一乎一夫〉[71] 등의 글을 발표한 일이 있고[72] 또《학역찬언》의 부제를 〈한국역학의 새 방향〉으로 붙이기도 하였다.

학산은 여러 가지 사실을 들어 우리 한국이 역학에서 艮方에 해당하며 역학에서 말하는 艮의 의미와 연결지워 한국의 역할과 위상을 설명한다.《주역》에서는 東北位를 艮이라 하고[73] 少男을 艮이라 하며[74] 山도 또한 艮이라[75] 한다. 그 밖에 艮이 나타내는 象과 義는 다양하다. 그 하나하나의 뜻은《주역》전편과 〈설괘전〉 말미에 산재되어 있다.[76] 학산은 우리나라는 대륙의 동북에 위치하여 있으므로 역리상으로는 艮에 속한다는 사실과, 산이 전면적의 6-7할을 차지하고 있으니 또한 艮이라 아니할 수 없고, 역사는 오래지만 개발이 더디어서 오늘날 물질면에서 낙후성을 면치 못하였으니 역시 少男의 艮이라 할 수

---

67)《정역과 一夫》270-275쪽에 수록됨
68)《정역과 일부》139-141쪽에 수록됨
69)《정역과 일부》175-180쪽에 수록됨
70)《정역과 일부》297-303쪽에 수록됨
71)《정역과 일부》389-418쪽에 수록됨
72) 이상의 논문은 모두《제3의 역학》하편에 다시 수록되어 있다.
73) 〈설괘전〉5장 "艮 東北方之卦也"
74) 〈설괘전〉10장 "艮, 謂之少男"
75) 〈설괘전〉11장 "艮爲山..."
76) 〈설괘전〉7장 "艮, 止也", 8장"艮 爲狗", 9장 "艮爲手", 11장 "艮爲山,爲徑路,爲小石, 爲門闕,爲果蓏,爲閽寺,爲指,爲狗,爲鼠,爲黔喙之屬,其於木也爲堅多節.

밖에 없다고 한다[77] 그리고《주역》에 의하면 艮은 果蓏이기도 하니 열
매요 생명의 근원이며 발전의 핵심이라 할 수 있고 사람의 몸에 비유
하면 脊柱나 腰腿 같은 부분이고 나무로 이르면 뿌리나 씨 같은 것이
며 농사에 있어서는 나락이나 못자리터 비슷한데 그 핵심 의미는 생
명을 보존하는데 가장 중요한 부분이라고 할 수 있다고 한다.[78] 또한
〈설괘전〉의 "艮은 만물을 마치고 만물을 시작하는 자리"라고 한 것을
들어 새 질서와 새 생명이 시작되는 새 마당으로 인식하고 있다.

　학산은 역리에 따른 艮方의 의미를 우리의 역사와 관련하여 해석도
하고 그 의의를 규정하기도 한다. 즉 간방인 우리 나라는 장차 山澤通
氣의 정치를 행하는 중앙이 되고 장차 펼쳐질《정역》세계의 관문이고
천하의 도의문이며 유리세계[79]의 大觀門[80]이 될 것이라고 전망한다.
그리고 이러한 이치가 "예비되어 있음을 깨닫고 깊이 배워 가다듬어
오는 세상의 모든 사람에게 나아길 길을 밝히는 찬란한 등불이 되어
주기를 기원할 뿐"[81]이라고 하며 이러한 뜻을 담은 頌[82]을 짓기도 하

---

77) 《원문대조 국역주해 정역》121쪽
78) 《원문대조 국역주해 정역》121쪽
79) 《정역》의 용어로서 七寶의 하나인 푸른 색의 보석인 유리로 만들어진 세계라는 뜻
　　으로 이상세계를 말한다.
80) 사람들이 크게 우러러 볼만한 인격의 세계로 들어가는 문이라는 뜻이다.《주역》
　　觀卦 단전에서 취한 것이다. "大觀在上 順而巽 中正 以觀天下"
81) 《원문대조 국역주해 정역》서문
82) 이 頌은 선생의 유고로서 생전에는 어디에도 상재되지 않은 것이다.
　　朝韓奈羅(새 나라) 頌
　　一 높은 산 넓은 들 말달리며 활쏘았네
　　　　멎은 일란 그치고 착한일 권하면서
　　　　오순도순 사랑하며 서로서로 반겼었네
　　　　산에서 들로 들에서 바다로
　　　　조한나라 우리나라 우리나라 새나라

였다.

5. 맺는말

학산은 국가 민족 개인 모두 간고했던 시절,《정역》연구에 일생을 바쳤다. 그리고《정역》을 통하여 그는 희망과 미래상을 보았다. 그는 《정역》을 통해《주역》을 연구하였다.《주역》의 논거를 통하여《정역》의 정당성을 뒷받침하였다. 그 가운데 주요한 내용의 하나는 선후천 개념의 전도이다. 기존의 문왕 후천역이 선천역으로 바뀌고 일부《정역》을 후천역 또는 후천의 후천역으로 본다.

선후천이 바뀌니《역》에 대한 전체적 전망도 달라졌다.《정역》은 자연과 사회의 실제적 변화를 말하며 이에 대응하기 위한 법칙으로 조양율음의 원리를 제시한다. 이는 암울한 시대에 미래에 대한 긍정적 기대, 이상세계의 도래를 희망으로 주었다. 그의 주안점은 새 시대에 필요한 규범과 발상의 전환이다.

학산은《정역》에서 도학의 정신과 전통의 승계를 읽는다. 나아가 천하일가의 대동세계 구현과 아울러 유불선 삼교뿐 아니라 세계 모든 종교의 궁극적 일치를 지향하고 있다. 따라서《정역》은 앞으로 전개될

二. 고구려의 雄渾과 신라의 仁義
　　백제의 智慧를 한데 모아서
　　오손도손 사랑하고 서로서로 반겼네
三. 大同은 小異ㄹ 안꼬 小異는 大同ㅅ 품에
　　宇宙도 한나라 세계도 一家되어
　　서로서로 사랑하고 기리기리 반겨사네

새 하늘 새 땅의 선도자이며 새 질서를 구축해가는 도의문이요, 大觀門으로 인식된다.

그러나 正曆의 표방, 無閏曆이나 지축의 바로 잡힘 등은 예언적 성격을 가진 것으로써 합리적 판단의 소재로 삼기나 보편적 설득력을 갖기에는 어려움이 있다. 학산도 이점을 우려하여 자연의 변화에 대한 적극적 발언을 자제하고 있다.

또한《정역》의 원리를 이해하는 데 密傳의 방식이기는 하나 수지굴신과 같은 방법은 특정 대상을 위해 제한적으로 사용되었고 또 부분부분에도 우주의 총체적 이치가 담겨있다는 형이상학적 뒷받침이 있을 수 있지만 대중적 설득력을 갖기에는 거리가 있는 것이 사실이다.

학산은 역학자이지만 그의 글은 오늘의 의미에서 철학적 글쓰기와는 다르다.《정역》자체가 분석적이라기보다는 창조적 저작이기 때문에 그러하지만《정역》의 본문에 그리고 학산의 연구에 상당수의 새로운 용어들이 등장하고, 또 종래의 용어들을 활용하지만 그 의미는 기존의 논의들과 정합성을 유지하지 못한다. 그 나름의 새로운 의미부여가 많고 상당수의 발언이 논증적이라기보다는 선언적이다. 그래서 철학적 이해와 논의에 어려움이 많다.

〔동양철학 26, 한국동양철학회, 2006〕

VII
鶴山 易學의 관점에서 본《논어》 '五十學易章' 解釋의 檢討

김영호

1. 여는말

유학사는 경전해석의 역사라고도 할 만큼 유학에 있어서 경전해석의 중요성은 재언을 요하지 않는다. 각 시대마다 그 당시 풍미했던 사상의 관점에서 유학의 경전을 해석하여, 경학사를 통람할 때 그 시대의 대표적인 사상과 유학경전의 해석이 불가분의 것임을 곧 알게 된다.

더구나 그 해석이 유학의 핵심사상과 직접적인 관련이 있을 때는 더욱 더 주의를 요하게 된다. 본고에서 논하려는 '五十學易章'(《논어》〈술이〉)의 경우도 물론 예외는 아니다. 주지하다시피 공자는 '韋編三絶'이라는 고사까지 있을 정도로 만년에《易》을 좋아하였고 게다가 十翼을 저술하였다고까지 전해온다. 그런데 공자의 어록인《논어》에는 《역》에 관한 기술이 단 한번 나오는바 '오십학역장'은 가히 핵심적인

장이라 할 것이다. 옛부터 본 장에 대해서는 제가가 각기 다른 해석을
하여 왔으며 심지어는 자구의 오류로 보아《역》과 전혀 관계없는 장으
로 보기도 했다. 이에 필자는 본 장을 분석 검토 정리함으로써 본장의
원의와 이를 바탕으로 공자의 역학관에 대한 鶴山 李正浩 선생(1913-
2004)의 정역적 해석의 일단을 살펴보고자 한다.

　이하에서 서술의 편의상 역대 제가의 해석으로는 중국의 대표적 주
석서와 다산 정약용의 해석을 살펴보고 다음으로 역대 제가의 주역적
해석과 학산 이정호선생의《正易》적 해석을, 그리고 필자의 정역적 변
석으로 나누어 개략적으로 고찰해 볼 것이다.

2. 歷代 諸家의 解釋

　　〈原文〉1: 子曰, "加我數年, 五十以學易, 可以無大過矣."(《논어》〈述
　　　　而〉)
　　〈原文〉2: (孔子晩而喜易, 序彖繫象說卦文言. 讀易, 韋編三絶.) 曰,
　　　　"假我數年. 若是, 我於易則彬彬矣."(《사기》〈공자세가〉)

(1) 문자의 異同 문제

　본장에서는 다른 장과 달리 문자의 이동에 대한 견해가 다양하다.
이에 대한 근거로서는《사기》의 〈공자세가〉의 기술(원문 2 참조)과
《논어집주》에서 유안세(유충정공)의 언급을 들 수 있다.

　여기서 문제의 초점이 되는 자는 크게 加, 五十, 易, 大過의 네 글자

로 대별된다.

1) 加에 대해서는

① 加我數年(더하여. 《논어집해》, 《논어의소》, 《논어주소》)[1]
② 假我數年(빌려주어. 《사기》〈공자세가〉, 《논어집주》, 《논어정의》, 《논어고금주》)

2) 五十에 대해서는

① 五十以學易(오십세. 《논어집해》, 《논어의소》, 《논어주소》, 《논어정의》, 《논어고금주》)
② 卒以學易(마침내. 《논어집주》)
③ 七十의 오류(70. 惠棟, 《논어古義》)[2]
④ 九十의 오류(90. 何異孫, 《十一經問對》)[3]
⑤ 吾以學易(내가. 俞樾, 《논어平議》[4])
⑥ 五, 十以學易(5세, 10세. 龔元玠, 《十三經客難》[5])

---

*영산대학교 교수.
1) 각 주석서의 서지사항은 참고문헌 참조. 원문의 출처는 각 주석서의 〈술이〉 '오십학역장'이므로 생략함.
2) 《논어집석》 2책, 중화서국, 1990, 470쪽
3) 《논어집석》 2책, 470쪽
4) 《논어집석》 2책, 470쪽. 이강재, 《고증학자는 논어를 어떻게 읽었나》(유월, 《논어평의》의 번역본) 학고방, 2006, 98쪽
5) 《논어집석》 2책, 473쪽

3) 易에 대해서는

① 五十以學易, 可以無大過矣(《역》,《고론》[6], 대부분의 주석서)

② 五十以學, 亦可以無大過矣(또한,《노론》[7],《논어고의》[8])

4) 大過에 대해서는

① "큰 잘못은 없을 것이다."로 문자 그대로 해석하는 경우(일반적인 해석)

②《역》의 大過卦로 보는(戴望《논어주》) 두 가지 설이 있다.

(2) 구두 문제

1) '加我數年, 五十(卒)以學易'으로 보는 說 -《古論》,《논어집주》,《논어고금주》[9]

2) '加我數年五十, 以學易'으로 보는 說 -《논어주소》[10]

3) '加我數年, 五十而學, 易(亦)可以無大過矣'로 보는 說 -《魯論》[11]의 세 가지로 대략 나눠 볼 수 있다.

---

6)《經典釋文》卷24, 8a: 學易[如字, 魯讀易爲亦, 今從古.] 상해고적출판사, 1985

7)《經典釋文》卷24, 8a.

8)《논어집석》2책, 473쪽.

9) '五十'을 '卒'로 보는 것이나 그대로 '五十'으로 보는 것이나 구두는 동일함.

10)《논어주소》91쪽: 加我數年方至五十, 謂四十七時也. 북경대학출판사, 1999

11)《經典釋文》권24, 8a.

(3) 章節 조합

1) 일반적으로 "加我數年, 五十...無大過矣"와 아래 장인 "子所雅言...皆雅言也"를 각각의 독립된 장으로 본다.

2) 그러나 1장 2절로 나누어 보면서 절을 달리하는 견해도 있다. 즉 "五十...子所雅言"과 "詩書...皆雅言也"로 분절하여 공자가 늘 말하는 것이라고 보는 것이다.[12]

3) 내용의 연계상 본 장을 아래 장과 연관지어 볼 수도 있다. 사량좌는 이는 앞의《주역》을 배운다는 말을 인하여 같은 종류끼리 기록한 것이라고 하였다.[13]

(4) 말한 시기 구별

1) 먼저 李冶는 '오십이학역'은 아직《역》을 배우지 않았을 때의 말이며《사기》에 실린 말은 十翼을 쓴 뒤에 한 말로 보아 '五十'을 '卒'로 고칠 필요는 없다고 본다.[14]

2) 다음으로 모기령은 오십에 먼저《역》을 배우고 칠십에 다시《역》을 좋아하고 찬술한 것으로 본다.[15]

3) 그리고 유보남은 공자는 오십 전에《역》을 얻어 오십 세에 배우기를 바랐는바 만년에《주역》을 찬술한 것이 이미 끝나 다시 종

전의 '가아수년'의 말을 서술한 것이《사기》의 말이라고 주장한
다. 즉 〈세가〉와《논어》에서 서술한 것은 한 때에 있지 않은 것이
라고 파악하였다.[16]

(5) 제가의 해석

위의 제주석을 바탕으로 역대에 저명한 각 주석서의 해석을 소개하
면 다음과 같다.

1)《논어집해》(하안)

원문: 子曰, "加我數年, 五十以學易, 可以無大過矣."(〈원문〉1과 동일)

주석:《역》은 이치를 궁구하고 본성을 다해 천명에 이르는 것이다.
(공자는) 나이 50에 천명을 알았으니 천명을 아는 나이에 천명
에 이르는 글을 읽는 것이다. 그러므로 큰 허물이 없을 수 있다
는 것이다.[17]

해석: -나에게 몇 년을 더하여 쉰 살에《역》을 배운다면 큰 허물이 없
을 것이다.-

2)《논어의소》(황간)

원문: 1)과 동일

---

16)《논어정의》상, 중화서국, 1990, 268쪽.

17)《논어집해》(《논어주소》본) 91쪽: 易窮理盡性以至於命, 年五十而知天命, 以知命之
年, 讀至命之書, 故可以無大過. 북경대학출판사, 1999.

주석: 공자가 이때를 당해서는 나이가 이미 45, 6세이었으므로 “나에게 몇 년을 더하여 쉰 살에 《역》을 배운다면”이라고 말하였다. 반드시 ‘오십이학역’이라고 한 까닭은 인생 50세는 천명을 아는 나이어서이다. 《역》에 大衍數 50이 있는데 이는 이치를 궁구하고 천명을 다하는 글이므로 ‘오십이학역’이라고 하였다.[18]

해석: 1)과 동일

3) 《논어주소》(형병)

원문: 1)과 동일

주석: 이 장은 공자가 《역》을 배운 나이를 말한 것이다. 나에게 몇 년을 더하면 50세에 이른다고 하였으니 47세 때에 한 말이다. 《역》이란 책은 이치를 궁구하고 본성을 다해 천명에 이르는 것이니, 사람들에게 길흉과 회린을 예고하여 길을 따르고 흉을 따르지 않게 한다. 그러므로 공자가 “내가 47세니 (50세에) 《역》을 배운다면 허물이 없을 수 있을 것이다.”라고 말하였다.[19]

해석: -내 나이에 몇 년을 더하면 50세가 되니 《역》을 배우면 큰 허물이 없을 수 있을 것이다.-

---

18) 《논어의소》(회덕당본), 권4, 9b: 當孔子爾時, 年已四十五六, 故云, 加我數年, 五十而學易也. 所以必五十而學易者, 人年五十, 是知命之年也. 易有大演之數五十, 是窮理盡命之書, 故五十而學易也. 《무내의웅전집》1, 1979

19) 《논어주소》, 91쪽: 此章孔子言其學易年也. 加我數年, 方至五十, 謂四十七時也. 易之爲書, 窮理盡性以至于命, 吉凶悔吝豫以告人, 使人從吉, 不從凶, 故孔子言己四十七學易可以無過咎矣. 북경대학출판사, 1999

4) 《논어집주》(주자)

원문: 子曰, "假我數年, 卒以學易, 可以無大過矣."

주석: 이때에 공자의 나이가 이미 70세에 가까웠을 것이니 '오십'이
라는 글자가 잘못된 것임은 의심할 것이 없다. 《역》을 배우면
길흉소장의 이치와 진퇴존망의 도에 밝아진다. 그러므로 큰 허
물이 없을 수 있는 것이다. 성인이 易道가 무궁함을 깊이 관찰
하고 이것을 말하여 사람을 가르쳐 《역》을 배우지 않아서는 안
되고 또 쉽게 배울 수 없음을 알게 한 것이다.[20]

해석: -하늘이 나에게 몇 년의 수명을 빌려주어 마침내 《역》을 배우
게 한다면 큰 허물이 없을 것이다.-

5) 《논어정의》(유보남)

원문: 子曰, "假我數年, 五十以學易, 可以無大過矣."

주석: 공자가 오십 세 이전에 《역》을 얻고 50세에 배우기를 바란 것
이니 《주역》은 광대하고 모두 갖추어져 급히 배울 수 없다는 것
을 밝힌 것이다.[21]

해석: -나에게 몇 년을 빌려주어 쉰 살에 《역》을 배운다면 큰 허물이
없을 것이다.-

---

20) 《논어집주》(《사서장구집주》본), 97쪽: 蓋是時, 孔子年已幾七十矣, 五十字誤無疑
也. 學易, 則明乎吉凶消長之理, 進退存亡之道, 故可以無大過. 蓋聖人深見易道之無
窮, 而言此以敎人, 使知其不可不學, 而又不可以易而學也. 중화서국, 1986

21) 《논어정의》상, 268쪽: 夫子五十前得易, 冀以五十時學之, 明易廣大悉備, 未可遽學
之也.

6)《논어고금주》(정약용)

원문: 子曰, "假我數年, 五十以學易, 可以無大過矣."

다산은《논어》에 관한 대표적 저술인《논어고금주》에서 자신의 견해를 유감없이 피력하고 있다. 위의 역대 제가의 해석에 비해 좀 더 자세히 살펴보기로 한다.

본장에 대해서 다산은 何晏의 구설에 추종할 것을 강조하고 있다.(고주 채택)[22] 먼저 문자의 이동에 대한 다산의 견해를 살펴보면 다산은《논어집주》나 기타 학자의 설과는 달리 본 장에 대해서는 문자의 이동에 대하여 크게 신경을 쓰지 않고 있다. 오직 加자에 대해서는 당연히 假자로 써야한다고 주장하고 있으니 이는《사기》[23]와《논어집주》의 설을 따른 것이다. 특히《집주》에서는 劉聘君이 元城 劉忠定公을 만날 때 공이 일찍이 다른 본《논어》를 읽었는데 거기에 加는 假로, 五十은 卒로 되어 있었음을 예로 들면서 加와 假는 소리가 서로 가까워서 오독했을 것이라고 말한 것을 들어 그 근거를 밝히고 있다.[24]

따라서 假로 하여 해석하면 "바라건대 하늘이 나에게 몇 년의 나이

---

22) 정약용,《論語古今注》原義總括 57則: '辨五十而學易, 當從舊說'
23)《고금주》卷3, 33b: 史記世家云, 孔子晚而喜易, 序象繫象說卦文言, 讀易韋編三絶曰, 假我數年, 若是我於易則彬彬矣.(이하《논어고금주》판본은 신조선사본임, 1936)
24) 이에 대해《고금주》卷3, 33a에서는 전후관계가 자세히 설명되어 있지 않아《集注》本文을 인용한다. (《고금주》에는 劉忠定公이 劉安世로 되어 있다)《四書章句集注》, 97쪽: 劉聘君見元城劉忠定公, 自言嘗讀他論, 加作假, 五十作卒. 蓋加假聲相近而誤讀, 卒與五十字相似而誤分也.

를 빌려준다면"의 뜻이 된다.[25]

그러면 먼저 다산이 추종하고 있는 하안설을 살펴보도록 한다. 하안은 먼저 《역》은 窮理盡性으로써 命에 이른다는 說卦傳의 문장을 예로 들고 나이 50에 天命을 아니 천명을 아는 나이로 천명에 이르는 책을 읽으므로 큰 잘못이 없을 수 있다고 파악한다.[26] 이에 다산은 쉰 살에 《역》을 배운다는 '오십학역'은 옛부터 전해 내려오는 글임을 주장하고 그 예로써 〈내칙〉의 10세에 글쓰기와 셈하기를 배우고 13세에 음악을 배우며 20세에 예를 배운다는 구절을 인용하고, 배우는 데는 모두 정해진 시기가 있는 것으로 '오십학역'도 또한 이런 종류라고 강조하고 있다.[27]

한편 '五十'자에 대해서 《집해》, 《의소》, 《주소》 등은 본문 그대로 보았으나, 주자는 먼저 劉安世가 卒과 五十자는 글자가 서로 비슷하여 잘못 나누어진 것이라 한 설을 들고,[28] 이 장의 말이 《사기》에는 "나에게 몇 해를 빌려준다면 그러면 나는 《역》에 찬란히 빛날 것이다(假我數年, 若是我於易則彬彬矣)"라고 하여 加는 바로 假로 되었고 五十이란 자는 없으니 이 때는 공자의 나이가 이미 70세에 가까웠을 것으로 五十자가 잘못임은 의심할 것이 없다고 주장한다.[29] 다산은 주자설에

----

25) 《고금주》 권3, 33a: 補曰, 加當作假 [從史記], 謂天庶幾借我數年之壽也. [漢光武云, 人生安能遠期十年? 皆畏天命之言]

26) 《고금주》 권3, 33a: 何曰, 易窮理盡性以至於命 [說卦文], 年五十而知天命, 以知命之年讀知命之書, 故可以無大過.

27) 《고금주》 권3, 33a: 五十學易, 蓋古之遺文. 內則云, 十年學書計, 十三年學樂, 二十學禮, 皆有定期, 五十學易亦此類也.

28) 《사서장구집주》, 중화서국, 1983, 97쪽.

29) 《사서장구집주》 97쪽: 愚按, 此章之言, 史記作假我數年, 若是我於易則彬彬矣. 加正作假, 而無五十字. 蓋是時, 孔子年已幾七十矣, 五十字誤無疑也.

대해 毛奇齡의 卒과 五十은 가깝지 않다는 증거와 宋代 이후에 초서
에서 九와 十을 합하여 卒자를 썼는데 九자가 五자와 비슷하기 때문
에 이런 설이 나왔을 것이라는 주장[30]을 먼저 들고, 이보다 앞서 공자
가《역》을 배우지 않은 것은 아니었지만 특별히 古經에 '오십학역'이
라는 말이 있으므로 공자가 나이가 50이 가까이 되어 古語를 읊조려
이 말을 하였으니 오십은 誤字가 아니라고 변론한다.[31]

또 주자가《역》을 배우면 길흉소장의 이치와 진퇴존망의 도에 밝아
큰 허물이 없을 것이라고 하여[32] 이학적으로 해석한데 비하여 다산은
역을 悔吝의 書로 보아[33] 윤리적으로 해석한 점이 다름을 들 수 있다.

《사기》〈공자세가〉에서는 공자가 늙어서《역》을 좋아하여 〈단전〉,
〈계사전〉, 〈상전〉, 〈설괘전〉, 〈문언전〉을 지었고《역》을 읽음에 책을
맨 가죽 끈이 세 번이나 끊어졌다. 이에 "나에게 몇 해만 빌려주어 이
와 같다면 나는《역》에 대해서 빛나게 될 것이다"라고 하였다.[34] 이에
대해 다산은《사기》는《논어》만큼은 신빙성이 없으니 반드시《사기》

---

30)《고금주》권3, 33a: 毛曰. 魯語亥豕必其字形俱類者. 故曰. 形近致誤. 卒與五十不
　　近也. 案說文五字互也. 從二從x謂陰陽交互于二大間也. 卒字. 隸人給事名也. 古以
　　染衣題識. 故從衣從十謂衣飾有異色也. 則試以今文觀之, 五字與衣字相近乎否乎.
　　卽因而觀古文x與 相近乎否乎. 宋後草書卒字作, 合九十爲文, 九字近五故以云.

31)《고금주》, 권3, 33b: 案前此孔子非不學易, 特因古經有五十學易之語. 故孔子年近
　　五十, 誦古語而爲此言. 五十非誤字.

32)《사서집주》97쪽: 學易, 則明乎吉凶消長之理. 進退存亡之道. 故可以無大過. (蓋聖
　　人深見易道之無窮. 而言此以敎人, 使知其不可不學, 而又不可以易而學也)

33) 다산은《역》은 悔와 吝을 주로 하니 회는 허물을 고침이요 린은 허물을 고치지 않
　　음이니《역》을 배우면 큰 허물이 없게 된다고 보충설명하고 있다.《고금주》권3,
　　33a: 補曰. 易之爲書. 主於悔吝, 悔者改過也. 吝者不改過也[能悔則改過不吝]. 故曰
　　學易, 則可以無大過.[案他石云. 過者卽易所載悔吝凶之義也]

34)《고금주》권3, 33b: 史記世家云, 孔子晚而喜易, 序彖繫象說卦文言, 讀易韋編三絶
　　口, 假我數年, 若是我於易則彬彬矣.

에 근거하여 《논어》를 고칠 필요까지는 없다고 비판한다. 더구나 여기
서는 學易이라 하였고 저기서는 若是라고 하니(讀易을 이름) 비록 '가
아수년' 네 자가 서로 같다 하더라도 저기에서 사용된 구절이 반드시
이 경문이라고 할 수는 없다는 것이다. 따라서 다산은 學易, 喜易, 讀
易, 贊易이 각각 하나의 일이 되어 오십 육십에서 칠십까지 어느 때라
도 몇 해만 더했으면 하지 않을 수 없는 것이니 반드시 하나를 고집하
여 다른 하나를 버려서는 안 된다고 주장한다.[35] 이밖에 당시의 孔子
나이가 47세라한 설(邢昺)[36]과, 이는 분명히 50세 이전의 말일 것이라
한 설(蘇紫溪)[37]을 들어 본 장에서의 '五十'은 결코 '卒'자의 잘못이 아
님을 강력히 시사하고 있다.

이와 같이 다산은 '加'를 '假'로 보았고, 특히 '五十'을 古之遺文으로
보아 해석한 何晏說을 채택하여 주자처럼 '卒'자로 보지 않고 원래대
로 '五十'으로 보았으며, '五十學易'도 옛 부터 전해 내려오는 구절이
라 하여 주자설에 이의를 제기했음을 알 수 있다.

따라서 이상에서의 다산의 논의를 토대로 본 장을 해석하면 다음과
같이 해석할 수 있다.

> 원문: 子曰, "假我數年, 五十以學易, 可以無大過矣."
> 해석: "바라건대 하늘이 나에게 몇 년의 나이를 빌려주어 쉰 살에 역
> 을 배운다면 큰 허물은 없을 것이다."

---

35) 《고금주》 권3, 33b: 案史記之可信不如論語, 不必據史記以改論語. 況此云學易彼云
若是[若是謂讀易], 雖假我數年四字彼此相同, 彼之所用未必此經. 易學喜易讀易贊
易各爲一事, 五十六十以至七十, 無時不假, 不必執一而廢一也.
36) 《고금주》 권3, 33b 小注: 邢云, 加我數年方至五十, 謂四十七時也.
37) 《고금주》, 권3, 33b 小注: 蘇紫溪云, 五十以學易, 分明是孔子五十歲以前的說話.

3. 역대 제가의《주역》,《정역》적 해석

(1) 제가의《주역》적 해석

1)《논어의소》

'오십학역장'의 五十을《역》과 연관시켜 본 것은 황간의《논어의소》에서의 서술이 최초가 아닌가 생각된다.

즉 황간은 "《역》에 大衍數 오십이 있는데 이는 이치를 궁구하고 천명을 다하는 글이므로 '오십이학역'이라고 하였다... 사람의 나이 오십은 대연수에 응하여 易數와 같으므로 천명을 안다."[38] 라고 하여 오십과《역》과의 연관성을 최초로 언급하였다. 다만《역》의 대연수로서의 숫자 오십만을 언급하였지 오십을 분석하는 단계에 까지는 접근하지 못하였다.

이하에서는 '오십'을 역학과 연계시켜 본 제가의 견해를 소개한다.

2)《留靑日札》

먼저 田藝衡은《留靑日札》에서《易乾鑿度》의 "공자가《역》으로 점을 쳐 旅卦를 얻자 뜻을 그치고 읽기를 멈추어 오십으로 궁구하여 십익을 썼다."[39]를 인용하여 여기서 말한 오십은《건착도》의 오십이라고 주장하고 있다.

---

38)《논어의소》,권4, 9b: 易有大演之數五十, 是窮理盡命之書, 故五十而學易也...人年五十, 應大演之數, 與易數同, 故知天命也.

39) 易乾鑿度云, 孔子占易得旅, 息志停讀, 五十究作十翼, 此言五十, 卽乾鑿度之五十也.

3)《近語》

다음으로 孫淮海는《近語》에서 오십의 나이로써《역》을 배우는 것이 아니라 오십의 理數로써《역》을 배우는 것이라 주장한다. 이에 대연수 오십은 하도 중의 빈 곳인데 오직 오와 십은 參天兩地하여 수에 依하고, 參과 兩을 합하여 오를 이루고 불려서 십을 이룬다. 오는 십 중에 오이고 십은 오 중에 십이다. 參伍錯綜하여《역》의 理數가 여기서 다하였다고 보았다.[40]

4)《論語注》

그리고 청대 후기 公羊學者로서 송상봉의 제자인 戴望(1837?-1873)이 있다.[41] 대망은 그의《논어주》[42]에서 위의 두 사람 보다 더 진보된 견해를 보이고 있다. 대망에 의하면 오십은 천지의 수이며 대연수가 따라 나오는 바이다. 오를 쓰고 십을 써서《역》을 배운다는 것은 착종변화하여 구하는 것을 말하는 것으로 보고 있다. 또한 大過는 消息에서 10월 괘가 되어 양이 음 가운데 잠복하여 상하가 모두 음이므로 〈잡괘〉에서 '大過는 넘어지는 것'이라 하였으니 넘어지면 양이 쉬고 만물이 죽는다[43]고 보아 대과를 큰 허물이 아닌 대과괘로 본 점이

---

40) 非以五十之年學易, 是以五十之理數學易也. 大衍之數五十, 河圖中之所虛也. 惟五與十, 參天兩地而倚數, 合參與兩成五, 衍之成十. 五者, 十其五, 十者, 五其十. 參伍錯綜而易之理數盡於此矣.

41) 시보화, 〈대군묘표〉(《적린당유집》, 권수),《顏氏學記》, 중화서국, 2009, 1쪽

42) 원명은《戴氏注論語》이며 20권으로 同治 10년 간행본이다. 대망 친필 교정본이 복단대학도서관에 소장되어 있다.

43) 五十者, 天地之數. 大衍所從生, 用五用十以學易, 謂錯綜變化以求之也...大過於消息爲十月卦, 陽伏陰中, 上下皆陰, 故雜卦曰, 大過, 顚也. 顚則陽息, 萬物死.

독특하다.[44]

(2) 鶴山 李正浩선생[45]의 《正易》적 해석

이하에서는 '오십학역장'에 대한 학산선생의 《正易》적 견해를 학산 사상의 정수가 집약된 《正易과 一夫》를 중심으로 서술한다.

먼저 《정역》에 대해 간략히 살펴보자. 《정역》은 韓末 儒士 金一夫선 생(1826-1898)에 의해 저술된 제3의 역학이다. 《정역》은 우주의 초 자연적 변화를 논하여 無閏曆의 성립 가능성과 그 필연성을 제시하고 그에 수반하는 寒暑의 조절과 화기의 충만으로 인한 인류의 번영과 복지사회의 구현을 예시하고 있다. 《정역》은 또 위와 같은 자연계의 변화에 대응하는 인간의 초인간적 변화를 논하여 呼吸代謝와 鼓舞盡 神으로 인한 기질의 개혁과 心性의 초탈 즉 인간완성의 길을 열어주 고 있다. 《정역》은 또한 숭천애인과 충효제신의 正倫사상을 고취하여 家和國泰 천하대동의 인간학적 실천을 주장하고 있다.[46]

학산선생은 '오십학역장'을 다음과 같이 해석하였다.

공자도 일찍이 易을 十翼하고 만년에 이르기를 "나에게 數年의 나이 를 더하여 五와 十으로 易을 배운다면 거의 大過가 없으리라"고 하였

---

44) 이상 세 가지 설은 《논어집석》 472-3쪽 참조.
45) 李正浩(1913-2004) 역학자, 전충남대 총장, 철학과 교수, 철학박사. 저서로는 《정 역연구》, 《주역정의》, 《정역과 일부》, 《학역찬언》, 《제3의 역학》 등이 있다. 최근 전 집이 발간되었다(총 13책, 아세아문화사, 2017).
46) 《正易과 一夫》, 아세아문화사, 1985, 140쪽 /《진집》 권5, 45쪽

다.[47]

본 번역을 통해 추측하건대 학산선생은 加를 假로 보지는 않고 원문 그대로 더하다는 뜻의 加로 보고 大過도 큰 허물로 보았다. 그런데 '五十'에 있어서는 일반적인 나이나 전체 숫자인 오십으로 본 것이 아니라 숫자를 나누어 '오와 십으로'라고 하여 독특한 해석을 제시하고 있다. 이는 물론《정역》적 해석에 입각한 것이다.

여기서 五十과 太極과 皇極과 无極의 관계에 대해 살펴본다. 一은 태극을 五는 오황극을 十은 무극을 가리키며 각각 人地天을 의미한다. 이에 무극과 황극과 태극은 천지인 三才를 이루니 三極이라고도 한다.[48] 또한 십오는 건곤이기도 하며[49] 謙卦는 十乾과 五坤의 뜻을 겸하고 있기도 하다.[50]

학산선생은 三極의 관계에 대해 다음과 같이 파악한다.

하도의 중심인 십무극과 오황극은 그 설계도의 중심적 원인체이며, 그 계획서의 핵심적 생명체라고 볼 수 있고, 그 極中에 해당하는 一太極은 바로 이 모든 설계와 계획의 기본적 인자, 최종 최초의 단위라고 할 수 있다…그것은 만유 생명의 기시점인 동시에 그 귀환처라 하겠다. 이 일태극은 십무극과 오황극으로 더불어 간불용발, 일호의 간격도 없이 혼연 일치할 제,《정역》에 이른 바 "无極而太極"(十一)이요 "皇極而无極"(五十)이 되어 无極而太極而皇極而无極으로 인간의 參贊도 여기

---

47)《정역과 일부》, 157쪽 /《전집》권8, 118쪽
48)《정역과 일부》, 120쪽 /《전집》권3, 182쪽
49)《정역과 일부》, 62쪽 /《전집》권3, 111쪽
50)《정역과 일부》, 70쪽 /《전집》권3, 119쪽

서 이루며, 우주의 成道도 여기서 이루어 河圖 당초의 계획이 여기서
완전히 실현되는 것이다.[51]

학산선생은 특히 五皇極과 皇極人의 중요성을 강조하였다. 이에 관
한 언급을 보면 다음과 같다.

1) 선천 하도의 중심은 十五였으나 후천 황극의 중심은 五十이며
[52] 앞으로의 모든 인천무량합덕에 관한 후천의 대사업은 다 一夫의 中
인 이 오황극의 활동에 속하는 것이라 하겠다. 이로써 보면 선천은 무
극이태극이요(十一) 후천은 황극이무극인바(五十),[53] 선천은 開物이
니 初生 또는 初來 또는 初臨을 의미하고, 후천은 成務이니 재생 또는
재래 또는 재림을 의미한다. 이제 선천과 후천을 연결하여 그 개물과
성무를 생각하여 보면 무극이태극이황극이무극이 되니, 여기서 우리
는 자기 완성을 지향한 끊임없는 발전과 인간의 초월을 위한 놀라운
도약과 전체인류의 행복을 달성할 무한한 가능성을 역력히 간취할 수
있다.[54]

2)《정역》에 "无極而太極이니 十一이니라…皇極而无極이니 五十이
니라"라 하고 십무극에서 나온 인간 一太極은 '十退一進'의 理에 의하
여 점점 자라 오황극으로 향하니…실천으로 인하여 완성된 인간으로
화하면 이에 태극인이 곧 황극인이 되는 것이라는 것이다.[55] 이 황극

51)《정역과 일부》, 24쪽 /《전집》권3, 70~71쪽
52)《정역과 일부》, 127쪽 /《전집》권3, 190쪽
53)《정역과 일부》, 361쪽 /《전집》권5, 160쪽
54)《정역과 일부》, 365쪽 /《전집》권5, 165쪽
55) 선천의 태극인은 후천의 황극인으로서 인간완성을 이룬다.(《정역과 일부》, 380
    쪽) /《전집》권5, 282쪽

인은 "황극이무극이니 오십이니라"는 이치에 의하여 오황극에서 십무극으로, 자신이 나온 본고장으로 귀환하니 이것이 바로 "後天而奉天時"하는 모습을 그린 것이라고 파악하였다.[56]

3) 오늘 날《정역》에 와서는 선천의 '무극이태극'에서 후천의 '황극이무극'으로 뒤집히는 바람에 일태극은 오황극으로 진출하고...우주의 无中碧과 인간의 虛心丹은 황극에서 합치하여 인간은 완전인인 황극인을 이루고 우주는 無閏易인 황극역을 이루어 황극역과 황극인은 온 세상에 황극풍을 자아내니 황극정신 밝혀냄이 황극정역의 대안목이다.[57]

4) 황극정신은《정역》의 대안목이라 할 수 있다.《정역》의 황극은 선천의 황극과는 달리 임금만이 처할 수 있는 특수한 자리가 아니요, 사람이면 누구나 그 완성을 기하여 태극에서 황극으로 진출할 수 있게 된 것이다. 그러므로《정역》의 황극은 완성된 인간상 즉 후천군자의 거할 중심처라 할 수 있다...인간이 완성하여 天工을 대행할 수 있을 때 비로소 황극인으로서의 인간이 천지간에 부각되고, 천지도 日月도 이 至人을 기다려서 그 임무를 다하는 것이라고 생각된다.[58]

5)《정역》은 인간의 초인간적 변화 즉 인간의 근본적 개조 또는 인간성의 혁명 내지 인간완성의 길을 강력히 주장한다...그는 선천의 태극에서 후천의 황극으로 진출하여 만유생성의 중심처 즉 우주의 无中碧에 도달하는 것이다. 이 황극인은 무엇에도 갇힌 사람이 아니다. 융

---

56)《정역과 일부》. 127쪽 /《전집》권3. 190쪽
57)《정역과 일부》. 137쪽 /《전집》권3. 201쪽
58)《정역과 일부》. 152-153쪽 /《전집》권5. 58쪽

통자재하고 팔달무애한 자유인이다.[59]

  건곤괘와 겸괘와의 관련에 대해서는 다음과 같은 견해를 보이고 있
다.

  어쨌든 九三이 謙의 主爻요 겸괘 전체의 뜻을 거의 대표하고 있는 것
은 사실이기 때문에 九三이 건곤에서 왔다면 그것이 대표하는 겸괘 자
체가 건곤을 합친데서 왔다고 하여도 과언은 아닐 것이다. 과연 《주역》
에서는 十乾五坤의 合數인 15번에 겸괘를 놓고, 그 뜻도 兼言이라 하여
十과 五를 겸한 十五一言의 뜻을 지니고 있는 것이다. 《정역》에 의하면
십오는 건곤인 동시에 진손 즉 뇌풍이기도 하다. 정역이 건곤정역인 동
시에 뇌풍정역인 소이이다. 이런 의미에서는 천지와 뇌풍 즉 아버지(어
머니도)와 맏아들(맏딸도)이 완전히 일치하고 일체인 것이다.[60]

  특히 공자와 《정역》과의 관계에 대해서는 다음과 같은 견해를 제출
하고 있다. 즉 《정역》은 후천역이나 후천은 선천 속에 이미 내포되어
있으니…"三絶韋編吾夫子는 不言无極有意存이라"[61]하고, 또 "嗚呼至
矣哉라 无極之无極이여 夫子之不言이시니라 不言而信은 夫子之道시
니라"[62]하여 선천 속에 후천을 공자는 미리 알아 默而成之하며 不言而
信하였다는 것이다.[63]

  그리고 一夫선생의 사명에 대하여는 이렇게 말하였다.

59)《정역과 일부》, 168-9쪽 /《전집》권8, 128~129쪽
60) 이정호, 《주역정의》, 아세아문화사, 1980, 31-32쪽 /《전집》권4, 65~66쪽
61)《정역》, 17b
62)《정역》, 2b
63)《정역과 일부》, 44쪽 /《전집》권3, 92쪽

일부선생의 사명은 건곤에 중립하여 상률하습하여 오늘에 넘겨놓은 공부자의 뒤를 이어, 공자가 일찍이 묵묵한 가운데 이뤄 놓고 말로는 표현하지 않았으나 마음속으로 믿었던 无極의 无極易, 일찍이 <u>加我數年</u>하여 <u>五와 十으로 배우기를 원했던 易</u>, 다 이뤄 놓았으나 천명이 없어 행하지 못하던 易을, 이제 天時와 天命을 받들어 완전히 이뤄 완전히 행하는데 있다고 하겠다.[64]

공자가 못 다한 뜻을 천명을 받들어 완전히 행하는 데 있다고 파악한 것이다.

4. 五十學易章의《正易》的 辨釋

본장을《논어집해》처럼 지천명의 나이에 至命의 書를 배운다는 것으로 보아 "나에게 몇 년을 더하여 오십 세에 역을 배운다면"이라고 하여도 충분히 가능한 해석이다. 그러나 필자는 이와는 달리 좀 더 시야를 넓혀 다른 각도에서 고찰해 보고자 한다.

이에 대해서 필자의 소견을 간략히 피력하면 다음과 같다.

(1) 加我數年

加를 글자 그대로 加로 보면 단순히 더하다는 뜻이지만, 假로 본다

---

64)《정역과 일부》, 374쪽 /《전집》권5, 275쪽

면 假는 빌리다는 뜻으로 간절, 절실함을 내포하고 있다. 이 때는 갖가지 환난이 겹치던(안연 사망, 기린 잡힘, 자로 사망 등) 만년으로서 자신이 남은 시간이 얼마 남지 않았음과 죽음을 예감하고 발한 탄식이라 할 것이다. 수십 년, 십수 년도 아닌 수년! 단지 몇 년이라는 표현에서 비장감이 느껴지기도 한다.

이를 해석하면 즉

하늘이 나에게 몇 년(의 수명)을 빌려주어

로 해석된다.

(2) 五十以學易

오십을 오십 세로 볼 수 있고 문장 전체의 맥락으로 보아도 충분히 가능한 해석이다. 그러나 일반적으로 나이를 표현할 때는 而를 사용하지 以를 사용하지는 않는다.[65] 오십은 오와 십으로서 이는 오황극과 십무극을 가리킨다. 즉 《정역》의 "황극이무극이니 오십이니라"[66]에서의 바로 그 오십인 것이다. 다음으로 學자는 배운다는 뜻으로 볼 수 있지만 이는 겸손한 표현이고 실제로는 '述而不作'의 뜻으로 볼 수 있다. 천도 변화와 인간의 변혁을 서술한 《정역》은 인간의 지혜로는 감히 추측하거나 알 수 없는 것이라 天書의 형식으로 받은 것으로 술이부작인 것이다. 그리고 《역》을 《주역》으로도 볼 수 있으나 오십에서의

---

65) 《논어》 〈위정〉: 五十而知天命.
66) 《정역》, 26a

십은《정역》이라야만이 가능하다. 왜냐하면 복희역은 8이요 문왕역은 9(구궁역)요 정역은 10(십수역)이기 때문이다. 또 마치 《주역》을 탐구하여 십익을 저술한 것처럼 그 책을 연구한다면 얼마나 많이 후인들에게 도움이 될 것인가!

이는 공자 자신이 선후천의 변화와《정역》세계의 도래를 이미 다 알고 있는데 천명이 내리지 않아 서술 연구하지 못함에 대한 안타까움을 토로한 것으로 보인다.

이상의 내용을 바탕으로 해석한다면 즉

오와 십으로써《정역》을 서술 연구하여 그 내용을 후세에 전해줄 수 있다면(마치 십익처럼)

으로 된다.

(3) 可以無大過矣

대과도 글자 그대로 보면 "큰 허물은 없을 것이다."로 해석된다. 그러나 대과를 大過卦로 보면 "후인들은 대과괘 에서의 어려움(환난. 기둥이 흔들리고, 지나치게 건너다 이마를 멸함)은[67] 겪지 않고 小過卦의 어려움(행동은 공손한데 조금 지나치며, 상례는 애통하는데 조금 지나치며, 일용 행사는 검소 하는데 조금 지나치는 것)은[68] 어쩔 수 없이 있을 것이다. 그러면 다행일 텐데"라고 하는 간절한 바램, 희망을

---

67)《주역》대과: 棟橈... 上六 過涉滅頂.
68)《주역》소과: 行過乎恭, 喪過乎哀, 用過乎儉.

토로한 것으로 볼 수 있다. 즉

　　후인들은 대과괘에서의 어려움은 없을 것이다.

로 해석된다.

　이상의 내용을 바탕으로 필자의 견해를 요약하면 다음과 같다.
　첫째, '가아수년'에서의 '加'를 '假'로 보았다. 문장의 전체 내용상 加
(더하여) 보다는 假(빌려주어)가 더 절실한 표현으로 생각되어서이
다.
　둘째, '五十'을 단순히 나이를 가리키는 숫자가 아닌 《정역》에서의
五(황극)과 十(무극)을 의미한다고 보았다. 다음으로 '學'을 배운다,
연구한다는 의미에서 더 나아가 서술(주로 述而不作), 연구한다는 의
미로 보았다. 그리고 《역》은 《주역》이기보다는 《정역》이라고 추측하
였다.
　셋째, '大過'를 큰 허물이라기 보다는 《주역》의 大過卦로 보았다. 이
는 《주역》에서의 선후천의 전도사상에 입각해서 볼 때 더 의미 있는
해석으로 여겨져서이다. 그러나 대과괘의 환난은 없을지언정 소과괘
의 어려움은 있을 것으로 보았다.
　이제 오와 십에 대해 《정역》과 필자의 견해를 중심으로 자세히 살펴
보기로 한다. 필자는 《정역》적 견해도 충분히 일리가 있다고 본다. 《정
역》은 인간관 세계관의 전환과 자연변화, 인간혁명을 강조하며 360일
의 一夫之期를 표방하며 조화를 강조한다. 또한 《정역》은 인간의 초인
간적 변화 즉 인간의 근본적 개조 또는 인간성의 혁명 내지 인간완성

의 길을 강력히 주장한다. 이 皇極人은 무엇에도 갇힌 사람이 아니다. 융통자재하고 팔달무애한 자유인이다.[69]

'오십학역장'에서 오십은 단순한 나이를 가리키는 숫자가 아니다. 이는 오황극과 십무극을 가리킨다. 일태극은 이미 '오도일이관지장'에서 '一'로 제시하였다.[70] 공자는 이미 정역팔괘도의 출현과 十數易[71](《정역》. 후천세계)의 도래를 예지하였다.[72] 정역 팔괘도에서는 十乾 五坤을 말하는바 건곤에 포함된 六子를 합해 천지인이 되었다. 알긴 다 알았고 보긴 다 보았는데 時는 되었으나 命이 따르지 않아 짐짓 오십이라는 나이 숫자를 빌려 자신의 뜻을 가탁한 것이라 생각된다.

공자 당시에는 문왕역인 九宮易까지 밖엔 밝혀진 것이 없었으나 공자는 十數易인《정역》의 도래를 짐짓 '오십학역장'에 비장한 것으로 생각된다.[73] 더구나《정역》은 일명 皇極易이라고도 한다. 인간이 태극에서 황극으로 진출하니 진정한 황극인이 되는 것이다.

그리고 五十에서 五는 地요 十은 天이니 一인 人은 이미 포함되어 있다고 볼 수 있다. 즉 일, 오, 십에서 일은 감춰져 있다는 것이다. 따라서 "나에게 몇 년을 빌려주어 (일)오십(천지인의 도)으로《정역》을 서

---

69)《정역과 일부》, 168-9쪽 /《전집》권8, 128~129쪽

70)《논어》〈이인〉: 子曰, 吾道一以貫之, 〈위령공〉: 子曰... 予一以貫之.《논어》순서에 있어서도 '오도일이관지'(一)는〈이인〉(4편)에 '오십학역'(五十)은〈술이〉(7편)에 수록되어 편제상으로도 一 - 五 - 十의 순차를 보이고 있다.

71) 복희역은 8이오 문왕역은 9요 정역은 10이다.《정역과 일부》, 52쪽 참조.

72) 정역 팔괘도를 그리자 홀연 공자의 영상이 나타나 一夫에게 "내가 일찍이 하고자 하였으나 이루지 못한 것을 그대가 이뤘으니 이런 壯할데가 있나!"하고 무한히 찬양한 후 일부라 함.《정역과 일부》, 322쪽 참조

73) 실제로 공자는 설괘전의 '神也者妙萬物而爲言者也...故水火相逮, 雷風不相悖, 山澤通氣, 然後能變化, 旣成萬物也.'에 이미 정역팔괘도를 비장하여 놓았다.(《정역과 일부》, 322쪽)

VII. 鶴山 易學의 관점에서 본 《논어》 '五十學易章' 解釋의 檢討 257

술한다면"으로 추측할 수 있는 것이다.

또한 '오십학역'에서 오는 황극으로 인간중심을 나타낸다. 더 나아가 오십의 五는 吾자로도 볼 수 있다. 그렇다면 "내가(오황극, 인간 중심) 十數로써《정역》을 서술한다면"으로 해석할 수도 있다고 생각된다.

한편《논어》는 一-五-十의 순서로 말하였다면(倒生逆成. 一五十言[74])《정역》은 十-五-一의 순서로 말하였다(逆生倒成. 十五一言). 공자는 讀書學易이요, 先天이오, 下學이며, 인간중심이라 順하게 나아갔고,《정역》은 窮理修身이요, 後天이오, 上達이며, 자연변화 중심이라 逆으로 나아갔다고 생각한다.

이상의 내용을 바탕으로 본문을 필자 나름대로 해석해보면 다음과 같다.

필자의 이전 해석:

나에게 몇 년을 더하여 쉰 살에《역》을 배운다면 큰 잘못은 없을 것이다.[75]

필자의 최근 해석:

(간절히 바라건대 하늘이) 나에게 몇 년을 빌려주어 五(황극)와 十(무극)으로써《정역》을 서술(연구하여 그 내용을 후세에 전해준다면)

---

74) 필자가《정역》의 십오일언의 제목 형식을 본받아 임시로 만든 용어임.
75) 김영호 역주,《논어-공자와의 대화-》, 산지니, 2012. 143쪽.

(후인들은) 大過卦의 (환난은) 없을 것이다.(그러나 小過卦의 어려움은 있을 것이다)

참고로 관본언해와 율곡언해를 제시한다.

　관본 언해: 加我數年하야 五十(졸)以學易이면 可以無大過矣리라
　나를 두어 해를 假하야 ᄆᆞᄎᆞᆷ내 써 易을 學ᄒᆞ면 可히 써 큰 허믈이 업스리라

　율곡 언해: 加我數年하야 五十以學易하면 可以無大過矣리라(加作假, 五十作卒)
　나를 數年을 빌려 마ᄎᆞᆷ내 써 易을 배호면 가히 써 큰 허믈이 없스리라

5. 맺는말

이상에서《논어》'오십학역장'에 대하여 역대 제가의 해석으로는 중국의 대표적 주석서와 다산 정약용의 해석을 살펴보고, 역대 제가의《주역》적 해석과 학산 이정호선생의《正易》적 해석을, 그리고 필자의《정역》적 변석으로 나누어 개략적으로 고찰해 보았다.

위에서 살펴본 바와 같이 본 장의 해석은 의외로 복잡다단하다. 이 장에 대하여 워낙 이설이 많아《四書辨疑》에서는 이 장의 뜻은 본래 쉽게 알기 어려우니 잠시 마땅히 놓아두고 훗날의 군자를 기다린다고

까지 하였다.[76] 하기야 《역》에 정통한 주자까지도 이장에서는 타인이 본 판본에서의 五十이 卒자의 오류라는 설을 적극 수용하였으나 더 이상의 추구는 하지 않아 《역》과의 관련성을 소홀히 하였으니 그럴 법도 하다.[77]

《논어》에서 《역》과 관련된 장은 본 장이 유일하다. 본 '오십학역장'도 겉으로 보기엔 심상한 내용으로 볼 수 있다. 즉 "나에게 몇 년의 시간을 더하여 쉰 살에 역을 배우면 큰 허물이 없을 것이다."는 해석은 의미상에 있어서도 별 무리가 없어 보인다. 그러나 필자는 학산 이정호선생의 《정역》적 견해도 충분히 일리가 있다고 본다. 공자는 이미 후천세계를 훤히 내다보고 선천 《주역》에 후천 《정역》의 내용을 비장한 것으로 생각된다.

역대 제가의 주석을 분석 검토 정리한 바탕 위에 '오십학역장'에 대한 필자의 견해를 요약하면 다음과 같다.

첫째, 加我數年에서의 加를 假로 보았다.

둘째, 五十을 단순히 나이를 가리키는 숫자가 아닌 정역에서의 五(황극)과 十(무극)을 의미한다고 보았다. 다음으로 學을 서술(述而不作), 연구한다는 의미로 보았다. 그리고 《역》은 《정역》이라고 추측하였다.

셋째, 大過를 큰 허물이라기보다는 《주역》의 大過卦로 보았다. 그러나 대과괘의 환난은 없을지언정 小過卦의 어려움은 있을 것으로 보았다.

---

76) 《논어집석》 2책. 474쪽
77) 《논어집주》 참조

'오십학역장'에서 오십은 단순한 나이를 가리키는 숫자가 아니다. 이는 오황극과 십무극을 가리킨다. 일태극은 이미 '오도일이관지장'에서 '一'로 제시하였다. 공자는 이미《정역》팔괘도의 출현과 십수역(《정역》. 후천세계)의 도래를 예지하였다.《정역》팔괘도에서는 십건 오곤을 말하는바 건곤에 포함된 六子를 합해 천지인이 되었다. 알긴 다 알았고 보긴 다 보았는데 時는 되었으나 命이 따르지 않아 짐짓 오십이라는 나이 숫자를 빌려 자신의 뜻을 가탁한 것이라 생각된다.

그리고 오십에서 五는 地요 十은 天이니 一인 人은 이미 포함되어 있다고 볼 수 있다. 즉 일, 오, 십에서 일은 감춰져 있다는 것이다. 따라서 "나에게 몇 년을 빌려주어 (일)오십(천지인의 도)으로《정역》을 서술한다면"으로 추측할 수 있는 것이다.

경전해석의 세계는 누구나에게 열려 있다. 맹목적이고 묵수적이며 배타적인 태도는 오늘날과 같이 동서가 회통 화합하는 열린 사회에는 바람직하지 않다. 우리는 공자의 참된 원의를 파악하여(救世정신, 우환의식)[78] 오늘에 되살려 모두가 자기 자신을 확립하고 자기 소명에 충실하며 다 같이 행복한 유리세계를 함께 이루어 가야 한다. 그것이 공자의 뜻을 오늘에 되새기고 진정으로 되살리는 길이 될 것이다.

일찍이 〈易序〉에서는 드러나지 않고 나타나지 않은 것은 명칭으로써 구할 수 없다고 말하였거니와[79] 본 논고는《논어》'오십학역장'에 나타난 공자의 뜻을 역대 제가의 주석을 분석 검토 정리한 바탕 위에

---

78) 범중엄, 〈악양루기〉: 其必曰, 先天下之憂而憂, 後天下之樂而樂歟.
79) 〈易序〉: 已形已見者, 可以言知, 未形未見者, 不可以名求, 則所謂易者果何如哉? 此學者所當知也.

《정역》적 입장에서 조략하게 추리하여 시론적 고찰로 서술한 것이다. 孔門原義를 파악하고자 하는 衷心이었지만 부분적으로 무리한 해석이 있을 수 있음을 고백하지 않을 수 없다. 다만 진정한 공자사상의 요체를 탐색하는 방법론으로서 제시된 것이다.

VIII

《정역(正易)》의 성경적 요소와 학산(鶴山)의 이해

이복규

1. 여는말

그간 일부(一夫) 김항(金恒:1826~1898)의《정역(正易)》에 대한 논저도 지속되었고, 정역을 학문적으로 연구한 학산(鶴山) 이정호(李正浩; 1913~2004) 선생에 대한 연구도 계속되어 왔다. 하지만 정역은 물론 학산의 저술에 대하여 기독교와 관련시켜 다룬 사례는 전무하였다. 필자가 정역에 나타나는 몇 가지 주요 개념과 기독교와의 상통성이 무엇인지 거론한 것[1]이 유일하다. '상제조림(上帝照臨)', '상제와의 대화', '불초자(不肖子)', '유리세계(瑠璃世界)'라는 표현의 기독교적 성격을 살핀 것이 그 주요 내용이다.

---

1) 이복규, "《정역》과 기독교의 상통성",《온지논총》53(온지학회, 2017. 10. 30), 163~185쪽.

그 글 말미에서 필자는, 역학 연구자 곽신환 교수의 발언을 근거로 《정역(正易)》과 기독교의 관련 가능성 또는 교섭 가능성에 대해 연구해야 할 필요성을 강조하였다. 아직까지도 역학 전공자들이 《정역》과 김항을 "순정유학자로 자리매김하지 않"으며, "그의 역학을 정통에 속하지 않은, 일종의 별파로 간주"[2]하고 있다는 게 곽 교수의 판단인바, 그 이유를 필자 나름대로 해석했던 것이다.

《정역》이 종래의 유교 또는 역학과는 이질적인 요소를 담고 있어 전통적인 유교나 역학도들이 수용할 수 없을 정도라서 그런 게 아닐까? 기존의 발상을 뛰어넘는 요소가 들어 있어서 그런 게 아닐까? 한역서학서(漢譯西學書) 또는 한문성경이 보여주는 기독교적인 발상과 표현과 인식 때문이 아니었을까? 전통 역학의 차원을 높이는 데 기독교 성경의 자극이 한 몫을 한 게 아닐까? 이렇게 생각하고 있다.

학산 관련 그간의 글들을 모은 《학산 이정호 연구》 책자에 포함하기 위해, 필자가 발표한 앞의 논문을 근간으로 하되, 이 책의 취지에 맞추어 이 글을 새로 쓴다. 《정역(正易)》을 바탕으로 학산이 즐겨 거론한 개념 가운데 종래의 순정 유학 또는 역학에서는 두드러지지 않았던 표현들에 주목해, 이를 성경과 관련하여 다루고자 하는 것이다.[3]

학산의 저술 가운데 성경적 요소가 분명하게 드러난 글은 《제3의 역학》[4], 《학산산고(鶴山散藁)》[5], 《주역정의(周易正義)》[6], 《훈민정음과

---

2) 곽신환, 《조선유학과 소강절 철학》, 예문서원, 2014, 353쪽 참고.
3) 그 결과, 불가피하게 논지가 중복되는 부분이 있다.
4) 《학산이정호전집》 6(아세아문화사, 2017).
5) 《학산이정호전집》 7(아세아문화사, 2017).
6) 《학산이정호전집》 8(아세아문화사, 2017).

일부정역(一夫正易)》[7] 등 이 네 책에 주로 실려 있다. 이 네 책에 등장하는 중요한 표현 4가지를 적시한 다음, 성경과의 상통성을 드러내는 방식으로 서술한다. '상제조림(上帝照臨)', '기위친정(己位親政)', '아버지 하나님', '유리세계(琉璃世界)' 등이 그것이다.

미리 말해둘 게 있다. 성경과의 관계에 대하여, 《정역(正易)》과는 달리, 학산은 저술 도처에서 성경을 직접적으로 인용[8]하고 있다. 이제

---

7) 《학산이정호전집》5(아세아문화사, 2017).

8) 학산의 저술에서 성경의 내용을 인용한 대목을 모두 찾아 제시하면 다음과 같다. "신약성서에서는 바늘귀를 바늘눈이라 하였다."(《제3의 역학》, 98쪽:《훈민정음과 일부정역》, 289쪽)"사도 바울은 믿음과 소망과 사랑 가운데서 사랑이 으뜸이라 하였다."(같은 책, 113쪽;《훈민정음과 일부정역》, 342쪽;《학산산고》, 150쪽), "한 알의 밀을 썩혀서 다시 수백 배의 수확을 하게 하는 것도 또한 사랑이 아닐 수 없다. 추수 때가 되면 농부가 빈 쭉정이를 모아서 꺼지지 않는 불에 살라 버린다. 열매 맺지 않는 나무도 도끼로 찍어서 영원히 불 속에 태워 버리고 만다."(같은 책, 114쪽). "십자가 등에 지고 죄고중생(罪苦衆生)을 대속(代贖)한 갈보리 산상(山上)의 인자(人子)나"(같은 책, 117쪽). "2천 년 전 이스라엘 백성들은 수천 년을 두고 그렇게 오래 기다리던 크리스트가 자기네 눈앞에 왔건마는, 그가 가난하고 헐벗고 외롭고 미친 자같이 나타났을 때에는 그를 이단이라 하고, 백성을 현혹한다 하여 잡아 죽이지 않았던가."(같은 책, 120쪽), "기독교 성서에 '너희는 하나님의 온전하심과 같이 너희도 온전하라' 하였고"(같은 책, 134쪽), "무릇 하나님은 죽은 자의 하나님이 아니라 산 자의 하나님이듯이"(같은 책, 163쪽;《훈민정음과 일부정역》, 147쪽, 327쪽). "이 세상은 여전히 원수를 사랑한 일이 없고, 이웃을 내 몸과 같이 아낀 일이 없다."(같은 책, 167쪽). "성서에 의하면 인자 예수는 하나님의 독생자로서 어린 양에 비유되어 이스라엘의 12지파 144천을 》건질 책임을 졌으나(중략) 한 점 피로 사라지고, 3일 만에 부활하여 하나님의 우편에 승천하였다 한다."(같은 책, 231쪽:《훈민정음과 일부정역》, 302쪽), "산상수훈이 감격적이며 십자고난(十字苦難)이 영생(永生)의 길을 외치지 아니한 바 아니로되"(《훈민정음과 일부정역》, 179쪽), "어쨌든,《이것은 기독교의 경우도 일반이라 하겠다. 태초에 하나님이 인간을 창조할 때 당신의 모습과 꼭같이 지었다 한다.(하략)"(같은 책, 183쪽;《학산산고》, 152쪽). "18년의 수를 기독교의 성서로 보면(하략)"(같은 책, 218쪽). "성서 창세기에 보면 인간은 흙으로 만들어졌다고 한다."(《훈민정음과 일부정역》, 335쪽), "하나님은 사랑으로 우리 인간을 지으시고, 이 세상을 그처럼 사랑하사 자기의 사랑하시는 외아들을 당신의 곁에 두지 않으시고, 이 세상에 내려보내어 만백성의 죄를 대

신하여 십자가에 달으시고 삼일 만에 죽은 자 가운데서 부활시켰다 하니"(같은 책, 335~336쪽), "요한복음 1장에 태초에 말씀이 계셨다 하고 그 말씀이 하나님과 함께 계셨으니 그 말씀이 곧 하나님이시니라 하였다."(같은 책, 355쪽), "기독교의 용은 뱀의 조상 또는 그 괴수로서 타락한 천사 또는 악마의 상징"(같은 책, 358쪽), 《신약》에 예수의 말씀으로 엘리야가 세례 요한의 전신(前身)인 것 같이 기록"(같은 책, 362쪽), "40주야 금식기도하고 조화권능을 얻은 예수가 두 번째 행한 기적으로 가나의 혼인잔치에서 물을 술로 화한 이야기(《주역정의》, 36쪽), "구름 위에 높이 들린 인자(人子)는 다시 구름을 타고 내려와 천하만인의 선악심판을 하는 것이다."(같은 책, 37쪽), "실지로 최후의 변을 당하기 전에 세 차례의 기도에서 인자는 땀이 피가 되어 땅에 떨어졌다 하지 않는가."(같은 책, 37쪽), "일대의 영화를 다한 솔로몬의 궁전이나 장엄과 신성을 극한 예루살렘의 신전이나 헐리기로 들면 잠시의 일이다."(같은 책, 57쪽), "마음이 가난한 자는 복이 있다 하였다."(같은 책, 115쪽), "이 가장 좋은 예가 살신성인, 아니 희신속죄(犧身贖罪)를 한 인자(人子)의 경우라고 생각된다."(같은 책, 162쪽), "예수는 그의 최후기도를 게쎄마네의 동산에서 빌었다."(같은 책, 268쪽), "예수와 같이 하나님의 아들을 일컫고 구세주라 한 이는 없다."(같은 책, 271쪽), "예수 그리스도를 어린 양에 비(譬)한 것은 신약에만도 여러 군데서 발견된다."(같은 책, 280쪽), "목장(木匠)의 버린 돌이 모퉁이의 머릿돌이 되었다 한다."(같은 책, 282쪽), "예수께서 십자가에서 운명하신 후 사흘 만에 죽은 자 가운데서 살아나사 먼저 갈릴리로 가시고"(같은 책, 283쪽), "기독성서에도 도둑같이 임하리라 하였다."(같은 책, 286쪽), "기독성서에도 무화과나무의 비유를 들어 그 움이 돋고 가지가 연해지며 잎이 피기 시작하면 머지않아 여름철이 다 가옴을 알리라 하였다."(같은 책, 287쪽), "신약성서에(중략) 그날과 그때는 하나님 외에는 아무도 모르고 인자도 모른다 하였다."(같은 책, 288쪽), "예수의 모친 마리아가 처녀의 몸으로 성신의 감화한 바 되어 회잉(懷孕)한 지 열 달 만에 때마침 호적을 하기 위하여 나사렛에서 베들레헴으로 오매"(같은 책, 291~292쪽), "예수께서 유월절을 당하여 제자들과 함께 무교병을 자시고(같은 책, 294쪽), "예수는 나이 30 지경에 40 주야 금식으로 득도하여 자기의 사명을 깨닫고, 3년간 회당에서 광야에서 또는 산상에서 호반에서 천국의 복음을 전파하였지만"(같은 책, 297쪽), "사람은 하나님의 다음가는 존재로서 그 본질이 '사랑'이니 서로 사랑하여야 한다.[예수님 말씀 그대로다]"(같은 책, 150쪽), "성서의 마태 24장 4절 이하와 누가 17장 20절 이하 등과 대비, 심각한 성찰과 돈독한 신심을 고취하고"(《학산산고》, 160쪽), "완전 에덴 복귀"(같은 책, 162쪽), "예수께서, 죽은 지 3~4일이 넘어 무덤 속에서 부패하여 시취(屍臭)가 분분한 나자로를, 그는 죽은 것이 아니라 자고 있다 하여 말씀 한마디로 되살리신 것, 예수께서 십자가에서 운명하신 뒤 3일째 되는 새벽에 일찍 부활하사 무덤을 헤치고 살아나신 일, 더욱이 여느 몸과 같은 형상으로 사람들과 담화도 하고, 제자들과 음식도 잡수시고, 그 손과 발의 못자국을 보여주고, 다시 그 양상을 드러내 보임으로써, 학산 사상이 동양의 유불선 3교만이 아니라, 서양의 기독교까지 포괄하고 있다는 사실을 알리고자 한다.《정역(正易)》및 학산 저술을 제대로 알기 위해 성경에 대한 이해도 필요하다는 게 확인되었으면 하는 바람이다.[9]

2.《정역(正易)》의 성경적 요소와 학산의 이해

(1) '상제조림(上帝照臨)'

'상제조림(上帝照臨)' 즉 '하나님이 세상에 내려오신다'는 표현이 나타나는 학산의 텍스트는 다음과 같다.

> 오냐오냐 내알았다 안심하고 잘들어라
> 근검식력(勤儉食力) 각수기직(各守其職) 안토낙천(安土樂天) 잘하여라
> 뭐니뭐니 하지마는 사람님이 제일이다

승천하여 재림을 약속하신 일들…"(같은 책, 167쪽), "이 점은 道"(요한 1장 1절)에서 출발하여 능애(能愛)와 희신(犧身)으로 영생을 기구(期求)하는 기독교와 흡사하므로"(같은 책, 169쪽). "이때에 하나님께서 오, 너야말로 나의 (둘도 없는) 사랑하는 아들이로라 하시고 당신의 우편에 거두신 것이 아니겠는가."(같은 책, 185쪽), "제자의 한 사람이 예수께 묻기를 남의 잘못을 몇 번이나 용서하오리까, 일곱 번까지 하오리까 한즉, 예수 말씀이 일곱을 70곱 하도록 용서하라 하였으니, 이는 끝까지 용서하라는 뜻이라 하겠다."(같은 책, 302쪽)

9) 학산 사상의 스케일에 대해서는 일찍이 도원 유승국 선생이 한 차례 언급한 적이 있다(《훈민정음과 일부정역》에 수록된 '학역찬언' 말미의 논문 참고)

형제님네 이웃님네 나랏님네 세상님네

몸과마음 다바쳐서 사랑하고 공경하라

인륜천륜 잘지키면 그게바로 군자로다

군자군자 군자님네 우리군자 얼사둥둥

하나님이 너무기뻐 어쩔바를 모르시네

십일귀체(十一歸體) 오팔존공(五八尊空) 유리세계(琉璃世界) 그곳

이라

우우이이(于于而而) 호호무량(好好無量) 상제조림(上帝照臨) 친정

(親政)일세[10]

이는 학산이 지은 〈친정가(親政歌)〉 전문이다. 밑줄 그은 것처럼, 이 노래의 마지막 행에 '상제조림'이란 표현이 나온다. 마지막 날에 유리세계가 펼쳐질 것이며, 상제가 빛 가운데 내려온다는 말이다. 여기 나오는 '상제조림'은 동양 전통에서 특이한 표현이다. 일부 김항의 《정역》〈십일음(十一吟)〉에 비로소 등장한 것이다. 《정역》〈십일음(十一吟)〉 가운데, "상제께서 조림하니 기쁘고도 즐겁구나(上帝照臨兮 于于而而)[11]라는 대목이 그것이다.

이 대목에서 '상제조림(上帝照臨)'이란 개념은 일찍이 유교 경전에서는 잘 드러나지 않는다. 물론 학산의 이 표현은 《정역》에 근거한 것이지만, 그 원천은 어디에서 온 것일까? 일부 김항의 창안이라기보다는 성경의 자극이 아닐까? 김항이 활동하던 당시 중국 개신교 측의 노력으로 전문이 한역된 성경에 '신(神)이 하늘에서 내려온다'는 표현이

---

10) 《주역정의》, 269쪽. 〈친정가(親政歌)〉
11) 이정호, 《원문대조 국역주해 **정역**》(아세아문화사, 2017), 96~97쪽.

많이 나오기 때문이다.[12] 우리말 성경으로 그 대목들을 보이면 다음과
같다.

여호와께서 사람들이 건설하는 그 성읍과 탑을 보려고 내려오셨더
라)."(창세기 11장 5절)
나 여호와가 온 백성의 목전에서 시내 산에 강림할 것"(출애굽기 19
장 11절)
여호와께서 불 가운데서 거기 강림하심이라."(출애굽기 19장 18절)
여호와께서 구름 가운데에 강림하사"(출애굽기 34장 5절)
우리 주 예수께서 그의 모든 성도와 함께 강림하실 때에"(데살로니
가전서 3장 13절)
주께서 호령과 천사장의 소리와 하나님의 나팔 소리로 친히 하늘로
부터 강림하시리니"(데살로니가전서 4장 16절)
그 날에 그가 강림하사"(데살로니가후서 1장 10절)

성경을 비롯한 한역서학서가 조선의 지식인들에게 영향을 미친 데
대해서는 이미 여러 학자에 의해 밝혀진 바 있다.[13] 그 가운데에서도,
조선후기의 이른바 신흥종교(민족종교)들과 기독교 간의 유사성에
대한 보고를 주목할 필요가 있다.[14] 이에 따르면, 김항도 한문성경을
읽었을 개연성이 있다.
학산의 경우에는 이 표현에서 성경과의 연관성이 보다 선명하게 드

---

12) 이복규, "《정역》과 기독교의 상통성", 온지논총 53(온지학회, 2017), 163~185쪽.
13) 금장태,《동서교섭과 근대한국사상》(한국학술정보, 2005), 81~85쪽, 최석우, "서
학에서 본 동학",《교회사연구》1(한국교회사연구소, 1077), 113~147쪽 참고.
14) 금장태, 같은 책, 85쪽 참고.

러난다. 위 텍스트에서, '하나님'이라는 우리말 성경 특유의 호칭을 사용하고 있기 때문이다. "하나님이 너무 기뻐 어쩔바를 모르시네 (중략) 상제조림(上帝照臨) 친정(親政)일세." 이 대목에서, 학산은 '상제'와 '하나님'을 동격시하고 있는바, 주지하는 대로 '하나님'은 창조신이며 인격신으로서의 속성을 지닌 기독교 성경의 신이다. 학산은《정역》의 '상제'를 기독교 성경의 '하나님'과 유비 관계에 있는 존재로 해석했다고 보인다..

학산의《주역정의》를 보면, 도처에 기독교 성경을 인용해《주역》과《정역》을 해석하는 데 활용하고 있다. 예컨대 주역 수괘(需卦)를 풀이하면서 예수가 가나 혼인잔치집에서 행한 기적 즉 물을 포도주로 변화시킨 일을 인용한 것을 들 수 있다.[15] 반대의 경우도 많다.《주역》과《정역》으로 성경을 풀기도 한다. 성경에 나오는 "구름 위에 높이 들린 人子는 다시 구름을 타고 내려와 천하 만인의 선악심판을 하는 것"[16]

---

15)《주역정의》, 36쪽.
　"이건 좀 딴 이야기 같으나 40주야 금식기도하고 조화권능을 얻은 예수가 두 번째 행한 기적으로 가나의 혼인잔치에서 물을 술로 화한 이야기는 너무도 유명하다. 왜냐하면 잔치에 술이 모자라서야 말이 아니기 때문이다. 예수의 생각에도 그토록 술이란 화기(和氣)를 증진하고 환락을 이루는 데 중요하다고 생각하였음이리라. 그렇게 좋은 음식이라도 과중하면 낭패이다. 낭패가 아니라 광패이다.(중략) 우리는 모름지기 구오(九五)의 사(辭)와 같이 음식은 정(貞)하여야 길(吉)하다. 중도(中道)를 벗어나서는 안 되는 것이다."

16) "주께서 말씀을 마치신 후에 하늘로 올려지사 하나님 우편에 앉으시니라."(《마가복음》16장 19절) "축복하실 때에 그들을 떠나 (하늘로 올려지시니)"(《누가복음》24장 51절) "이 말씀을 마치고 그들이 보는데 올려져 가시니 구름이 그를 가리어 보이지 않게 하더라. 올라가실 때에 제자들이 자세히 하늘을 쳐다보고 있는데 흰 옷 입은 두 사람이 그들 곁에 서서 이르되 갈릴리 사람들아 어짜하여 서서 하늘을 쳐다보느냐 너희 가운데서 하늘로 올려지신 이 예수는 하늘로 가심을 본 그대로 오시리라 하였느니라."(《사도행전》1장 9~11절) "인자가 자기 영광으로 모든 천사와 함께 올 때에 자기 영광의 보좌에 앉으리니 모든 민족을 그 앞에 모으고 각각

이라는 표현에 대하여, "그것이 바로 운상어천(雲上於天)의 수(需)요 천여수위행(天與水違行)의 송(訟)인 것이다. 수송(需訟)은 인자(人子)의 재림(再臨)이며 선별(選別)의 심판(審判)인 것이다."[17]라고 해석한 대목이 그 예이다. 특히 후자의 경우는 《정역》의 "상제조림"을 이미지 또는 시청각화해 준다는 점에서 학산에게 매력적으로 느껴졌을 법하다. 그런 면에서 보면, 정역과 성경의 만남은 상호보완 관계라고 할 만하다. 서로가 서로에게 실체와 그림자 관계일 수 있기 때문이다.

이처럼 학산은 어디에 얽매이지 않고 각 경전을 넘나들며 절장보단하는 행보를 보였다. 그런 데 대해 누가 비판할 것을 의식해, 학산은 분명하게 자신의 입장을 다음과 같이 천명한 바 있다.

> 《기독성서》의 내용을 《정역》·《주역》의 원리로 푸는 것이 일견 심히 부당한 것 같지만 실은 그렇지 않다. 이제 《주역》과 《정역》의 내용을 《기독성서》의 교리로 푸는 것도 지극히 당연하고 흥미있는 사실이라 아니할 수 없다.[18]

이상의 서술을 요약해 보자. 동양 전통 특히 유교 전통에서는 잘 보이지 않던 "상제조림" 모티프를 정역이 전면화하고, 이를 이어받아 학

구분하기를 목자가 양과 염소를 구분하는 것 같이 하여 양은 그 오른편에 염소는 왼편에 두리라 (중략) 그들은 영벌에, 의인들은 영생에 들어가리라 하시니라."(마태복음 25장 31~46절) "예수께서 이르시되 네가 말하였느니라 그러나 내가 너희에게 이르노니 이후에 인자가 권능의 우편에 앉아 있는 것과 하늘 구름을 타고 오는 것을 너희가 보리라 하시니"(《마태복음》 26장 64절)

17) 《주역정의》. 37쪽.
18) 《주역정의》. 37쪽.

산이 노래로까지 읊으며 그 가르침을 설파하고 있다. 이 현상이 가능
했던 것은 외재적인 요인 때문이라고 보는 게 자연스럽다. 기독교 성
경과의 교섭인바, 이미 《주역정의》 서문에서, 일부 정역과 예수 복음
을 연관지어 다루겠다는 입장을 천명한 적이 있다.

《정역》의 문면에서는 그 상관성이 잠재적이나, 학산의 경우에는 문
면에 직접 드러내고 있는 것이다. 자신감의 표현일 수도 있고, 회통(會
通)의 입장에서 여러 가르침을 대하는 데서 오는 결과일 수도 있다.
어느 하나만을 절대화하지 않는 여유와 융통성을 느낄 수 있는 면모
라 하겠다.

(2) '기위친정(己位親政)'

학산의 저술에서, "상제조림(上帝照臨)"과 함께 등장하는 표현
이 '기위친정(己位親政)'이다. 《정역》에서 일부 김항이 말한 "기위친
정"[19]. 학산은 이를 "소식"[20]이라 표현한다. 마치 성경에서 예수의 가
르침을 복음 즉 '복된 소식'이라 하듯, 일부 김항이 세상 사람들에게
들려준 복음으로 여겼다 하겠다. 도대체 "기위친정"이 무엇이기에 학
산은 중시한 걸까? 학산 자신의 설명을 들어보자.

'기위친정'이란 쉽게 말하면 하나님이 직접 정치한다는 뜻이다. 언제
는 이 세상을 하나님이 다스리지 않았으랴마는 《주역》에 의하면 선천
(先天)에는 "제출호진(帝出乎震)하여 제호손(齊乎巽)" 하였으니 하나

---

19) 《정역》 10장 후면.
20) 《훈민정음과 일부정역》. 190쪽.

님의 주재(主宰) 능력을 진(震)과 손(巽)에게 일임하여 뇌풍(雷風)으로 하여금 그 치리 대권을 대행(代行)하게 하고 당신은 서북(西北)과 서남(西南)의 유위(維位)에 경위(傾危)하여 오로지 막내인 태(兌)의 육성에만 진력하였다. 그러는 동안 팔간(八艮)이 정동(正東)으로 옮겨 시만물(始萬物)하고 칠태(七兌)가 삼태(三兌)로 화(化)하여 백로비(白鷺飛)함에 따라 진손(震巽)과 감리(坎離)의 구부(救扶)와 옹위(擁衛)를 받아 남북정위(南北正位)에 십건오곤(十乾五坤)으로 영광의 환어(還御)를 하게 되는 것이다. 그래서 선천에는 "천불위(天弗違)"하고 후천에는 "봉천시(奉天時)"하는 부대인(夫大人)의 사명을 완수하게 되는 것이다. 부대인(夫大人)의 사명완수, 이것이야말로 건도(乾道)의 목적달성이며 하나님의 친정(親政)회복이라 아니할 수 없다.

하나님이 친정을 회복하신 이 마당에는 선천에서와 같이 뇌풍을 개재시켜 인간에게 임하시는 것이 아니라 이제는 하나님 스스로가 직접 간태(艮兌)인 후천대민(后天大民)에게 조림하여 당신의 경륜을 실천하는 것이다. (중략) 어쨌든 기위친정은 황극(皇極)정신과 존공(尊空)사상에 근거하여 지인군자(至人君子)에 의하여 대행(代行)된다고 하겠다. 대행이니만큼 그 내용은 어디까지나 상제조림에 의한 기위친정이다. 정치에 있어서는 언제 어디서나 백성의 생명이 존중되며, 야호불폐(夜戶不閉)하고 도유불습(道遺不拾)함은 물론, 백성들이 안심하고 살 수 있으며 하등의 위협도 속박도 받지 않는다. 국가는 있어도 전체의 일환이며 대동(大同)중의 소이(小異)에 불과하다. 무공(武功)이 지나가고 문덕(文德)이 돌아오니 지상에 전쟁은 영원히 없어진다. 경제에 있어서는 생명이 이 세상에 태어나면 누구나 의식주에 곤란한 일이 없도록 국가에서 보장하는 동시에 백성은 제각기 자기 의무를 다한다. 존비의 등(等)은 있으나 빈부의 차는 없으며, 사람이면 누구나 경제적

부자유에서 벗어나게 한다.[21] (하략)

학산의 설명 그대로 "기위친정"이란, 상제 즉 하나님의 직접 통치를 의미한다. 앞에서 다룬 "상제조림"과 연관시켜 보면, 상제가 조림하는 목적이 바로 "친정"이다. 이 세상을 상제가 직접 다스리는 것을 말한다. 물론 아주 갖추어진 사람을 통해 다스리는 것이지만, 선천과는 달리 본질상 조림한 상제가 직접 영향력을 행사하는 정치다.

이와 같은 사고는 동양 특히 유교의 전통에서는 찾아보기 어렵다. 기독교 성경에서는 뚜렷한 개념이다. 하나님의 나라(천국) 즉 '바실레이아(βασιλεια)' 사상이다. 하나님이 통치권이 온전히 실현되는 상태 또는 그런 곳을 일컫는 개념이다. 신학에서는 하나님의 아들 예수가 이 세상에 성육신하여 태어남으로 하나님 나라(천국)이 시작되었다고 본다. 예수가 말씀과 함께 여러 기적을 행하신 것은 바로 이전 세상이 지나고 새로운 세상 즉 하나님의 통치권이 작동하는 나라가 시작되었다는 것을 가시적으로 드러낸 것으로 본다. 그러나 '하나님의 완전한 통치' 즉 '하나님 나라'는 예수가 재림함으로써 비로소 완성된다는 것이 일반적이다. 그때까지는 불완전한 세상으로서 공중 권세를 잡고 있는 사탄의 영향력도 공존한다. 그러다 예수 그리스도가 재림함으로 사탄은 제거되고, 부활한 인간들은 의인과 악인의 심판을 받아, 의인들은 새 하늘과 새 땅에서 하나님의 통치 아래 영원한 생명을 누리고, 악인들은 지옥에서 영원히 고통받는다고 생각한다.

《정역》과 학산 저술에 등장하는 "기위친정" 역시 기독교 성경과 연

---

21) 같은 책, 192~195쪽에서 발췌 인용.

관이 있다.《정역》에서는 그 사실을 말하고 있지 않지만, 학산의 저술
은 관련성을 엿보게 한다.

  "우리는 지금 천지 개벽 이래 제4간빙하기에 처해 있으므로 이제 제
  5차 개벽 즉 새 후천을 맞이하게 되면 인천합덕(人天合德)[십일귀체
  (十一歸體)]의 완전(完全) 기위(己位) 친정(親政)의 무량세계를 이루
  기 위하여 어느 동안의 유예적 시간[이른바 '재림 후의 천년'?]을 경과
  한 다음 오는 완전한 유리세계[즉 무량세계, 영원한 나라]로 들어간다
  고 생각됨"[22]

  이 서간문의 한 대목이 그것을 말해준다. 학산은 후천 세계를 묘사
하는 과정에서, '인천합덕(人天合德)[십일귀체(十一歸體)]의 완전(完
全) 기위(己位) 친정(親政)의 무량세계' 즉 기위친정의 완전한 유리
세계로 이행하기까지의 과도기를 상정하면서, "재림 후의 천년?"이
라 하여 기독교 성경(요한계시록)의 천년왕국 개념을 활용하고 있다.
"상제조림"에서처럼, "기위친정" 개념을 설명할 때도, 기독교의 종말
론에서 중요한 천년왕국 즉 예수 그리스도가 재림 후 천 년간의 평화
로운 시대가 펼쳐진다는 생각을 원용하고 있다 하겠다.[23]

---

22) 《학산산고》. 164쪽.
23) 천년왕국은 신약성경 요한계시록 20장에 나오는 개념이다. 학산은 이를 수용해,
   "기위친정"을 설명하는 데 활용하고 있다 하겠다. 학산은 예수 재림 후에 이루어
   지는 천년왕국을 임시적인 것으로 본다는 점에서 기독교와 일정 부분 차이를 보
   이고 있다. "그러나 이 무량세계 역시 일정한 영원이 끝나면 다시 변혁될 것은 물
   론"(《학산산고》. 164쪽)이라고 보기 때문이다.

(3) '아버지 하나님'

학산의 저술에 등장하는 특이한 표현으로 '아버지 하나님'도 있다.

사람이 누구냐고? 그렇지. 사람은 물건이 아니니까 확실히, '무엇'은 아니지. '누구'라고 하여야지. 굳이 나더러 사람이 누구냐고 물을 제는, 나더러 사람에 대한 정의를 내리라는 것도 아니요, 또 무슨 학설 같은 것을 소개하라는 것은 아니라고 믿기에, 아무 부담 없이 이 학산의 생각을 횡설수설하고자 하는 것일세 ㅡ.

1. 첫째, 사람은 거룩하신 하나님의 영광스런 아들이지. 선천(先天)에는 손자였지만 후천(後天)에는 아들이 되는 것이오. 왜냐하면 후천에는 하나님께서 우리 모두의 위에서[안에서] 직접 사시고 계시니까. 이것을《정역(正易)》에서는 기위(己位)[건위(乾位)] 친정(親政)이라 하오.[24]

하나님은 어떤 분인가?(중략) 다행히 하나님은 인간을 당신 외아들로, 만물 중에 최령(最靈)한 존재로 지으시사 정천입지(頂天立地)시켜 인간의 허심단(虛心丹)이 우주의 무중벽(无中碧)과 무량경선(無量經線)[우주 ㅡ 하나님의 소식선(消息線)을 통하여 상하상통하게 하셨으므로 능히 삼재(三才)와 성신(星辰)과 팔풍(八風)과 같이 십무문(十无門)에 동참할 수 있게 되었으니 그 바늘구멍만 한 지혜로 규관(窺觀)하여 보면, 하나님의 섭리와 그 역사 내용을 혹 그 만일이라도 짐작할 수 있을까? (중략) 인간은 하나님의 가장 사랑하시는 아들이요 하나님은

---

24)《학산산고》, 149쪽.

인간의 대부모이심.[25]

아니 하늘에 계신 우리 아버지 하나님의 마음은 어떠하실까?[26]

위에서 보인 바와 같이, 학산은 상제 즉 하나님과 인간의 관계를 '아
버지와 아들' 관계로 표현하고 있다. 상제 즉 하나님을 '아버지'로 부
르는 것은《정역》에서 비롯한 것이다. 金恒이 상제 앞에서 자신을 '불
초자(不肖子)' 즉 '아들'이라 한 것이 그 사례다. 이 말은 상제를 아버
지(父)로 인식한 셈이므로, 유교 문맥에서는 매우 충격적인 일이다.
천자나 쓸 수 있는 말이기 때문이다.

실제로 조선왕조실록에 보면, 세종조에 김호연이라는 사람이 '천부
(天父)'란 표현을 썼다가 조사받는다.[27] 아마도 우리 역사상 초유의 사

---

25)《학산산고》, 155~157쪽.
26)《학산산고》, 162~165쪽.
27) 세종실록 75권, 세종 18년 12월 22일 계미 2번째기사 1436년 명 정통(正統) 1년
  광망한 영평 사람 김호연이 당직청에 나가 망언하다
  영평(永平) 사람 김호연(金浩然)이 스스로 돈화문 밖의 당직청(當直廳)에
  나아가서 교의(交椅)에 걸어앉아 갑자기 관리를 불러 말하기를, "천부(天父)께서
  나에게 명하여 나라를 다스리게 한 까닭으로 이곳에 이르렀는데, 너희들이 어찌
  나에게 무례하는가?"하면서, 이내 크게 꾸짖었다. 손에는 작은 봉서(封書)를
  가지고 있었는데, 모두 도리에 어긋나고 남을 속이는 설이었다. 당직한 관원이
  이를 아뢰니, 임금이 말하기를, "옛날에도 이같은 광망(狂妄)한 사람이 있었으나,
  다시 그 이유를 묻지도 않고 다만 먼 지방으로 귀양보내기만 했으니, 지금도
  또한 신문하지 않는 것이 옳겠다." 하였다. 승지 등이 모두 가두어 신문하여
  그 실정인가 거짓인가 보기를 청했으므로, 명하여 의금부에 가두어 추핵하게
  하니, 말한 바가 요망하고 허탄(虛誕)하며 혹은 인도에 벗어난 말을 하기도
  하였다. (○ 永平人金浩然自詣敦化門外當直廳, 踞交椅而坐, 遽呼官吏曰:
  "天父命我治國, 故到此, 爾等何無禮於我乎?" 因大罵之, 手持小封書, 皆狂誕之說.
  當直官以聞, 上曰: "古有如此狂妄者, 不復問其由, 只令流于遠方, 今亦不問可也."
  承旨等皆請囚問, 以觀情僞, 命囚于義禁府推覈, 所言妖誕, 或發不道之言).

건이 기록되어 있는바, 그 분위기를 알 만하다. 주몽신화의 우리나라 첫 기록인 광개토대왕비문에도 "천제지자(天帝之子)"라 하여, 주몽 (원전에는 鄒牟-추모-)이 하늘에 기도하면서, 자신을 天帝의 아들이라 부르는 사례가 보이기는 하지만, 어디까지나 왕이기 때문에 가능한 표현이었다는 점에서, 일반인이 하늘을 직접 아버지라 부르는 일은 우리 역사에서는 찾아보기 어렵다.

기독교 성경에는 이 '상제를 아버지로, 상제 앞에서 자신을 아들로' 표현하는 일이 흔하다. 특히 신약에서는 하나님을 아버지로 표현하는 사례가 부지기수로 등장한다. 예수 그리스도가 하나님을 그렇게 부르고 있으며, 제자들에게도 그렇게 가르치고 있다. 〈주기도문〉의 첫머리부터가 "하늘에 계신 우리 아버지"다. 하나님은 아버지이니까, 무엇이든지 구하면(아니 구하기도 전에 다 알고 있어서) 주신다고 가르쳤다. 멀리 있거나 높은 데 있는 분으로만 알았던 유대인들에게는 충격적인 표현이었다. 겟세마네동산에서 드린 최후의 기도에서도 "아바 아버지"(마가복음 14장 36절)라고까지, 부르고 있는바, 그리이스어 '아바'는 우리말의 '아빠'와 상통하는 말로서, 아주 친밀한 관계에서 아버지를 부르는 말이다. 우리로 말하면, '아버님'이 아니라 '아빠'라고 부른 셈이다.[28]

현재 기독교에서는 예수의 가르침을 따라, 하나님을 '아버지'로 부르며 기도한다. 예수만 하나님을 아버지로 부른 것이 아니다. 이 점은 다

---

28) 고영민, 《히브리어·헬라어 원문 번역주석 성경》(신약)(쿰란출판사, 2015), 348쪽 및 이재철, 《성숙자반》(홍성사, 2008), 183~186쪽 참고. 신약에서 하나님을 '아버지'로 소개하는 것은 매우 이색적이다. 뿌리가 같은 유대교와 이슬람교와도 구분되는 면모이다. 물론 유교나 불교 등 다른 종교에서는 찾아보기 어려운 표현이요 인식이라 보인다.

른 종교와는 판연하게 구분되는 점이라는 것을 다시 강조하고 싶다. 동
북아시아의 천부지모(天父地母)사상, 송나라 장재의 〈서명(西銘)〉등
에도 하늘을 아버지로, 백성을 아들로 여기는 의식이 없는 바 아니지
만, 기독교의 성경처럼, 직접적으로 하늘을 아버지라 부르거나, 자신을
아들이라 부르는 일이 일반화한 것은 아니다. 지금도 마찬가지다.[29]

　학산은《정역》의 이 표현이 매우 독특하면서도 적절하다고 판단한
것으로 여겨진다. 선천시대의 경전인《주역》에는 없던 그 표현이《정
역》에 있다는 데 주목하였고, 신약성경의 도처에서 보이는 '아버지 하
나님'과 상통하는 그 표현을 기꺼이 사용하였던 것으로 보인다. 후천
시대에 와서 일어난 하나님(상제)과 인간 간의 관계가 현저하게 변화

---

29) 기독교 성경에, 예수가 하나님을 아버지로 부른 것 외에, 다른 인물이 하나님을 아
　버지로 부른 사례 가운데 현저한 것만 적시해 보면 다음과 같다. 사도 바울, 베드
　로, 요한의 기록에서도 하나님을 아버지로 표현한 사례들이다.
　"로마에서 하나님의 사랑하심을 받고 성도로 부르심을 받은 모든 자에게 하나님
　우리 아버지와 주 예수 그리스도로부터 은혜와 평강이 있기를 원하노라"(로마서
　1장 7절)
　"너희는 다시 무서워하는 종의 영을 받지 아니하고 양자의 영을 받았으므로 우리
　가 아빠 아버지라고 부르짖느니라"(로마서 8장 15절)
　"그러나 우리에게는 한 하나님 곧 아버지가 계시니 만물이 그에게서 났고 우리도
　그를 위하여 있고 또한 한 주 예수 그리스도께서 계시니 만물이 그로 말미암고 우
　리도 그로 말미암아 있느니라"(고린도전서 8장 6절)
　"외모로 보시지 않고 각 사람의 행위대로 심판하시는 이를 너희가 아버지라 부른
　즉 너희가 나그네로 있을 때를 두려움으로 지내라"(베드로전서 1장 17절)
　"우리가 보고 들은 바를 너희에게도 전함은 너희로 우리와 사귐이 있게 하려 함이
　니 우리의 사귐은 아버지와 그의 아들 예수 그리스도와 더불어 누림이라"(요한일
　서 1장 3절)
　"아이들아 내가 너희에게 쓴 것은 너희가 아버지를 알았음이요 아비들아 내가 너
　희에게 쓴 것은 너희가 태초부터 계신 이를 알았음이요 청년들아 내가 너희에게
　쓴 것은 너희가 강하고 하나님의 말씀이 너희 안에 거하시며 너희가 흉악한 자를
　이기었음이라"(요한일서 2장 14절)

하였다는 것을 상징적으로 보여주는 데 이 호칭은 매우 강렬한 효과
를 가질 만하다.[30)]

(4) '유리세계(琉璃世界)'

후천에 이루어질 이상향인 '유리세계(琉璃世界)"도《정역》과 학산
저술의 중요 관심사이다. "상제조림(上帝照臨)"과 "기위친정(己位親
政)"을 설명할 때 이미 나온 개념인바, 이 개념은《정역》이나 학산 특
유의 것은 아니지만, 매우 강조하고 있어 주목할 필요가 있다. 우선 학
산의 저술에서 이 개념을 어떻게 언급하고 있는지 제시한 다음, 그 표
현과 성격 면에서 성경과 상통하는 점에 대하여 지적하고자 한다.

1) '유리세계(琉璃世界)'의 이미지

후천세계는 다시 새로운 세계로 변혁될 것인가? : 부역(夫易)은 개물
성무(開物成務)하여 모천하지도(冒天下之道)한다 하니, 역(易)은 진리
의 총체요, 변역(變易)이 그 본질이라 하겠다. 그러므로 역의 입장에서
천지를 논할 때, 선천의 천지나 후천의 천지나 그 변혁함을 부인할 수
없다. 다만 선천에는 반고(盤古) 이래 오화(五化)의 개벽(開闢)을 바라

---

30) 1854년에 출간되어 중국에서 가장 많이 읽힌 한역서학서《천도소원(天道溯原)》
에도 '하나님'을 '아버지(父)'로 표현한바, 이 책과의 연관성도 고려할 만한다. "故
又別之曰天主. 其心則好生爲德, 創造人類, 萬世之人, 無不以之爲本, 所以稱之曰
父, 因世人莫不有生身之父, 故又別之曰天父, 當太初之世, 眞神欲降生蒸民, 先創世
界以安其身, 生禽獸以服其役, 備穀果以供其食, 萬物旣成, 遂造一男一女, 以爲萬世
之父母."(天道溯原引)

보고 이제 118,800년의 긴 여행을 하여 이제 머지않아 극히 가까운 장래에 그 막을 내릴 지경에 와 있다 하겠다[이에 대하여는 불원출간 예정인 졸론《정역과 일부》의 〈一乎一夫論 참조〉]. 우리는 지금 천지 개벽 이래 제4간빙하기에 처해 있으므로 이제 제5차 개벽 즉 새 후천을 맞이하게 되면 인천합덕(人天合德)[십일귀체(十一歸體)]의 완전(完全) 기위(己位) 친정(親政)의 무량세계를 이루기 위하여 어느 동안의 유예적 시간[이른바 '재림 후의 천년'?]을 경과한 다음 오는 완전한 유리세계[즉 무량세계, 영원한 나라]로 들어간다고 생각됨. 그러나 이 무량세계 역시 일정한 영원이 끝나면 다시 변혁될 것은 물론이라 하겠음. 그러나 그 시간이 인간 수명의 창해일속(滄海一粟)과 천지부유(天地蜉蝣)에 비하면 거의 무궁세계라 하여 영원한 천국에 비(譬)하는 것이라 생각됨.[31]

그 사랑을 하나님은 원하시고, 그 사랑의 감정을 사람에게만 허여하셨으며, 그 사랑의 기쁨을 사람에게만 나누어 주셨기 때문이오. 그러므로 사람은 이 능애(能愛)의 사랑이 있으면 살고 없으면 죽는 것이오. 그는 이로 인하여 하나님의 뜻을 알고, 그 사랑에 깊숙이 젖으며 신인일체(神人一體), 부자유친(父子有親), 역 소위 "십일귀체(十一歸體)"가 되어 상제가 조림(照臨)하고 우우이이(于于而而)한 유리세계를 이루는 것이오.[32]

　십일귀체(十一歸體) 오팔존공(五八尊空) 유리세계(琉璃世界) 그곳이라
　우우이이(于于而而) 호호무량(好好無量) 상제조림(上帝照臨) 친정

31)《학산산고》, 163~164쪽.
32)《학산산고》, 177~180쪽.

(親政)일세[33]

위에서 보는 것처럼, 학산의 저술에는 "유리세계(琉璃世界)"에 대한 확신과 전망이 거듭 보인다. 이 "유리세계"란 개념은《정역》〈십일음〉에 근거를 두고 있다.

> "천지명혜(天地淸明兮) 일월광화(日月光華) / 일월광화혜(日月光華兮) 유리세계(琉璃世界) / 세계세계혜(世界世界兮) 상제조림(上帝照臨) / 상제조림혜(上帝照臨兮) 우우이이(于于而而) / 우우이이(于于而而) 정정방방(正正方方) / 정정방방혜(正正方方兮) 호호무량(好好无量)(하늘 땅이 맑고 밝아 해와 달이 빛이 나네/ 해와 달이 빛이 나니 유리세계 되는도다 / 유리세계 유리세계 상제께서 조림하네 / 상제께서 조림하니 기쁘고도 즐겁구나 / 기쁘고도 즐거우니 정정하고 방방하네 / 정정하고 방방하니 좋고 좋아 그지없네)"[34]

여기 나오는 '유리세계'는 어떤 세계일까? 학산에 따르면 "새로이 수립되는 신질서와 고도의 발달된 무량복지사회"[35], "그 속에서 우우이이 노래하고 정정방방 춤을 추며 무량세월을 즐기는" 곳, "새 하늘 새 땅", "정역세계의 최후 이상", "인간에 세울 수 있는 최고의 복지사회", "인류는 그 속에서 화가삼장(花歌三章)이 울려 퍼지는 가운데 천

---

33)《주역정의》, 269쪽. 〈친정가(親政歌)〉
34)《원문대조 국역주해 **정역**》, 앞의 책, 96~97쪽 참고. '世界世界兮'를 '유리세계 되고 보니'로 의역하지 않고 '유리세계'로 직역하기만 하였을 뿐, 이 책에서 원문과 번역을 인용하였음.
35) 같은 책, 127쪽.

상의 영광을 찬미하며 지상의 행복을 누릴" 곳, "사람은 누구나 자기의 바른 짝을 만나 인생을 구가할 것이며, 부모와 조상은 천은(天恩)과 성덕(聖德) 속에 공경과 추모를 받을" 곳, "산천과 초목은 인간의 완성으로 인하여 다 각자의 해원(解寃)을 하게 될"[36] 곳이다.

《정역》에서 제시하는 이 '유리세계'는 유교 경전에서는 찾기 어려운 말이다. 불교 용어로서 '약사불의 정토'로서, 죽은 영혼이 환생하여 가는 곳이다. '용화세계(龍華世界)'로도 표현된다. 이에 비해《정역》의 유리세계는 다분히 지상천국적인 성격을 보이고 있다. 불교의 유리세계가 지닌 깨끗한 이미지만을 따온 것일 뿐, 구별되는 개념이라 하겠다.

《정역》의 '유리세계' 즉 이정호 선생이 해석해 제시한 '유리세계'의 이미지는 신약 〈요한계시록〉에 등장하는 이상세계인 "새 예루살렘", "새 하늘과 새 땅" 이미지와 상통하는 점이 있다. 〈요한계시록〉에서는 이 세계를 묘사하면서 '유리'라는 말을 구사하기도 한다. 해당 대목을 인용하면 다음과 같다.

또 내가 새 하늘과 새 땅을 보니 처음 하늘과 처음 땅이 없어졌고 바다도 다시 있지 않더라. 또 내가 보매 거룩한 성 새 예루살렘이 하나님께로부터 하늘에서 내려오니 그 준비한 것이 신부가 남편을 위하여 단장한 것 같더라. 내가 들으니 보좌에서 큰 음성이 나서 이르되, 보라 하나님의 장막이 사람들과 함께 있으매 하나님이 그들과 함께 계시리니, 그들은 하나님의 백성이 되고, 하나님은 친히 그들과 함께 계셔서, 모든 눈물을 그 눈에서 닦아 주시니, 다시는 사망이 없고, 애통하는 것이나 곡하는 것이나 아픈 것이 다시 있지 아니하리니, 처음 것들이 다 지

---

36) 같은 책, 134~136쪽 참고.

나갔음이러라. 보좌에 앉으신 이가 이르시되, 보라 내가 만물을 새롭게 하노라 하시고, 또 이르시되, 이 말은 신실하고 참되니 기록하라 하시고…(중략)…성령으로 나를 데리고 크고 높은 산으로 올라가 하나님께로부터 하늘에서 내려오는 거룩한 성 예루살렘을 보이니, 하나님의 영광이 있어 그 성의 빛이 지극히 귀한 보석 같고 벽옥과 수정 같이 맑더라. …(중략)…그 성곽은 벽옥으로 쌓였고, 그 성은 정금인데 맑은 유리 같더라.…(중략)…그 열두 문은 열두 진주니, 각 문마다 한 개의 진주로 되어 있고, 성의 길은 맑은 유리 같은 정금이더라.…(중략)…또 그가 수정 같이 맑은 생명수의 강을 내게 보이니, 하나님과 및 어린 양의 보좌로부터 나와서 길 가운데로 흐르더라. 강 좌우에 생명나무가 있어, 열두 가지 열매를 맺되, 달마다 그 열매를 맺고, 그 나무 잎사귀들은 만국을 치료하기 위하여 있더라.…(중략)…다시 밤이 없겠고, 등불과 햇빛이 쓸 데 없으니, 이는 주 하나님이 그들에게 비치심이라. 그들이 세세토록 왕노릇하리로다."[37]

여기에서 우리가 주목할 게 있다. '지상세계의 회복'이라는 개념이다. 지상이 새롭게 회복되거나 완성된 상태로 이상세계를 묘사하는 점이 그것이다. 기독교에서 인간이 부활해 최후에 들어갈 이 나라의 성격에 대해 두 가지 견해가 대립되어 있다. 이 세상과는 전혀 무관한 (이 지상세계는 완전히 소멸한 후) 새로 주어지는 별개의 세계라고 보는 견해가 있고, 지상세계의 회복과 완성태로 보는 견해가 그것이다. 그리이스어에 해박한 이필찬 교수는 이것을 '에덴의 회복이요 완성'

---

37) 요한계시록 21장 1절~22장 5절.

으로 보고 있다.[38] 알파와 오메가인 하나님은, 인간의 범죄로 망가진 에덴을 마침내 회복 내지 완성하고야 마는 구조로 성경 전체를 보자는 게 이 교수의 견해이다. "만물을 새롭게"라는 표현을 비롯하여, '생명수의 강', '생명나무'라는 표현을 보아 온당한 해석이라고 생각한다.

이필찬 교수의 견해를 따를 경우, 《정역》의 '유리세계'는 성경의 묘사와 상통한다 할 수 있다. 유리처럼 맑고 밝은 상태, 지구가 가장 좋은 상태로 전환된 모습으로 묘사하고 있는 게 《정역》인바, 성경의 그것과 흡사하기 때문이다.[39]

2) '유리세계(琉璃世界)'의 실현상

학산의 저술에서는 《정역》에 근거해 '유리세계(琉璃世界)'라는 이상세계를 그리고 있다. 이 세계의 구체적인 묘사는 《정역》 안에 나오

---

38) 이필찬, 《요한계시록 40일 묵상여행》(이레서원, 2014), 230~242쪽 참고.

39) 기독교의 '천국' 즉 '하나님의 나라'(그리이스어로 '바실레이아')의 원어적 개념이 '하나님이 통치하는 상태'라는 데 대해서는 한스 큉, 《왜 그리스도인인가》, 정한교 역, 분도출판사, 1983, 136쪽 참고. 일반인이 오해하는 것과는 달리, 천국은 '죽어서 가는 곳'만을 의미하지 않는다. 그러므로 천국에는 현재적인 천국(마태복음 12:28, 누가복음 17장 20~27절, 골로새서 1장 13절, 요한계시록 1장 6절)이라는 측면도 있고 동시에 미래적인 천국(누가복음 21장 31절, 빌립보서 3장 20절, 요한계시록 11장 15절, 마태복음 25장 34절, 고린도전서 6장 9~10절, 이사야 65장 17절, 마태복음 19장 28절, 사도행전 3장 21절, 베드로후서 3장 12~13절, 요한계시록 21장 1절)의 측면도 있다. 예수가 초림해 복음을 선포하고 죽은 자를 살리는 등의 사역을 함으로써 천국이 보여지고 씨앗처럼 뿌려져 자라기 시작하였고, 재림함으로써 그 천국이 완성될 것이라는 것이, 가톨릭이든 개신교든 정통 기독교 신학의 견해다(김효성, 조직신학, 옛신앙, 2016, 584~589쪽 및 한스 큉, 같은 책, 같은 곳 참고). 그 중에 한 측면만 강조하면 이단으로 취급한다. 다만 미래적 천국이 이 지상의 회복이냐, 따로 예비되어 있다가 내려오는 것이냐를 두고는 신학자 간에 의견 차이가 있다.

지 않는다. "우우이이혜(于于而而兮)여 정정방방(正正方方)이로다
정정방방혜(正正方方兮)여 호호무극(好好无極)이로다."라는 다소 추
상적인 묘사만 있을 뿐이다. 학산은 그 세계가 어떤 세계일지, 그 실현
상을 적극적으로 묘사해 보이고 있다. 그 가운데 교육 관련 진술은 특
별한 데가 있다.

> 교육은 기회균등이며 개인의 천품에 따라 적재적소의 교육을 실시
> 한다. 어려서부터 하나님을 알게 하며, 또한 인간의 조상은 동물이 아
> 니라 인간임을 가르쳐서 하나님至上, 인간존중, 애인여기(愛人如己),
> 화피초목(化被草木)을 실천하는 신도설교(神道設教)를 한다.(하략)[40]

학산이 제시한 이상의 전망은, 여러 학문과 종교를 섭렵한 상태에
서 종합적으로 내놓은 결과라 하겠다. 이 가운데에서 기독교와의 상
관성을 직접적으로 거론할 만한 부분은 밑줄 그은 대목이다. 신앙 교
육 및 창조론적 인간관 교육의 필요성을 천명한 것이다. 유교 경전과
는 관계 짓기가 어렵다. 유교는 절대자에 대한 믿음보다는 인간 관계
의 도리를 가르치며, 인격성을 지닌 절대자를 상정하지 않으니 창조
론적 인간관 교육도 없다 할 수 있다. 그러나 성경에서는 강조되어 있
다. 신앙 교육의 필요성부터 살펴보자.

> 마땅히 행할 길을 아이에게 가르치라 그리하면 늙어도 그것을 떠나
> 지 아니하리라[잠언 22:6].
> 곧 백성의 남녀와 어린이와 네 성읍 안에 거류하는 타국인을 모으고

---

40) 같은 책, 192~195쪽에서 발췌 인용.

그들에게 듣고 배우고 네 하나님 여호와를 경외하며 이 율법의 모든 말
씀을 지켜 행하게 하고[신명기 31:12]

너희 자녀들아 와서 내 말을 들으라 내가 여호와를 경외하는 법을 너
희에게 가르치리로다[시편 34:11].

여호와를 경외함이 지혜의 근본이라 그의 계명을 지키는 자는 다 훌
륭한 지각을 가진 자이니 여호와를 찬양함이 영원히 계속되리로다[시
편 111:10].

여호와를 경외하는 것이 지식의 근본이거늘 미련한 자는 지혜와 훈
계를 멸시하느니라[잠언 1:7].

여호와를 경외하는 것이 지혜의 근본이요 거룩하신 자를 아는 것이
명철이니라[잠언 9:10].

학산이 어려서부터 하나님을 알게 해야 한다고 발언한 것은 위와 같
은 성경의 가르침과 상통한다. 유아교육에서 말하는 것처럼 어린이 때
인간의 지능이나 인성이 결정되기 때문에, 이 시기에 하나님을 알게 해
야만 올바른 인간이 된다는 면에서 주목해 수용한 것이라 하겠다.

창조론적 인간관은 성경 특유의 것인바, 성경의 시작인 창세기 1장
과 2장의 기록부터가 인간이 하나님의 피조물임을 선포하고 있다. 친
히 인간을 만듦으로써 인간이 우주의 중심임을 말하고 있다.

하나님이 이르시되 우리의 형상을 따라 우리의 모양대로 우리가 사
람을 만들고 그들로 바다의 물고기와 하늘의 새와 가축과 온 땅과 땅에
기는 모든 것을 다스리게 하자 하시고, 하나님이 자기 형상 곧 하나님
의 형상대로 사람을 창조하시되 남자와 여자를 창조하시고, 하나님이
그들에게 복을 주시며 하나님이 그들에게 이르시되 생육하고 번성하여

땅에 충만하라, 땅을 정복하라, 바다의 물고기와 하늘의 새와 땅에 움직이는 모든 생물을 다스리라 하시니라. 하나님이 이르시되 내가 온 지면의 씨 맺는 모든 채소와 씨 가진 열매 맺는 모든 나무를 너희에게 주노니 너희의 먹을 거리가 되리라. 또 땅의 모든 짐승과 하늘의 모든 새와 생명이 있어 땅에 기는 모든 것에게는 내가 모든 푸른 풀을 먹을 거리로 주노라 하시니 그대로 되니라. 하나님이 지으신 그 모든 것을 보시니 보시기에 심히 좋았더라. 저녁이 되고 아침이 되니 이는 여섯째 날이니라.[41]

여호와 하나님이 땅의 흙으로 사람을 지으시고 생기를 그 코에 불어넣으시니 사람이 생령이 되니라. 여호와 하나님이 동방의 에덴에 동산을 창설하시고 그 지으신 사람을 거기 두시니라. 여호와 하나님이 그 땅에서 보기에 아름답고 먹기에 좋은 나무가 나게 하시니 동산 가운데에는 생명 나무와 선악을 알게 하는 나무도 있더라. 강이 에덴에서 흘러 나와 동산을 적시고 거기서부터 갈라져 네 근원이 되었으니 첫째의 이름은 비손이라 금이 있는 하윌라 온 땅을 둘렀으며 그 땅의 금은 순금이요 그 곳에는 베델리엄과 호마노도 있으며 둘째 강의 이름은 기혼이라 구스 온 땅을 둘렀고 셋째 강의 이름은 힛데겔이라 앗수르 동쪽으로 흘렀으며 넷째 강은 유브라데더라. 여호와 하나님이 그 사람을 이끌어 에덴 동산에 두어 그것을 경작하며 지키게 하시고 여호와 하나님이 그 사람에게 명하여 이르시되 동산 각종 나무의 열매는 네가 임의로 먹되 선악을 알게 하는 나무의 열매는 먹지 말라 네가 먹는 날에는 반드시 죽으리라 하시니라. 여호와 하나님이 이르시되 사람이 혼자 사는 것이 좋지 아니하니 내가 그를 위하여 돕는 배필을 지으리라 하시니라.

---

41) 창세기 1장 26~31절.

여호와 하나님이 흙으로 각종 들짐승과 공중의 각종 새를 지으시고 아담이 무엇이라고 부르나 보시려고 그것들을 그에게로 이끌어 가시니 아담이 각 생물을 부르는 것이 곧 그 이름이 되었더라. 아담이 모든 가축과 공중의 새와 들의 모든 짐승에게 이름을 주니라 아담이 돕는 배필이 없으므로 여호와 하나님이 아담을 깊이 잠들게 하시니 잠들매 그가 그 갈빗대 하나를 취하고 살로 대신 채우시고 여호와 하나님이 아담에게서 취하신 그 갈빗대로 여자를 만드시고 그를 아담에게로 이끌어 오시니 아담이 이르되 이는 내 뼈 중의 뼈요 살 중의 살이라 이것을 남자에게서 취하였은즉 여자라 부르리라 하니라. 이러므로 남자가 부모를 떠나 그의 아내와 합하여 둘이 한 몸을 이룰지로다. 아담과 그의 아내 두 사람이 벌거벗었으나 부끄러워하지 아니하니라.[42]

창세기에 나타난 '창조'는 기독교 성경에 나타나는 창조가 어떤 특징을 지녔는지 잘 말해준다.

첫째, 인간은 창조자의 몸에서 떨어져 나와서 생긴 것도 아니고, 우연히 생긴 것도 아니라는 사실을 말한다. 절대자의 계획 아래, 그 형상을 닮은 존재로 만들어졌다는 것이다. 이 사실은 아주 중요하다. 우리가 인권을 존중해야 하는 근거를 마련해 주고 있기 때문이다. 유엔 인권단체에서 일한 사람의 술회에 의하면, "왜 우리가 인권을 존중해야하느냐?"고 물을 경우, 진화론적인 인간관으로는 절대로 답변할 수가 없다고 한다. 물질들이 우연히 결합하고 반응해 발생한 미생물이 진화해서 된 존재라면, 존중해야 할 하등의 이유가 없기 때문이다. 하나님이 창조한 존재, 하나님을 닮은 거룩한 존재라는 창세기의 창조론

---

42) 창세기 2장 1~25절.

적 인간관을 근거로 할 때만 분명하게 답변할 수 있다고 한다. 성경 외에는 그 근거를 댈 길이 없다는 것이다. 이와 관련하여 도스토옙스키는, "하나님이 없다면 모든 것이 허용될 수 있다."고 말했다. 하나님을 거부하면 도덕의 파괴라는 큰 비용을 치른다는 것을 알았던 것이다.[43]

둘째, 진화론이 아니라 퇴화론을 견지하고 있다. 처음에 하나님이 만드신 세상과 인간은 완벽했는데, 죄가 들어오면서, 모든 게 좋지 않게 변질되었다고 성경은 가르친다. 다시 회복하는 과정이 지구와 인간의 역사라는 입장이다.[44]

이 문제에 대한 학산의 기술은 유교 경전보다는 성경의 기록과 상통하고 있다. "인간의 조상은 동물이 아니라 인간임을 가르쳐서"라는 대목은 진화론적 인간관에 대한 직접적인 비판이다. 그 뒤에 이어지는 "하나님지상(至上), 인간존중, 애인여기(愛人如己)" 구절과 연결지어 볼 때, 학산은 기독교 창세기의 창조론적 인간관을 수용한 것으로

---

43) 존. C. 레녹스(노동래 옮김), 《현대 무신론자들의 헛발질》(새물결플러스, 2020), 197쪽 참고.

44) 이 퇴화론적 역사 인식은 학산의 "360 正曆" 개념과 대응된다. 학산의 이 개념은 《정역》 제7장의 "正吾夫子之朞 當朞三百六十日"의 학산식 해석임은 물론이다. 학산의 저술 전체를 읽어보면, 지축이 지금은 23.5도 기울어져 회전하고 있고, 그 결과 지구 공전 주기에 우수리가 생겨 윤달이 있으며, 극서와 극한 현상도 존재하지만, 지축이 바로 서는 날이 오며, 그때는 공전 주기가 정상으로 회복되어 1년이 360일로 똑 떨어지는 正曆이 된다고 한다. 지구 전체가 온화한 기후로 바뀌고, 이런 자연의 변화에 따라 인심도 순후하게 바뀌어 살기 좋은 세상이 실현될 것이라는 전망을 하고 있다. 이런 역사관은 진화론적이라기보다 퇴화론과 상통한다. 처음에는 완벽한 세상이었으나 인간의 타락으로 말미암아 변화하였다가, 예수 그리스도의 재림으로 새 하늘과 새 땅 즉 에덴이 회복될 것이라는 성경의 관점과 대응되는 면이 있기 때문이다. 학산이 "기위친정"을 설명하면서 "건도(乾道)의 목적달성이며 하나님의 친정(親政)회복"(《훈민정음과 일부정역》, 195쪽)이라 표현한 데서도 이 사실을 확인할 수 있다.

여겨진다. 창조 신앙을 받아들일 때만, 피조물인 인간은 창조자인 하나님 지상주의로 살 수 있으며, 그 연장선상에서, 하나님의 다른 피조물인 인간들을 "존중"하여, "愛人如己"하는 데까지 이를 수 있다. 학산이 표명한 "하나님지상(至上), 인간존중, 애인여기(愛人如己)"는 기독교 계명의 두 주제이자 축인 "하나님 사랑"과 "이웃 사랑"[45], "네 이웃을 네 몸과 같이 사랑하라"의 학산식 버전이다. 다른 저술에서는 아예 다음과 같이 직접적으로 성경의 인간 창조 사실을 받아들이고 있기도 하다.

"태초에 하나님이 인간을 창조할 때 당신의 모습과 꼭같이 지었다 한다. 그런데 하나님은 지선무악(至善無惡)하여 그 이름조차 '善'(Got, Gott)이다. 그 선한 모습 그대로 인간을 지었으니 인간의 본성이 선하지 않을 수 있겠는가. 그러므로 예수께서도 바리새 교인들을 책망하실 때에 '너희들은 악한 무리로되 누가 그 자식이 떡을 구하는데 돌을 주며 생선을 구하는데 뱀을 주겠는가. 너희들은 악한 자이로되 이와 같거든 하물며 하늘에 계신 너희 아버지께서 너희들에게 악한 것을 주시겠느냐'고 하였다."[46]

---

45) 마태복음 22장 34~40절. "예수께서 사두개인들로 대답할 수 없게 하셨다 함을 바리새인들이 듣고 모였는데 그 중의 한 율법사가 예수를 시험하여 묻되 선생님 율법 중에서 어느 계명이 크니이까 예수께서 이르시되 네 마음을 다하고 목숨을 다하고 뜻을 다하여 주 너의 하나님을 사랑하라 하셨으니 이것이 크고 첫째 되는 계명이요 둘째도 그와 같으니 네 이웃을 네 자신 같이 사랑하라 하셨으니 이 두 계명이 온 율법과 선지자의 강령이니라."

46)《훈민정음과 일부정역》, 183쪽.

3. 맺는말

이상, 학산의 저술에서 보이는 성경적 요소들을 살펴보았다. '상제조림(上帝照臨)', '기위친정(己位親政)', '아버지 하나님', '유리세계(琉璃世界)' 등의 표현이 유교 문맥에서는 찾아보기 어려운 것으로서, 기독교 성경과 상통한다는 점을 밝혔다. 그 의의가 무엇일지 음미하며 마무리 짓고자 한다.

첫째, 학산의 평생 연구 대상인《정역》에서는 성경과의 관련성을 감추고 있다면, 학산은 도처에서 성경 구절을 언급하고 있다. 이 사실이 의미하는 바는, 말할 것도 없이 학산 사상의 스케일이 크다는 것이다. 학산의 업적 가운데 또 하나 기념비적인 훈민정음 연구에서도 학산의 폭넓은 시야를 확인할 수 있다. 훈민정음을 당대의 철학인 易의 시각에서 접근해 분석한 학산의 저술은, 易에 대해 어두운 국어학자들의 한계 때문에 아직도 제대로 평가받지 못하거나 제대로 계승 발전되지 못하고 있는 현실이 이를 말해 준다. 학산은 난해한 책《정역》을 이해하고 설명하기 위해 기독교 경전인 성경의 표현을 수용하는 포용성을 발휘하고 있다.

학산의 이같은 자세가 우리에게 주는 교훈은 분명하다. 이른바 학제간의 연구 또는 통섭적인 시각의 필요성이다. 유교만 봐서는《정역》을 제대로 이해할 수 없다. 유교도 알아야 하고 불교와 도교도, 나아가 기독교도 알아야 한다. 최치원 시절부터 조선시대까지, 우리 지식인들은 하나의 사상에 머물지 않고, 진리 탐구의 열정 아래 유·불·도 삼교에 함께 관심을 기울여 왔다는 것은 이미 상식이다. 그렇다면 전통사상으로는 해결하기 어려운 위기 국면을 맞은 조선 말기에, 이를 타

개하기 위해, 이미 들어와 있던 서학 또는 기독교의 주장에 얼마든지
귀 기울일 법한 일이다. 특정 사상에 얽매이지 않고, 유용하다면 무엇
이든지 수용하는 우리 샤머니즘 또는 문화의 특성에 비추어 봐도 그
것은 매우 자연스러운 현상이라고 본다. 그러므로《정역》을 이해하기
위해서도, 각 방면에 밝아야 하고, 전공자끼리 긴밀히 소통해야 한다.

　둘째, 학산의 저술 및《정역》에 성경적인 요소가 있다는 사실이 지
닌 또 하나의 의의는 보편성의 획득이다. 어떤 사상이 지역적 특수성
만 가져서는 많은 사람을 포용할 수 없으며 지속하기도 어렵다. 민족
적이기만 해서는 세계적 보편성을 띨 수 없어, 그 지역을 떠나서는 전
파되기 어렵다. 그렇게 보았을 때,《정역》이나 학산 저술의 핵심적이
거나 특이한 개념들이 2000년 역사에 세계적으로 퍼져 있는 기독교
성경의 가르침과 상통한다는 사실은 고무적이다. 지역적인 한계성을
극복하고 세계로 나아갈 가능성이 있다는 것을 보여준다고 하겠기 때
문이다.

　이 글의 한계도 있다. 네 가지 개념만 다루었지만 이것만이 다는 아
니다. 역사, 부활, 사랑, 고난 등에 대한 학산의 생각에 대해서도 성
경과 관련시켜 살펴볼 여지가 있다. 이 글에서는 그 공통점을 중심으
로 고찰하였으나, "장자(長子)와 독자(獨子)", "만부(萬夫)와 일부(一
夫)", "양(羊)과 개"[47]의 대비에서 보이듯 예수와 일부 김항의 위상을
두고 차이를 보이고 있다. 기독교의 "하나님"을 "하나님"으로도 부르
지만 "무극(无極)님" 또는 "화무상제(化无上帝)"로도 부르는 점, 창조
론과 인격신 개념, 그 밖의 다른 요소에 대해서도 면밀한 분석이 뒤따

---

47)《주역정의》.〈여록〉.

라야 한다.

《정역》과 성경의 같은 점과 다른 점, 이 둘과 학산과의 비교를 위해서도 반드시 필요한 작업이다. 아울러《정역(正易)》과 성경의 관계에 대해서도 심도 있는 해석이 필요하다. 학산은 양자가 동일한 후천역(后天易)으로서 대등하거나 보완적인 관계[48]라 보면서도,《정역(正易)》을 성경의 완성으로 여기는 시각[49]도 비친다. 이 문제까지 포함하여, 눈 밝은 이의 조명이 이루어졌으면 하는 바람이다.

〔2020. 3. 3.〕

---

48)《훈민정음과 일부정역》, 288쪽.
49) 같은 책, 271~273쪽 및《원문대조 국역주해 **정역**》, 110~111쪽 참고.

IX
한시를 통해 본 鶴山 李正浩의 삶과 학문

최영성

1. 여는말

학산(鶴山) 이정호(李正浩: 1913~2004)는 현대 한국의 역학자(易學者)요 철학자다. 후천역(後天易)으로 불리는《정역(正易)》및 훈민정음의 구조 원리에 대한 연구에서 독보적 위치를 차지한다. 1936년 경성제국대학 조선어문학과를 졸업한 학산은 광복 이후 계룡산 우적골(禹跡洞)에서 3년간《정역》공부에 전념하였고, 이어 연희대학교, 이화여자대학교 국어국문학과 교수를 역임했다. 1955년 충남대학교 철학과 교수로 옮겨간 뒤부터는 본격적으로 역학 연구에 몰입하였다. 1973년 충남대학교에서 명예 박사학위를 받을 때에도 학위명은 '철학박사'였다. 2017년《학산 이정호 전집》전13권이 발간되었다.《전집》에 실린 글들은 대부분 철학과 사상에 관한 것들이다.

학산은 철학자이지만 동방의 고전 및《고문진보(古文眞寶)》등에

실린 고문을 늘 곁에 두고 읽었으며,[1] 대학 교재로 사용하기도 하였
다.[2] 소싯적부터 한문 공부를 하면서 한시가 지닌 맛과 멋을 일찍이
체득한 것 같다. 한시와 시조, 산문을 통해 문학적 의취(意趣)를 드러
낸 경우가 적지 않다. 시가 아닌 짧은 문구 속에서도 당시풍(唐詩風)
의 취향을 보였으며 탈속한 경지, 수도자로서의 자세를 드러냈다. 그
는 한국과 중국의 역대 시인 가운데 도연명(陶淵明)을 가장 좋아하였
던 것 같다. 도연명의 사람됨과 시, 그리고 사상에 심취하였다. '지음
(知音)'이라는 제목의 시 한 수는 이를 잘 보여준다.

> 훌륭한 분의 발자취 더없이 귀하고
> 장부의 지음은 예부터 드문 법이라.
> 누가 도연명의 무현금을 타면서
> '悠然見南山'의 의취에 화답할 수 있을까.[3]

> 佳人行跡絶世貴　丈夫知音古來稀
> 誰彈陶翁無絃琴　能和悠見南山意

　세상에 지음(知音)이 드문 것을 아쉬워하면서 도연명의 무현금을
인용하였다. 또 도연명의 〈음주(飮酒)〉 시 가운데 나오는 "동쪽 울타

---

1) 학산은 경성제국대학 졸업 당시, 일본 문부성(文部省)에서 허가하는 한문과(漢文
　科) 고등교원 면허(대학 교수 자격증)를 받은 바 있다.
2) 충남대학교 철학과와 국제대학 국어국문학과에 재직할 당시《고문진보》를 교재로
　만들어《선철유문강독(先哲遺文講讀)》시간 등에 강의하기도 했다.
3)《학산산고》. 328쪽. 〈지음(知音)〉* 이 글에서는 독자의 이해를 돕기 위해 한시 원
　문 앞에 번역문을 실었다. 이하 같음.

리 밑에서 국화를 따면서 느긋한 마음으로 남산을 바라본다"(採菊東籬下, 悠然見南山)고 하는 유명한 구절을 인용, 바쁘게 돌아가는 세상살이 속에서도 늘 유유자적(悠悠自適)할 것을 강조하였다. 도연명은 시 뿐만 아니라 삶의 측면에서도 학산에게 적지 않은 영향을 끼쳤던 것 같다.

그러나 학산은 철학자이지 시인은 아니다. 그가 남긴 한시는 그야말로 여사(餘事)에 속한다. 칠언이 대다수다.[4] 또 절구·율시와 같은 근체시(近體詩)가 아니라 평측(平仄)과 대우(對偶)의 까다로운 규칙에서 자유로운 고체시(古體詩)를 선택하였다.[5] 자신의 인생과 학문을 담기에는 고풍(古風)의 시, 즉 고체시가 자유로웠기 때문일 것이다.

학산의 한시에는 철리시(哲理詩)가 많다. 그러면서도 아울러 문학성을 갖추었다. 철학자들은 흔히 도학시(道學詩), 철리시 중심의 송시풍(宋詩風)을 띠는 경우가 많은데, 학산의 경우 당시풍(唐詩風)의 시가 많다. 이점에서 일차적 특성을 찾을 수 있겠다. 조선어문학과 출신이라는 점이 어느 정도 작용하였을 법하다.

《학산산고(鶴山散藁)》제7부를 보면, 학산의 한시 30여 수가 실려있다. 생전에 공개한 적은 없다. 평소 시흥(詩興)이 일었을 때 주초(走草)했다가 나중에 조그마한 수첩에 정서(淨書)하면서 더 다듬은 것으로 보인다.[6] 비록 많은 분량은 아니지만 학산의 인간과 삶, 학문과 사상을 엿보는 데 적지 않게 도움이 된다. 학술 논저에서는 찾기 어려운

---

4) '학산비망록(鶴山備忘錄)'에도 한시 형태를 갖춘 시가 몇 수 있다.
5) 때로는 압운(押韻)이 규칙에서 벗어난 경우도 있다.
6) 학산이 생전에 수첩에서 오려 노트에 붙인 것을 사자(嗣子) 이동준 교수가 수습하였다.

학산의 인간적 면모를 엿볼 수 있다는 점에서, 학계에서 한 번의 검토는 있어야 할 줄로 안다.

이 글은 학산이 남긴 한시를 통해 그의 삶과 학문을 살피는 것을 목적으로 한다. 대본은《학산산고》에 실린 '학산시고(鶴山詩藁)'다. 자료 취택(取擇)의 범위는 '한시'에 국한하며 문학성이나 철학성을 갖춘 것들을 중심으로 하였다. 독자의 이해를 바란다.

2. 사상 경향과 학문 전통

학산은 열린 사고를 지닌 철학자다. 그의 열린 사고에는 공자의 종호소호(從好所好) 정신이 큰 영향을 끼쳤던 것 같다.

> 저 방만한 데로 흐르기보다
> 차라리 내 좋아하는 것을 좋아하리.[7]

> 與流彼放漫
> 寧好吾所好

'방만'이란 하는 일이 야무지지 못하여 맺고 끊음이 없다는 말이다. 벌여놓기만 하고 거두어들이지 못하는 학문, 즉 꽃만 번성하고 열매가 없는 학문을 가리킴직하다. 남에게 보이기 위한 학문, 즉 위인지학

---

7)《학산산고》, 353쪽, 〈학산비망록〉(9)

(爲人之學)은 평생을 다 바쳐 진력해도 보람이 없다. 허전함만 남는다. 서구 문화에 대한 추종이 대세였던 1940년대에 이미 우리의 얼, 동양의 사상을 전공하겠다고 작정한 학산의 사고에 공자의 정신이 큰 영향을 끼친 점은 주목해야 할 것이라고 본다.[8]

학산은 사상적으로 유가(儒家)를 본령으로 하였다. 그러나 그에 머물지 않았다. 동양 재래의 유·불·선 삼교는 물론 기독교 사상을 넘나들었다. 이뿐만이 아니다. 그것을 넘어 한 차원 더 높은 곳에서 만나는 무언가 하나의 실체가 있어 보인다.

학산의 사상 경향은 큰 틀에서 보면 '삼교회통론(三教會通論)'의 전통과 연결시킬 수 있다. 이것은 학산 학문의 처음과 끝이라 할 수 있는 《정역》, 그리고 《정역》의 저자인 김일부(金一夫: 1826~1898)의 영향이 지대한 점으로 직결된다.

학문 사상 경향과 관련하여, 먼저 학산의 학문과 사상의 정신적 스승인 김항의 '무위시(无位詩)'를 보자.

> 도가 셋으로 나뉨은 이치상 자연스러운 것
> 이에서 유교가 나오고 불교가 나오며 또 선도가 나오는 것을.
> 뉘라서 알랴, 일부가 진정으로 이 도를 도습(蹈襲)한 줄을.
> 사람이 없으면 지킬 것이요 있거든 전해주리라.[9]

道乃分三理自然 斯儒斯佛又斯仙

---

8) 청주고등보통학교 재학 시절 교사였던 도미야마 다미죠(富山民藏: 1898~?)가 학산에게 조선학을 전공할 것을 권유하였다 한다. 도미야마의 영향도 적지 않았던 것 같다.
9) 《정역》, 20a, 〈无位詩〉

誰識一夫眞蹈此 无人則守有人傳

김항이 말한 '도'는 과연 어떤 도인가? '이를 도습했다'[蹈此]고 할 때의 '이것'이란 '이 도'[此道]를 가리키는 것인가? 무엇을 '지키고' '전 해줄' 것인가. 이런 물음을 염두에 두고 다시 보면, 김항이 말한 '도'란 도의 근원처를 가리키는 것으로 이해할 수 있다. 유 · 불 · 선 삼교의 핵심을 포함(包含)하면서도, 삼교를 넘어선 '무위(无位)'의 위치에 있음이 분명하다. 위에서 필자가 '한 차원 더 높은 곳에서 만나는 무언가 하나의 실체' 운운한 것은 이를 염두에 둔 말이다.

'무위'란 어느 한 위치에 있지 않다는 의미다. 고운 최치원이 〈난랑비서(鸞郎碑序)〉에서 말한 '현묘지도(玄妙之道)로서의 풍류(風流)'[10]를 연상하게 한다. 학산의 학문과 사상은 유가를 기본으로 함은 분명하지만, 애써 유가의 틀 안에 가둘 수는 없다. 학문적 사상적으로 폭이 넓기 때문이다.

학산은 스님과 교유하였으며 기독교 성경을 연구와 삶에 활용하였다. 계룡산에 있을 때 화종당(和宗堂) 사진(四眞) 스님, 탄허당(呑虛堂) 택성(宅成: 1913~1983) 스님과 교유하였고, 자신이 세상을 떠난 뒤 불교에서처럼 다비(茶毘)로 하라는 말을 남겼다.[11] 선시(禪詩), 선필(仙筆)로 이름을 날렸던 화종당 스님과는 여러 해 동안 빈번하게 교유하였다.

---

10) 《삼국사기》권4, 眞興王 37年(576)條 "國有玄妙之道, 曰風流. 設敎之源, 備詳仙史. 實乃包含三敎, 接化群生. 且如入則孝於家, 出則忠於國, 魯司寇之旨也. 處無爲之事, 行不言之敎, 周柱史之宗也. 諸惡莫作, 諸善奉行, 竺乾太子之化也."
11) 장남 이동준 교수의 증언이다.

불교와 기독교에 대한 학산의 이해는 보통의 연구자 수준을 훨씬 넘어섰다. 그의 저작을 보면 유교, 불교, 노장사상, 기독교 등 동서의 철학과 사상이 종횡무진 펼쳐져 있다. 30수 시 가운데 석가세존을 찬양하면서 불교의 핵심을 설파한 시가 있다.

석존께서 코끼리 타고 도솔천에서 오시니
중생을 제도함이 이로부터 열리었네.
실상을 바로 보아 무명에서 벗어나야 하느니
바르게 깨달아 성불함이 오직 마음에 있다네.[12]

釋尊騎象兜率來　濟度衆生自是開
直視實相脫無明　正覺成佛惟心在

불교에서 말하는 구경(究竟)의 목표는 '제도중생(濟度衆生)', '정각성불(正覺成佛)'에 있음을 분명히 하였다. 정각성불을 위해서는 '직시실상(直視實相)'해야 하는데, 실상을 바르게 보는 것 자체가 무명(無明)으로부터 벗어나는 일이고, 또 그것이 정각을 얻음이라는 말이다.

이와 관련하여 '몽중몽(夢中夢)'이라는 시 한 수를 더 보자. 불가의 일체개공(一切皆空)을 연상하게 하는 제목이다.

하루 내내 흐리멍덩, 하릴없이 가는구나
밝고 밝은 실체로 언제 돌아갈꼬.
세상 온갖 일이 꿈 가운데 꿈이요

---

12) 《학산산고》, 323쪽, 〈석가세존(釋迦世尊)〉

인생의 갖가지 모습 환상 속의 환상일세.[13]

終日昏昏無爲去　何時明明實體還
世間萬事夢中夢　人生百態幻裏幻

전구와 결구인 '世間萬事夢中夢 人生百態幻裏幻'은 실로 명산 거찰의 주련(柱聯)으로 걸릴 법한 경구(驚句)다. 불가에서 이른바 '한 소식을 얻은 사람'이 지은 것으로 비칠 만한 시라 하겠다. 게다가 좀더 들어가보면 유·불이 모순과 대립 없이 한 수의 시 속에서 만남을 확인할 수 있겠다. 이점에서 이 시는 간단한 내용이 아니라고 본다.

기구(起句)는 학산 자신의 공부에 대한 반성이면서 아울러 세상 사람들에게 던지는 안타까운 메시지이기도 하다. 승구에서 말한 '명명실체(明明實體)'란 불가에서의 실상(實相)을 가리킨 듯하지만, 기실 《대학》에서 말하는 '명덕(明德)', 즉 허명본체(虛明本體)와 다름이 없다. 결국 무명(無明)에서 벗어나야 한다고 주장하는 것은 유가나 불교가 다를 게 없다. 공자가 말한 '종심소욕불유구(從心所欲不踰矩)'의 경지가 불가에서 말하는 '대자유(大自由)'의 경지와 다름이 없듯이 말이다. 필자는 이 시를 학산의 득도시(得道詩)라 해도 지나침이 없다고 생각한다.

학산은 열린 사고를 가진 철학자였지만, '도통 연원', '학문 전통'을 중시하였다. 학문의 근본처와 외연 확장의 측면을 확실하게 구분하여 보았다. 그는 선유(先儒)들이 자주 말하는 '계왕개래(繼往開來)', 즉

---

13)《학산산고》, 329쪽. 〈몽중몽(夢中夢)〉

가신 왕철(往哲)을 계승하고 앞으로 올 후학을 열어준다는 의무감이
강하였다. 물론 폐쇄적이고 자기중심적 차원에서의 도통과 전통은 아
니었다. 먼저 시 한 수를 보자.

> 도에는 연원 있고 학문에는 전승이 있는 법
> 선학(先學)이 개척하고 후생이 따른다네.
> '선난후이'는 성인께서 하신 말씀
> 사십년 공부한 것을 십일에 강의했네.[14]

> 道有淵源學有傳　先達開拓後生從
> 先難後易聖人說　四十年工十日講

'도'를 논하고 '학'을 말하였다. 단순히 정감을 읊은 것이 아니다. 압
운(押韻)을 뛰어넘고 중복되는 글자가 있지만, 외형적 규칙을 먼저 따
질 일은 아니다. 학산은 이 시에서 자신이 40년 넘도록《정역》을 공부
했음을 시사하였다. 또 그것이 공자로부터 김일부로 이어지는 역학의
전통을 이은 것임도 넌지시 내비쳤다.《논어》〈옹야(雍也)〉편에 나오
는 '선난후이(先難後易)'를 이끌어, '사십년 공부한 것을 십일에 강의
했다'는 사실과 연결시켰다. '선난후이'는 어려운 일을 회피하지 않고
과감히 먼저 해 나가야 나중에 일이 쉬워진다는 의미이기도 하고, 어
려운 일을 먼저하고 쉬운 것을 나중에 한다는 말로 사용되기도 한다.
여기서는 선학이 어렵게 공부했기 때문에 후학들이 그것에 힘입어 쉽
게 공부할 수 있다는 의미로 인용되었다. 학산은 자신이 만난(萬難)을

---

14)《학산산고》, 324쪽, 〈유감(有感)〉

무릎쓰고 지난 40년간 독공(篤工)을 했기 때문에, 후학들에게 쉽게 강
의할 수 있다는 사실에 감격하였다. '四十年工十日講'에서 오는 감격
은 '유감(有感)'이라는 제목 속에 반쯤 숨어 있다. 학문적 자부심도 묻
어 있는 듯하다.

학산은 도통 연원, 학문 전통과 관련하여 장래 인물에 기대를 거는
시를 남기기도 하였다. 학산의 사상 경향과 학문 전통은 고제(高弟)
도원(道原) 류승국(柳承國: 1923~2011) 교수로 계승되었다. 도원에
대한 학산의 기대는 컸다. 문인 제자의 한 사람이 아니라 자신의 학통,
아니 주역-정역으로 이어지는 도통(道統)을 이어받아 발전시킬 후계
자로 여겼기 때문이다.

학산과 도원은 학문상으로는 스승과 제자였지만 친형제처럼 친밀
한 관계를 계속 유지하였다. 학산시고를 보면, 도원을 그리워하고 기
다리는 것으로 추측 되는 시가 있다.

때가 망종 시절이니 하지가 가까워졌네.
길고 긴 여름날 그대 기다리다가 지쳐버렸네.
서울이 어찌 이리도 멀까, 지척의 길인데
혹여 군자의 출행에 고달픔이라도 있는 걸까.[15]

時維芒種夏至近 長長晝日待君疲
漢陽何遠咫尺路 君子于行垂翼歟

산사(山舍)가 적막하니 봄빛도 더뎌

---

15)《학산산고》, 334-335쪽,〈대군(待君)〉

한양으로 그대 보내고 애간장 다 녹았네.

살던 곳 그리워함은 어느 땐들 없으랴만

꿈속에서까지 만남은 비웃음이나 사지 않을지.[16)]

  누구를 기다린 것인지, 누구를 보낸 것인지는 정확하지 않다. 그러나 내용을 뜯어보면 도원일 가능성이 높다. 마치 연인을 보내고 기다리는 듯한 감정을 숨김없이 드러냈다. 이 만큼 가까운 사람으로는 도원 밖에 없을 줄 안다.

  학산은 1983년 2월, 도원이 한국정신문화연구원 원장에 취임하자 이를 축하하는 시를 지어 보냈다. 그는 도원의 취임에 대해 "인사가 '정(正)'으로 돌아감은 이세(理勢)의 당연함이다"(人事歸正勢當然)라고도 하였다. 또 그 해 류 교수가 회갑을 맞자 축하하는 시 다섯 수를 지었다. 대단한 성의라 하지 않을 수 없다. 그 가운데 두 수를 보자.

    今年何歲曰癸亥   올해가 무슨 해인가, 계해년이라네.

    其人誰何號道原   그 사람이 누구인가, 아호가 도원이라네.[17)]

    精神文化實重大   정신문화, 그 아니 중대한가

    苟非其人不充塞   진실로 그가 아니면 채워줄 수 없으리.

    기갑야반은 '계해'에서 시작되니

    천지가 위(位)를 베풀어 태평한 운수가 열리리.

---

16) 《학산산고》, 335쪽, 〈송군(送君)〉

17) 《학산산고》, 337쪽, 〈축도원박사수명(祝道原博士受命)〉, 〈其一〉

도의 큰 근원은 하늘에서 나오나니
'세계일가'는 이를 깨닫는 것에서 온다네.[18]

己甲夜半生癸亥 天地設位泰運開
道之大原出於乾 世界一家自此來

　류승국 교수의 아호는 도원(道原)이다. 이것은 "도의 큰 근원은 하늘에서 나온다"(道之大原出於天)고 한 동중서(董仲舒)의 말에 근거를 둔다. 학산이 이 말의 의미를 취하여 지어준 것이라 한다.[19] '도원'이란 아호 두 글자를 통해 학산이 도원을 얼마나 아끼고 추중(推重)하였는지를 짐작할 수 있다.

　위 시에서 '己甲夜半生癸亥'는《정역》에 나오는 말이다. 이것은 선후천(先後天) 변화의 원리와 관련 있는 말이다.《정역》에서는 육십갑자로 선후천의 질서를 말하는데 선천의 갑기(甲己)의 질서가 후천에서는 기갑(己甲)의 역순으로 바뀐다. 다시 말해서 육십갑자가 맨 뒤에서부터 시작된다. 이런 까닭에 '生癸亥'라 하였다. 그런데 도원은 계해생(1923년생)이다. '生癸亥'와 '癸亥生'을 연결시켜, 도원이 한국정신문화의 새 경지를 여는 주인공이 되라는 의미로 풀어냈다. 실로 재치넘치는 덕담이다. 마지막 구절에서 한국학의 최고 기관으로 취임하는 류 교수에게 '세계일가(世界一家)'의 정신을 말하였다. 이것은 자못 의미가 크다. 우리의 정신문화를 우리나라 뿐만 아니라 전세계에 널

---

18)《학산산고》, 339쪽, 〈축도원박사수명(祝道原博士受命)〉, 〈其五〉
19) 류승국 교수는 평소 이 아호를 사용하면서 자신의 능력과 학덕에 비해 과중하다고 여겨 '道源'이라 쓰기도 하였다.

리 전파하여 '한 집안'을 이루자는 원대한 이상을 제시한 것이기 때문이다.

위 시에서 '道之大原出於天'을 굳이 말한 것은, 한국정신문화연구원이 단순한 한국학 연구기관이 아니라 조선시대의 집현전(集賢殿)의 일부 기능을 담당하는 곳이라고 여겼기 때문이리라. 축하시에 집현전이 등장하는 것은 이 때문이다.

> 천도는 법칙을 깔고 운행하나니
> 인사가 '正'으로 돌아감은 형세상 당연하다.
> 집현전의 주인은 천 년 뒤에도 나오지만
> 군성당의 어른은 만년 전에도 계시었네.[20]

> 天道運行藉法則 人事歸正勢當然
> 集賢殿主千載後 群聖堂長萬歲前

조선시대의 집현전이나 한국정신문화연구원은 어느 시대마다 나올 수 있지만, 그 정신적 근원은 '하늘'로 올라간다는 말이다. 군성당은 '뭇성인이 모인 집'이니 곧 하늘이요, 그 곳의 어른은 곧 하느님이다. '道之大原出於天'과 한국정신문화연구원을 이렇게 연결시켜 인용하였다. 새길수록 깊이가 있다.

---

20) 《학산산고》, 338쪽, 〈축도원박사수명(祝道原博士受命)〉, 其三.

3. 구도(求道)와 탈속(脫俗)

학산의 시에서 키워드로 '구도'와 '탈속'을 빠뜨릴 수 없다. 이것은
학산의 인생, 학문 경향에서 또다른 한 측면을 보여주는 것이기 때문
이다. '구도'와 '탈속' 가운데 어느 것이 먼저일까. 양자는 서로 맞물리
는 것이 때문에 단언하기는 어렵다. 다만 필자가 보기에 학산은 구도
를 위해 탈속을 원한 것이지 탈속의 연장선에서 구도에 나선 것은 아
니다. 그런 점에서 탈속은 구도의 종속 변수라 하겠다.

여기서 학산의 시를 통해 그의 인간적 면모를 먼저 살피기로 한다.
'탈속'이라 할 때 생길 수 있는 오해를 해소해야 하기 때문이다. 학산
은 구도를 위해, 심공(心工)을 위해 산에 들어갔지만 구도자에게서 흔
히 볼 수 있는 멸정적(滅情的) 측면은 찾아보기 어렵다. 지극히 인간
적인 모습들이 시에서 잘 드러난다.

학산이 구도를 위해 자주 찾았던 장소는 계룡산 국사봉(國師峯)의
향적산방(香積山房)이다. 그는 40년 넘게 이곳에 머물면서 구도에 열
중하였다. 그는 향적산방을 안식처로 '애오려(愛吾廬)'라 할 정도로
아끼는 마음을 드러냈다. 또 산간의 청기(淸氣)와 한천(寒泉)이야말
로 평생토록 취적(取適)하는 바라고 하였다.

> 천하의 이름난 산천을 두루 돌아보아도
> 향적산의 내 사랑하는 집만 못하더라.[21]

---

21)《학산산고》. 353쪽. 〈학산비방록〉(12)

周遊天下名山川
不如香積愛吾廬

산간의 맑은 기운과 시냇가의 한웅큼 샘물만이
내가 평생토록 취하여 즐기는 바로다.[22]

惟山間之清氣溪上之寒泉
吾平生之所取適也

두 구절의 단구(短句)에 불과하지만 시적 풍취가 물씬 풍긴다. '애
오려'는 도연명의 시 〈독산해경(讀山海經)〉에 나오고, '유산간지청기
(惟山間之清氣)' 운운한 구절은 소동파의 〈적벽부(赤壁賦)〉 말미 '惟
江上之清風, 與山間之明月' 대목에서 그 의취(意趣)를 빌어왔다. 학산
이 얼마나《고문진보》를 애독하였는지를 아울러 짐작할 수 있다.

학산은 산을 떠나서는 살 수 없는 사람이었지만, 고독은 늘 그림자
처럼 따라다녔던 것 같다. 그는 고적(孤寂)을 즐겼지 고독을 즐기지는
않았다. 고독을 슬퍼하는 심정을 드러낸 시를 보자.

제비는 쌍쌍 무리지어 날고
산까치 둘씩 나란히 의지하네.
만물은 때를 얻어 다들 즐거워하는데
나는 홀로 돌아갈 곳 없어 슬퍼한다.[23]

---

22)《학산산고》, 354쪽, 〈학산비망록〉(13)
23)《학산산고》, 325-326쪽, 〈비독(悲獨)〉

燕子雙雙頡頑飛　山鵲兩兩比肩依
萬物得時皆盡歡　維我獨悲無所歸

또 산방에 있으면서 서울의 가족과 지구(知舊)들을 그리워하는 시
도 있다.

고희 나이에 그리워하다니 그런 경우 많을까
괴옹은 경험한 뒤 지금은 젊어졌다고 하네.
예부터 성인이나 범인 모두 마음은 늙지 않았으니
멀리 한양성 바라봄을 비웃지 마시게나.[24]

古稀相思其例少　槐翁曾驗今稱妙
自來聖凡心不老　遙望漢陽君莫笑

실로 신로심불로(身老心不老)의 경지를 말한 것이다. 남을 그리워
하는 감정이 남아 있음은 그만큼 마음이 젊다는 말이다. 이를 보면 학
산은 세간에 발을 딛고 있으면서도 늘 탈속적인 삶을 추구했다고 말
할 수 있겠다.

학산은 신변, 가정사와 관련해서도 몇 편의 시를 남겼다.

신체발부는 어버이께 받은 것이라
증자께선 감히 훼상 말라 하셨네.
이 불초 근신하지 못해 귀밑샘을 다쳐

---

24) 《학산산고》, 325쪽, 〈상사(相思)〉

갑자기 입이 돌아가 남의 업신여김 걱정하다니.[25]

身體髮膚受父母　弗敢毁傷曾子謨
不肯荿謹創耳腺　暴作喎斜畏人侮

　말년에 수술을 받다가 귀밑샘을 잘못 건드려 입과 눈이 돌아간 것을 자탄한 시다. 《효경》에서 "신체발부는 부모로부터 받았으니 감히 훼상(毁傷)하지 않는 것이 효도의 시작이다"(身體髮膚, 受之父母, 不敢毁傷, 孝之始也)라고 한 말을 이끌어 불효를 자책하였다. 다른 시 하나를 보자.

　남아 일생 포부도 컸건만
　불시에 요절하여 뜻을 이루지 못했네.
　아아, 인재는 다시 얻기 어려워라.
　오늘 산천도 법사를 그리며 흐느끼네.[26]

男兒一生抱負大　不時夭折未遂志
嗚呼人材難再得　今日山川泣法師

　군종법사(軍宗法師)로 입대하여 강원도 양구에서 포교하다가 차량 사고로 순직한 셋째 아들 동신(東信: 1960~1984)의 죽음을 애달파한 시다. 당시 학산의 행년 72세였다. 25세 꽃다운 나이에 산화(散華)한

아들을 위해 학산은 몇 수의 시를 더 지은 바 있다. 단장(斷腸)의 아픔
을 '곡자(哭子)'의 시로 승화시켰다.[27]

한편, 학산은 일제시기 우연한 기회에《정역》의 세계에 접한 뒤 그
에 심취하여 이를 통한 구도에 정진하였다. 대학 교수로 있으면서도
틈만 나면 계룡산 국사봉에 들어가 독공(篤工)을 하였다. 단순한 이론
공부가 아니라 수도(修道)이자 구도의 나날이었다. 수도, 구도와 관련
하여 학산은《채근담(菜根譚)》같은 책에나 나올 법한 말을 남겼다.

> 靑牛丹性　　푸른 소 붉은 성품
> 磨鏡粧心　　거울 닦고 마음 단장.[28]

푸른 소는 신선이 횡가(橫駕)하는 것이요, 붉은 성품은 변치 않는
일편단심의 다른 표현이다. 삶은 푸른 소처럼, 학문은 붉은 마음으로
해야 함을 넌지시 갈파하였고 본다. '마경장심'은 마음에 낀 때[心垢]
를 벗겨내기 위한 수양 방법을 말한다. 퇴계 이황이 엮은 잠언서(箴言
書)《고경중마방(古鏡重磨方)》의 내용을 연상하게 한다. 거울은 왜 닦
아야 하는가? 거울에 낀 때를 벗겨야 하기 때문이다. 거울의 때를 벗
기면 만물의 실체가 제대로 보인다. 고운 최치원의 시 〈우흥(寓興)〉
한 대목을 보자.

참과 거짓 분변하려거든

---

27) 학산은 1985년 12월, 이동신 법사 1주기를 맞아 망자(亡子)의 전기를 펴낸 바 있
　　다.《학산산고》, 31-72쪽 참조.
28)《학산산고》, 354쪽, 〈학산비망록〉(14)

마음의 거울 닦고서 보시라.

欲辨眞與僞

願磨心鏡看

학산의 삶과 학문, 사상을 보면 그의 일관된 입장은 '즉세간이출세간(入世間而出世間)'[29]이라 말할 수 있겠다.

4. 학(鶴)과 고적(孤寂)

학산에게 '학'의 의미는 매우 중요하다. '학'은 바로 학산 자신이다.

한 학과 한 선객이 종일토록 마주보는데

빙그레 말은 없지만 할 말 이미 다했네.[30]

一鶴一仙終日對

含笑無言意自敍

여기서 일학일선(一鶴一仙)을 말했지만, 일선과 일학은 둘이 아니다. 일선이 일학이요 일학이 일선이다. 실로 주객일체(主客一體), 물

---

29) 현대 중국의 철학자 풍우란(馮友蘭: 1895~1990)이 《신원도(新原道)》에서 '중국 철학'의 특성을 가리켜 한 말이다.

30) 《학산산고》, 324쪽, 〈일학일선(一鶴一仙)〉

아일체(物我一體)의 경지라 하겠다. 학에 관한 시를 좀더 보자.

> 향적산 신령한 기운 특이한데
> 예부터 선객들 많이 모여들었네.
> 일곱 학 떠나갔고 한 학이 와서 있네
> 네 홀로 돌아온 뜻 뉘라서 알리오.[31]

> 香積山上靈氣異　自古仙客多遊來
> 七鶴已去一鶴臨　誰知汝之獨歸意

학산에게 '학'은 선호하는 영금(靈禽)에 불과한 것이 아니다. 자신의 선풍(仙風)을 드러내주는 좋은 상징물이다. 그가 생각하는 선객(仙客)은 도인이요 도인은 곧 선객이다. 그가 아호를 왜 '학산(鶴山)'[32]이라 하였는지 짐작하게 하는 대목이다.

위 시에서 '칠학'은 왜 등장했을까? 무엇을 시사하는 것일까? '일학'은 또 무엇일까? '일학독귀(一鶴獨歸)'라 한 것으로 보아, '일학'은 학산 자신을 시사하는 것으로 보아 무방하다. 그렇다면 '칠학'은 향적산에서 도를 구했던 전배(前輩) 도인을 총칭하는 것으로 볼 수 있겠다. 불가 용어로 일학이 '현세불'이라면 칠학은 '과거불'이라 할 수 있을 듯하다.

학산은 '학'에 대해 다음과 같이 읊었다.

---

31)《학산산고》, 327쪽. 〈향적일학(香積一鶴)〉
32)《정역》에 나오는 '三山一鶴'이란 말과도 연관이 있는 듯하다.

학의 목이 왜 긴고 했더니
동무 기다리느라고 길어졌대요.

학의 키가 왜 큰고 했더니
무리 바라느라 커졌대요.

학의 날개 왜 넓은고 했더니
짝을 만나 춤추느라 넓어졌대요.

학의 소리 왜 높은고 했더니
하늘에 들리라고 높아졌대요.

학의 다리 왜 하나로 서나 했더니
반은 신선되어 나머지로만 디딘대요.[33]

국문으로 된 '학송(鶴頌)'이다. 이를 보면 학의 이미지는 '청(淸)', '아(雅)', '적(寂)', '선(仙)' 등으로 표현할 수 있겠다. '반은 신선되어' 운운한 대목은 학산이 학을 이끌어 '반선반인(半仙半人)'의 이상을 드러내려 한 것이라고 볼 수 있다. 즉, 학산이 선경(仙境)을 그리워하면서도 현실을 외면하거나 버리지 않았음에 유의해야 한다. 바꾸어 말하면 유가의 본령을 잃지 않았다는 것이다.

인권식(印權植)[34]이란 학자는 학산을 기리는 시에서 다음과 같이

33) 《학산산고》, 314쪽, 〈학의 목〉
34) 충청남도 당진 출신. 일본 도쿄대학(東京大學) 토목과를 졸업했다.

읊었다.

> 백학은 선인의 탈 것이요
> 청산은 처사가 사는 집이라네
> 학산이 그리는 '현적(玄寂)'의 맛
> 그대 아닌 누구에게 물으랴.[35]

> 白鶴仙人駕 靑山處士家
> 鶴山玄寂味 君外問誰何

선풍(仙風)이 물씬 풍기는 시다. '백학청산(白鶴靑山)'은 시각적 효과마저 뛰어나다. 이 시에서는 학산을 처사이자 선인이라고 하였다. 또 학산의 평생사업을 '현적(玄寂)' 두 글자로 요약하였다. '현'은 깊다는 뜻이요, '적'은 고요하다는 의미다. 즉 고요한 가운데서 깊고 오묘한 도를 추구했다는 말이다. 작자는 또 '현적의 맛'을 학산 자신이 아닌 누구에게 물을 것이냐고 물었다. 결국 '도'는 자구자득(自求自得)이요, 낙도의 즐거움은 '자락기락(自樂其樂)'이라는 것이다. 한 글자 바꿀 수 없는, 도미(道味) 넘치는 시가 아닐 수 없다. 학산의 학문 세계를 잘 요약하였다고 본다.

학산은 일생토록 고적(孤寂)을 즐겼다. 《주역》에서 '적연부동(寂然不動) 감이수통(感而遂通)'을 말하였는데, 학산은 '적연부동'의 측면만 추구한 것은 아니었다. '감이수통'의 다른 한 축이 더 있음을 결코 잊지 않았다.

---

35) 《학산산고》, 319쪽. 〈학산찬(鶴山贊)〉

有若無　있어도 없는 듯이
實若虛　꽉 차도 비인 듯이
世事奔　세상사 분주하니
未若居　안거함이 나으리라.[36]

압운을 한 삼언시(三言詩)다. 보기 드문 형식이다. 학산 자신의 인
생관, 가치관을 압축적으로 잘 보여준다. '有若無 實若虛'는 증자(曾
子)가 안회(顔回)를 평한 말이다.《논어》〈태백(泰伯)〉편에 나온다.
이 시를 보더라도 학산의 학문과 사상이 구경(究竟)에는 유가로 귀속
됨을 알 수 있다.

5. 관찰력과 재치

철학자에게 관찰과 사색은 필수적이다. 학산의 시문을 보면 예리한
관찰, 도저한 사색이 두드러진다. 여기에 재치가 넘친다. 재치는 문인
들에게 없어서는 안 될 중요한 조건이다. 먼저 관찰력과 재기를 엿볼
수 있는 시 한 수를 보자.

먹구름 일더니 소낙비 재촉하네.
연잎 위에 온가족 둘러 앉았네.
아비는 아이 업고 어미는 빙그레 바라보네.

---

36)《학산산고》, 352쪽, 〈학산비망록〉

그 누가 청개구리를 엇나간다 일렀던고.[37)]

> 一天作雲催驟雨　渾家團聚蓮葉上
> 父負幼子母看望　誰謂靑蛙魂亂常

　중국 당나라 때 이석(李石)의《속박물지(續博物志)》(권9)에 나오는 '청개구리 설화'(靑蛙傳說), 즉 '청개구리의 불효'를 주제로 한 설화를 염두에 둔 시다 청개구리 가족의 단란한 모습을 보고, 종래의 청개구리 설화를 은근히 비판하였다. 시 속에 그림이 들었다는 '시중유화(詩中有畫)'란 말을 생각하게 하는 재치 있는 시다. 특유의 관찰력이 돋보인다.

　다음, 명화(明化)라는 사람이 마이산에 등산하였다는 말을 듣고 지은 시를 보자.

> 마이산 위엔 말귀를 스치는 바람 일겠지
> 우이봉 아래에선 쇠귀에 대고 경을 읽으려나.
> '마이동풍', '우이독경'이 어찌 그리 많은고.
> 쇠락한 시대, '정도의 명령'이 요원하기도 하다.[38)]

> 馬耳山上馬耳風　牛耳峯下牛耳經
> 東風讀經何其多　哀世遙遠正道令

---

37)《학산산고》, 335쪽. 〈청와(靑蛙)〉
38)《학산산고》, 336쪽. 〈문명화등마이산(聞明化登馬耳山)〉

'마이산'이란 이름은 마이동풍(馬耳東風)을 연상하게 한다. 아울러
비슷한 성어(成語)인 '우이독경(牛耳讀經)'에 견줄 수 있다. 마이동풍
은 남의 말을 잘 듣지 않고 귓등으로 흘리는 것, 우이독경은 아무리 가
르치고 일러 주어도 알아듣지 못함을 비유하는 말이다. '마이산'이란
산 이름 하나를 가지고 시를 흥미 있게 전개하면서 결구에서 '정도(正
道)의 명령'이 제대로 서지 않는 현실을 개탄하였다. 발상이 참신하며
반전미(反轉美)가 대단하다. 마지막 구절에 나오는 '정도령'은 발음상
으로 '鄭道令'과 통한다. 鄭道令은 장차 새 시대, 신천지(新天地)를 연
다는 가상의 인물로,《정감록(鄭鑑錄)》에 나온다. 발음이 통하는 것에
착안하여 중의적(重義的) 기법을 구사하였다. 흥미를 유발하면서도
유가의 우환의식(憂患意識)을 그 속에 심어 세쇠도미(世衰道微)한 현
실을 염려하였다.

다음, '청송박사(聽松博士)'란 제목의 시를 보자.

> 하늘이여 땅이여 사람이여, 과연 높으시도다.
> 건곤의 이치에 통달하시고, 그 의지가 대단하시네.
> 왕년에는 청운 품고 현달을 꿈꾸었건만
> 내장산에 은거함만 못함을 이제야 깨달았다네.[39]

> 天兮地兮人兮高　亨通乾坤其志長
> 往年靑雲雖欲顯　今日晩覺莫如藏

청송은 철학자 고형곤(高亨坤: 1906~2004)의 아호다. 청송은 경성

---

39)《학산산고》, 336쪽, 〈청송박사(聽松博士)〉

제국대학 법문학부에서 서양철학을 전공한 제1세대 철학자로, 서울
대학교 철학과 교수, 전북대학교 총장, 제6대 국회의원(민정당, 전북
옥구), 대한민국학술원 회원을 역임하였다. 학산의 선배 학자로, 상호
교분이 두터웠다. 이 시의 창작 연대는 정확히 알 수 없지만 기구(起
句)로 미루어 1975년 이후로 짐작된다.

청송은 한 때 정치에 뜻을 두고 야당 국회의원이 되었다. 그러나 양
심적인 학자와 현실 정치인 사이에서 고민하다가 4년 임기를 마치고
다시 학자 본연의 자리로 돌아왔다. 1967년 정계를 은퇴한 뒤 내장산
에 들어가 저술에 몰두하였다. 청송의 《선(禪)의 세계》(1971)는 내장
산 은거 중에 이루어진 것이다. 청송과 학산은 여러 측면에서 통하는
바가 많다. 퇴임하기 전에는 한 권의 저술도 내지 않다가 은퇴 이후 명
저를 냈다는 점이 가장 비슷하다. 세속을 피해 산거(山居)를 즐겼던
점에서도 기맥이 통한다.

28자, 칠언시 한 수에 한 사람의 일생을 담았다는 사실이 놀랍다. 기
구의 '天兮地兮人兮'는 청송이 1975년에 펴낸 《하늘과 땅과 인간》이
란 책 제목을 염두에 둔 것이다. '高'는 수준이 대단하다는 말로 이해
할 수 있다. 또 승구의 '亨通乾坤'을 두 자로 줄이면 '亨坤'이니 앞 구의
'高'와 연결하면 '고형곤' 석 자가 된다. '其志長'은 청송의 저술 의지를
높이 평가한 것이리라.

이 시는 각 구의 마지막 글자를 가지고도 청송의 삶과 인격, 학문을
살필 수 있도록 배려하였다. '高'와 '長'은 산고수장(山高水長)[40]의 줄
임말이다. 중국 북송 때의 재상 범중엄(范仲淹)이 〈엄선생사당기(嚴

---

40) 덕행이나 지조의 높고 깨끗함을 산의 높음, 강물의 긴 흐름에 비유한 말이다.

先生祠堂記)〉에서 엄광(嚴光: 字子陵)을 기리면서 "선생의 풍도는 산 고수장이로세"(先生之風, 山高水長)라고 한 데서 비롯되었다. '顯'과 '藏'은 서로 대비되는 말이다.[41] '藏'을 '顯'보다 높여 숨김과 감춤[隱 藏]의 미학을 은근히 내비쳤다. 칠언시 한 수의 짜임새가 실로 간단하 지 않다.

6. 용화세계(龍華世界)와 간방(艮方)

학산은 중년에 기연(奇緣)으로 역학에 종사하였다. 특히 일부 김항 의 《정역》에 몰두하여 그 연구에 평생을 바쳤다. 학산은 번잡한 도시 생활을 피해 계룡산에 들어가 김항이 수도했던 국사봉 자락 향적산방 에서 학역(學易)과 궁리(窮理)에 정진하였다.

학산은 시에서 《정역》의 가르침을 빌어 이상적 미래상(未來像)을 제시하기도 했다. 관련된 시구를 추려보자.

風靜浪息朝日紅 바람 멎고 물결 잠들자 아침해 붉어오네.
終始萬物八艮東 종만물 시만물 하는 간방 동녘이라네.[42]

山澤通氣萬物成 산과 못의 기가 통하니 만물이 이루어지고
己位親政世界逸 상제께서 친히 정사 펴시니 세계가 편안하리라.[43]

41) 《주역》, 〈계사 상(繫辭上)〉 "顯諸仁, 藏諸用."
42) 《학산산고》, 332쪽, 〈포황함예(包荒含穢)〉
43) 《학산산고》, 331-332쪽, 〈희원(希願)〉

中心所願乘木 속으로 원하기는 빈 배 타고 큰 내를 건넘이요
孚乃爲邦无量華 믿는 것은 무량한 용화세계 이름이로세.[44]

첫 수에서는 '종만물(終萬物) 시만물(始萬物)'의 땅 간방(艮方)이 미래에 세계를 주도할 것임을 예찬하였다. 다음 구에서는 후천개벽의 시대를 '산택통기'와 '기위친정'으로 요약하였다. '산택통기'는 땅위로 솟아 오른 산과 땅이 꺼져서 만들어진 못이 기운을 통한다는 것이요, 기위친정은 기위(己位)가 우주를 직접 다스린다는 말이니[45] 상제조림(上帝照臨)과 같은 말이다. 마지막 구에서 '무량화'는 《정역》에서 이른바 "천지청명(天地淸明)하고 일월광화(日月光華)한 무량복지세계(無量福祉世界)"를 가리킨다.

2017년 《학산전집》이 출판된 뒤, 학산의 학문과 사상을 기리는 행사가 있었다. 그 행사에서 발표된 칠언한시(七言漢詩)가 있다. 제목은 '《학산전집》 출판을 경축하며'이다.

역을 배우고 이치를 궁구하신 학산옹!
변화의 오묘함을 정관(靜觀)하는 기쁨 한량 없으셨네.
'산'과 '못'이 통기(通氣)하여 물물이 이루어지고
'간'과 '태'가 합덕하여 일마다 잘 될 것이라.
조양율음(調陽律陰), 과연 징험이 있으니
정력(正曆), 정륜(正倫)의 세상 틀림이 없으리.

---

44) 《학산산고》, 330-331쪽. 〈무량화(无量華)〉
45) 우주의 주재자인 '십토(十土)'의 상제가 친정을 한다는 뜻이다. 기는 '十'이요 후천이며 무는 '五'이며 선천이다.

'일부'는 성인불언(聖人不言)을 감언(敢言)하시고
후학은 발미(發微)하여 하실 말씀 다 하셨네.

    學易窮理鶴山翁 靜觀化妙喜無涯
    山澤通氣物物成 艮兌合德事事諧
    調陽律陰果有徵 正曆正倫必無差
    一夫敢言聖不言 有人發微儘開懷

　학산 이정호의 학문 일생을 압축적으로 담은 것이라 할 수 있다. 일부 김항은 학산이 일생토록 사숙하여 받들었던 대종사(大宗師)였다. 학산의 학문은 일부역(一夫易)에서 시작하여 일부역으로 끝났다고 해도 지나친 말이 아니다. 일부역에서 중요한 메시지는 선·후천의 변화다. 후천세계의 변화를《정역》에서는 '건곤정위(乾坤正位)', '산택통기(山澤通氣)', '간태합덕(艮兌合德)' 등으로 설명한다. 변화상으로 말하자면 '조양율음(調陽律陰)', '정력정륜(正曆正倫)'의 세상이 된다는 것이다. 김항은《정역》의 저술을 마치고 "성인께서 말하지 않은 것을 내가 감히 말하였다"고 하였다. 일부가 '감언불언(敢言不言)'하였다면 학산은 일부의 미언(微言)을 발천(發闡)하여 흉회(胸懷)를 다했다고 본다. 〈무위시〉에 나오는 '유인(有人)'은 일부가 기다린 사람이니 바로 학산 같은 분이 아닐까 생각한다. 학산의《정역》관계 저술은 학역의 나침반이요, 일부의 문정(門庭)에 들어가는 지름길이라 하겠다.[46]

────────────

46) 최영성,《백사한시집》, 문사철, 2020, 136-137쪽,〈慶祝鶴山全集上梓〉참조.

7. 맺는말

학산은 한국역철학사(韓國易哲學史)에 한 획을 그은 대학자다.《학산전집》13권은 학산의 학문을 총결산하는 성과물이다. 그의 학문에 대한 연구는 이미 시작되었으나 아직은 활발한 편이 아니다. 종합적인 연구는 좀 더 시간을 기다려야 할 것으로 전망한다.

학산은 학역(學易)하는 여가에 한시 30수를 남겼다. 그의 한시는 시를 전공하는 학자들의 것과는 성격을 달리 한다. 다만 여사(餘事)로 한 것임에도 문학성이나 철학성을 갖춘 것들로 평가할 수 있다. 일찍이 한학을 하면서 시문 공부를 한 바 있고, 특별히 도연명의 시와 당시(唐詩)를 좋아한 데다《고문진보》등의 책을 가까이 두고 늘 읽은 결과라고 생각한다.

학산의 한시는 까다롭고 엄격한 규칙에서 비교적 자유로운 고체시 형식을 띠고 있다. 화려한 댓구를 자랑하는 율시 형식은 없다. 거의 칠언시다. 칠언시에 압운(押韻)을 한 정도다. 시를 전문으로 하는 사람들은 대개 압운, 평측, 대우(對偶) 등 규칙을 따지는데 엄격하다. 그러나 규칙을 먼저 따지다보니 정작 하고 싶은 말을 제대로 담지 못한 폐단이 적지 않았다. 학산은 이런 통폐를 고려한 듯하다.

학산의 한시에서는 유머가 넘치고 재치가 있는 그의 모습, 박람강기(博覽强記)하면서도 겸손한 학문 태도 등을 엿볼 수 있다. 논문이나 저술에서 보기 어려운 인간적인 면모를 살피는 데 여러 모로 도움이 될 것이다. 이 글은 시론(試論) 삼아 쓴 글이다. 독자 제현의 이해 있기를 바란다.

〔2020. 8. 30〕

X
학산(鶴山)의 담문(談文) 고찰
- 이정호 저술의 '머리말'을 중심으로 -

최명환

1. 여는말

학산(鶴山) 이정호(李正浩)는 역학(易學) 관련 저서 11권 13책을 펴낸 국학자이다.[1] 학산은 저술에 '序文·서문·自序·序'를 붙였다. 이른바 '머리말'의 형식과 내용에서 공통점과 차별성을 읽을 수 있다. 이 논문은 학산의 저술에서 '머리말' 담문(談文 text)[2]의 특성을 살피고자 한다.

---

1) 이 논문을 쓰는 데 자료를 제공해 준 이복규(서경대학교), 김슬옹. 논문에서 언급하는 학산 이정호의 저술은《鶴山李正浩全集》(아세아문화사, 2017)에 근거한다. 이 전집을 인용할 때는《학산전집》으로 표기한다.
2) 나는《작문연구》창간호 (한국작문학회, 2005. 207쪽)에서 처음으로 담문(談文 text)이란 용어를 썼다. 작문의 지도 단계를 '단어, 문장, 문단, 담문' 체계로 확립하기 위해서였다. 국어학 저술에 등장한《단어 문장 텍스트》를 보고 충격을 받아 고안했다. 담화는 글과 구별해서 말 자료를 가리키고, 담문은 말과 구별해서 글 자료를 일컬으면 이 문제가 자연스럽게 풀린다. 대통령이 방송에서 발표한 담화를 글로 써 붙이면 담화문이 되는 것처럼 모든 갈래의 글 자료를 포괄하는 용어로 담문을 쓰면

머리말의 형식과 내용은 긴밀하게 작용한다. 사전은 형식(形式)을 사물이 외부로 나타나 보이는 모양 또는 일할 때의 일정한 절차나 양식 또는 한 무리의 사물을 특징짓는 데에 공통적으로 갖춘 모양으로 풀이한다. 철학에서는 다양한 요소를 총괄하는 통일 원리로 사물의 본질을 이루는 성분을 가리킨다. 내용은 더 말할 나위 없이 주제의 스밈이고 드러낸 형상을 함축한다. 이런 맥락에서 학산의 머리말 겉모습인 문단과 속주제인 내용의 드러냄은 시사하는 바 크다.

학산의 머리말은 세 갈래 명칭 '序文 · 自序 · 序'로 나뉜다. '序文'은 책이나 논문 따위의 첫머리에 내용이나 목적 따위를 간략하게 적은 담문이다. '自序'는 자기가 엮거나 지은 책에 서문(序文)을 씀 또는 그 서문을 일컫는다. '序'는 사적(事跡)의 요지를 기록하는 문장의 한 체로 풀이한다. 이런 머리말은 고대와 중세에 '序', 근대 이후의 연구 저서 앞에 붙이는 '서문(序文)'의 전통으로 굳어져 왔다. 앞의 序는 ① 문장 이력 ② 편찬 경위 ③ 문집 구성 ④ 저술 감회라는 네 가지 요소가 바탕을 이룬다.[3] 학산은 이런 네 가지 개념을 ① 목적 ② 방법 ③ 기쁨 ④ 보완 ⑤ 기여 ⑥ 감사 등의 개념으로 응집했다.

학산은 머리말의 형식에서 문단 조직의 공통점을 드러내었고, 내용에서 주제의 명료성을 보여주었다. 바꿔 말하면 문단 분포에서 형태의 공통점이 확연했고, 내용의 형상에서 담문의 성격을 잘 드러내었다. 다만 형식의 공통점은 머리말 갈래의 특성이라 하겠으나, 내용 조

담화에서 담화론, 담문에서 담문론이 파생되어 영역 구분까지 명료해진다. 이런 관점에서 담화와 담문의 영역을 구분하고 담화분석과 담문분석까지 나아가면 국어학 연구 범위까지 넓힐 수 있다. 국어학이 형태와 통사를 넘어 담화론과 담문론을 포괄할 수 있어야 언어학의 지향적 체계에 닿을 수 있다고 판단되기 때문이다.

3) 정용건, 〈조선 후기 문집 자서(自序)의 창작과 그 특징〉 86쪽.

직의 차별성은 문단 구조의 실질성을 따져보게 하였다. 그래서 문단의 응집 원리 적용은 다음 세대가 짊어져야 할 과제로 주어졌다.

학산의 머리말 갈래에는 어떠한 서술 원리가 깃들어 있을까. 주역과 정역 원리를 연구하고 저서로 펴낸 학산의 머리말에서 고대와 현대, 중국과 한국의 수리(數理)와 문리(文理)를 잇는 맥락을 엿볼 수 있지 않을까 싶다. 그런 우주 질서를 꿰뚫는 담문 서술 원리를 발견할 수 있다면 이 논문의 목적에 도움이 될 것이다.

그러한 원리가 머리말이 지향하는 형식의 지향성이고, 내용이 추구하는 주제의 드러냄이다. 이 형식과 내용이 견고르트는 과정에 빚어진 차별성은 문단 조직의 정교화 과제로 제시하고자 한다. 이 논문에서 '序文 서문 自序 序'를 포괄하는 용어로 '머리말'을 쓰고, 원저의 한자어도 가능하면 한글 표기를 원칙으로 한다.

2. 머리말 정보 훑어보기

《학산전집》에는 머리말이 모두 17편 실렸다. 학산이 쓴 네 갈래 명칭과 改訂版, 三版 序文까지 14편이고, 행촌 동준 교수가 아버지 학산의 저술을 묶으면서 《周易集注大要》《訓民正音과 一夫正易》 그리고 《鶴山散藁》에 붙인 〈序文〉 3편이 더 있다. 이 논문에서는 학산 머리말만 다룬다.

학산 저술의 머리말 정보를 〈표 1〉로 정리했다. 14편의 형식을 드러낸 문단은 모두 103개, 문장은 233개이다. 머리말 각 편 문단의 평균은 7.4개, 문장의 평균은 16.6개이다. 첫 문단 문장 수는 모두 38개, 평

균 2.7개, 끝 문단 문장 수는 21개, 평균 1.5개이다. 겉으로 드러난 홀
수 대문 숫자와 주제 단위로 분석되는 수정(안)의 짝수 문단 경계는
확연하다.

〈표 1〉 머리말 정보

구분 / 연도	제 목	머리말 명칭	대문 수 [문단] 수	수정 (안)	문장 수	첫 문단	끝 문단	1문장 1문단	비고
1962	周易字句索引	初版 序文	6	6	6	1	1	6	
1972	국문 영문 해설 역주 훈민정음	초판 서문	5	6	7	1	1	3	
1974	訓民正音의 構造原理	自序	[10]	8	20	2	2	2	
1976	正易硏究	自序	[8]	6	17	5	1	3	
1978	周易字句索引	改訂版 序文	2	6	8	7	1	1	
1980	周易正義	自序	[12]	8	38	5	1	2	
1981	學易簒言	自序	[11]	8	41	5	1	2	
1983	국문 영문 해설 역주 훈민정음	개정판 서문	[6]	6	12	3	2	2	
1984	正易과 一夫	自序	[11]	8	18	1	2	6	
1985	回想ㅈ 〈새벽이슬〉	序	[6]	6	18	2	5	1	
1987	원문대조국역 주해 정역	서문	[5]	6	9	2	1	2	
1990	周易字句索引	改訂 三版 序文	[8]	6	14	1	1	4	
1990	正易字句索引	序文	5	6	9	1	1	2	
1991	第三의 易學	自序	[8]	6	16	2	1	2	
합계			103	92	233	38	21	38	
평균			7.4	6.6	6.6	2.7	1.5	2.7	

위 〈표 1〉에서 중요한 실마리 여섯 가지를 얻을 수 있다. 저서 제목의 간명성, 머리말의 갈래 특성, 문단의 실제성, 문장 분포의 암시성, 지면 공간 분할의 적절성, 첫 끝 문단의 기능성을 주목할 만하다.

첫째 학산의 저서 제목은 간명하다. 5개 어절을 초과하지 않는다. 특히 연구 저서 제목은 두 어절 구조로《訓民正音의 構造原理》《正易研究》《周易正義》《正易과 一夫》《第三의 易學》이 좋은 보기이다.《국문 영문 해설 역주 훈민정음》《원문대조 국역주해 정역》이 5개 어절이지만 의미로는 '국영문 역해 훈민정음' '원문대조 국역주해 정역'처럼 3개 어절로 읽힌다. 이런 제목은 한국어 기본 문형과 일치한다.[4] 이는 저술 제목의 보편성이라 하겠다.

둘째 학산은 머리말 용어를 '序文 · 서문 · 自序 · 序'로 구분해 썼다. '序文'은 편저의 동기와 방법을 기술했다. '서문'은 국문 영문 해설 역주 저술에 붙였다. '自序'는 탐구의 목적과 주장을 개략적으로 폈다.[5]

---

4) 고영근 · 구본관, 우리말 문법론(집문당, 2008) 271쪽.
5) 영어권의 '머리말'은 네 가지 갈래 Foreword, Introduction, Preface, Prologue로 나뉜다.
   Foreword 해당 영역 전문가, 유명 작가 또는 평론가가 해당 책에 대해 서술한 담문.
   Introduction 논픽션에서 주로 쓰이며 작가가 주요 내용을 요약, 정리, 소개하는 담문. 학술서의 첫째 장이 Introduction인 경우도 있음.
   Preface 학술서의 저자가 저술 동기, 연구 및 기술 방법을 서술한 담문.
   Prologue 작가가 작품을 이해하는 데 도움이 될 만한 정보를 제공하는 담문.
   다음 학술서 맨 앞에는 Preface가 쓰였다. 다만《영어의 구조》는 본문 1장을 Introduction으로 기술했다.
   Irving M. Copi / Carl Cohen, LOGIC (Macmillan Publishing Co. 1994): Preface
   Fries, THE STRUCTURE OF ENGLISH (1951): Preface 본문 I. Introduction
   BROOKS and WARREN, Modern Rhetoric (1979): Preface
   Four Classic American Novels (The New American Library, Inc. 1969): Introduction
   DE MAUPASSANT, THE STORIES OF Guy de Maupassant (RANDOM HOUSE,

'序'는 순직한 막내아들 도안법사의 회상 담문에 놓았다. 그래서 머리 말 명칭과 개념을 일치시켰다.

셋째 학산은 저서의 성격에 따라 문단 조직을 달리 했다. 문단 구 조는 6·8·10·12개 짝수 문단이 뚜렷하다. '2·6·8·10·12' 짝 수 머리말이 9편이고, '5·11' 홀수 머리말은 5편이다. 전체 문단이 103개로 홀수이기는 하지만 9/14로 64.2퍼센트가 짝수 문단이다. 특 히 본격 연구물의 머리말 문단 개수는 짝수이고, '해설·찬언·헌사' 를 겸한 저술은 홀수 문단으로 구성되었다. 연구물《訓民正音의 構 造原理》《正易研究》《周易正義》《第三의 易學》은 '10·8·12·8' 개 짝수 문단 구조이고,《국문 영문 해설 역주 훈민정음》《學易籑 言》《正易과 一夫》《원문대조 국역주해 정역》《正易字句索引》은 '5·11·11·5·5'개 홀수 문단 구조이다. 그래서 초기 실제의 대문 이 후기 실질의 문단으로 발전하면서 짝수를 지향한 원리를 도출할 수 있다.

넷째 학산의 문장 분포에서도 공통점을 찾을 수 있다. 한 편에 6개 문장에서 41개까지 퍼져 있지만 짝수가 9편이고 홀수가 5편이다. 특 이한 현상은 9개 짝수 문단에 5개 홀수 문단이었던 것처럼 문장 개수 도 짝수 대 홀수가 9:5이다. 짝수 문단이 짝수 문장으로 호응했다. 다 만《正易研究》는 8개 문단에 17개 문장이고,《正易과 一夫》는 11개 문 단에 18개 문장으로 예외였다. 따라서 학산의 머리말 문장 분포에서 도 짝수 지향 원리를 뒷받침할 수 있다.

1945) : Introduction
Introduction은 책의 본문으로 여겨져 Introduction부터 아라비아숫자로 쪽수를 달 고 Preface의 경우는 로마숫자로 표기한다.

다섯째 한국 근대 담문의 형식 특성은 문단 형태에서 찾을 수 있다. 담문을 지면에 기술할 때 문단은 주제에 따른 지면 공간 분할과 깊이 관련된다. 문단의 소주제를 드러내기 위해서는 일정한 공간을 필요로 한다. 그래서 사고는 반드시 공간에 주제를 담는다. 예컨대 보도기사는 A4 한 장 지면 공간을 6등분해서 소주제를 배치하면 최적의 형태를 갖춘다. 이른바 육하원칙의 개념이 각 소주제의 핵심어인 까닭이다. 이를 구체적으로 말하면 10호 활자로 1600자, 20개 안팎의 문장, 6개 문단 구조를 뜻한다. 위 〈표 1〉의 '수정(안)'에서 2와 5의 홀수 대문이 6개 문단, 11개 대문이 8개 문단으로 분석되는 까닭이 여기에 있다. 그래서 학산의 머리말에서 주제와 공간에 맞는 짝수 지향 원리를 도출할 수 있다.

여섯째 첫 문단과 끝 문단은 특성이 뚜렷하다. 첫 끝 문단은 홀수 문단과 홀수 문장이 두드러졌다. 첫 문단 문장 개수가 끝 문장 개수보다 많았다. 그래서 담문의 머리가 크고 꼬리가 작은 모습과 일치했다.[6]

이러한 머리말의 지면 공간 분할과 관련된 짝수 지향 원리가 오늘날의 머리말 형식에도 스며들었다. 한국의 대표적인 저술 머리말이 짝수 문단 형태임이 이를 말해 준다.[7] 학산의 머리말을 주목해야 하는 까닭을 좀더 깊이 살필 차례가 되었다

---

6) 최명환, 〈글쓰기 원리 검증〉 《어문학보》 제38집(강원대학교 사범대학 국어교육과 2017) 324쪽. "모든 담문의 첫문단이 끝문단보다 커야 하는가?" 묻고, 서론을 펴고 본론을 요약해야 하는 결론이 서론보다 간략해야 하는 이유도 밝혀진 셈이다.

7) 최현배, 우리말본(정음사, 1935), 6개 문단
조윤제, 국문학사(동방문화사, 1948), 12개 문단
이홍우, 교육과정탐구(박영사, 1977), 4개 문단
이기백, 한국사신론(일조각, 1990), 6개 문단
조동일, 한국문학통사(지식과산업사, 1982), 10개 문단

3. 머리말 살펴읽기

학산은 머리말에서 담문의 형식과 내용의 성격을 분명히 밝혔다. 형식은 전통을 계승했고, 내용은 저술의 목적을 잘 드러냈다. 머리말 14편 가운데 대표성을 띤 4편의 출간 연도에 따라 본문을 들고 담문 형식을 개요로 간추린 다음, 주제의 스밈과 드러냄을 밝혀 보겠다. 인용하는 머리말 문단 앞머리에는 괄호일련번호, 문장에는 원숫자 일련번호를 붙인다.

1) 〈序文〉《周易字句索引》(初版)

(1) ① 古典을 硏究함에 있어서 原文의 索引이 緊要하듯이 《周易》을 연구함에 있어서도 그 一字一句의 索引이 切實히 要求된다.

(2) ② 例를 들면 《周易》에 '乾'字나 '利涉大川'같은 句가 어디 어디에 配置되어 있으며 그 頻度는 어떠하며 어떠한 경우에 쓰여져 있는가를 알고자 할지라도 一字一句의 索引없이 즉석에서 완전히 알기는 容易치 않다.

(3) ③ 이러한 不便을 느껴오던 編者는 연구의 틈을 타서 비교적 長時間에 걸쳐 노력한 結果 지난 丁酉年(1957) 가을에야 이 字句索引의 草稿를 마치고, 이래 同志者 가운데 극히 좁은 범위에서 利用을 하여오던 중 금번 忠淸大學校 硏究費內의 出版費 一部를 얻어 上梓하게 된 것을 기쁘게 생각한다.

(4) ④ 본시 索引은 정확한 原文과 치밀한 檢索과 정밀한 校正을 要하는 것으로서 編者의 노력이 과연 어느 정도 疏漏를 면하였을지 두

려워하며 未備한 점은 江湖諸賢의 叱正을 기다려 점차 보완하고자 한
다.

(5) ⑤ 이 小冊이 《周易》을 연구하는 同志에게 약간의 도움이 될 수
있다면 다행으로 생각하는 바이다.

(6) ⑥ 끝으로 이 索引을 印刷함에 있어서 筆寫와 整理와 校正의 勞
를 아끼지 않은 同校 哲學科 助敎 申東浩君과 同 古典演譯會 硏究員
權寧遠君에게 깊은 謝意를 表한다,

壬寅(1962) 十二月 日

編者 識

[개요 1] 〈序文〉《周易字句索引》(初版)

단락	문단	문장	소주제	핵심어	비고
I	(1)	1	색인의 긴요성	긴요성	목적
	(2)	1	색인의 용이성	용이성	
II · III	(3)	1	초고 마침	초고	방법
			상재의 기쁨	기쁨	기쁨
IV	(4)	1	미비 보완	보완	보완
V	(5)	1	동지에게 도움	도움	기여
VI	(6)	1	교정자에 사의	사의	감사
합계	6	6			
평균					

학산 최초의 저술인 《周易字句索引》 〈序文〉은 몇 가지 특성이 엿보
인다. 6개 문장에 출간 목적과 보급 의도를 담았다. 겉으로 6개 대문
형식, 속으로 6개 소주제이다. 문단을 조직하지 않고, 소주제를 문장
으로 드러냈다. 소주제가 분리되기도 했고, 한 문장에 개념이 둘인 경

우도 있다. 6개 문장으로 머리말의 형식을 콕 집고[8], 이후 머리말에서
는 이런 형식을 줄이기도 늘이기도 했다.

[개요 1]에서 학산 머리말의 핵심 개념을 짚을 수 있다. 핵심어가 소
주제에서 나왔고, 소주제가 실제문단의 중심문장이면서 핵심 개념이
다. 이 〈序文〉을 학산 머리말의 원형이라고 한다면 이후 머리말은 이
를 확장하거나 변용했다고 보아야겠다. '8 · 10 · 12'가 확장 구조이고,
'2 · 5'는 일탈이며, '11'은 변형으로 볼 수 있기 때문이다. 특히 '2 · 5'
문단 구조는 의도적 일탈로 보인다. 2개 문단 구조는 음양, 5개 문단
구조는 5행 원리를 실행하고 적용했다고 추론해 볼 수 있기 때문이다.

《周易字句索引》초판 머리말은 문단 조직 원리와 담문 구성 관점에
서 고쳐 써야 하는 이유가 분명하다. 원문의 6개 문장은 [개요 1]처럼
분석된다. 따라서 응집 원리에 근거하여 머리말 구조를 갖출 필요가
있다. (1) · (2)의 긴요성과 용이성은 연구 필요성으로 저술 목적이다.
(2)문장의 '例를 들면'이 앞 소주제문의 보조문장임을 뒷받침한다. 원
문 (3)문단은 초고 완성과 상재의 기쁨이 서로 다른 개념이므로 분리
조직해야 맞다. 이렇게 (1) · (2)문단을 머리말 첫 문단 연구 목적으로
앞에 놓고, 둘째 문단은 긴 시간에 걸쳐 초고를 완성한 연구 과정으로
방법을, 셋째 문단은 출간하게 되어 기쁜 소감을, (4)문단에서 보완을
기약하고, (5)문단에서 역학도에 도움이 되기를 기대하며, (6)문단에
서 고마운 분들을 기억하면 머리말의 형식을 갖춘다.

---

8) 최현배의 《우리말본》(1935) 초판 〈머리말〉은 16개 짝수 문장을 6개 짝수 문단으로
구성했다. 핵심어는 (1) 문화활동 (2) 문화건설 (3) 말본연구 (4) 연구방법 (5) 간
행의미 (6) 지원감사 등이다. 이 머리말도 (1) · (2) · (6)문단은 한 문장이 한 문단
구실을 했다. 1971년 '네번째 고침 펴냄'에 실린 머리말 끝 문단은 들여쓰기가 안
된 상태다.

학산은 이러한 여섯 가지 소주제의 핵심어를 중심으로 주제를 드러
냈다. 주역 자구 색인의 성격을 ① 목적 ② 방법 ③ 기쁨 ④ 보완 ⑤ 기
여 ⑥ 감사 등의 핵심어로 밝혔다. 그래서 6개 핵심어를 중심문장으로
삼아 대문 구실을 맡겼다. 문단의 형식 요건을 중심문장으로 간명하
게 진술한 까닭이다. 이들 핵심어는 이후 머리말의 근간이 되었다. 여
기서 문단 관련 용어 개념을 정리하고 넘어가야겠다.

대문이란 용어는 3차 국어과 교육과정(1973)에 도입되었다가 4차
(1981)에 문단이란 용어로 바뀌었다. 이후 문단이란 용어가 국어 교
과에 정착되었다고는 하지만, 사회에서는 대문이란 용어가 쓰이고, 문
단과 단락은 혼용되어 왔다. 사전은 대문을 ① 주해(註解)가 있는 책
의 본문, ② 이야기나 글 따위의 특정한 부분으로 풀이한다. 문단은 긴
글을 내용에 따라 나눌 때, 하나하나의 짧은 이야기 토막으로 설명한
다. 단락은 ① 일이 어느 정도 다 된 끝, ② 긴 글을 내용에 따라 나눌
때, 하나하나의 짧은 이야기 토막이라고 설명한다.

이러한 용어 설명을 읽어 봐도 뜻이 명쾌하지 않다. 이제 세 용어의
개념을 분명히 해서 사용할 필요가 절실하다. 대문은 현실적으로 소
통, 유통되는 실제문단을 가리키고, 문단은 소주제를 드러내는 중심문
장과 보조문장의 응집 토막을 일컬으며, 단락은 문단보다 더 큰 구성
단위로 구별해 쓰면 용어 혼란을 막을 수 있다. 단락의 큰 구성단위란
서사 담문의 '발단 전개 절정 결말'의 4단이 여기에 해당한다.[9] 그러면
단락의 ①번 풀이, 일이 어느 정도 다 된 끝과도 일치한다.

---

9) 최명환, 담문 평가의 원리, 211-212쪽.

2) 〈서문〉《국문 영문 해설 역주 훈민정음》

(1) ①《훈민정음》이 제작 된지도 五百여 년, 그 원본의 모습을 전한
다고 생각되는 해례본(解例本)이 발견된 지도 어언 三十여 년이 지났
으나, 겨레의 지보(至寶)라고 할 이 책이 아직도 해외에 널리 번역 소
개되지 않은 것을 유감으로 생각한다.

(2) ② 필자는 본시 어학자도 아니요, 전문가도 아니다. ③ 그러나
이《훈민정음》속에는 지극히 고명(高明)하고 무한히 심원(深遠)한
역리(易理)가 흘러 있기에, 언젠가는 이것을 소개하여 우리 겨레는 물
론, 온 누리의 뜻을 같이 하는 이들과 함께 음미하여 보고자 하는 일념
이 있었다.

(3) ④ 때마침 국립중앙도서관 안에 있는 한국도서관학연구회에서
그 문화 교류사업의 일환으로《훈민정음》을 해외에 소개하려는 의도
가 있어 본인에게 그 역주(譯註)를 의뢰하여 왔으므로, 평소에 생각하
던 바도 있고 하여 비박(菲薄)과 천식(淺識)을 무릅쓰고 붓을 들게 되
었다. ⑤ 따라서 조예의 부족과 이해의 불충분으로 인하여 정음의 원
뜻을 완전히 전달하지 못하였을지도 모르는 일인즉, 이러한 점은 강
호제현의 교시를 기다려서 점차 보완하고자 한다.

(4) ⑥ 독자의 편의를 위하여 권두에 해례본의 내용에 대하여 〈해
설〉을 붙이고, 말미에 그 원문을 영인하여 첨부하였다.

(5) ⑦ 끝으로 이 책이 나오도록 선정(選定) 주선하여 주신 국립중
앙도서관 도서관학연구회 전 회장 이창세(李昌世)씨와 그 사업을 계
속 추진하여 주신 전 회장 구본석(具本錫)씨 그리고 현 회장 이상규
(李尙圭)씨를 위시하여 동 이사 제위와, 해례본의 영역을 맡아주신 안

호삼(安鎬三) 선생과, 〈해설〉을 영역하여 주신 정일우(J. Daly) 신부께 깊은 감사를 드리는 바이다.

1972년 1월 20일

저자 씀

[개요 2] 〈서문〉《국문 영문 해설 역주 훈민정음》

단락	문단	문장	소주제	핵심어	비고
I	(1)	①	'정음'이 외국에 알려지지 않아 유감	유감	목적
II	(2)	②③	소개 음미의 일념	일념	방법
III	(3)	④	한국도서관학연구회가 역주 의뢰	역주	기쁨
IV	(4)	⑤	교시로 점차 보완	보완	보완
V	(5)	⑥	해설에 원문 영인 첨부	해설영인	기여
VI	(6)	⑦	출간 영역 지원에 감사	감사	감사
합계		7			
평균					

《국문 영문 해설 역주 훈민정음》〈서문〉은 실제 대문과 실질 문단을 구분할 필요가 있다. 이 〈서문〉은 5개 대문으로 조직했으나 소주제가 6개이다. 실제 (3)대문 ④번 문장의 소주제는 역주 의뢰이고, ⑤번 문장은 보완 약속이기 때문이다. 따라서《국문 영문 해설 역주 훈민정음》〈서문〉은 6개 실제 대문으로 고쳐 써야 한다. 앞에서 5개 문단 구조를 일탈로 해석한 까닭이 여기에 있다.

[개요 2]의 소주제 (1)은 훈민정음이 외국에 번역 소개되지 않은 유감 표명이다. 이 책을 펴내야 하는 목적을 달리 표현했다. (2)의 ②·③번 문장은 훈민정음 보급 일념으로 그 가치를 평가한 접근 방법이

다. (3)의 ④번 문장 역주 의뢰는 연구 결과로서의 기쁨을 뒷받침한다.
(4)의 ⑤번 문장 보완 의지는 자신에게 의무이고, 독자와의 약속이다.
(5)의 ⑥번 문장은 해설과 영인 첨부로 파급효과를 극대화하기 위한
기여 전략이다. (6)의 ⑦번 문장은 출간 지원과 영역자에 대한 감사
표시로 머리말 말미의 관용적 겸사이다.

이러한 [개요 1 · 2]의 핵심어와 소주제 진술 방식은 학산의 머리말
형식의 공통점으로 귀납할 수 있다. 색인과 해설의 갈래 특성을 살리
고, 핵심을 짚어 주제를 선명히 드러낸 전략 의도였을 것이다. 다만 중
심문장을 보조문장이 뒷받침하지 않아 실제의 대문에 머물고 실질 문
단으로 조직하지 않은 까닭은 당대의 기술 문화 관행으로 해석된다.

현실적으로 한 개 문장이 한 개 문단 구실을 하는 실제 대문의 전통
은 뿌리가 깊다. 이각종의 《실용작문법》 머리말 〈설대(舌代)〉는 6개
문장 4개 대문이고, 최현배의 《우리말본》 〈머리말〉은 16개 문장 6개
대문인데, 1950년 〈고친 박음 머리에〉는 6개 문장 4개 대문이다. 특히
머리말 첫 대문을 한 문장으로 진술하는 방식은 2000년대까지 이어져
왔다.[10] 학산은 첫 〈序文〉을 6개 문장으로 진술하고, 두 번째 〈서문〉은

---

10) 다음 저술의 머리말 첫 외톨이 문장이 1대문으로 진술되었다.
  이각종(1910), 《실용작문법》 (박문서관) 〈설대(舌代)〉
  최현배(1935), 《우리말본》 (정음사) 〈머리말〉
  조윤제(1948), 《국문학사》 (동방문화사) 〈서문〉
  국어연학회(1956), 《국어정화교본》 (한미문화사) 김법린의 〈추천사〉, 최규남의
  〈권려문〉, 문봉제의 〈권두사〉, 국어연학회의 〈서문〉 모두 첫 문장을 외톨이로 진술
  하였다.
  정범모(1966), 《발전의 서장》, (배영사) 〈서문〉
  소광희(1979), 《논리와 사고》 (이화여자대학교 출판부) 〈머리말〉
  권재일(1985), 《국어의 복합문 구성 연구》 (집문당) 〈머리말〉
  위기철(1992), 《논리야, 놀자》 (사계절) 〈이 책을 읽는 독자들에게〉

7개 문장으로 한 개 문장을 늘였으며, 세 번째에 20개 문장을 10개 문단으로 조직하여 실질 문단으로 확장하였다.

3)〈自序〉《訓民正音의 構造原理》

(1) ① 筆者는 去年 國立中央圖書館 圖書館學研究會(當時 會長 李昌世 館長)의 委囑을 받아서 對外文化交流의 一環으로《訓民正音》을 譯註하고 아울러 그 大體的인 解說을 쓴 일이 있다(《해설 역주 훈민정음》參照). ② 그러나 이 解說은 어디까지나《正音》을 읽는 이를 위하여 그 올바른 指針을 밝히는 데 不過하였으므로 이제 이 책에서는 그 內容에 있어서 若干 詳細한 構造的 探究를 試圖하여, 讀者로 하여금 正音이 文字로서 至極히 優秀함과 동시에 거기에는 成立 以前에 이미 거룩한 利用厚生의 自主的 精神이 깃들어 있으며, 그 精神的 背景에는 濟世安民을 目標로 하는 普遍的 眞理인 性理學的 窮極原理가 歷歷히 觀照되어 있음을 想起케 하였다.

(2) ③ 上篇에서는 世宗大王의 愛民愛族하는 實學精神, '正音' 創制에 決定的인 寄與를 하였다고 볼 수 있는《性理大全》의 傳來經緯와 그에 對한 研究, 大王을 中心으로 한 集賢殿學士들의 易理 講磨, 大王의 易學, 象數와 義理, 理論의 應用과 實踐, 二十八字의 構想, '象形而字倣古篆' 等에 對하여 言及하였으며, 下篇에서는 二十八字 하나하나에 對한 制字起源과 各字가 지니고 있는 哲學的 意義를 밝히고,《正音》

정재도(2005),《우리말의 신비 'ㄹ'》(지식산업사)〈머리말〉
김용옥(2006),《논술과 철학 강의》(통나무)〈서언〉

을 綜合的으로 考察할 때 '正音'이 縱橫과 調和의 原理로 되어 있음이 《周易》이 陰陽과 太極의 理致로 되어 있음과 그 揆를 같이함을 論하고, 아울러 그 까닭은 正音의 全體的 構造原理가 바로 易의 構造原理에 立脚하였으며 그 制字의 起源도 易의 太極 兩儀 三才 四象 五行 八卦 等의 原理를 應用한 것이기 때문이라 하였다.

(3) ④ 世間에는 往往 大王이 漢字古篆, 印度梵字, 西藏文字, 蒙古八思巴文字, 其他 西域文字 等을 본따서 만들었다느니, 또는 우리나라 古來의 神代文字를 整理하여 만들었다느니, 심지어는 窓살과 門고리의 모양에서 發想하여 만들었다느니 하는 이가 있었고, 最近에도 識者間에는 正音의 易理由來를 疑心하는 동시에 그 頒布 當時의 가장 信憑할 만한 〈正音解例〉에 對하여도 《訓民正音》의 制作과는 달리 當時 流行하던 性理學的 理論으로 巧妙히 體系化하고 合理化하여 朝野와 中外에 正音 制作을 反對하던 固陋한 무리들을 納得시키기 爲하여 事後造作한 것이라고 하는 이가 있다.

(4) ⑤ 그러나 이것은 所謂 解例本을 일찍이 보지 못한 過去人의 臆測이 아니면 읽어 본 사람일지라도 미처 깊이 그 淵源과 精義를 살피지 못한 이의 그릇된 判斷이라고 짐작된다. ⑥ 果然 오늘날 西方에서는 現代最新의 科學技術을 動員하여 精密한 實驗을 한 結果 '正音'의 制字起源이 解例本에서 말하는 易理와 完全히 一致할 뿐 아니라 나아가서는 '正音'의 原理야말로 世界萬邦의 言語表記에 構造的 客觀性과 普遍的 一致性을 賦與할 可能性을 內包하고 있음이 속속 認識되어가고 있는 實情이다.

(5) ⑦ 그러므로 '正音'을 研究함에 있어서는 在來 語學的 音韻論 一邊倒의 傾向에 그칠 것이 아니라 더욱 視野와 眼界를 넓히고 높여서

本來的인 正音創制 精神에 立脚하여, 우리가 밥을 먹고 물을 마시듯이 말을 하고 글을 쓸 수 있는 그 根本的 構造에 著眼하여, 마치 天地自然 속에는 天地自然의 소리가 있어서 그에 應하는 天地自然의 文彩가 있듯이, 人間의 生活에도 人間固有의 言語가 있고 그에 應하는 人間特有의 文字가 있음을 생각하여 그 自然的 神祕性과 構造的 精妙性을 마음 깊이 느껴야 할 것이다.

(6) ⑧ 진실로 正音은 天地自然의 理致에서 나서 人間 萬事의 致用을 다하는 이른바 開物成務의 구실을 하는 人類의 보배요 우리의 자랑이다. ⑨ 그것은 天地自然의 理致를 실은 易에서 나서 다시 天地自然의 理致를 歸藏한 一種의 易이 되는 것이다. ⑩ 그러므로 筆者는 《正音》의 構造的 成立을 易理에서 찾고, 그 易理에서 나온 《正音》의 構造를 通하여 다시 未發的 易理를 찾으려 하였다. ⑪ 이것이 下篇 以下의 〈易學的 意義〉이며, 初聲 中聲의 〈平面圖〉〈立體圖〉이며, 나아가서는 〈訓民正音圖〉의 哲學的 意義로 나타난 것이다. ⑫ 이것은 一種의 試圖이요, 《正音》 研究者를 爲한 他山之石이 되기 爲하여서다. ⑬ 讀者 諸賢의 理解가 있기를 바라는 바이다.

(7) ⑭ 大抵 《訓民正音》은 그 價値에 있어서 民族의 자랑이요 人類의 至寶이다. ⑮ 그러나 그 原本이 燕山의 虐政으로 因하여 五百年 동안 湮滅되었기 때문에 過去의 많은 學者들이 그 制字起源조차 確實히 알지 못하였고, 그 中 有數한 正音學者들도 音韻上으로는 比較的 精論을 펴고 있으나 그 制字의 構造的 原理에 關하여는 五百年來 空白이라 하겠다. ⑯ 筆者가 淺學菲薄으로 敢히 그 構造原理를 論하게 된 것은, 하나는 上述 '해설 역주'에 이어 보다 詳密한 理論體系를 構築하기 위해서요, 또 하나는 《訓民正音》의 構造的 哲學的 裏面, 特히 그 自

然的 人間的 窮神知化와 利用安身을 推究하려는 앞날의 正音學者에게 若干이나마 可能한 寄與를 하기 위해서다.

(8) ⑰ 이 책을 씀에 있어서 恒常 그 理論的 根據가 되어 준《周易》과 《正易》과 〈正音解例〉의 作者에게 삼가 無限한 敬意를 表하는 바이다.

(9) ⑱ 끝으로《해설 역주 훈민정음》(國·英文)과 이 책을 쓰도록 自初至終 격려와 産婆의 勞를 아끼지 않았고, 다시 現下諸般 難關을 不顧하고 欣然히 이 책의 上梓를 맡아 주신 亞細亞文化社 李昌世 社長의 嘉意에 깊이 感謝한다.

(10) ⑲ 讀者의 便宜를 위하여 末尾에《訓民正音》原本의 影印과 그 國譯을 附錄으로 붙여 놓았다. ⑳ 다만 이 原本의 卷頭 二張은 이미 亡失되었으므로 御製《訓民正音》序文에 該當하는 부분은《世宗實錄》에서 模寫하고, 그 本文에 해당하는 부분은 解例本에서 集字하여 原本의 모습에 가깝도록 하였음을 附言하여 둔다.

1974년 9월 6일

東岑書室에서

著者 識

[개요 3] 〈自序〉《訓民正音의 構造原理》

문단	대문	문장	소주제	핵심어	비고
I	(1)	2	역주에 이은 구조적 탐구	구조적 탐구	보완
II	(2)	1	실학정신과 구조원리	구조원리	목적
III	(3)	1	정음 창제 이설 비판	모방설	방법
	(4)	2	과학적 객관성과 일치성	검증결과	
IV	(5)	1	정음의 신비성과 정묘성	신비정묘	기쁨
	(6)	6	역리 철학적 의의	타산지석	

V	(7)	3	이론체계 구축	연구기여	기여
	(8)	1	원전 작자에 대한 경의	역저경의	경의
VI	(9)	1	출판인에 대한 경의	경의	감사
	(10)	2	원본영인 및 해례집자	편찬방법	방법
합계		20			
평균		2			

비교언어학자라면 세계에서 가장 크게 영향을 미친 저서로《訓民正音의 構造原理》를 꼽아야 한다. 정음 창제와 관련하여 역사, 철학, 어학 관점에서 고증, 분석, 예증한 기술에 경탄하지 않을 수 없기 때문이다. 15세기《訓民正音解例》를 20세기에 정음의 구조 원리로 풀이해 연구의 지평을 넓혔다. 그래서 '해례'에 관한 막연했던 이해 수준을 분석과 논증의 세계로 견인하여 창조학의 발판을 마련하였다.

1975년에 출간된《訓民正音의 構造原理》는 한문으로 된 원문을 독해와 이해의 층위에서 비교와 검증의 방법으로 바꾸어 놓았다. 이성구, 강신항, 박창원, 안병희, 김슬옹이 학산 이후의 정음학을 더욱 빛낸 배경이다[11]. 최명환은 문자 창제 원리를 글쓰기 원리로 전환하여 시비학과 자주학에서 창조학의 가능성을 탐색하였다[12] 그럼에도 글쓰기와 관련하여 해례에 보인 해설과 고시의 표현 원리는 아직도 창조의 탐구자를 기다리고 있을 뿐이다.

---

11) 이성구《훈민정음해례의 철학사상에 관한 연구》(명지대학교 박사학위논문 1984)
  강신항《훈민정음연구》(성균관대학교 출판부, 1987)
  박창원《훈민정음》(신구문화사, 2005)
  안병희《훈민정음연구》(서울대학교출판부, 2007)
  김슬옹《세종대왕과 훈민정음학》(지식산업사, 2010)
12) 최명환, 《글쓰기 원리 탐구》(지식산업사 2011)

이러한 [개요 3]을 훑어보고 연구자는 의문을 품지 않을 수 없다. 20개 문장이 10개 대문으로 배치되었기 때문이다. 한 문장 한 문단 구실을 한 실제대문이 5개나 된다. 첫 저서 머리말을 쓴 뒤 12년이 흘렀으나 외톨이 한 문장을 한 대문으로 진술하는 방식은 바뀌지 않았다. 이 머리말은 10개 대문으로 구성되었지만 실질문단은 6개이다. (1)대문에서 보완의 소주제를 앞으로 끌어냈다. (2)대문의 소주제 핵심어가 구조 원리이고, 목적이다. (3)대문에서 모방설을 비판하고 (4)대문에서 대안 탐색으로서 정음의 객관성을 과학적으로 검증하여 (5)대문에서 신비성과 정묘성을 깨달아 (6)대문에서 철학적 의의를 터득하기에 이른다. (7)대문에서 이론 체계를 구축하게 되자 (8)대문에 이르러 원전 작자에 대해 경의를 표현하고, (9)대문에서 출판인에 대해 감사했다. 그리고 (10)대문에서 편찬 방법을 덧붙였다.

이렇게 6개 문단으로 다시 구성해야 하는 까닭이 머리말 요소 순서인 소주제 배치 때문만은 아니다. (1)대문은 보완의 성격을 천명했다. (2)대문은 저술의 성격과 목적이다. (3)·(4) 대문의 중주제[13]는 방법이며, (5)·(6) 대문의 중주제는 발견의 기쁨, (7)대문이 기여, (8)·(9) 대문이 경의와 감사로 구성되었다. 머리말 요소의 배치 순서는 달라졌지만 의도는 더욱 명료해졌다.

첫 대문에서 이 저서의 핵심 명제 보완의 성격을 제시했다. (2)대문 끝의 '-기 때문'은 앞뒤 대문의 긴밀성을 나타냈다. (3)·(4) 대문의 과학적 방법을 (5)대문이 접속어 '그러므로'로 받아 과학과 철학의 논

---

13) 최명환, 앞 논문 33쪽. 문단의 핵심 개념은 중심문장에 들어 있고, 이를 소주제로 부르는 것처럼 단락의 핵심 개념을 나타내는 용어로 중주제를 써 문단의 소주제와 단락의 중주제를 구분하였다.

리적 연결을 꾀하였다. 주역 원리를 과학적 방법으로 논증하여 정음의 학제적 관련성을 높였다. 이런 배경에서 모음 'ㅣ'를 사람이 하늘과 땅의 양면을 모두 포함한 영육쌍전(靈肉雙全)의 인격주체라고 볼 수 있게 되었다. 그래서 율곡이 말한 것처럼 세종은 제례작악(制禮作樂)한 성인으로 정음을 창제하였다는 결론에 이르게 된다.[14]

[개요 1 · 2 · 3]으로 학산 머리말 '序文 · 서문 · 自序' 공통 개념이 6개 명제임을 밝힐 수 있게 되었다. 그런데 학산의 머리말 형식과 내용을 좀더 깊이 들여다보려면 '序'까지 살펴야 한다. 회상 담문《새벽이슬》〈序〉는 형식을 채우고 내용이 넘치기 때문이다.

4) 〈序〉《새벽이슬》

(1) ① 새벽이슬과 저녁노을은 인생의 무상함을 말하는 것이라 하겠다. ② 到岸法師 東信은 알 수 없는 인연으로 잠시 우리 집에 태어나 실의와 역경에 시달리다가 부처님의 가피로 인생을 깨닫자마자 25세의 아까운 나이로 이 사바세계를 하직하였다.

(2) ③ 너는 보리를 얻어 피안에 도달하였다 하려니와 뒤에 남은 이 애비는 못내 허전하고 아쉬움을 견디기 어려워 밤으로 낮으로 너의 어렸을 때 자라나던 모습을 눈앞에 그려보고 안타까운 마음을 이기지 못하여 여기 〈새벽이슬〉의 짧은 글을 써서 너의 영전에 이바지한다.

(3) ④ '새벽이슬'과 '저녁노을'은 다 네가 생전에 즐겨 쓰던 문구이다. ⑤ 前者는 향적산 국사봉에서 얻은 詩에서이고, 後者는 日本에 갔

---

14) 이동준. 한국사상의 방향 : 성찰과 방향(유교문화연구소, 2011), 131쪽.

을 때 東京都市高速道路 상에서 고국을 바라보며 향수에 젖은 눈으로 적은 詩에서이다.

(4) ⑥ 그렇다! ⑦ 너는 새벽이슬같이 왔다가 저녁노을같이 사라진 것이다. ⑧ 이슬은 아침 해에 이내 마르고 하늘로 올라가서 엷은 구름 되었다가 저녁이 되면 잠깐 온 하늘을 화려하게 장식하곤 이내 그 자취를 감춘다. ⑨ 그래서 나는 朝露와 夕霞를 아낀다.

(5) ⑩ 이 작은 기록은 너의 짧은 생애를 내가 아는 대로 기억을 더듬어서 적어본 것이다. ⑪ 너와 나는 무슨 인연으로 이 세상에서 그렇게도 잠깐 만났다가 그렇게도 덧없이 헤어졌단 말이냐. ⑫ 세월은 짧았지만 그동안 지은 업은 두껍고도 무겁다. ⑬ 그 업의 소멸을 위하여 지은 대로 털어놓고 있는 대로 그려내어 지난 일을 회상하며 성찰하여 본 것이다.

(6) ⑭ 생각하면 너의 인생은 국사봉에서 시작되었다. ⑮ 해와 별과 달의 세 빛이 너의 머리를 감싼 후에 하늘의 지혜가 너를 여물게 한 것이다. ⑯ 생애는 짧았으나 正覺은 길다 하겠다. ⑰ 부처님 앞에 早晩이 어디 있으며 壽夭가 어찌 있으랴. ⑱ 슬픔을 억제하고 오직 너의 극락왕생과 常住佛土를 기원할 뿐이다.

乙丑 (佛紀 2529, 西紀 1985). 5. 18.

殉職後 164일에 父 鶴山 씀

[개요 4] 〈序〉《새벽이슬》

단락	문단	문장	소주제	핵심어	비고
I	(1)	2	도안법사 사바세계 하직	하직	순직
II	(2)	1	참척의 심정	안타까움	부성애

Ⅲ	(3)	2	도안법사가 좋아하던 문구	시구	염원
Ⅳ	(4)	4	이슬과 노을	자취	윤회
Ⅴ	(5)	4	업의 소멸을 위한 성찰	성찰	소멸
Ⅵ	(6)	5	극락왕생과 상주불토 기원	극락왕생	기원
합계		18			
평균		3			

1984년 12월 4일 학산은 71세에 막내아들 도안법사를 순직으로 잃었다. "밤으로 낮으로 너의 어렸을 때 자라나던 모습을 눈앞에 그려보고 애비의 안타까운 마음"을 적었다. 부성애(父性愛)의 진면목을 쏟아 아들의 영전에 이바지한 담문이《새벽이슬》이다. 학산은 참척의 비애를 '슬픔을 억제하고 …극락왕생과 常住佛土를 기원할 뿐'이라고 적었다.

〈새벽이슬〉의 〈序〉는 다른 머리말 성격과 다르다. 학산은 도안법사의 순직을 육신의 인연과 부처의 가피를 사바세계와의 절연으로 해석했다. 법사의 성장 과정이 밤낮으로 안타까움을 더해 주어 도안의 전기를 쓰지 않을 수 없었다. 법사는 생전에 이슬과 노을을 읊고 일본 여행에서도 향수에 젖었다고 한다. 도안법사 동신에게 법명을 준 정무(正無) 스님은 그의 운명을 '도안(到岸)'에 함축시켰다고 보인다. 도안이 좋아한 문구가 이슬과 노을이었던 것처럼 그는 아침저녁의 순환을 윤회로 받아들였으리라. 그래서 업의 소멸을 위한 성찰로 극락왕생을 빌었다.《새벽이슬》을 서술한 목적과 방법, 도안법사의 염원과 철학, 학산의 소멸과 왕생 기원에서 〈序〉의 갈래 특성을 헤아릴 수 있다.

이 담문은 문장 배치가 놀랍다. 첫째 문단은 기사문의 2개 문장 전통을 이어받았다. 둘째 문단은 담문 구성의 전개 부분임에도 1개 문장으로 응축했다. 참척의 감정을 성리학적으로 승화시킨 증거다. 그래서 아침 이슬이 구름으로 피어나듯이 (3)문단에서 (6)문단까지 '2·4·4·5'개 문장으로 확장하여 극락왕생 상주불토에 이르렀다. 학산은 둘째 문단의 '안타까움'을 이 담문의 마지막 문장에서 단 한 번 '슬픔'이란 낱말을 씀으로써 '애비'의 품에 도안법사의 영혼을 품었다.

학산은 《새벽이슬》〈序〉에서 수사의 진면목을 보여 주었다. '동신(東信)'의 죽음을 세상 잣대로라면 당연히 순직으로 기술했겠지만, 유교 관점에서 '하직'을 선택함으로써 학산 철학에 기댔다. 첫문단의 사바세계를 가운데 단락에서 자취의 소멸에 이어 끝문단의 상주불토로 귀의할 수 있었다. 아버지가 쓴 담문을 아들 영전에 바치지 않고 '이바지'했다. 25년 생애를 아침이슬과 저녁노을에 빗댐으로써 윤회를 비유적으로 드러냈다. 그래서 짧은 세월 지은 업을 '두께'와 '무게'로 표현했다. 세월을 두께로 받아들였기에 안타까움을 더하고, 업을 무게로 느꼈기에 슬픔이 더욱 진하다. 학산은 이 담문에 종교, 철학, 언어, 수사의 화두를 넣고 끓여 학문적 숭고미와 인간적 비장미[15]를 걸러내었다. 그래서 〈序〉의 갈래 특성을 잘 드러내었다.

《새벽이슬》〈序〉는 머리말 요소와 어떻게 닿아 있을까? 순직을 기리기 위한 집필 동기가 목적이라면 학산의 부성애가 표현 방법이다. 도안법사의 염원은 이승을 향한 기여로 해석할 수 있다면 윤회에 이르는 깨달음을 보완으로 풀어해 소멸의 기쁨을 나눌 수 있을 것이다. 이 어찌 감사한 일이 아니겠는가.

---

15) 김학성, 한국고전시가의 연구(원광대학교출판부, 1980) 34쪽.

학산은 인연을 종교적으로, 운명을 철학적으로, 감정을 언어적으로 해석할 줄 아는 도학자이다. 그래서 머리말의 형식을 빛냈고, 내용을 무르익혔다.《새벽이슬》〈序〉가 감정을 이성으로 다스린 담문으로 평가받는 이유다.

4. 머리말의 핵심어 간추리기

핵심어(keyword)는 어떤 일이나 주제에 대해서 가장 중심이 되는 단어를 가리킨다. 학산의 머리말에는 4개 음절 한자어가 많고, 개념이 뚜렷하지만 복합 개념으로 4음절을 이루는 경우도 허다하다. 이런 단어들은 붙여 핵심어로 삼았다.

나머지 머리말의 간추린 핵심어를 〈표 2〉에 담았다. 이들 핵심어에서 문단 전개에 따른 공통점을 발견할 수 있다. 크게 처음 가운데 끝 문단으로 가름하면 6개 문단의 경우 처음은 (1)·(2), 가운데는 (3)·(4), 끝은 (5)·(6) 문단으로 자연스럽게 구별되었고, 8개 문단의 경우 (7)·(8), 10개 문단의 경우 (9)·(10)처럼 쌍짝 문단으로 확장되었다

〈표 2〉 머리말 각 문단의 핵심어

제목 \ 문단	周易字句索引初版	周易字句索引改訂版	周易字句索引改訂三版	국문영문해설역주훈민정음초판	국문영문해설역주훈민정음개정판	訓民正音의構造原理	正易研究	周易正義	學易纂言	正易과一夫	第三의易學	正易字句索引	원문대조국역주해정역
	序文	序文	序文	서문	서문	自序	自序	自序	自序	自序	自序	序文	서문
	1962	1978	1990	1972	1983	1974	1976	1980	1981	1984	1991	1990	1987
(1)	목적	비매품	회상사	유감	발견	궁극원리	방향시사	식민상황	變化의易	삼경	周易원리	긴요성	긴요성
(2)	방법	(절판)	(1000부)	소개일념	역학문헌	상하편제	연구부진	공부동기	易의理致	시경	設計意圖	기쁨	기쁨
(3)	기쁨	(기쁨)	환경	역주의뢰	기본원리	조작설	역주취지	탐구매진	예언서	서경	文王掛圖	보완	기쁨
(4)	보완	(보완)	목적	(보완)	번역자	객관성	본문해석	倒生逆成	지침서	역경	君子誕生	正易句解	난해
(5)	기여	(원본)	감사	해설영인	편찬방법	정묘성	시론	先難後易	반려자	역경중추	金火正易	기여	보완
(6)	감사	감사	수정보완	감사	감사	철학함의	감사	學易至難	탐구절실	易의위치	十五·十一言		연구분발
(7)			특장		기여		권영원	周易正易	생명말씀	易의발전	八旬里程		正易句解
(8)			기여		경의		헌정	易道大成	유리세계	행복약속	감사		등불기원
(9)					감사			周易意趣	내용편집	기쁨			기여
(10)					영인부록			정독필요	저자견해	편집의도			감사
(11)								일독권유	감사	감사			
(12)								감사					의산헌정

위 〈표 2〉는 머리말 핵심어의 의미그물이다. 선택된 핵심어는 다양

하지만 머리말의 형식성이라는 개념으로 묶고, 지향성이라는 원리로 풀이할 수 있다. 머리말의 구조, 서술 원리로 귀납하는 까닭이다.

[개요 1·2·3]에서 6개 핵심어를 뽑아내었다. (1) 목적 (2) 방법 (3) 기쁨 (4) 보완 (5) 기여 (6) 감사 등이다. 이와 달리 8개 문단은 특별한 인연을 기리기 위해서 2개 문단이 늘어났고, 10개 문단은 '(2) 가치'의 예증을 위해서 확장되었으며, 11개 문단인 《學易纂言》과 《正易과 一夫》는 새로운 용어가 필요한데다 4경 언급을 위해서였다. 12개 문단은 주역 용어 관련 언급으로 늘어났을 뿐이다. 결국 학산은 지면을 6등분하여 의미로 공간을 구성한 실제의 역학자였다. 규범을 실증할 실질의 역학, 실천할 문사를 기대하는 까닭이다.

5. 학산의 문체

문체란 언어에 깃들어 있는 개인의 성향이나 문장의 유형 등 표현의 독특한 양상을 가리킨다.[16] 특별히 시대나 작가에 따라 다르게 나타나는 특성을 일컫기도 한다. 학산의 문체에서 문화, 시대, 개성을 읽을 수 있는 까닭이기도 하다.

우리 문체는 세 번에 걸쳐 크게 바뀌었다. 훈민정음 창제는 획기적으로 문화의 전환을 이루었다. 한문문화에서 한글문화의 시대를 열었으나 일제 강점기에 굴절되었다가 광복을 맞아 어두운 시대를 청산할

---

16) 국어교육학사전(대교출판, 1999) 280~282쪽 참조.

수 있었다.[17] 한국전쟁 이후 영어의 영향도 받으면서 오늘날의 문체가 형성되었다.

학산은 1913년 출생해서 일본어로 수학하고, 한문으로 된 정역과 주역을 연구하였다. 한자와 일어 문체에 영향을 받을 수밖에 없었다. 다수 외음절어와 4음절 개념어가 한자어이고, 일어 관용 표현이 스며든 배경이다. 자발적으로 수용한 한문 문화는 계승되어 마땅하지만 국토와 언어 침탈로 이루어진 일어의 왜곡과 잔재는 청산 대상임에 틀림이 없다.

이러한 배경에서 학산의 문체는 서로 다른 세 가지 성질이 뚜렷하다. 우리말 구조가 바탕을 이루고, 한자어가 개념을 형성하였으며, 일본어 표현도 눈에 띈다. 한국어로 생활하고, 일본어로 교육받고, 한자어로 저술 활동을 해야 했으니 운명이었다. 단문이 생활언어를 보여주었다면, 장문은 학술언어의 발로였고, 단음절어와 4음절어가 한자어의 반영이었다면, 일본어의 관용적 표현은 교육환경에 무젖은 관습이었다고 해석된다. 이런 관점에서 한자어의 실태, 일본어 잔재, 문장 구조를 살펴볼 만하다.

1) 한자어 용례

한자의 영향을 두 가지 관점에서 살필 수 있다. 하나는 외음절어의 사용이고, 다른 하나는 4음절 개념어의 용례들이다. 외음절어 사용은 앞 세대의 문체 특성이고, 4음절 한자어는 학술 개념어의 영향이라 하

---

17) 조동일. 한국문학통사 5(지식산업사, 2005) 439쪽.

겠다.

(1) 외음절어

외음절어는 한자세대와 한글세대의 격차를 극명하게 보여준다. 광복 이전 세대와 그 이후 문체 특성으로 외음절어를 들 만하다. 그래서 외음절어이면서 명맥을 이어온 어휘가 있고, 다른 음절과 결합하여 진화한 단어도 있다. 먼저 지금도 쓰이고 있는 외음절어를 들면 다음과 같다. 앞의 원숫자는 문장에 붙인 일련번호이고, 뒤의 괄호 안 숫자는 출간 연대 표시다.

(가) 명사류

⑯ 權寧遠 君의(1976)

① 學問하는 者의(1984) ⑳ 타고난 者(1981) ⑧ 비롯은 者는(1991)

⑧ 그 功을(1990)

⑬ 한 卷의(1984) ⑮ 單 한 卷 책(1984)

㉔ 하기 前에 찾아보기를(1981) ② 오래前부터

㊱ 이 點(1980) ⑮ 便利한 點도(1984) ⑯ 이 點(1984) ⑥ 이 點은(1990)

㊵ 그 註는(1981)

㊳ 篡(찬)은 饌과(1981)

⑩ 後日 版을(1990)

㉞ 하여도 限이(1981)

⑤ 編者의 幸으로(1978)

⑫ 겪으면서 或은 … 學園으로 或은(1980) ⑧ 復活로, 或은 豹變君
子로, 或은(1991)

㉟ 살아서 五와 十으로(1981)

(나) 외음절어+하다

⑦ 가하고(1983)

① 돌(石)에 困하고(1980)

⑦ 周易傳義大全本에 據한데 比하여(1978)

㊱ 兼하여(1980) ⑥ 내는 김에 兼하여(1990) ⑫ 索引까지 겸한
(1990)

⑨ 期할(1990)

⑮ 原理에 關하여는(1974) ⑨ 內容에 關하여(1976) ⑪ 干支度數에
關하여는(1976) 마음을 금치(1990) ⑬ 이에 關하여(1991)

㊲ 勸하고자 한다.(1980) ㉔ 찾아보기를 勸하고자(1981)

⑩ 求하게(1976) ⑫ 求하는(1976) ㊱ 求하며,(1980) ㉓ 求하는
(1981) ⑮ 求하느니보다는(1984)

⑩ 完璧을 期하여 ② 作成을 期했으나(1990) ⑨ 完璧을 期할(1990)

⑥ 校正의 勞를(1962)

③ 같이함을 論하고(1974) ⑯ 構造原理를 論하게(1974) ③ 改革을
論하여(1976)

⑩ 困境을 當하여(1980) ㉕ 時代를 당하여(1981)

⑤ 이에 대하여(1976) ⑭ 溫情에 대하여(1976) ㊶ 勞苦에 대하여

(1981)

⑫ 그친데 반하여,(1990)

⑧ 크게 變하였다(1984)

⑨ 초판에 비하면(1983) ⑤ 人體에 譬하면, 두 어깨에 比할 수 있고
… 머리에 比할(1984)

⑫ 周易引得〉(1966)에 비하면(1990)

⑯ 勞苦를 謝하며,(1976)

⑨ 生한 것이(1984) 伏羲自然易이요, 第二變으로 長한 것이(1984)
거꾸로 順하게(1980)

② 善하고 惡한 … 그르고 惡한(1984)

⑨ 第三變으로 成한(1984)

④ 校正을 要하는(1962) ⑤ 正確을 要하는(1990)

⑥ 편의를 위하여 (1972) ⑫ 硏究者를 爲한 …되기 爲하여서
다.(1974) ④ 〈正音解例〉에 對하여도 … 爲하여 (1974) ⑯ 위해
서다.(1974) ⑮ 삼기 위함이다.(1991)

⑦ 그에 應하는 … 그에 應하는 (1974) ③ 그에 應하는(1976) ③ 이
에 應할(1978)

⑨ 이것으로 占하고(1981)

⑦ 十三經注疏附校勘記本을 準하였기(1978)

④ 幾微에 徹하여(1984)

⑲ 方向을 取한(1980)

⑱ 易은 親할(1981)

④ 길을 擇하도록(1984)

⑥ 謝意를 表한다,(1962) ⑰ 敬意를 表하는 바이다.(1974) ⑮ 뜻을

表한다.(1976) ㉚ 뜻을 表한다.(1980) ㊶ 謝意를 表한다.(1981)
⑩ 사의를 표한다.(1983) ④ 敬意를 表하는(1990) ⑦ 뜻을 表하
고자 한다.(1990)

⑱ 뒤를 向하여(1980) ⑭ 目標를 向하여(1984) ① 읽고 行하여야
(1984)

(다) 외음절어+히

⑱ 이바지하여 敢히(1984)

③ 극히(1962)

㊶ 出刊을 快히(1981)

⑯ 特히(1974) ⑯ 특히 未濟後에(1981) ⑥ 아니지만 特히(1984) ⑥
特히 머리는(1984)

(라) 퇴행되어 가는 외음절어

⑥ 校正의 勞를(1962) ⑱ 産婆의 勞를(1974) ⑧ 周旋의 勞를(1978)

② 本索引을(1978) ⑤ 本索引이(1978) ⑦ 本書가(1978) 大全本에
據한데 比하여 … 附校勘記本을 準하였기(1978)

③ 그 揆를 같이함을 論하고,(1974)

⑩ 鈍筆을 呵하여(1976)

⑯ 君의 勞苦를 謝하며(1976)

① 돌(石)에 困하고 나아가도 壁에(1980)

㉔ 배우는 '學'의(1980)

㉙ 先天의 … 終萬物하던 … 始萬物하여 … 能事를 畢하게(1980)

④ 幾微에 徹하여 … 可能한 限 … 길을 擇하도록(1984)

⑨ 第一變으로 生한 … 第二變으로 長한 … 第三變으로 成한 … 先
天心法의 學이며 … 后天性理의 道이라는(1984)

(마) 기타

② 本索引을(1978) ⑧ 本索引의 周旋의 勞를(1978) ⑤ 本索引이
(1978) ⑫ 본 〈字句索引〉은(1990) ⑨ 惡條件을(1990) ⑭ 魯軒
諸先生의(1976)

⑮ 單 한 卷(1984) ⑤ 이는 決코(1990) ㉕ 이르기까지 數많은
(1980)

④ 世間에는 … 識者間에는(1974) ③ 愛好者間에서는(1978) ⑤ 多
年間(1990)

⑮ 五百年來(1974) ③ 500년래(1983)

⑮ 音韻上으로는(1974) ㉘ 白日下에(1980) ㊱ 〈簒言〉下의(1981)

② 못하던 中(1990) ⑮ 그 中 … ⑬ 工夫하던 중(1991) ② 그 中 …
(1984) 編者 識(1962)

(2) 4개음절어

(가) 전통 생활어

㉜ 加我數年(1980) ④ 江湖諸賢(1962) ③ 結實成道(1991) ③ 構造

原理(1974) ② 窮極原理(1974) ⑭ 宮商角徵 ⑭ 錦繡江山 ④ 吉凶存亡(1984) ⑯ 同學諸位(1976) ㉜ 文化社會(1980) ⑩ 放置歸虛(1976) ⑩ 福祉社會(1984) ⑰ 私淑先師(1976) ⑭ 山川草木 ⑭ 森羅萬象 ㉜ 相互理解(1980) ⑤ 生老病死(1981) ③ 生長發展(1991) ㉜ 世界宗教(1980) ④ 消長進退(1984) ⑤ 神社參拜(1980) ㉜ 實踐原理(1980) ③ 實學精神(1974) ③ 愛民愛族(1974) ⑨ 念念思之(1976) ④ 完全無缺(1991) ⑯ 利用安身(1974) ② 利用厚生(1974) ㉜ 人間革命(1980) ④ 人生行路(1984) ㉜ 一家構成(1980) ⑭ 日月星辰 ㉔ 一而貫之(1980) ② 情緒生活(1984) ⑱ 正易學徒(1984) ② 濟世安民(1974) ③ 制字起源(1974) ④ 眞善眞美(1991) ㉜ 天地自然(1980) ⑦ 天下來世(1981) ㉜ 天下大同(1980) ⑯ 淺學菲薄(1974) ⑧ 淸淨無垢(1991) ㉕ 波瀾萬丈(1981) ④ 避凶趣吉(1984)

위의 전통 생활어 가운데는 오늘날의 일상에서 볼 수 있는 단어가 있고, 이전 세대가 쓰던 단어도 보인다. 錦繡江山 山川草木 生老病死는 文化社會 福祉社會 實學精神 情緒生活과 어울리겠지만 私淑先師 神社參拜 淺學菲薄 淸淨無垢는 2030세대가 눈길조차 주지 않을 것이다. 波瀾萬丈한 서사가 쓰이지 않는 세대에게 濟世安民과 天下大同 또한 흘러간 말결에 지나지 않을 것이다. 그래서 다음의 학술 개념어가 더욱 낯설게 느껴진다.

(나) 학술 개념어

⑦ 干支度數(1974) ③ 간지도수(干支度數)(1987) ⑧ 開物成務

(1974) ㊵ 經外別傳(1981) ⑭ 光風霽月(1981) ⑩ 屈指度數(1976)
⑯ 窮神知化(1974) ⑮ 己位親政(1987) ⑩ 金火正易(1991) ③ 大經大
法(1984) ㉜ 无極思想(1980) ㉜ 無量無窮(1981) ㉙ 无量後天(1980)
⑩ 無量后天(1984) ⑧ 無往不復(1991) ⑧ 無平不陂(1991) ⑦ 盤古五
化(1991) ⑩ 憑憑過去(1976) ⑦ 四大一身(1981) ⑮ 山澤通氣(1981)
㉘ 三極之道(1980) ⑩ 上元丑會(1984) ⑤ 生長遂藏(1981) ⑨ 先天心
法(1991) ⑬ 先后天易(1991) ⑤ 成住壞空(1981) ③ 小康時節(1984)
⑩ 昭詳克明(1991) ⑦ 手指象數(1976) ③ 手指象數(수지상수)(1987)
⑪ 十五聖人(1991) ⑫ 十五一言(1991) ㉔ 十而翼之(1980) ⑫ 十一一
言(1991) ⑩ 旅人焚巢(1991) ⑦ 列位君子(1981) ㉚ 列位聖人(1980)
⑫ 往來盤桓(1980) ⑤ 元亨利貞(1981) ㉜ 琉璃世界(1980) ⑦ 琉璃
世界(유리세계)(1987) ⑦ 六合自然(1981) ⑭ 律呂調陽(1981) ㉙ 引
伸觸長(1980) ⑱ 一夫宗師(1984) ㉜ 日月光華(1981) ① 日月爲易
(1976) ⑫ 作易聖人(1981) ③ 전도개념(轉倒槪念)(1987) ⑩ 傳授心
法(1976) ③ 전수심법(傳授心法)(1987) ㉜ 尊空問題(1980) ⑧ 至公無
私(1991) ⑱ 至變干支(1984) ⑭ 天光雲影(1981) ⑦ 天地傾危(1991)
㉜ 天地无形(1980) ㉚ 樵童牧竪(1981) ③ 治亂盛衰(1984) ⑧ 豹變君
子(1991) ㉝ 學易簪言(1981) ⑬ 學聚問辨(1984) ⑱ 虛荒茫宕(1981)
⑧ 虎變大人(1991) ㉜ 皇極精神(1980) ⑭ 廻光返照(1991) ㉟ 後天思
想(1980) ⑨ 后天性理(1984)

위와 같은 개념어는 주역과 정역을 연구하는 이들에게는 절대적으
로 필요한 용어들이다. 이 용어들이 일상의 소통 언어로 탈바꿈해야
'琉璃世界'를 열 수 있을 것이다. 그래서 无量後天이 아니겠는가 싶다.

2) 일어 잔재

이오덕은 일어 잔재 청산을 위해서《우리글 바로쓰기》를 펴냈다. 청산 대상을 어휘와 어구 범주에서 탐구했다. 그와 관련하여 학산의 어휘와 어구에 젖은 일어 잔재는 다음과 같다.

(1) 어휘

①《훈민정음》이 … 아직도 해외에 널리 번역 … 유감으로 생각한다.

④ 때마침 국립중앙도서관 …《훈민정음》을 해외에 소개하려는 붓을 들게 되었다.

㉛ 이 冊은 大成易 즉《正易》의 立場에서 … 골라서 엮어 본 것이다.(1980)

(2) 어구

(가) -에도 不拘하고

⑦ 그러나《正易》은 그 行文이 … 그것은 萬人의 至大한 關心事임에도 不拘하고, 쉽사리 理解하고 硏究하기는 어려운 일이었다.

③ 마침 그 草稿를 … 漢字出版이 極難임에도 不拘하고 … 刊行을 承諾하였다.(1990)

⑥ 그럼에도 不拘하고 建築人은 이 設計主의 뜻과는 달리, … 建設

한 것이다.(1991)

④《정역》이 세상에 나온 지 ⋯ 적지 않은 데도 불구하고 ⋯ 하겠다.(1987)

'-에도 不拘하고'는 '-에도'를 살리고 '不拘하고'를 떼면 간명성을 높인다.

(나) -에 있어서

(1) ① 古典을 硏究함에 있어서 原文의 索引이 緊要하듯이《周易》을 연구함에 있어서도 그 一字一句의 索引이 切實히 要求된다.(1962)

(6) ⑥ 끝으로 이 索引을 印刷함에 있어서 筆寫와 整理와 ⋯ 깊은 謝意를 表한다.(1962)

② 그러나 이 解說은 ⋯ 그 內容에 있어서 若干 ⋯ 構造的 探究를 想起케 하였다.(1974)

⑦ 그러므로 '正音'을 硏究함에 있어서는 在來 語學的 音韻論 ⋯느껴야 할 것이다.(1974)

⑭ 大抵《訓民正音》은 그 價値에 있어서 民族의 자랑이요 人類의 至寶이다.(1974)

⑰ 이 책을 씀에 있어서 恒常 그 理論的 根據가 되어 준《周易》과 ⋯ 表하는 바이다.(1974)

⑬ 本書는《正易》의 硏究에 있어서 하나의 礎石이요 ⋯ 期待하여 마지않는다.(1976)

④ 易經은 … 同時에 人生行路에 있어서 可能한 限 … 것이라 하겠다.(1984)

⑦ 易은 人生에 있어서 그러한 位置에 있다.(1984)

① 《正易》을 研究함에 있어서도 《周易》의 경우와 같이 … 나위가 없다.(1990)

⑦ 이 索引을 만듦에 있어서 權寧遠君의 《正易句解》附錄에 힘입은 바 크다.(1990)

⑫ 하버드-엔찐 … 이 索引에 있어서도 〈周易引得〉은 … 特長이라 하겠다.(1990)

⑨ 이 人間이야말로 … 正易世界에 있어서 主導的 役割을 … 君子人인 것이다.(1991)

'-에 있어서'는 '있어서'를 떼어내도 의미에 지장을 주지 않는다. 순전히 잔재요 관습임에 틀림이 없다.

(다) 관습화된 형태 : '의해 / 인해 / 접해 / 통해'

학산은 관습화된 일어 형태에서 벗어나고자 힘썼다. 머리말에 '접해'는 아예 쓰지 않았고, '通하여'도 한 번뿐이었다. 이와 다르게 '의하여'는 네 번, '因하여'는 다섯 번 썼다.[18]

---

18) 《訓民正音의 構造原理》에서 관습화된 일어 잔재 형태를 찾아보았다. '接하여'는 사용되지 않았고, '依하여' 10번, '因하여'가 14번 쓰였다.

⑥ 先生에 依하여(1976) ② 周旋에 의하여(1978) ⑫ 韓國現代漢字
音에 의하였으며(1990)

⑧ 原理에 의하여(1991)

⑤ 불충분으로 인하여(1972) ⑮ 虐政으로 因하여(1974) ⑳ 引伸觸
長으로 因하여(1980) ㉚ 이로 因하여(1980) ㉟ 不明으로 因하여
(1980)

⑩ 構造를 通하여(1974)

위의 관습화된 형태를 어찌할 것인가. '의하여'는 우리말로 '따라'로,
'인하여'는 앞 어절에 쓰인 '-(으)로'로 대체 가능하다. '통하여'도 '-로
써'로 바꿔 쓰면 문맥이 더욱 유창해진다.

3) 문장 구조

학산의 문장 구조는 대조를 이룬다. 한 세대에 걸친 문장 구조 변화
를 한마디로 말하면 '긴짧'이라 하겠다. 긴 문장이 짧아졌다는 뜻이다.
1962년《周易字句索引》초판 머리말 짧은 문장이 ⑤번 37음절이었다.
그런데《第三의 易學》머리말에서 짧아진 문장은 11개 음절이었다.
30년 동안 3배 넘게 짧아졌으니 그만큼 개념이 충실해졌 되었다는 뜻
이다. 1981년〈學易篹言〉머리말에는 다음과 같은 문장 구조가 보인
다. 주술 구조에 주어 생략까지 등장했다. 완연한 문체의 변화이다.

(1) ① 易은 變化이다. ② 바뀌는 것이다.

㉑ 先難而後易이었다.

긴 문장이 짧아지는 데 한 세대 걸렸다. 14편 가운데 가장 긴 문장이 1974년《訓民正音의 構造原理》머리말에 들어 있다. 다음 (2)문단 ③번 문장은 문장부호 빼고 실제 음절만 284개이다.

이 복합문은 크게 2개 문장으로 나뉜다.《訓民正音의 構造原理》상하편을 각각의 중심문장으로 진술하고, 이를 뒷받침하는 보조문장들을 거느렸기 때문이다. 상편에서 세종의 실학정신을 언급했고, 하편에서 제자 기원과 각 낱자의 철학적 의의를 밝혔다.

[원문]

(2) ③ 上篇에서는 世宗大王의 愛民愛族하는 實學精神, '正音' 創制에 決定的인 寄與를 하였다고 볼 수 있는《性理大全》의 傳來經緯와 그에 對한 硏究, 大王을 中心으로 한 集賢殿學士들의 易理 講磨, 大王의 易學, 象數와 義理, 理論의 應用과 實踐, 二十八字의 構想, '象形而字 倣古篆' 等에 對하여 言及하였으며, 下篇에서는 二十八字 하나하나에 對한 制字起源과 各字가 지니고 있는 哲學的 意義를 밝히고,《正音》을 綜合的으로 考察할 때 '正音'이 縱橫과 調和의 原理로 되어 있음이《周易》이 陰陽과 太極의 理致로 되어 있음과 그 揆를 같이함을 論하고, 아울러 그 까닭은 正音의 全體的 構造原理가 바로 易의 構造原理에 立脚하였으며 그 制字의 起源도 易의 太極 兩儀 三才 四象 五行 八卦 等의 原理를 應用한 것이기 때문이라 하였다.

먼저 위 [원문]을 상하편과 관련된 두 부분으로 나눈다. 다음에는 상하편 각각의 중심문장과 그에 딸린 보조문장으로 분해하여 진술하면 다음과 같다.

[중심문장과 보조문장]

① 上篇에서는 世宗大王의 愛民愛族하는 實學精神을 다루었다.

② 性理大全》傳來經緯와 그에 對해 硏究하였다.

③ 性理大全》은 ‘正音’ 創制에 決定的인 寄與를 하였다.

④ 大王을 中心으로 한 集賢殿學士들은 易理 講磨, 大王의 易學, 象數와 義理, 理論의 應用과 實踐, 二十八字의 構想, ‘象形而字倣古篆’ 等에 對하여 논의하였다.

⑤ 下篇에서는 二十八字 하나하나에 對한 制字起源과 各字가 지니고 있는 哲學的 意義를 밝혔다.

⑥《正音》을 綜合的으로 考察할 때 ‘正音’은 縱橫과 調和의 原理로 되어 있다.

⑦《周易》이 陰陽과 太極의 理致로 되어 있음과 그 揆를 같이한다.

⑧ 그 까닭은 正音의 全體的 構造原理가 바로 易의 構造原理에 立脚하였기 때문이다.

⑨ 그 制字의 起源도 易의 太極 兩儀 三才 四象 五行 八卦 等의 原理를 應用한 것이기 때문이다.

이러한 분해로 정음 창제의 문화적 배경을 좀 더 구체적으로 이해할 수 있다. 더하여 정음의 태극, 삼재, 사상, 오행, 팔괘의 수리 철학[19]

---

19) 鶴山李正浩全集 02, 37쪽. “易에는 分明히 象과 아울러 數가 있으니, 太極 兩儀 三才 四象 五行 六甲 七調 八卦 九宮 無極 十一歸體 十五一言 三八同宮 五運六氣 四九二七金火正易…等의 原理는 다 上記 天地의 數로 된 河圖가 變化를 이루어 鬼神의 造化를 行한 자취라고 생각된다. 그러므로 “數를 다하여 앞일을 안다” 하고, 또 “그 數를 다하여 드디어 天下의 象을 定하니 天下의 至變이 아니면 그 누가

에서 담문의 짝수 원리를, 象 개념에서 공간 확장 원리[20]를 도출할 수 있게 되었다.

학산은 한 세대에 걸쳐 정역과 주역의 정수를 파헤쳤다. 한문으로 된 원문을 이해하고 한글로 풀이하는 데 훈민정음의 영향을 크게 받았을 것이다. 〈어제서문〉은 한자 54자를 한글 108자로 풀었다. 《訓民正音의 構造原理》의 문장이 길어진 배경을 여기서 찾을 수 있다.

학산은 원리는 길지 않고 짧다는 진리를 문체로 깨쳤다고 해석할 수 있다. 한 세대에 걸친 문체 혁신이 이를 뒷받침한다. 그래서 후기의 머리말이 개념이 분명하고 문단조직이 탄탄해진 까닭이다. 학산의 문체가 개성, 학술, 시대 변화를 함축한 배경이라 하겠다.

6. 맺는말

학산 이정호의 저술에서 '머리말'의 공통점과 차별성을 살폈다. 공통점은 머리말이 갖추어야 할 형식 특성이고, 차별성은 연구의 깊이를 뒷받침할 근거였다. 머리말은 짝수 문단 구조가 확연했고, 내용은 담문의 갈래 특성으로 분석되었다.

공통점은 각 문단의 핵심어를 머리말 담문의 요소로 귀납할 수 있었다. 첫 문단에서는 목적을 분명히 했고, 둘째 문단은 방법을 폈으며, 셋째 문단에서 간행의 기쁨을, 넷째 문단에서 보완을 약속하고, 다섯

이에 參與할 수 있을까"라 했다.

20) 위책, 86쪽의 자음 입체도[童子像]와 110쪽의 모음 입체도[正音塔]를 이른바 象의 공간 구성, 담문의 구성 공간으로 해석할 수 있지 않을까 싶다.

째 문단에서 학계에 이바지하기를 바랐다. 그리고 끝문단에서 출간을 도운 분들에 대한 감사 인사로 마무리했다. 이런 목적 방법 기쁨 보완 기여 감사가 문단 형식으로 드러났고 내용의 밀도로 스몄다.

차별성은 문단 구조의 임의성으로 밝혀졌다. 문단은 필요한 보조문장으로 중심문장을 뒷받침해야 응집력을 발휘하고, 담문은 간명한 소주제가 구조를 갖추어야 주제를 선명히 드러낸다. 그런데 학산의 머리말은 문단 조직의 결손이 미완의 형식으로 남아 보완의 과제로 주어졌다. 머리말 전체를 6개 소주제문으로 진술하기도 했고, 첫문단과 끝문단을 한 문장으로 진술한 경우도 많아 형식과 내용을 일치시켜야 하는 방법론 탐구가 후학에게 주어진 과제였다.

학산의 실제 문단은 당대의 기술 관행을 따랐으나 실질 문단은 탐구의 깊이를 보증했다.《周易字句索引》초판 〈序文〉이 6개 문장으로 주제만 드러내었으나《學易籫言》은 41개 문장을 11개 문단으로 구성하여 정형의 짝수 지향 원리를 되짚게 하였다. 머리말 14편을 103개 문단, 233개 문장으로 구성한 미필적 의도가 역학의 짝수 지향 원리를 거부할 수 있을 것인지는 역학도들이 풀어야 할 과제라 하겠다.

학산의 문체는 단어 선택, 문장 구조, 표현 방법에서 드러났다. 어휘 선택이 엄정해서 개념을 분명히 했고, 연구대상이 주역과 정역이어서 한자의 영향이 지대하였다. 짧은 문장은 생활 언어의 반영이고, 긴 문장은 학술언어의 영향으로 해석되었다. 일제 강점기에 교육받고 연구에 매진해야 했으므로 한자의 수용과 일어의 관습을 물리치기는 쉽지 않았을 것이다. 한자 외음절어의 퇴화 추세를 엿볼 수 있었고, 4음절 개념어의 정착에 따른 일반화는 역학도들의 몫이라 하겠다.

학산의 저술 머리말만 읽고 이러니저러니 시비를 가리려 했다. 숲을 보지 못하고 나무와 바위만 어루만지다 길을 잃었다. 수목과 암반이 한자와 한문이라면 학산은 역학의 원리에서 삶의 원리를 도출하기 위해 일관되게 정상에 도전하였다. 《訓民正音의 構造原理》가 한자의 강을 건너고 한문의 산을 넘어 이룩한 창조학의 봉우리임을 명심할 일이다. 학산의 창조학을 시비학으로 가름하다니 '부끄러워' 선생님 말씀으로 맺는다.

　무엇이나 참으로 좋은 것은 쉽사리 얻기 어렵고 寶物은 깊은 곳에 감춰져 있음을 알아야 한다.

《學易篑言》〈自序〉에서

제2부

회고담

1
《學易籑言》跋文

류승국

鶴山 李正浩 敎授는 《正易》의 선배요 易學의 선생이시다. 선생은 일찍이 忠南 禮山郡 新陽에서 태어나 70평생의 절반 이상을 易學과 같이 살아온 분이다. 8·15 광복 전 해, 日帝 패망의 최후 안간힘으로 극성이 滋甚할 무렵, 선생은 우연히 《正易》과 一夫 선생에 관하여 들을 수 있는 기회를 가졌다.

周易先天의 뒤를 이어 새롭게 탄생 전개될 正易后天의 새 소식을 탐구하기 위하여, 선생은 혹은 學園으로 혹은 山間으로, 혹은 종교 사회학으로 혹은 해부생리학으로, 혹은 周易에 관한 先儒學說의 침잠으로, 혹은 서구사상의 근간을 이루는 基督敎理의 탐색으로, 혹은 黃老와 교섭하고 혹은 釋門에 출입하며, 혹은 敎壇으로 혹은 集會로 熱과 誠을 다하였다. 선생은 《周易正義》의 自序에서 말한 바와 같이, 《周易》을 읽고 《正易》을 배운 것이 아니라, 《正易》을 배우고 거꾸로 《周易》을 익히셨다.

《論語》에 보면, 孔子는 평생에 發憤忘食하고 樂而忘憂하여 不知老之將至하였다 하고, 또 飯疏食飲水하며 曲肱而枕之라도 樂亦在其中矣라 하였으며, 다시 加我數年하여 五十以學易이면 可以無大過矣리라 하였다. 그리고, 史書에는 孔子가 晩年에 易을 즐겨 韋編이 三絶하였다 하니, 이런 記錄으로 미루어 보면, 孔子는 晩境에 특히 易理를 기뻐하여 天壽를 더하여서라도 五와 十의 원리로 易을 더 배우기를 希求한 事實을 짐작할 수 있다. 鶴山 선생은 내가 아는 限 그 後半生을 孔子와 一夫를 私淑하고 배우기에 餘念이 없으셨다. 그러므로 선생의 易學은 孔子가 말씀한 ‘五十以學易’한 결과요, 一夫의 이른바 “皇極而无極이니 五十이라”고 한 境地를 더듬고 찾아본 자취라 하겠다.

선생은 평소에 好學이면서도 별로 著述을 즐기지 않으셨다. 60이 넘으셔서야 주위가 寂寞하고 篤工者가 드묾을 아시고 선생은 東方易理의 湮晦와 平生積工의 歸虛를 염려하여 부득이 數三卷의 서적을 펴내셨으니, 《正易研究》, 《周易正義》 및 이번에 나오는 《學易籑言》이 그것이다. 이것이 鶴山易學의 三部作이며, 莫非 선생이 五十으로 學易하신 결실이라 하겠다.

이 가운데 《學易籑言》은 그 副題 ‘韓國易學의 새 方向’이 보여 주듯이, 《周易》과 《正易》의 원리연구에 새 지침이 되며, 한국의 전통사상과 민족문화의 精華를 이해하고 외래사상의 攝取 體化를 가능케 하며, 인류사회의 미래를 전망할 수 있는 大道를 啓導하였다. 따라서 本書는 《正易》원문에 대한 翼傳의 역할을 한다고 하겠다.

그 내용은 論考, 籑言, 對譯으로 되어 있어, ‘論考’에는 선생이 국내외에서 이미 발표한 논문 이외에 3, 4편의 새 논문이 게재되어 있으며, 그 중 訓民正音과 金火正易을 后天의 先后天易으로 보아, 前者를 ‘顧

易'이라 하고, 후자를 '革易'이라 한 것은 선생의 독특한 견해라고 할 수 있다.

그 밖에 '終始論'에서 '二天七地…'를 거쳐 '六九之年'에 이르기까지 前人未到의 嶄新한 이론이 許多하다. 특히 이 책에서 전개된 正易后天의 고도로 발달한 福祉社會와 극도로 超脫한 高次元的 人間像에 관하여는 독자로서 정밀히 연구하고 깊은 관심을 가질 만한 것이라 하겠다.

'箚言'은 自序에서도 밝히고 있는 바와 같이, 易을 배우는 데 좋은 도움말이 될 것을 믿어 의심치 않는다. 얼른 보기에 무슨 感想文이나 隨筆文같이 보이지만, 실은 平凡한 가운데 深遠한 易理가 들어 있는 것으로서, 鶴山先生이 평일에 생활하고 思索하신 모습을 엿볼 수 있는 동시에 독자의 他山之石이 될 수 있는 것이라 생각된다.

다음, '對譯'은 前日 선생이 《正易研究》의 부록에서 시도하신 國譯文을 다시 다듬고 韻文化하여 '국문 정역'과 '국역 정역'으로 대조시켜, 漢字에 생소한 사람에게도 쉽사리 《正易》을 읽을 수 있게 하는 동시에, 주도면밀한 주석을 붙였으니, 아마도 이것은 正易史上 하나의 획기적 업적이 될 것으로 믿는다. 특히 이 책의 끝에 실어놓은 '지변간지 착종도'의 주해는 일반 정역학도가 傳誦은 하지만, 일찍이 그 뜻은 천명한 바 없는 것으로서, 이것이 先后天 終始를 탐구하는 데 중요한 肯綮이 됨은 물론이요, 《正易》의 연구에 필수적인 시사를 주는 것이라고 여겨진다.

돌이켜, 필자가 학산 선생을 처음 뵌 것은 본인이 대학시절, 선생이 성균관대학교 강단에서 《周易》을 講義하실 때였다. 그때의 乾坤卦와 〈文言傳〉 강의는 참으로 淸新하고 奇異한 感이 있었음으로 지금까지 잊을 수가 없다. 邇來 학산 선생으로부터 나는 학문상으로나 사상면으로나 많은 感發을 받아 왔다. 선생과 나는 우연히도 부산 피난을 같이 하였고, 還都 후에도 역학연구의 모임을 만들어 선생과 자주 만났으며, 香積山房에서 탐구생활을 같이 한 적도 있다. 그리고 선생과 나는 기이하게도 生月 生日이 한 날이다. 다만 선생은 나보다 10년 위이시다. 오늘날 필자가 《學易籑言》에 跋文을 쓰게 된 사연도 이런 奇緣과 學緣에 기인한 것이라 하겠다.

선생은 혹 入山修道도 하고 혹 敎壇에서 學問을 講義하기도 하셨지만, 이는 모두 역학연구로 일관된 생애였다. 求道生活을 하는 동안 때로는 세상이 알지 못하고 때로는 험난한 길이 없지 않았으나, 이를 감내하고 극복하여 "不見是而无悶하고 遯世而无悶"하셨으니, 이는 모두 易道를 닦아 萬人으로 하여금 吉福의 길로 인도하기 위함이니, 古人이 이른바 "君子는 修之하여 吉하고 小人은 悖之하여 凶하다"라 함을 크게 염려하신 까닭이었다.

오늘날 대학 교단에서 易을 강의하는 교수나 젊은 학인들이 선생으로부터 敎導의 혜택을 입지 않은 이가 거의 없다. 이와 같이 韓國易學의 泰斗로 추앙되는 鶴山 李先生은 한국의 철학과 종교사상에 지대한 영향을 미치셨다.

선생은 年前에 받은 수술의 후유증으로 우측 안면신경이 자유롭지 못하나, 현재는 殆半 치료 중에 있고, 평소의 건강은 양호하신 편이다. 마침 明年은 선생이 古稀를 맞으시는 해로서 원하기는 선생의 患處가 완전히 회복되시어 后天의 교육과 后天의 사업에 더욱더 공헌하시고 내내 壽且康하셔서 斯道에 큰 빛이 되어 주시기를 삼가 빌어 마지않는다.

1981년 辛酉 11월

成均館大學校 敎授 柳承國 謹跋

2

아버지 鶴山 -鶴山의 求道와 宗教觀-

이동인

나는 아버지 鶴山과 많은 시간을 함께했다. 내가 장기간 외국 간 적도 없고, 국내에서도 아버지 계신 곳에 나도 산 기간이 길었기 때문이다.

지금 생각해보면 나는 아버지의 伴侶犬과 같은 존재였다. 아버지 계신 곳에, 나는 오랜 시간 함께 있었고, 아버지는 나를 많이 사랑해 주셨다. 물론 강아지가 주인의 생각을 대부분 이해 못하듯이, 나 또한 아버지의 사상과 학문은 대부분 알지 못한다. 그래도 나에게는 아버지 鶴山과 기나긴 시간을 함께한 특수한 경험이 있기에, 이를 바탕으로 몇 자 적는다.

1. 鶴山의 求道

아버지 鶴山의 삶은 求道者의 삶이었다. 鶴山은 어느 편지글에서 다음과 같이 썼는데, 이 글에서 鶴山이 平素, 또는 平生 堅持했던 求道

者의 자세를 엿볼 수 있다.

生命이란, 永遠한 生命이란 眞理의 光明體요 善의 不斷한 實踐現象
이 아니겠는가. 그것을 내가 믿고 내가 行하면 生命은 나와 같이 있을
터인데, 무엇을 누구에게 구하고 남에게 의존하랴. 오직 배우고 닦고
평생을 求道者로서, 하나의 忠直한 學徒로서 선량하게 살 뿐이다. 이것
이 나의 分이요 나의 所願이라 하겠다.[1]

解放 공간에서 鶴山은 직장을 포기하고 鷄龍山에서 3년간 入山修
道했는데(1946. 1~1948. 11) 이 시기는 집중적인 求道의 시기로 여겨
지며, 충남대학교 철학과에 재직하는 동안에도 수요일 오후면 香積山
으로 떠나 일요일에 가정으로 복귀하는 일정을 반복하였으니 이는 求
道者의 決然한 決心과 意志가 없으면 不可能한 일이었다.

鶴山의 求道는 多方面이었다. 그는 佛敎 쪽에 관심이 있어서 일찍
이 東萊 梵魚寺에서 夏安居를 마친 일이 있고, 東山스님, 呑虛스님, 和
宗스님과 交遊했다.[2] 또 基督敎에 대한 관심도 깊어서 基督敎의 新舊
約聖書를 通讀했고, 한때 統一敎와도 交流하였다. 그러나 鶴山의 求道
의 歸着點은 正易이었다. 鶴山은 어떤 계기로 正易을 접하고, 義山 金
壽業선생에게서 가르침을 받은 이래로 正易에 관한 관심과 탐구를 한
時도 놓지 않았다. 鶴山의 回顧를 보자.

---

1) '편지—偶像에 관하여'《第三의 易學》(아세아문화사, 1992). p.94.
2) 《鶴山散藁》(《全集7》)에 실린 詩 두 首를 통해 鶴山의 佛敎 理解를 짐작할 수 있다.
   '釋迦世尊' 釋尊騎象兜率來 濟度衆生自是開 直視實相脫無明 正覺成佛惟心在
   '夢中夢' 終日昏昏無爲去 何時明明實體還 世間萬事夢中夢 人生百態幻裏幻
   《鶴山散藁》(鶴山李正浩全集 07. 亞細亞文化社, 2017), pp.323. 329.

日帝末期에 偶然히 故 義山 金先生을 알게 되어 正易의 消息과 그 大體의 內容에 關하여 얻어듣고, 이어 그의 스승인 德堂 金先生(一夫先生의 門人)에게 承聞한 바 있으며, 다시 魯軒 金近洙씨에게서 仔細히 듣고, 爾來 三十餘年은 念念思之하여 困學의 나머지 若干 萬一의 理會處를 얻게 되었다.[3]

이로 미루어 보면, 鶴山은 진리를 찾아 방황하는 구도자의 삶을 살다가, 어떤 이가 鶴山을 "義山께 引導하여 正易과의 因緣을 맺어준"이래(《正易硏究》自序),[4] 一身의 모든 노력을 기울여 正易硏究에 邁進하였음을 알 수 있다.

鶴山은 한 書札에서 다음과 같이 正易의 要點을 짚었다.

正易은 다른 冊이 아니다. … 사랑과 믿음과 의리와 實踐의 書이다. 하나님이 善하게 順히 내려주신 것을 相對世界의 善과 惡이 오랫동안 침투하고 오염하는 동안에 氣質이 타락하였다가 이제 〈때〉가 이르매 다시 하나님의 품으로 復歸하는 것이 바로 正易의 論理이다. 그러므로 正易은 後天易이고 未來易이고 第三易인 것이다. 우리나라에서 비로소

---

3) 《正易硏究》自序 (국제대학 출판부, 1976). 鶴山은 또 《원문대조 국역주해 정역》(아세아출판사, 1988) 서문에서 다음 글을 남겼다: "이 책자를 방황에서 진리의 길로 인도하여 주신 고 의산 김수업(義山 金壽業) 선생의 영전에 올려 삼가 깊은 감사의 뜻을 표한다." 鶴山은 또한 自身의 著書 《正易과 一夫》(亞細亞文化社, 1984)를 다음 글과 함께 德堂 金洪鉉선생에게 獻呈했다: "이 冊子를 … 一夫宗師의 傳授心法과 周易의 諸般度數와 正易의 手指象數와 至變干支錯綜度를 正確히 또 昭詳히 傳教하여주신 德堂 金洪鉉 先生의 靈前에 感謝와 함께 삼가 올려드리고…"(自序)

4) "그가 나를 引導하여 正易先生 義山에게 紹介하고, 그것이 因緣이 되어 나의 後半生을 正易硏究에 沒頭하게 된 것이다." [鶴山書札 1977 1]

開發되어 世界人類에게 아필하는 것이다. 그것은 오는 世上의 宇宙觀
人生觀 價値觀과 直結되어 있다. [鶴山書札 1977 1]

求道의 자세는 어떠해야 할까? 굳은 意志力과 實踐이 필요하다. 그
점을 鶴山은 〈中道而廢〉라는 글에서 披瀝한 바 있다.

工夫란 쉬운 것이 아니다. 세상에 공부가 무엇인지, … 도무지 모르
면서도 그저 공부라면 공연히 좋아서 금세 해낼 듯이 덤비는 무리도 있
다. 그러나 실상 工夫의 길에 들어서 보면 工夫같이 어려운 것도 없다.
여간 결심, 여간 용기, 여간 근기를 가지고서는 克服하기 어려운 魔物
들이 處處에 도사리고 있다. …意志만 굳건하면 方法이야 어떻든 物久
則神이라 하였듯이 그래도 뚫고 나갈 길이 열린다. 그러나 뜻이 弱하고
實踐力이 없어서 조금 不便하든지 마음에 맞지 않는 일이 있어도 고만
壓倒돼버려서 環境에 適應치 못하면 그것이 바로 障礙가 되어 하찮은
일에 目的을 喪失하여 工夫고 뭐고 걷어치우고 만다. 그래서 中道而廢
하는 것이다.
…工夫하기란 쉽지 않은 것, 工夫는 입으로 하는 것이 아니라 行으
로, 아니 마음으로 하는 것인데, 마음工夫가 첫째인데, 그리고 그 마음
工夫를 默默히 行으로 나타내는 것인데, 말만 앞세우고 行이 없으면 그
것이 어찌 工夫일까.[5]

鶴山이 山中에서 求道의 生活을 계속한 것은, 寂寞함을 忌避하지
않고 오히려 그것을 즐긴(?) 그의 趣向·性品과도 관계가 있다. 그는

---

5) '中道而廢'《鶴山散藁》, pp.220~222.

〈寂寞과 孤獨〉이라는 自傳的 記錄에서 다음과 같이 썼다:

　나는 때로 孤獨을 즐긴다 하였다. 孤獨을 되씹고 人生을 觀照하는 맛
이 山味인 것같이 생각하였다. 그러나 잘 생각하면 그것은 孤獨을 즐기
는 것이 아니라 寂寞을 좋아하는 것이었다. 뼈에 사뭇도록 孤獨三昧에
드는 것이 아니라 속으로 華奢한 고요를 玩味하고 있는 것이다. 그러
므로 나의 孤獨은 決코 悲劇化하지 않고 대개는 무엇인가를 만들어내
는 하나의 基本要素 또는 그 契機가 되었다. 그것은 孤獨이 아니라 역
시 寂寞이었다. … 그러더니 中年以後론 家庭보다 山을 더 좋아하여 一
週日이면 半 以上을 山으로 달아났고,, 家計에 대해서도 出納의 細目을
듣기 싫어하여, 늘 벙어리 식모를 아쉬워하였다. 이렇게 되면 이것이
果然 孤獨性이랄지 寂寞癖이랄지 구별이 분명치 않다. 그러나 타고나
길 孤獨性으로 타고났더라도 實地 즐기고 있는 것은 寂寞이다. … 결국
寂寞과 孤獨은 二卵性 쌍둥이여서 同而異하고 異而同한 것이 아닐까.[6]

　실제로 鶴山은 山中의 고요와 寂寞을 강력하게 守護하였다. 언젠가
내가 친구 몇몇과 香積山房에 다녀온 적이 있는데, 그때의 騷亂이 鶴
山을 크게 거슬렀나보다. 바로 速達편지를 보내셨다.

　너를 떠내보내고 急이 몇 字 적는다. 사람은 分別이 있어야하는 법.
八方美人, 徒善無體, 이는 吾人이 唾棄코자 하는 바이다. 다음 來山時
에는 너 홀로 오고 짐이 있으면 네 홀로 携帶할 만큼만 가져오도록 하
여라.

---

6) ‘寂寞과 孤獨’ 《鶴山散藁》. pp.304~305.

이곳은 조용하기를 원한다. 與人談笑로 歲月할 양이라면 차라리 俗
世를 택했을 것이다. 너는 누구보다 그것을 알아주기 바란다.

나는 餘生을 조용히 지나기가 소원이니 네가 내 힘이 되어 깊이 알아
다고. 申申부탁이다. 떠드레하는 것, 딱 질색이다. [鶴山書札 1993 1 7]

寂寞을 좋아한다지만 그것이 힘들고 괴로울 수도 있다. 그러나 그
러한 삶의 태도가 鶴山의 求道에 도움이 되었음은 물론이다.[7]

2. 鶴山의 宗教

鶴山은 타이틀(title) 없는 宗教人이었다. 즉 鶴山의 정신세계 자체
가 매우 종교적으로 구성되어 있다는 뜻이다.

鶴山은 종교와 믿음이 教會나 절 같은 外形(hardware) 안에 존재하
지 아니하고 우리의 마음(software) 속에 존재하는 것으로 파악했다.
그것은 다음의 기록에서도 드러난다.

…東洋 사람은 종교를 살고 있기 때문에 日常生活이 宗教的이었는
데 近來는 洋風이 彌漫하여 教會라는 人聚에 나가야 宗教를 하는 줄 아
니 딱하다. [鶴山書札 1975 6 20]

---

7) 鶴山은 나에게 '空然紛紜'하지 말고 '寂寞을 벗삼을 習慣'을 권했다. 況且 내가 폐결
핵으로 국군마산병원에 입원함에 즈음해서이라. "四月四日附 汝書接見, 仍知客狀
無變하고 別無大故이나 尚未知細況하여 不禁鬱悒이라. 日來愼中起動如常耶아, 如
累番想視. 病症專係心身安靜與否則 不得已한 境遇外엔 出入을 삼가고, 寂寞을 벗
삼는 習慣을 짓는 것이 좋을 것 같다. 空然 紛紜하여 頻次移席함은 安靜에 違拂함
이니 銘心함이 可하다." [鶴山書札 1975 4 14]

나는 단 한번 아버지 鶴山과 '종교문답'을 한 적이 있다. 내가 글을 드렸다. 이런 취지였다.

저는 宗敎人이 아니지만 '天'이 없다면 생활 속의 敬虔도 없다는 생각입니다. 敬虔이 없다면 그것은 鷄豚狗彘의 삶일 터이니, 우리의 삶 속의 '天'은 그렇게도 중요하다는 생각입니다. 사람들이 카톨릭 聖堂에, 公所에 가는 것도 단지 삶을 敬虔하게 만드려는 뜻이 아니겠습니까? Santayana의 '天'은 자연 내부 또는 배후에 있는 실체가 아니고, 사람들에게 도덕적 감정을 일어나게 하는 실체입니다. 종교의 第一要素는 道德的意識이니, 그로 인해 사람들은 敬虔한 태도를 갖게 됩니다. 인간 本有의 良心은 宗敎的이라고 믿습니다. 제 생각에는 良心이 命한 것이 우리의 책임이고, 책임을 遵行하는 사람은 宗敎人이고, 그런 생활이 宗敎生活입니다. 이것이 제가 구상한 '新宗敎'이고 이런 의미로는 저도 일종의 '奇怪한' 종교인입니다. (1975. 6.)

鶴山은 이 편지에 대해서 긍정적이면서 격려하는 답신을 주셨다.

…너의 '奇怪'한 宗敎論은 기괴한 것이 아니라 後天的 當然的 人生觀이어야 하고 그것이 바로 산 宗敎이어야 하다는 點에서 크게 키워져야 할 생각이라 믿는다. 오늘날의 旣成宗敎는 이미 그 生命力과 指導力을 완전히 喪失하였다고 보아야 하겠다. 이 點 不絶히 摸索하고 探求하여 後天社會에 必須한 指導理念과 實踐要綱을 樹立하여야 하는 同時에 우리 生命을 기쁘고 거룩하게 —네 말대로 敬虔하게— 하기 위해서 萬人皆應의, 또 萬人皆讚의 風樂이 있어야겠다…. [鶴山書札 1975 7 7]

鶴山이 생각한 '神'은 不偏不羈 · 公平無私의 '하나님'이며, 東西를
차별하고 選民 운운하는 '하나님'은 아니다. '하나님'은 萬有의 오직
하나인 존재이니, 東土의 '檀祖神'이나 西天의 '여호와 神'은 이름이
다를 뿐 사실은 同一한 존재이다.

하나님은 洋의 東西를 막론하고 皮膚의 黑白을 不問하고 一切平等
愛育하여, 마치 저 太陽이 惡人에게나 善人에게나 다같이 日光과 雨露
를 내려 주듯이, 无量無邊한 大慈大悲를 萬有衆生에게 공평히 命與하
신 줄 안다. 그 하나님은 萬有의 오직 하나이신 하나님이요, 西天의 여
호와神이나 東土의 檀祖神이나 그 稱號가 相異할 뿐, 本體는 하나인 것
이다. 앞뒤를 가리고, 東西를 차별하여 選民을 云云하는 것은 이미 先
天의 殘滓意識이다. 大明天地 밝은 날에 天下가 大同하고 世界가 一家
되려는 이 마당에 何厚何薄이 왜 있으며 選民特惠가 웬 말이냐.[8]

즉 어느 종교가 尊崇하는 神이건 이름이 다를 뿐이지 본질은 하나
라는 것이다. 그렇듯이 鶴山은 여러 宗教의 창시자가 모두 인류의 큰
스승이며, 우리의 크나큰 尊崇對象이라고 말한다.

孔夫大聖은 修齊治平에 長하고, 釋迦世尊은 正覺涅槃에 通하고, 人
子예수는 贖罪永生에 能하셨으니 … 우리 後學의 立地에서는 何先何後
何遠何近할 것 없이 오직 人類의 先導者로서 우리의 스승으로서 다같
이 尊敬하고, 그 말씀 가운데 특히 우리에게 긴요한 것은 偏見없이 배
워서 나의 피가 되고 살이 되어서 나의 소중한 生命을 키워주는 데 좋

---

8) '편지 — 偶像에 관하여' 《第三의 易學》, p.93.

은 糧食이 되게 해야 할 것이다. 聖人이나 선지자나 선각자 앞에 謙遜할 줄을 알아야 할 것이다. 공연히 自高와 獨善과 자기만의 救濟感에 陶醉되는 것은 禁物이라 하겠다.[9]

즉 鶴山에 따르면, 무릇 위대한 종교의 창시자는 우리가 배워야 할 위대한 스승들이니, 우리는 겸손한 자세로 그들의 가르침을 배워 우리의 생명의 양식으로 삼을 일이지, 자신이 그 스승들보다 인생을 더 잘 아는 듯, 自高症에 빠져서 그들을 비판하고, 자신의 종교만이 옳다는 獨善的 생각을 고집하고, 자신의 宗敎, 敎派에만 救援이 있다는 自家陶醉에 빠져서는 아니 된다.[10]

하나밖에 모르는 극히 小乘的 蟹穴꾼들이여! 정신을 차려 '참 아버지'가 누구신지 똑똑히 살펴볼지어다. 참아버지는 절대 公平하시고 참 사랑의 遍滿者이시다. 그는 때에 따라 터에 따라 당신의 아들을 適切히 보내어 그때 그터의 백성을 구원케 하였으니 莫非 十五가 一言이요 한 하나님의 말씀이거늘 마치 자기의 敎主만이 유일한 獨生子인 양 생각하여 他는 그와 같은 아들이 아니라 함은 獨善과 迷妄에서 온 錯覺임을

---

9) 앞의 글.
10) 鶴山의 宗敎觀은 바하이敎(Bahai faith)의 敎理와 相通하는 부분이 있다. 바하이의 교리에 따르면,
　① 위대한 종교의 창시자는 모두 신의 화현이며 인류를 계도하려는 성스러운 계획을 점진적으로 실천한 사람들이다.
　② 모든 종교는 외형상의 차이에도 불구하고 모두 동일한 진리를 가르친다. 바하이敎의 創始者 바하 울라(Baha' Ullah)는 분열된 종교를 통일하여 전인류의 종교를 만드는 것을 자신의 사명으로 여겼다. 바하이敎는 인류의 단일성을 믿어 인종적·계급적·종교적 편견을 철폐하려고 노력한다. [인터넷 다음 백과. 출처:《한국민족문화대백과사전》]

깨닫지 못하니, 딱한 일이다. 先入의 偏見은 이와같이 사람을 偏執에 사로잡히게 하니, 可恐할 일이다.

'救援 救援'하지만, 도대체 救援이란 무엇인가. 救援이란, 한마디로 아버지의 참뜻을 알아 아버지의 참뜻을 行함이 救援이요, 달리 天上의 天國에 들어감이 救援이 아니다. '罪惡 罪惡'하지만, 罪惡이란 도대체 무엇인가. 죄악이란, 한마디로 아버지의 참뜻을 모르고 兄弟가 미워하여 제 생각에 좋지 않는다 하여 덮어놓고 이를 異端視하고 원수같이 여겨 甚하면 魔鬼라고까지 하는 것이 죄악이다. 역시 可恐할 노릇이다.[11]

[補論 1] 鶴山의 偶像論

鶴山은 '偶像'을 무조건 배격하지는 않았다. '偶像'이 '偶像'인 줄을 안다면, 그것은 우리의 믿음에 도움이 될 수 있다는 점이다. 곧 절에 모셔 놓은 佛像이나 聖堂에 모셔놓은 聖母像은 그것 자체가 崇拜의 對象이 되지 않고, 부처님이나 天主님을 생각하게 하는 도구가 되는 한, 그 나름의 의미가 있다는 것이다.[12] 鶴山은 論하였다.

---

11) '모두 함께 永遠토록'《鶴山散藁》pp.216~218.
   "제 생각에 좋지 않는다 하여 덮어놓고 이를 異端視하고 원수같이 여겨 甚하면 魔鬼라고까지 하는" 일은 인류역사상 너무나도 많았다. 魔女사냥은 西洋 中世에만 있었던 것이 아니다. 1992년. 전 감신대 학장 邊鮮煥교수(1927~1995)는 '교회 밖의 사람도 구원받을 수 있다'는 주장에 동조하다가 종교재판에 회부되어 黜教당했다. 기록에 따르면, 재판 후 邊학장의 제자 한 분이 邊학장에게 말했다: "선생님, 축하드립니다. '교회 밖에도 쿠원이 있다'과 말씀하신 것은 잘못입니다. 저라면 '교회 안에도 구원이 있다'고 얘기했을 겁니다." 〈나는 역사다〉《한겨레》 2020. 8. 7.

12) 鶴山은 '偶像'이란 말로 뭉뚱그려 썼으나, 의미상으로는 '偶像'과 '聖像'이 구분된다. 절간의 佛像, 聖堂의 마리아像은 '聖像'이란 말로 더 잘 표현할 수 있다. "우리는 偶像과 聖像을 다음과 같이 구분할 수 있다. 聖像은 信仰對象을 表象한 彫刻像(statue)이나 그림(icon)이며, 偶像은 그 자체가 숭배(신앙) 대상이 되는 聖像이다. 개념상으로는 이처럼 쉽게 구분이 가능하지만 실제로 그 구분은 간단명료하

偶像이란 본래 土偶 木偶 石像 金像 등 原始人 또는 近世人이 制作하여 愛玩 鑑賞 또는 記念 崇拜하였던 것이다. 절간의 佛像, 聖堂의 마리아像 … 등 어떻게 보면 偶像 같기도 하고, 그 앞에서 禮拜 또는 敬拜祈禱하는 것을 보면 偶像崇拜 같기도 하다. 偶像이 없으면 眞相도 없는 것일까.

偶像은 眞相을 알리기 위한 하나의 方便이기도 하다. 마치 天地萬物이 造物主의 眞面目을 볼 수 있는 하나의 거울이듯이, 우리는 이 偶像이라는 하나의 거울을 통하여 제나름대로 제 마음에 비쳐지는 하나의 眞相을 보는 것이 아닐까.

그런 의미라면 偶像도 필요하다고 아니할 수 없다. 偶像을 배격할 것만이 아니라 偶像을 善用하면 眞相을 깨닫는 捷徑이 될 수도 있다. 그래서 절간에 佛像을 안치하고 聖堂에 마리아像을 세웠으며 교회에 예수像과 十字架를 붙이는지도 모른다. 어쨌든 偶像은 하나의 方便이요 그 차제가 目的일 수 없다. 마치 손가락이 달 보라는 方便이요 통발이 고기를 잡는 手段이지만, 달 보았으면 손가락은 無用이요 고기 잡았으면 통발은 버려야 함과 一般이라 하겠다.[13]

鶴山의 偶像論에 따르면, 偶像이 하나의 方便이며, 그 自體가 目的이 아님을 잘 인식한다면, 偶像도 믿음에, 또는 眞理探求에 도움이 될 수 있다. 달은 가리키는 손가락은 달을 바라보기 위한 手段이지 달 자체가 아니다. 그래도 손가락은 달을 찾는 데 도움이 될 수 있다.[14]

___

지 않다. 그것이 聖像論爭이나 聖像破壞運動이 있게 된 이유이다." 李東仁, 〈偶像崇拜와 儒家의 祭禮〉《東洋社會思想》18(2008), p.36.

13) '편지—偶像에 관하여'《第三의 易學》, pp.95~96.

14) 鶴山은 일찍이 나에게 "偶像崇拜와 祖上崇拜"라는 연구과제를 주었다. 오랜 세월 (아마도 20年이 넘는 세월)이 지난 후 나는 〈偶像崇拜와 儒家의 祭禮〉《東洋社會

[補論 2] 鶴山의 宗敎進化論

종교는 그것을 믿는 사람('信衆')의 意識世界에 따라서 擴張 또
는 進化한다. 그래서 部族宗敎(tribal religion), 民族宗敎(national
religion), 世界宗敎(world religion) 또는 普遍宗敎(universal religion)
의 구분이 있게 되며, 信衆의 意識世界의 擴張에 따라서 대체로 前者
에서 後者로 進化해 간다.[15] 즉 개인의 意識 또는 認識이 하나의 部族

思想》18, 2008)라는 글을 발표하여 아버지의 요구에 부응했다. 이 글에서 나는
이렇게 썼다: "제사는 특별한 물건을 만들어서 그것을 우상으로 섬기거나 조상 자
신이 우상이 되는 행사가 아니다. … 조상제사는 조상에 대한 정성스러운 마음이
투영된 행동이다. …제사는 일종의 퍼포먼스(performance)이다. 죽어 안 계시는
조상들이 마치 살아서 후손들을 보러 온다고 가정하고 제물을 바치는 것이다. 그
러나 그것이 퍼포먼스이며, 조상들이 정말로 차린 음식을 먹지 않는다는 것을 후
손들은 알고 있다. 그래도 그런 儀式이 필요한 것은 儀式을 통해서 조상이 가깝게
느껴지고 孝가 연장되기 때문이다. …죽은 사람을 가장 가깝게 느끼는 방법은 그
가 마치 이곳에 살아 있는 양 술잔을 올리고 음식을 진설하고 심지어 물에 밥을 말
아드리면서 퍼포먼스를 행하는 것이다. …중요한 것은 제사 참가자의 마음이며,
그 마음가짐을 더욱 정성스럽고 순수하게 하기 위해서 제사라는 儀式(또는 퍼포
먼스)이 필요한 것이다."

鶴山은 省墓와 祭祀를 度外視하는 世態를 '憂慮'했다: "孟子말씀에 人自侮之然
後人侮之라 하였으니 山所도 子孫이 時時로 돌아보지 않으면 누가 伐草인들 하여
주겠는가 싶어 서글픈 생각이 들더라. 勿論 이것저것이 다 虛事라 치면 每事가 虛
妄한 일이지만 … 그래도 네 말대로 人生은 한 번이요, 오직 人生을 誠으로 一貫할
진댄 父母의 山所가 있다면 당장 돌봐드려야 할 것이 아닌가? 墓上에 雜草雜木이
蒙茸히 우거진 것을 보고 爲子者之心懷가 어찌 惕然愴然치 않겠는가? 실로 可歎
할 일이다. 고로 聖人은 죽은 者 섬기기를 산 者 섬김과 같이 하랬거든 죽은 者를
사위하여 祭祀도 忌하고 省墓도 않는다면 人子로서 於心에 快如한 것인가! 實로
可歎할 일이라 하겠다. 攻乎異端이면 及其至也하여는 無父無母矣리라는 先聖賢
의 遺訓이 切實하여진다." [鶴山書札 1971 9 28]

15) 필자는 하나의 종교(신앙)를 가지고 있는 사람들의 집단을 稱하기 위한 단어로
'信衆'이란 말을 제안한다. 같은 언어를 사용하는 사람들의 집단이 '言衆'이라면,
같은 종교를 가진 사람들의 집단을 '信衆'이라고 불러도 될 것 같다. '信徒'는 그리
사회학적 용어로 들리지 않는다.

안에 갇혀 있는 동안엔 '民族宗教', '普遍宗教'를 기대하기 어려우며, 반대로 信衆의 意識世界가 全 地球로 擴張되면, 宗敎意識도 이에 副應하여 擴張되어서 '世界宗敎', '普遍宗敎'를 기대할 수 있다.

鶴山의 宗敎論에는 民族宗敎와 世界宗敎의 구분이 명확하게 드러난다. 鶴山은 宗敎意識의 구분과 확장을 猶太敎와 基督敎의 구분을 통해 闡明하는데, 요컨대 舊約의 神(여호와)은 질투하는 神이며, 猶太人만을 偏愛하는 神이고, 全人類를 위한 보편적인 믿음과 神(하나님)은 예수의 信約시대에야 열린다는 것이다. 그런데 아직도 많은 한국의 기독교 신자들이, 유태인만을 '選民'이라면서 지극히 편애한 '여호와' 신앙에 아직도 매달리고 있는 것은 야릇한 일이라는 것이다.

鶴山은 《鶴山散藁》에 실린 〈國籍있는 宗敎〉라는 글에서, 종교는 인종도, 언어도, 풍습도, 피부색도 초월한 인류공통의 遺産으로 보이지만, 따지고 보면 國籍이 명확하고 민족의 냄새가 확연히 드러나는 종교도 많으며, 基督敎가 그 대표적인 사례임을 지적한다.

宗敎에는 흔히 國境조차 없다고 한다. 하물며 國籍이 있는 종교를 생각할 수 있겠는가. 흔히 종교란 皮膚도 人種도 言語도 風習도 超越한 世界共通의 것이라 하니, 말하자면 人類精神의 最大公約數라야 하고 人類文化의 最終集約體라야 한다는 뜻이다.

… 기독교의 경우를 생각해보자. … 기독교는 어디를 가나 이스라엘 냄새를 짙게 풍긴다. … 여호와 하나님은 틀림없이 이스라엘 民族의 民族神이다. 그는 이스라엘을 위하여 選民하였고, … 他民族의 生命과 他民族의 믿음을 餘地없이 짓밟고 무참히 屠戮내기도 하였다. …그렇게 嫉妬하고 그렇게 選民하며 그렇게 편역드는 한 民族의 神이 … 大公平

大共通의 한 하나님이신 우리 모두의 아버지일 수는 없는 것이다. 이스
라엘의 民族神이 어떻게 우리 모두의 하나님이 될 수 있단 말인가?[16]

鶴山은 이스라엘 民族神의 宗教를 全人類의 普遍宗教로 끌어 올린
이가 예수이며, 오늘날 기독교는 그러한 位相에 맞추어가야 한다고
주장했다. 예수는 "이스라엘 여호와 하나님을 世界人類의 아버지 하
나님으로" 둘러놓았다.[17]

---

16) '國籍있는 宗教'《鶴山散藁》pp.225~226. 鶴山은 곳곳에서 '질투하는 하나님'이
'全人類의 하나님'이 될 수 없음을 강조한다. 다음을 보자: "그런데 여기 또 異常한
嫉妬가 하나 있다. 그것은 기독교의 神話에 나오는 여호와神의 嫉妬이다. 他民族
에 대한 嫉妬로 '選民'이라는 것이 생겼고, 敬拜에 대한 嫉妬로 '偶像'이라는 것을
미워한다. 하나님은 絶對公平하고 至極히 平等하여 何厚何薄이 없어야 할 것인데
도 자기의 選擇한 백성이 아닌 다른 백성이 더 優勢하고 繁榮하는 것을 참지 못하
며, 자기가 제일 尊貴하여 다른 물건이나 神이 敬拜받고 崇拜받는 것을 견디지 못
하여 嫉妬하는 하나님, 샘하는 여호와로 되어 있으니, 이런 생각들은 너무나 非天
上的이요 世俗的인 人間的 생각인 것 같다. 아무리 先天에 天弗違하는 世代이기로
서니 그래도 하나님은 萬國의 하나님이요 萬民의 어버이여야 마땅하거늘 어찌
하여 그다지도 偏狹하고 壅塞한 하나님이어야 하는가. 이것은 아무래도 猶太민족
의 너무나도 狹小한 天觀에 由來한 그릇된 하나님의 肖像畵요 性格描寫인 것 같
다. … 대개 嫉妬란 人間이나 人間 以下의 動物에서 볼 수 있는 下等意識 또는 劣
等意識의 發露이거늘 이런 아름답지 못한 意識 또는 感情을 …全知全能하고 完全
無缺하여 萬有 위에 높이 솟아나신 하나님이 가지고 계시다 함은 우리로서는 도
저히 믿을 수도 공감할 수도 없는 일이다. 우리는 그런 嫉妬하는 하나님보다는 오
히려 一視同仁하시고 大慈大悲하사 無限包容하시고 絶對 公平無私하시며 無偏無
黨하시고 浩浩蕩蕩하시는 하나님을 믿고 기리고 사랑하고 공경하고 싶은 것이다.
17) 앞의 글, p.225. "二千年前에 … 그렇게도 옹색하며 그렇게도 편벽되던 이스라엘
의 民族神인 先天의 여호와 하나님이 예수 그리스도로 말미암아 一朝에 世界人의
하나님으로. 世界萬邦을 一視同仁하는 툭 트인 하나님으로 后天的 轉換을 하였
다. 이로써 先天의 하나님은 舊約의 모든 誡命과 더불어 尊空되고, 이제는 예수로
말미암아 確立된 后天의 福音이 全世界人類의 脈搏 속에 깊이 또한 힘차게 메아
리칠 것을 疑心할 餘地가 없다. 그러므로 기독교人은 어디까지나 예수 그리스도
를 배워야 할 것이다. 그럼에도 우리나라의 기독교人 가운데는 열심히 舊約神 여

예수께서는 일찍이 여호와 하나님이나 여호와神을 일컬은 일이 없다. 그는 여호와 하나님 대신에 늘 아버지 하나님이라 하여 모세 以來 모든 先知者와 歷代의 列王들이 모시던 이스라엘의 여호와 하나님을 한번도 일컫지 않고, 그저 하늘에 계신 우리 아버지 하나님이라 하였다. 다시 말하여 그는 이스라엘의 民族神을 世界의 하나님으로 둘러놓은 것이다. 그러므로 그는 여호와神의 敎訓인 모세의 律法을 廢하는 것이 아니라 完成하는 것이라 하여, 律法에는 눈은 눈으로 이는 이로 갚으라 하였으나 나는 … 이르노니, 너의 원수를 사랑하고 윗옷을 구하면 아래옷까지 주며 五里를 가자면 十里를 가라 하였다.

이것은 이미 嫉妬라고 猜忌하며 원수 갚기를 徹底히 하던 舊約의 하나님 여호와神의 소리가 아니다. 五里를 同行하자면 十里를 같이 가주고, 남의 허물을 일곱 번이 아니라 그 七十배라도 용서하라는 예수의 교훈은 확실히 눈에는 눈, 이에는 이로 갚던 律法과 교훈과는 判異하다. 이것은 이미 한 民族神의 壅塞한 교훈이 아니라 세계의 하나님으로서의 闊達無礙한 교훈이다. 先天의 갇힌 데서 完全히 脫皮한 后天의 툭 트인 교훈이라고 아니 할 수 없다. 이런 교훈을 주신 하나님이야말로 우리 모두의 하나님이며 우리 모두의 아버지라 아니할 수 없다.[18]

이상에서 보듯이 鶴山은 민족종교와 세계종교라는 개념을 사용하여 종교를 이해하고 있고, 기독교를 예로 들어 이 개념들을 명확히 설명한 바 있다.

---

3. 鶴山所好

우리는 어떤 사람이 즐거워하는 것을 보고 그 사람을 알 수 있다. 아
버지 鶴山이 좋아하던 것들을 회고해 본다.

① 맑은 공기, 시원한 경치

鶴山이 일주일의 절반을 香積山房에서 보내기를 30여년간 계속한
것은 물론 다른 사람의 방해를 받지 않고 학문에 정진하기 위한 것이
었지만, 그곳의 맑은 공기와 시원한 경치가 없었더라면, 鶴山은 선택
을 달리 하였을 것이다. 누군들 맑은 공기와 깨끗한 물이 필요하지 않
겠냐만 鶴山은 그것에 큰 비중을 두었다.

> 서울은 아무래도 空氣 때문에, 特히 西大門 四街里는 더욱 甚하여 견
> 디기 어려움을 切感한다. …余는 歸儒後 [儒城 집으로 돌아 온 후— 筆
> 者 註] 閑悠한 生活을 하며 第一 空氣가 맑고 물을 自由롭게 씀으로 起
> 居坐臥에 不便이 없다. [鶴山書札 1974 7 15]

깨끗한 환경 안에서 逍遙함은 儒家의 선비로서 奢侈가 아니라 權利
이다. 일찍이 나의 젊은 시절, 아버지께서 주신 글에 다음과 같은 대목
이 있다.

> 少年의 歲月은 살(矢)같이 흐르고 一身의 精力은 有時乎 限이 있으
> 니 學問도 젊어서 터 닦아야하고 經濟도 壯年에 이루어야 하겠다. 學徒
> 의 길은 實로 多事多忙하다 하겠다. 此中에 悠然坐臥하야 閑中忙 忙中
> 閑으로 悠悠自適, 不急不緩, 登東皐而舒嘯하고 臨淸流而賦詩할 수 있

으면 人生은 그 얼마나 멋이 있겠냐! [鶴山書札 1969 12 4]

이 대목을 보면 鶴山所樂에 登東皐而舒嘯하고 臨淸流而賦詩(陶淵明, 〈歸去來辭〉 一句)를 빼놓을 수 없을 것 같다.

한번은 내가 대학신문사 주최 水泳講習(大川에서 열렸다)에 참가하는 문제를 논의한 적이 있다. 이에 대한 答信에서 '鶴山 마음 속의 바다'를 느낄 수 있다.

借問銷夏何事最오, 登高臨海南兒戱를. 蒼波 너울거리고 白鷗 우지짖는 白沙, 靑松, 曉嵐煙波에 遠帆을 바라보는 맛과, 暮景彩雲에 歸舟를 그리는 멋이, 未嘗不 견디기 어려우리만큼 誘惑을 하는데, 하물며 數三 同志學友로 大自然의 一片을 같이 즐기는 機會를 얻음에랴. [鶴山書札 1969 7 4]

더욱이 鶴山은 그의 雅號('鶴山')에도 있는 것처럼 山을 좋아하셨다. 언젠가 이런 편지글을 쓰셨다.

벗따라 江南간다고 휴가받은 친구의 强勸에 靑松(경북) 周王山에서 盈德을 지나 東海高速化道路를 따라 안개 긴 날의 雪岳洞까지 여행하였다(7.8—7.10). 束草의 해수욕장의 모래가 곱고 잡히는 조개비의 무늬 또한 다채로왔다. 예전엔 내 스스로, 혼자서라도, 곧잘 旅程에 올랐었는데 이즈음엔 어째서, 친구가 强勸을 해야만 길을 떠날 만큼 나의 人生의 길이 無味 刻薄해졌는지, 恨歎스러운 일이다. 그러나 친구가 日常의 일 속에서 잃어버렸던 旅心을 깨우쳐주었을 때 나는 一時나마 豊

饒한 幸福感을 가질 수 있었던 것 같다. [鶴山書札 1980 7 11] [19]

이보다 일찍, 1975년에 鶴山은 雪岳山, 五臺山 등지를 여행하였다. 다음은 드물게 발견되는 鶴山의 '旅行記'이다.

이번 UN日에 雪岳山, 江陵, 五臺山 等地를 여행하였다. 其中 江陵의 烏竹軒과 鏡浦臺와 船橋里 全州 李氏舊家(韓式私家建築의 典型. 99間 中 殆半殘存)와 五臺山 月精寺의 國寶인 九層石塔 等은 뛰어난 것이었고, 怱怱하여 上院寺와 寂滅宮을 못 본 것이 遺憾이다. 이 塔은 高麗後의 多角多層塔의 先驅를 이루는 것으로 그 手法의 溫和 圓融 雅典함을 볼 수 있다. 우리의 先祖는 石造藝術에 있어서도 일찍이 남에게 先導가 될만한 뛰어난 才質을 發揮했으니 우리가 自覺하여 우리의 精神과 實力을 되찾으면 앞으로도 世界에 뛰어날 民族이 될 것은 分明하다. 다만 西歐的인 外來思想에 眩惑되어 自家固有 眞善美를 喪失하고 공영히 참을 外部에서 摸索하고 있음이 現下의 痛病이라 하겠다. 回光返照하여 自性의 再發見이 必要하다. [鶴山書札 1975 10 27]

鶴山은 또한 꽃과 나무를 사랑했다. 前에 어떤 書藝家가('无籬') 鶴山에게《松菊主人 不愧淵明》이라는 額子을 써주어서, 그것이 오랫동안 壁에 걸려 있었던 기억이 있는데, 나는 그 글 내용이 合當하다고 생각한다. 다음의 편지글에는 鶴山이 꽃을 아끼는 마음이 들어 있다.

---

19) 또 이런 편지도 주셨다: "後日에 雪嶽山 가는 길에 江陵에도 들려 烏竹軒에도 參拜하는 것이 좋겠고 可能하면 五臺山 月精寺, 內院庵, 寂滅宮에도 參禮하는 것이 좋겠다." [鶴山書札 1968 10 14]

秋日이 極佳한데 春川往還을 無事히 마치고 機會에 交友의 範圍도 넓어지니 所謂 以文會友하고 以友輔仁하는 精神의 實現일까 한다. 昨年에 코스모스가 白色뿐이어서 今春에 한 되의 씨를 사다가 모를 부었더니 시절을 만나 滿開하고보니 白·粉紅·眞紅 等이 交錯하여 매우 아름답고 한두 그루 모종낸 것도 따거운 가을 태양에 아주 곱게 피었으니 夜半月下에 갈꽃(葦花)과 相照하여 청조하기 그지없다. 月陵先生과 每樣 玩賞하고 明年에는 滿山周邊에 심을 것을 期約한다. [鶴山書札 1970 9 25]

鶴山의 庭園은 他人의 눈에 어떻게 비쳐졌을까? 내가 기억하는 것은 한 그루의 잘 생긴 후박나무다. 남아있는 나의 옛 記錄을 통해 그 片貌를 回想해 본다.

오래간만에 돌아온 집은 그대로 하나의 公園이다. 고움을 뽐내던 개나리는 이제 잎의 푸르름만 남았다 쳐도 新羅時代의 crown 같은 옥매화며, 호랑나비 아롱아롱 덤벼드는 라일락이, 머얼리 紫色 대명화(밥풀꽃)와 함께 엊그제 내린 봄비에 씻겨, 살포시 비추는 아침햇살을 머금어 한껏 淸楚하게 보인다. 그뿐이랴, 한 마리의 새의 울음이며 밤마다 울어대는 개구리의 울음도 모두 大都會에서는 인연이 없는 것들이다. [日記. 筆者. 1970 5 4]

깨끗한 靑山에서 반쯤 졸고 있다가, 夏然長鳴하며 飛翔하는 한 마리 鶴! 그것이 鶴山 마음속의 自畵像이다.

白鶴本非窮居物 학이 본래 궁하게 사는 물건 아니거늘

何事半睡青山裏   무슨 일로 青山 속에 半은 졸고 있는가,
一朝忽覺戞長鳴   하루아침 잠을 깨어 길게 소리하니
蒼空萬里單息飛   푸른하늘 萬里길을 단숨에 나는구나![20]

② 經學과 先哲遺文

經學, 특히 儒家 經典은 鶴山이 평생 소중히 여기고 沒頭·沈潛해 온 바다. 오래된 편지글이 말해 준다.

나는 平生에 極高明而道中庸, 下學而上達을 가장 나에게 豐富히 가르쳐주는 말씀으로 생각하고, … 學窓時代로부터 오늘에 이르기까지 經學을 第一所重히 하였고 教鞭生活에도 무슨 핑계라도 지어 그 방향의 讀書를 즐겨왔다. [鶴山書札 1969 11 28]

鶴山은 편지글에서 '讀書指導'를 한 적이 있다.

讀書는 많은 또 깊은 體驗을 豫想하기에 机上에서 思案할 뿐 아니라 實地로 知得한 眞理를 履行함으로 眞知가 되고 盡性至命하여 樂天無疑의 境地에 이르는 것일까한다. 夫子의 不知老之將至와 朝聞夕死는 그러한 地境의 一端이 아닐까. 너의 近日讀書는 漸次 너를 키워주는 것 같아 於心에 欽欣함을 禁키 어렵다. 但, 자칫하면 觀念에 치우치기 쉬우니 恒常 以物觀物과 以我觀物의 立場을 堅持하여 理論과 實際, 主觀과 客觀, 現實과 理想, 致知와 格物, 物我의 交涉, 本末終始에 있어서의 何先何后를 明確히 判斷하면 是爲近道라 하겠다. … 君子 外重則內輕

---

20) '古城 —絶望과 希望의 숨바꼭질—'《鶴山散藥》p.276.

하고 內重則外輕이라 하였으니 不得其中일진댄 차라리 內重할 것이며, 格物을 다 못할진댄 차라리 克己歸仁함이 丈夫의 本領인가한다. [鶴山書札 1969 12 4]

다른 곳에서 鶴山은 讀書의 구체적 내용까지 제시했는데, 그 가운데 그가 평소에 重視하고 좋아한 글들이 대체로 드러나 있다.

무슨 學問이 어떻고 무엇이 緊要하다한들 聖經賢傳을 精讀玩味하는 깃븜을 當할 수 있으랴. 이것을 實踐한 者만이 느낄 수 있는 깃븜이요, 즐거움이다. 그 基盤우에 自己所好의 專攻塔을 쌓는 것이다. 이 作業은 環境과 忍耐와 體力에 比例하여 前進하는 것이다. 經書로는: 中庸章句序文及 中庸原文, 大學原文, 易序文及 同繫辭上下傳, 論語中 緊要處, 橫渠(張載)의 西銘, 淵明(陶潛)의 歸去來辭, 韓退之(愈)의 原道, 東坡(蘇軾)의 前 後赤壁賦, 歐陽永叔(修)의 秋聲賦, 濂洛羣賢의 道詩, 其他 外家書 中에서는 老子道德經中 數箇處, 莊子南華經中 逍遙遊, 齊物論, 秋水篇 等, 金剛經 및 般若心經 原文 等等, 예수傳으로는 四福音書中緊要處, 바울이 로마人에게 보낸 書翰集 等 其他 先知者의 豫言書, 雅歌, 詩篇 等等.... 不遑枚擧이다. 放學이 되면 … 後室을 淸掃하고 整頓한 後 焚香 瞑想 讀書三昧에 들면 좋고.... [鶴山書札 1969 6 23]

나는 忠南大로, 國際大로 다니면서 鶴山의 講義를 여러번 들었다. 鶴山이 講義하면서 특히 共感하고 즐거워 한 글로는 (내가 느끼기로는) 歸去來辭, 赤壁賦가 으뜸이고, 그 밖에 秋聲賦와 西銘, 그리고(편지글엔 없지만) 大寶箴, 春夜宴桃李園序 等이 생각난다. 이제 그 옛날 鶴山의 講義室로 돌아가, 특히 그가 좋아했던 구절들을 되새겨본다.

歸去來兮 田園將蕪胡不歸 旣自以心爲形役 奚惆悵而獨悲 悟已往之
不諫 知來者之可追 實迷塗其未遠 覺今是而昨非....三徑就荒 松菊猶存
携幼入室 有酒盈樽 引壺觴以自酌 眄庭柯以怡顔 倚南以寄傲....木欣欣
以向榮 泉涓涓而始流 羨萬物之得時 感吾生之行休....登東皐以舒嘯 臨
淸流而賦詩 聊乘化以歸盡 樂夫天命復奚疑 [陶潛: 歸去來辭]

... 蘇子曰 客亦知夫水與月乎 逝者如斯 而未嘗往也 盈虛者如彼 而卒
莫消長也 蓋將自其變者而觀之 則天地曾不能以一瞬 自其不變者而觀之
則物與我皆無盡也 而又何羨乎 且夫天地之間, 物各有主 苟非吾之所有
, 雖一毫而莫取 惟江上之淸風 與山間之明月 耳得之而爲聲 目遇之而成
色 取之無禁 用之不竭 是造物者之無盡藏也 而吾與子之所共樂... [蘇軾:
前赤壁賦][21]

③ 술

모르는 사람이 많지만, 鶴山은 愛酒家였다. 모르는 사람이 많은 것
은 당연하다. 鶴山은 결코 술 마시기 위해서 술집에 가는 법이 없었으
며, 집에서 마실 때도 인색하리만큼 조금, 그러니까 醉境에 이르기 한
참 전에 마시기를 그만두었다. 조금 마신다고 해서 술을 좋아하지 않
은 것은 아니다. 나는 해마다 포도주를 담갔으며, 그중 상당부분은 아
버지를 위한 것이었다. 내가 포도주를 지고 香積山房에 가서 아버지

---

21) 鶴山은 '사랑의 實現'이라는 글에서, (前)赤壁賦의 핵심사상을 傳했다: " … 물과
같이 달과 같이 잠시도 쉬지 않고 流動하는 가운데 오히려 변하지 않는 그 물과 그
달을 볼 수 있고, 天地 … 宇宙와 같이 萬古不變 恒久長存하는 가운데 오히려 時時
刻刻의 纖細한 변화를 볼 수 있으니, 東坡의 글은 瞬間 속에 永遠이 깃들어 있고,
恒久中에 變化가 胚胎되어 있음을 말하는 것이라 할 수 있다." '사랑의 實現'《第三
의 易學》, p.102.

께 술 供養을 하면, 아버지께서는 기분이 좋아지셔서, 크게 칭찬하신 적이 있다: "너는 바쿠스(Bacchus)야, 바쿠스." 술 만드는 사람에게 酒神 '바쿠스'라니, 그보다 더 영광스러운 일이 없다.

鶴山은 술을 인류의 일상적이고 보편적인 음식으로 여겼다. 그러므로 어른과 함께 밥을 먹을 때 낯을 돌리고 먹지 않듯이, 술 마실 때도 낯을 돌릴 필요가 없다고 가르치셨다. 그래서 나는 언제나 아버지와 맞대하고 술을 마셨다. 또한 '飮食'의 '飮'은 술마시는 것을 가리키나, '食飮'을 全廢한다의 '飮'은 물마시는 것이라고 가르쳤다.[22]

---

22) 나는 언젠가 한 잡지에 〈과실주 빚어 마신다〉라는 雜文을 게재한 적이 있는데, 여기 나오는 飮酒 態度는 사실상 아버지로부터 배운 것이다:"술은 제조만큼이나 소비도 중요하다. 많이 마시는 것은 물론 급히 마시는 것도 금물이다. 어느 정도가 좋을까? 아마도 오늘 마신 술이 내일 술을 마시는데 지장이 되지 않는 정도의 양이 될 것이다. 좋아하는 술을 내일 또 마시려면 오늘의 양을 나의 肝이 기꺼이 분해하는 수고를 감당해 줄 만큼을 넘지 말아야 한다. 애주가는 폭음꾼이 아니다. 언제나 부르면 그 자리에서 대답하고, 나의 친구가 되어 주는 술을 아껴야지 함부로 대해서는 아니 된다. 내가 술을 함부로 대하지 아니하면, 술도 나를 함부로 대하지 아니하고 나의 친구로 남아 있다. 거꾸로 내가 술을 함부로 대하면 그것은 나에게 날카로운 보복을 한다."《한국인》1996년 2월호.

附錄 鶴山遺墨《極深研幾》時期未詳

3

鶴山 先生과의 만남과 배움

이상성

1. 여는말

그동안 여러분께서는 학산선생님께서 40여년 후학을 가르치신 '향적산방'에 대해 많이 들어 보셨으리라 생각합니다. 저는 '향적산방'에서 선생님을 뵙고 배운 제 경험을, 日記를 토대로 오늘 그대로 옮겨 보겠습니다. 그리하여 직접 경험하지 못하신 분들을 그곳으로 안내해 드리고자 합니다.

2. 새 스승, 새 배움터 香積山房에서의 45일 日記

1987 丁卯年 7월 3일 강남 터미널에서 충남 儒城行 고속버스를 탔다. 학부 4학년 여름방학을 보낼 향적산 국사봉 아래 香積山房으로 향하는 출발이었다. 경기 화성에서 비슷하게 출발한 同學 崔重錫을 유

성에서 만나 論山郡 豆磨面 香汗里로 향했다. 그 며칠 전 成大에서 행촌 선생님께서 향적산방을 소개하시면서 그려주신 略圖를 들고 양정[신도안 입구]을 찾아 나섰다.

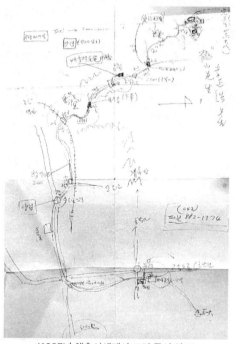

〈1987년 행촌선생께서 그려 주신 약도〉

당시 우리의 짐이 많아 유성에 살던 고교 동창생[李相熙]이 함께 산방까지 동행해 주었다. 그 친구는 향한리 배충덕씨 집에서 지게를 빌려 구불구불 산길을 걸어 우리의 짐 일부를 짊어지고 옮겨 주고는 유성집으로 돌아갔다.

거기 香積山房이 있었고 鶴山 李正浩 선생님께서 계셨다! 일흔 다섯의 학산 선생님께서는 하얀 모시옷을 입으시고 우리를 반갑게 맞아

주셨다. 우리가 학산 선생님을 처음 뵙는 순간이었다. 맑고 인자하시
며 다정다감하신 분이라는 것을 뵈는 순간 느낄 수 있었다. 우리가 머
물 방으로 선생님께서 직접 안내해 주셨다. 우리가 먼저 禮를 올리려
고 하자 땀부터 닦으라고 하시면서 샤워장을 열어 주셨다. 石間水는
너무 차가워서 몸이 부들부들 떨릴 정도였다. 짐을 지고 산을 오를 때
피로가 한 순간 씻겨 나가는 듯했다.

우리가 머물 곳은 울창한 숲속 L字형 4칸집이었다. 松齋, 竹軒, 蘭
室, 그리고 그 사이에 부엌 한 칸이 있었는데, 나는 竹軒에 짐을 풀었
다. 집 옆에 집채보다 더 큰 바위[龍바위]가 있었고, 새소리가 지척에
서 들려 왔다. 그곳에는 모두 세 채의 집이 있었는데 학산 선생님께서
기거하시는 향적산방과 宋선생의 부인께서 머무시는 집, 그리고 우리
가 공부하던 건물이 적당한 간격으로 위치해 있었다.

처음 저녁 식사를 했다. 밥이 그렇게 맛있을 수 없었다. 선생님께서
는 중간 중간 말씀을 하셨다. 상추는 찬음식이어서 반드시 열을 나게
하는 고추장과 함께 먹는 것이라는 말씀, 사람이 음식에 체하는 경우
도 있지만 마음이나 생각이 체하면 안 된다는 비유의 말씀, 그리고 내
가 스스로를 업신여기면 남도 나를 업신여긴다는 孟子의 구절을 인용
하시며 결단코 스스로를 학대하거나 비하시켜서는 안 된다는 말씀도
해 주셨다. 선생님의 음성은 맑고 깔끔하였다. 그 무렵 세상의 흐름,
즉 時局에 대해서도 우려를 하셨다.

식사 후 우리는 유성에서 사 가지고 온 수박을 씻어 들고 선생님 계
신 곳을 찾아뵈었다. 선생님은 우리를 산방의 '별장'으로 안내하셨다.
우리가 '별장'이라고 불렀던 그 공간은 선생님께서 홀로 앉아 계시곤
하던 한 평 남짓의 동편 터였다. 저 멀리 豆溪의 불빛과 東으로 大田市

가 아득히 보이는 전망 좋은 장소였다. 그곳에서 우리는 선생님의 첫 말씀을 편안한 마음으로 들었다. 正易과 一夫先生에 대한 이야기, 世宗과 訓民正音, 東國正韻에 대한 말씀을 처음 듣게 되었다. 정역의 내용이 궁금해졌고, 우리글은 '訓民正文'이 아니라 '訓民正音'이라는 말씀은 참으로 명쾌하게 다가왔다. 그리고 선생님께서 〈향적산방〉에 계시게 된 이야기도 들려 주셨다. 1955년 이후 이곳 논산군 두마면 향한리 국사봉하에 향적산방을 짓고 40여 년간을 敎學과 著述의 장소로 삼으셨다는 말씀이었다.

三更에야 촛불을 끄고 자리에 들었다. 촛불로 어둠을 밝히고 지내본 것이 얼마만인가! 흐뭇했다. 불을 끄자 천지는 暗黑이었다. 그런 암흑을 본 적이 없었다. 아무 소리도 없고 빛도 없어 沈默의 세계를 체험하는 순간이었다. 아침에 문을 여니 안개가 방안까지 밀려들어오는 것이 보였다. 새소리도 그치지 않았다. 이 새가 울고 가면 저 새가 날아와 놀다 갔다.

아직 함께할 동학 두 명[金仁圭, 朴世漢]이 닿지 않아 우리 둘은 이틀 동안 충분한 휴식을 취하면서 그들을 기다렸다. 그러는 동안 선생님으로부터 天地간의 만남, 陰陽의 이치, 人間[남녀]의 만남 등이 같은 이치라는 말씀을 들을 수 있었다. "사람으로 태어난 것도 대단히 귀한 일이지만, 學問을 할 수 있는 것은 얼마나 커다란 幸福인지 모른다. 글자 하나하나를 눈물을 흘리며 읽어야 한다"는 말씀을 들으며 마음에 새겼다.

사흘째 되던 날 밤에는 비가 쉬지 않고 내렸다. 가뭄장마라더니 드디어 비가 내리기 시작한 것이었다. 아침 식사를 하러 문을 열고 나서니 산 중턱을 흐르는 안개가 보였다. 안개가 흘러가는 모습을 보며 우리가 더 높은 곳에 머무는 것이 이상한 감흥을 주기도 했다. 해는 방바로 정면에서 떠서 머리 위를 지나 등 뒤로 넘어 갔다.

함께 공부할 두 동학이 마침내 나흘째 되던 날 도착했다. 향적산방에는 늘 배우려고 하는 사람들이 드나들었다. 그동안 우리 보다 먼저 그곳에 와 휴식을 취하거나 명상에 잠기며 기도를 드리던 아주머니들과 여학생은 그날 돌아갔다. 서울에서 와 머물던 씩씩한(?) 여자도 갔다. 산중은 더욱 조용해 졌다. 시간은 산 아래에서보다 빠르게 지나는 듯했다.

닷새째 되던 7월 7일, 우리는 마침내 선생님으로부터 가르침을 받기 시작했다. 선생님께서는 우리가 산방에 머무는 45일 동안 내내 오전과 오후로 나누어 좋은 가르침을 주셨다. 먼저 周易 乾坤卦, 繫辭傳, 說卦傳 등을 자세하게 배웠다.

〈1987년 향적산방에서 학산선생님께 함께 배운 동학들〉

선생님의 강의는 쉬우면서도 차원이 달랐다. 깊고 풍부한 학식은 지금까지 듣던 강의와는 달랐다. 인자하신 인품은 우리들 마음에 빛처럼 다가왔다. 강의 첫날 기억에 남는 것은 點과 圓에 대한 말씀이었다.

> "원은 아무리 작아져도 원이다. 점은 아무리 크게 변화해도 원이 되지 않는다. 점과 원은 영원히 만나지 못한다. 그러나 점은 원이 있어야 존재하고 원 또한 점이 있어야 존재한다. 두 가지는 상호 없어서는 안되는 존재다. 陰陽도 같은 존재다."

이전에 생각하지 못했던 내용이었다. 세계와 만물을 보는 눈이 조금씩 열리는 기분이 들었다. 선생님의 강의는 우리가 기거하던 곳으로 내려 오셔서 방안에서 이루어졌다. 앉아서 공부하는데 익숙하지 않았던 나는 다리에 쥐가 나고 허리도 아팠지만, 인내력을 시험해 보기로 했다. 선생님께서는 정말 鶴처럼 가볍고 단정하게 앉으셔서 말씀을 하셨다. 라디오가 있었으나 세상이 어떻게 돌아가고 있는지를 알 수 없었고 산방에 들어왔으니 굳이 알려고도 하지 않았다.

엿새째 되던 날, 建國大 기계과 崔교수라는 분과 산방에 드나드시며 공부를 하던 아주머니 두 분이 우리들이 쓰는 옆방에 들어오셨다. 모두 선생님의 가르침을 오랫동안 받아온 분들이었다. 모두 선생님을 공경하고 배움을 받으러 오시는 분들이었다. 같은 공간에 기거하며 새로운 분들과 자연스럽게 대화도 이어가게 되었다. 밤에 촛불을 켜 놓으니 창틀에 붙은 유리에는 불빛을 보고 날아든 곤충들이 몰려와 많이도 붙어 있었다.

7일째 되던 날, 당시 나의 일기에는 이렇게 기록되어 있다. '정신이 깨어 있는 생활을 해야 한다. 일주일 밖에 지나지 않았는데 벌써 나를 제대로 가꾸지 못하는 느낌이다. 이래서는 안 된다' 산중 생활에 조금 익숙해지면서 나태해진 나를 추스르는 내용이다.

8일째 되던 날, 학산선생님께서는 우리 네 명에게 號를 지어 주셨다. 하루 전 선생님께서는 내게 이름 중에서 '星'자를 누가 지어 주셨냐고 물으셨다. 나는 아버지께서 지으셨다고 답을 했다. 오늘 선생님께서는 호에 '龍'자를 넣어 주시면서, "별[星]도 높고 좋은 것이기는 하나 作用이 없으니 '龍'자를 넣어 '祥龍'이라"고 하셨다. 차마 받기에 과분한 자였으나 감사한 마음으로 받았다. 이후 선생님께서는 늘 나를 '祥龍'이나 '相龍'으로 부르시거나 쓰셨다. 죽헌 옆에는 큰 '용바위'가 있었는데, 선생님에게 좋은 글자를 받으니 세상에 나가 모든 이에게 길한 작용을 널리 베풀라는 듯으로 알고 힘써야겠다는 다짐을 했다. '용바위'의 기운을 받기라도 하듯 흡족한 마음으로 배움을 이어갔다.

선생님께 배우며 머무는 분들이 많아 쉬는 시간에는 대화를 자주 나누며 지냈다. 시간이 지나는 동안 중간 중간 부모님과 친구들에게 보내는 편지를 써 놓기도 했다. 최중석이 열흘째 되던 날 시내로 나갈 일이 있어 그이 편에 편지를 보냈다.

산중에 누가 새로 들어오는 사람이 있음은 식사 때에 알 수가 있었다. 열흘 째 되던 저녁에도 그랬다. 새로운 반찬이 나오는 것은 누가 새로 산방에 들어왔음을 의미하였다. 그날 저녁에는 말린 생선찌개가 나왔다. 맛이 좋았다! 누가 왔을까? 우리가 '서울여자'라고 불렀던 40대 아주머니다. 그 사이 내려갔다가 또 들어오신 것이다. 활기 넘치고 부지런하고, 씩씩하신 분으로 기억하는데, 학산 선생님은 그 분을 '見性하신 분', 다소 '狂氣있는 사람' 등으로 말씀하시기도 했다. 어느 산 어느 절 어디 안 간 곳 없고, '佛敎通'이라고도 하셨다.

열하루가 되던 아침은 장마 빗소리에 깨었다. 산중은 밤이 아니어도 비가 오면 어두웠다. 멀리서 지나는 기차소리도 더 잘 들렸다. 颱風 '셀마'가 북상한다는 소식을 라디오에서 들었다. 밤새 바람소리와 나뭇가지 흔들림이 깜짝 놀랄 정도였다. 우리는 '태풍 피해가 적어야 할 텐데....'라며 걱정을 했다. 그러면서도 내가 있는 바로 이 자리가 中이니 바깥에 너무 마음을 두지 않기로 했다. 다음 날 셀마가 스치고 간 상처가 엄청나다는 소식을 들었다. 산중 나뭇가지가 많이도 부러지고 비가 밤새도록 그치지 않았다. 남부지방에 수십 명의 인명 피해가 있었다고 한다. 그 우중에도 이곳 산중에는 새벽에 기도를 드리러 배낭을 메고 온 중년 남자들이 있었다. 나는 그 분들이 무슨 기도를 이 우중에도 올라와 드려야 했을까 혼자 생각했다.

산방에서 지낸 지 보름이 되던 날에는 방에 군불을 넣었다. 땀이 흐를 정도로 따뜻했다. 석간수 움찔한 차가운 물로 샤워를 하고 있을 때, 첫날 짐을 함께 날라 준 유성의 친구가 불쑥 찾아왔다. 수박과 소주를 사들고 온 몸에 땀을 줄줄 쏟으며 다시 왔다. 선뜻 찾아준 친구가 반갑고 고마웠다. 그 친구는 지금 경기도 부천에서 세무사 일을 하고 있다. 나는 그 친구에게 오늘 하루 이곳에서 묵고 가라고 했더니 하산해야 한다고 했다. 친구는 학산선생님과 우리들과 함께 저녁 식사를 하고 유성집으로 돌아갔다. 그 친구는 벌써 향적산방에 두 번째 걸음을 한 셈이었다. 나는 그 친구의 유성집에서 여러 번 머물며 같이 지냈는데, 산에서 내려오면 사랑방에 불을 피워 놓을 테니 며칠 쉬고 가라고 했다. 산중 생활이 심심하면 불쑥 내려와 하루 놀고 가라고도 했다. 그는 지금도 종종 향적산방과 학산 선생님 얘기를 하곤 한다. 반쯤 향적산방 동학이 된 느낌이다.

17일째 되던 날에는 건대 최교수님이 산방을 나가셨고, 한양대 원자력공학과 육종철 교수님이 새로 들어오셨다. 육교수님은 향적산방 생활에 우리보다 익숙한 분이셨다. 장마로 불어난 물소리가 대단했다. 삼경이 지날 무렵 두견이 울었다. 나는 그 때 중간 중간 쉬는 시간을 이용하여 유성 친구가 가져다 준 문학책도 읽었다. 이제하의 〈나그네는 길에서도 쉬지 않는다〉를 그날 읽었는데, 심리묘사가 뛰어나다는 생각이 들었다. 계곡 물소리가 밤이 깊을수록 크게 들렸다. 빗나간 기상예보로 319명의 인명을 태풍이 앗아갔다는 뉴스를 들었다. 라디오에서는 축대가 무너져 일가족이 생명을 잃은 뉴스도 들려왔다. 장마로 인해 과일과 채소값이 심한 경우 작년보다 90%나 하락하여 경기 용인의 어떤 농부는 도시인들에게 농부들을 돕는 마음으로 "수박을 많이 사 달라"고 했다는 뉴스도 들었다.

우리의 공부는 계속되었다. 학산 선생님의 강의를 듣고 휴식을 취하는데, 17일째 되던 날에는 한대 육교수님이 우리에게 말씀을 시작하셨다. 교수님은 우리들과 많은 대화를 나누려고 하시는 편이었고, 우리는 주로 말씀을 듣는 편이었다. 주로 오늘날 儒學의 제반 문제와 그 방향성에 대해 말씀을 많이 하셨다. 科學者로서 東洋哲學을 겸하시는 선생님은 현대 유학이 고집과 보존만 내세울 뿐 넘실거리는 변화에 호응하지 못하고 있다고 지적하셨다. 서양과학을 흡수하지 못하며 경전에만 매달려 유학정신의 핵심인 仁을 정신적 기준으로 삼지 못하고 있다고 하셨다. 우리는 대체로 공감하면서도 어떤 부분은 견해가 좀 다르다고 반응하기도 하였다.

산방에서 지낸 지 21일이 되던 날에는 그동안 내린 비로 146명이 사망 또는 실종이라는 소식을 들었다. 부여와 서천 등은 완전히 물에 잠겼다고 하고, 또 다른 태풍 '버넌'이 다시 북상한다고 하였다. 장맛비가 끊임없이 내리기만 했다. 얼른 장마가 그치기를 바랐고, 피해도 줄어들기를 기도했다. 장맛비가 그치고 얼른 國師峯에 올라가 보고 싶었다. 그러나 갤 날이 없었다. 20일째 되던 날 부여에는 무려 670mm 폭우가 쏟아지는 등 충청도 지역에 사상 유례 없는 비가 퍼부었다고 한다. 남부지방을 이어 중부지방까지 온통 물난리가 난 모양이다. 계곡 물소리도 무섭게 들려 왔다. 23일째 되던 날에야 이따금 햇빛이 보이기 시작했다. 지독한 장마가 좀 걷히려나 보다. 저녁 무렵 울창한 숲 너머로 저녁노을이 보였다. 내 기억에 저녁노을이 붉으면 그 다음날은 대체로 맑는다고 들었다. 자정 무렵에는 별도 몇 개 보이기 시작했다. 소쩍새도 다시 울기 시작했다. 산 아래로 가는 분들이 있는 날이었다.

〈동학들과 국사봉에 올라 한 컷〉

그러나 26일째 되던 날에는 이번에는 서울 경기지역에 폭우가 내렸다 하니 전국에 홍수세례를 준 셈이었다. 산에 들어온 한 달 가까이 되는 동안 장마가 계속되고 있었으니, 걱정을 하면서도 학산 선생님께 배우는 우리의 공부는 쉬지 않고 계속되었다. 산중에 모처럼 볕이 들었다. 나는 오전 10시에 향적산 정상인 국사봉에 혼자 올랐다.

천천히 걸어 40분 정도 걸려 정상에 닿았는데, 헬기 착륙장에서는 북쪽 방면이 훤히 내려다 보였다. 계룡산에서 향적산으로 이어지는 능선이 마치 하늘의 빗자루로 쓸어 놓은 듯 시원하게 줄무늬를 이루면서 아래로 뻗어 있었다. 멀리 산 아래로 보이는 집들과 논밭과 벌판이 다른 나라 풍경처럼 보였다. 헬기 착륙장에서 정상에 오르는 좁은 산길을 천천히 걸었다. 한 사람 지날 정도의 좁은 길옆에 잘 자란 풀과 나무들이 보였다. 국사봉 정상은 정말 감탄의 연속이라고 해야 했다. 400고지여서 나는 그리 높지 않다고 생각했고 주변 경관이 그리 잘 보이리라고는 예상하지 못했다. 멋진 곳이었다. 360도 사면팔방이 한 군데도 막힌 곳이 없었다. 동으로 대전시가 아스라이 보였고, 서쪽으로는 산과 산이 하늘까지 닿아 있었다. 남으로는 논산 읍내가 멀리 조그맣게 보였고, 북으로는 계룡산이 북서로 지나는 구름에 정상이 가려진 채 우뚝 솟아 있었다.

나는 한 시간 반 정도 정상에 앉아 있었다. 개미보다 작게 보이는 사람들, 차들, 큰 비에도 되살아나 잘 자라고 있던 벼들, 여기 저기 크고 작게 보이는 집들, 산의 나무들이 사방으로 잘 보였다. 멀리까지 그리 잘 보일 수 없었다. 정상엔 北斗七星, 南斗六星, 天玄地黃, 佛이라고 새긴 약 2.5M되는 돌탑 하나가 서 있었다. 또 就日望雲[不明]이라고 새겨진 그보다 조금 작은 대리석탑 두 개가 元亨利貞이라고 네 귀퉁이에 새긴 테두리 안에 세워져 있었다. 사방을 한참 둘러보다가 점심시간에 맞추어 산방으로 내려 왔다.

28일 째 공부를 하던 날, 동학 김인규가 발뒷굼치를 다쳐 서울로 돌아가게 되었다. 나는 산아래 마을까지 배낭을 대신 옮겨 주고 돌아왔다. 곳곳에 태풍과 폭우로 인한 앙상한 비피해가 눈에 들어 왔다. 모진 여름이었다. 나는 혼자 〈아리랑〉을 부르며 산방으로 돌아왔다. ....청천하늘에는 잔별도 많고 우리네 가슴에는 한숨도 많네!....내가 새로 지은 아리랑 가사를 흥얼거리면서 산방에 닿았다. 오후엔 육교수님도 서울로 가셨다. 그 사이 仁川에서 인하대학에 다니다가 다음 달 군대에 간다는 청년 한 명, 그리고 成大 박사과정에서 공부한다는 사람도 와서 같이 지내게 되었다. 이렇게 늘 배우는 분들이 산방을 오갔다.

30일째 되던 7월 마지막 날, 장마는 끝났지만 산중은 흐렸다. 새벽 5시 무렵 잠이 깨었으나 약간 몸 상태가 좋지 않았다. 그로부터 사흘 후 나는 잠깐 하산하여 유성 친구를 만났고, 마침 대전 형님댁에 오신 아버지를 뵈었다. 아버지께서 서울 친척집에 들리실 일이 있었는데 모시고 상경하게 되었다. 많이 쇠약해 지셔서 잘 걷지 못하셨고, "이제 서울나들이도 못할 것 같다."고 하셔서 마음이 아팠다. 나는 아버지를 보내 드리고 바로 학교로 가서 2학기 장학금 신청 관련 일을 처리하였고, 하숙집에서 짐을 좀 더 챙겨 이틀 뒤 다시 향적산으로 돌아왔다. 다시 공부를 계속하기 시작했다. 입추와 말복이 지나자 날씨가 좀 달라지기는 하였지만 변덕도 심했다.

학산 선생님으로부터 처음 一夫先生의 正易을 배우기 시작했다. 선생님의 정역 강의는 여러 날 이어졌고, 우리는 매우 상세한 가르침을 받았다. 새로운 세계를 배우는 기쁨이 넘쳤!

부여에서 오신 知山 아주머니는 몇 년째 학산 선생님의 강의를 들었지만, 이번만큼 자세하고 열성으로 강의하신 적이 없으셨다고 했다. 정성을 쏟으시는 선생님의 말씀을 집중해서 들으려고 하였다. 그러나 처음 듣는 정역은 매우 어렵고 이해가 되지 않았다. 무엇보다 60갑자를 줄줄 외고 강의를 들어야 하는데 나는 전혀 준비가 안 되었기에 이해도 못하면서 열심히 무슨 내용인지 들으며 메모도 했다. 특히 手指象數는 처음에는 전혀 알아채지 못하였다. 반복하시는 동안 '이런 易學世界가 있구나!'고 느낄 뿐이었다. 열강하시는 선생님께 감사한 마음만으로 경청하였다. 이번에는 단지 정역의 내용이 어떻다는 것만 파악하자는 자세로 배움에 임했다. 선생님께서는 "내가 이미 책에 상세하게 써 놓았으니 다음에 시간 내어 읽어 보면 다 알게 될 것이다"고 말씀하셔서 나는 조금 안심이 되었다.

산중 생활 40일째 되자 바람이 서늘해지고 있다는 느낌이 들었다. 41일째 되던 날(8.11), 학산 선생님께서는 정역 강의를 다른 날보다 조금 일찍 끝내시고 〈정역연구회 취지문〉과 계획 중이신 〈한국사상연구원 취지문〉 초안을 읽어 주셨다. 다 읽고 난 후 우리들의 노력을 당부하시었다. 그날 우리는 말하자면 여러 가지 '종강선물'을 특별히 받은 셈이다. 두 취지문에 대한 설명을 마치시고, 선생님께서는 몇 가지를 더 강조하셨다.

먼저, 선생님께서는 늘 곁에 두고 마음에 새길 詩 한 편을 소개해 주시겠다고 하셨다. 多夕 柳永模 선생의 시 '無常生 非常命(無非生命)'이었다.

그날 선생님께서는 이 시를 읽으시면서 우리에게 직접 받아 적으라고 하셨다. 또 뜻을 풀어서 일러 주시면서 吐를 내려 주셨다. 그 토는 그 무렵 만든 공책 〈香積集〉에 옮겨져 있다. 늘 마음에 새겨 두라고 하셨고, 그날 선생님께서 친히 옮겨 쓰신 다석의 시를 내게 주셨다. 선생님께서 친필로 쓰신 이 시는 〈丁卯日記〉에 보관해 오며 틈틈이 읽는다.

학산선생께서 우리들에게 소개하시며 늘 마음에 새겨 두라는 다석선생의 시는 과연 어떤 것인가?

생명인(生命印)이라는 도장을 새겨 가지고 왔다. 크기는 옛날 엽전

만하고 모양도 둥글고 속은 네모난 구멍이 뚫린 것이 옛날 엽전과 마찬가지다. 가운데는 입구(口)로 만들어졌다. 세로로는 무상생(無常生) 가로로는 비상명(非常命)이다. 그 옆에 새긴 글자는 생필무상(生必無常) 명시비상(命是非常)이다. 인생은 무상하다. 백 년을 살아 보았댔자 인생이 무상하다는 것은 누구나 알고 느끼는 바다. 그래서 어떻게 하면 인생은 무상을 벗어나서 무상하지 않는 세계에 머물 수 있을까 하는 것이 모든 인간의 바람이다. 이런 바람 때문에 사람은 생각하고 연구하고 창조하고 신앙한다. 인생이 무상하다는 것인데 그래서 생각하고 연구한 결과가 무엇인가? 그것은 인생이 무상한데 천명(天命)은 비상(非常)하다는 것이다. 천명(天命)은 무상한 인생을 무상하게 살도록 내버려두지 않는다. 무상한 인생이지만 이 무상한 인생에서 비상한 명령을 내려 주신다. 그것은 평상시에 명령이 아니라 비상시에 명령이기 때문에 그것은 거역할 수 없는 절대명령이다. 내가 온 것은 이 명령을 실천하러 온 것이다. 인생은 아이로 끝나면 요절이지만 늙어서 마치면 장수이다. 무상생은 요절이란 말이요, 비상생이란 장수란 말이다. 사람은 요절할 때 허무하고 장수할 때 자족(自足)한다. 인생이 무상하다는 것은 미숙(未熟)한 탓이요, 인생이 자족하다는 것은 성숙한 탓이다. 인생 문제는 성숙해질 때 해결된다. 성숙이란 내가 아니면서 내가 될 때 이루어진다. 이는 제나(自我)에서 얼나(靈我)로 중생 부활하는 것이다.[1]

윗글은 다석선생의 시에 대해 제자 중 한 분이 후일 풀이한 글인 듯하다. 또 道原 柳承國선생님께서도 역시 이 시를 중요하다고 말씀하시면서 풀이해 주신 적이 있다. 또한 杏邨 李東俊 선생님께서 丙戌年

---

1) 〈다석어록〉: 죽음을 넘어-나의 공부- NAVER〈블로그〉'친환경 농법과 새로운 기독교신앙'에서 발췌함

歲暮에 베껴 쓰신 이 시를 우리들에게 주셔서 받은 적도 있다.

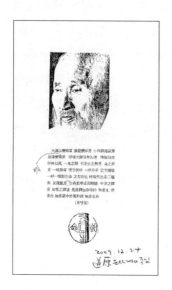

오늘은 岺邨 선생께서 필사하신 시에 당시 鶴山 선생님께서 내려주신 吐[2]를 여러분들에게 소개해 드리고자 한다.[별도 자료 준비]

바로 공부를 마치던 그 날, 나는 다시 국사봉 정상을 혼자 올랐다. 구름과 노을, 하늘과 산과 땅들이 어우러진 모습을 보았고, 별이 나오고 멀리 불빛들이 장관으로 빛나기 시작했다. 그런데 그 산꼭대기에서 눈물을 흘리며 밤새워 기도를 하는 두 여성을 보았다. 젊어 보이는

---

2) 大塊는 以變爲常이라 故로 能變如常이라 小我는 執著欲常이라 故로 逢變乖常이라
呼吸代謝百年九億에 吸始以生하고 呼終以死라 一生一死가 不外气息之頭尾也라
一吸無常하니 恍兮反呼하고 一呼非常하니 惚兮復吸이라 一息之間에 可見生之無
常이오 命之非常이라 一呼一吸이 卽生命之左右也라 呼吸死生이 各二極而反復이
오 气息生命이 自中正而剛健이라 中正之謂常이오 如常之謂道니 是故로 釋生命印
曰 無常生非常命이라 知常處中하면 於東於西에 無非生命이니라

여성은 무당인 듯했고, 다른 분은 할머니처럼 보였다. 나는 그들의 기도가 어떤 것인지 궁금하여 가만히 옆에서 들어 보려고 했다. 나무관 세음보살, 천황대신, 산신대왕 등을 부르며 목탁을 치고 방울을 두드리고 있었다. 아직 모든 것을 털어내 놓고 기도를 하지는 않았다. 젊은 여인이 할머니의 말문을 유도해 내려는 듯 하였으나 꽤 시간이 지나도 좀처럼 입을 열지 않았다. 내용인 즉 '아버지'에 관한 것 같았다. 조금 더 듣다가 나는 하산을 하였다. 무슨 간절한 소망이 있어 이 깊은 산중에서 저렇게 밤을 새우며 기도를 드리는 것일까 생각하며 발길을 돌렸다. 그리고 나는 내일 아침에는 저 할머니의 고민이 해소되고 소망도 이루시길 바라는 가벼운 마음도 가졌다. 달이 동천에서 솟아나 주홍빛으로 빛을 내고 있었고, 대전시내의 불빛이 샹들리에처럼 반짝이고 있었다. 나는 어떤 빛으로 빛날 수 있을까 고민하며 천천히 하산을 하였다.

42일째 되던 날 부여에서 엄마를 따라 같이온 남매가 내일 하산한다고 잠을 자지 않고 종알거린다. 우리 두 사람[나와 최중석]은 그 녀석들의 맹랑한 이야기도 들어 주어야 했다. 거의 지새다시피하여 그 다음날에는 새벽에 국사봉에 오르기 시작했다. 길가에 달맞이꽃이 많이도 피어 있었고, 해가 차오르는 아침 풍경은 장관이었다. 그날 李善慶, 金暎鎬, 朴世漢 동학이 서울로 돌아가고, 부여 아주머니네 세 식구, 서울여자 박보살, 대전에서 와서 할아버지와 함께 머물던 여고생과 두 아이들도 모두 각자 사는 곳으로 돌아가셨다. 나는 이틀 더 선생님 곁에 머물 예정이다. 貞觀 宋哲和선생의 부인이신 사모님은 여든 네 살이셨는데 밭일을 하셨고, 예순 다섯 살이신 화순 도인께서는 부엌에서 밥 지으시는 일만 하시면서 우리를 돌보아 주셨다. 대부분 집으로 돌아가고 최중석과 나, 그리고 인천에서 오신 鳴丘라는 분만 남았다.

정묘년(1987) 여름 〈향적산방〉의 여름학기는 이렇게 끝이나 가고 있었다. 나도 책가방과 짐을 챙기기 시작했다. 학산선생님을 처음 뵙고 많은 것을 배우고 넘치는 은혜를 입었다. 이런 생활과 공부는 처음 경험하는 것으로서 날마다 새롭고 신선함 그 자체였다. 나를 돌아볼 시간과 자연과 인간, 배움과 익힘 등에 대해서도 생각해 볼 수 있었다. 학부 마지막 학기를 든든하게 보낼 수 있을 듯 자신감도 생겼다.

한 달 반 동안 우리는 학산선생님께 분에 넘치는 은혜와 멋진 가르침을 받았다. 정역은 처음이라 어렵고 이해가 안 되는 부분도 많았지만, 선생님의 강의 내용은 새로운 세상과 세계를 열어 주시는 경이로움 그 자체였다. 나는 30년이 지난 지금도 당시 향적산방에서 펼쳐졌던 학술 향연의 아름다움을 결코 잊을 수 가 없다. 大學者의 가르침을 받을 수 있는 영광은 무엇보다 값지다. 사람이 이 세상에 태어나 평생 존경할 스승을 만나는 것만큼 행복한 일이 있겠는가!

마지막 45일째 되던 날, 瑞鳳과 나는 학산 선생님께 인사를 드리고 서울로 돌아왔다. 나는 대학원 진학을 위한 준비를 하면서 학부 마지막 학기를 다시 시작하였다. 瑞鳳은 崔重錫 동학에게 학산 선생님께서 지어 주신 號이다. 평소 공부를 독실히 하여 한문 원전도 잘 읽었고, 특히 논문을 아주 훌륭하게 썼다. 석사논문은 〈退溪철학에서의 心德에 관한 연구〉(1990)를 했고, 박사학위는 〈羅整庵과 李退溪 哲學의 比較研究〉(1999)였다. 내가 홍대부고에서 교편을 잡게 될 무렵 충남 서산에서 서봉도 처음 교편을 잡았다. 2년 후 내가 있던 홍대부고로 오게 되어 여러 해 같이 근무하면서 도서관에서 함께 글을 읽기도 하였다. 그는 華城 봉담에서 성북동 홍대부고로 먼 길을 출퇴근하며 교편을 잡다가 집근처로 학교를 옮겼고, 몇 년 뒤에는 英國으로 유학을 떠났다. 옥스포드에서 어학공부를 한다는 메일을 받았는데, 2008년 잠시 귀국하여 지내던 중 8월 19일 갑자기 심장마비로 훌쩍 세상을 떠나고 말았다. 향적산방에서 함께 학산선생님께 공부를 할 때도 서봉이 얼마나 진지하게 경청했는지를 알고 있다. 그는 이해도 빨랐고, 열성도 있어서 학습 진도가 잘 나갔던 것으로 기억한다. 그가 남긴 세 권의 譯註 - 〈退溪 自省錄〉(1997), 〈心經附註〉(1998), 〈困知記〉(1998) - 는 참으로 귀중하고 돋보이는 성과물들이다. 이렇게 아까운 인재가 운명을 달리하여 안타까운 마음을 금할 수가 없다.

나는 향적산방에서 처음 선생님을 뵙고 하산하여 대학 마지막 학기를 정신없이 마쳤다. 그해 성탄절 무렵 나는 선생님께 연하장을 보냈다. 선생님께서는 내게 다음과 같은 귀한 말씀을 답장으로 보내 주셨다.

儒佛의 공통점과 차이점을 알되 그 핵심처 혹은 長處를 아울러 취하라는 말씀으로 받아들였다. 한국사상을 공부하는 마음가짐의 방향이라고 여겼다. 특히 聖人들이 끼친 교훈의 특색을 마음에 새기고 바르게 취하라는 가르침을 주신 것이라고 여기고 있다.

　해가 바뀌었다. 1988 戊辰年 1월 말 果川에 새로 집을 지어 이사를 하신 행촌 선생님댁에 갔다. 그날 마침 학산 선생님께서 儒城에서 오시어 뵐 수 있었다. 지난 해 여름 향적산방에서 서울로 돌아온 후 뵙지 못하여 한 번 뵙고 싶은 마음이 간절하던 때였다. 인사를 올리고 선생님께서 머무시던 2층방에서 말씀을 들었다. 나의 생활에 대해 물으시고 염려를 하셨고, 언제나처럼 다정하신 말씀을 해 주셨다.

　마침내 그 해 2월말에는 유성에 계시던 학산 선생님께서 과천으로 오시게 되었다. 행촌 선생님을 모시고 다른 동학 두 명과 함께 이사를 도우기 위해 유성으로 학산 선생님을 뵈러 갔다. 서울에서 학산 선생님을 뵐 수 있게 되었다는 기쁨이 무엇보다 컸다. 학산 선생님께서 과천으로 오신 이후 4월부터 일요일마다 大學院生 중심으로 우리들은 뜻깊은 강의를 다시 들을 수 있게 되었다.

　果川에서의 첫 강의는 4월 25일부터 시작되었는데 매주 거의 빠짐없이 진행되었다. 첫날 강의를 듣고 나올 무렵 선생님께서 나를 불러 앉히시고 책을 사서 보라고 金一封을 주셨다. 선생님과 나만 아는 일이라고 하시면서 나의 손에 쥐어 주셨다. 이후로도 거의 매월 때로는 비스켓과 함께 공부하는 데 보태어 쓰라고 하시면서 선생님께서는 귀한 격려금을 주셨다. 결코 잊을 수 없는 은혜이다.

　주로 周易과 正易에 대한 강의를 하셨고, 訓民正音에 대해서도 말씀을 많이 하셨다. 과천에서 여신 강의는 6월말까지 석달간 진행되었다. 강의를 마무리하신 선생님께서는 향적산방으로 가셨고, 우리는 여름방학 때 그곳에서 다시 선생님께 배우기로 하였다. 그 무렵 늘 "내가 있는 바로 이 자리가 이 세계의 中心이다"는 말씀을 하셨다. 나의 존재가 萬世界의 중심이라는 말씀이셨다. 나는 때때로 나의 일상이

느슨해지거나 다른 사람과 나를 비교하는 일이 있을 때마다 선생님의
이 말씀을 되새기거나 떠올리며 생활해 왔다.

3. 다시 향적산방을 찾아 나선 길, 그리고 못 잊는 기억!

다시, 향적산방을 찾아 선생님께 배움을 청한 것은 그 해 8월 12일
이었다. 이제 본격적인 공부를 시작하는 대학원생 신분으로 다시 향
적산방에 계신 선생님을 뵙고 가르침을 받기로 마음을 먹었다. 이번
에는 서울 용산시외버스 터미널에서 대전행 버스에 큰 배낭을 실었
다. 서울 하숙집 짐 중 산방에서 지낼 옷가지와 어머니께서 쪽빛 물을
들여 풀을 먹인 삼베 이불을 포함하여 여러 가지 책을 모두 배낭에 담
았다. 특히 지난 해 향적산방에서 학산선생님께 배울 때 메모한 노트
와 독서카드 등 공부 자료를 모두 짐에 넣었다. 그리고 전날 과천 별양
동 행촌 선생님께 인사를 드리러 갔을 때 학산 선생님께 전해 달라고
하셨던 편지와 모시옷도 고이 넣었다. 이웃에서 가장 큰 배낭을 구해
가득 넣었다. 누가 보면 마치 大登攀에 나서는 짐 같았다.

그래서 그런 것일까? 그날 나는 지금까지 살아오는 동안 가장 놀랍
고 엄청난 일을 당하고 말았다. 당시 용산시외버스터미널은 너무 많
은 사람들이 붐볐다. 나는 차표를 끊고 큰 배낭을 버스아래 짐칸에 싣
고 차에 올라앉았다. 차가 출발하기 직전, 어떤 사람이 차에 오르려고
하면서 다급히 운전기사에게 "이 차가 대천을 가는 버스냐?"고 물었
다. 버스기사는 "대천이 아니라 대전행이다"고 했다. 그랬더니 그 사
람이 버스 짐칸에 다른 짐을 싣던 동료에게 대천행 버스가 아니라면
서 짐을 꺼내라고 했다. 그들은 타지 않았다. 내가 탄 버스는 바로 출

발했다.

그런데 버스가 종점에 닿아 배낭을 꺼내려던 나는 망연자실 놀라 쓰러질 뻔 했다. 내 배낭이 사라지고 없었다. 정말 얼마나 놀랐는지 하늘이 노랬다. 나의 모든 것이 들어 있었으며, 선생님께 가는 중요한 짐도 함께 들어 있었다. 행촌선생님이 학산선생님께 드리는 편지- 그 속에는 아마도 다른 것도 들어 있었던 것으로 기억함- 나의 책과 노트들, 즐겨 입던 청바지, 쪽빛 삼베 이불....그 당시 나의 소중한 물건들이 모두 사라졌다.

버스 기사에게 대체 어찌된 일이냐고 물었더니, 그 대천행 사람들이 남의 짐을 노리는 전문 도둑들이었던 것 같다고 했다. 나는 믿을 수 없었다. 부산이나 통영 등지에서 서울을 오가는 버스를 많이도 탔지만 그런 일을 당한 것은 처음이었다. 버스 기사의 말에 따르면 시골에서 올라온 노인들이 큰 짐꾸러미를 이거나 지고 화장실 앞에서 줄을 서서 기다릴 때, 못된 사람들이 도와주는 척 하면서 짐을 가지고 도망치는 일이 비일비재하다고 했다. 나는 혹시나 하는 마음으로 그 버스를 타고 올라와 다시 용산시외버스터미널을 샅샅이 뒤졌으나 아무 것도 찾을 수 없었다. 다른 일행은 향적산방으로 올라갔다.

산방에서 내가 짐을 잃고 서울로 돌아갔다는 것을 전해 들으신 학산 선생님께서는 밤새 걱정 하셨음을 나중에야 알았다. 다음 날 늦게 향적산방에 내가 닿았을 때, 선생님께서는 내가 잃어버린 책들과 노트들, 특히 정역 관련 노트가 그리 아까울 수 없다고 여러 번 말씀하시면서 위로를 아끼지 않으셨다. 그리고 선생님께서 정역 관련 책은 다시 주시겠다고 하셨다. "積善한 것으로 여기고 잃어버린 것은 잊어버리라"고 하셨다. 우선, 《正易》(1976), 《正易研究》](1976), 《周易字

句索引》(1978) 등 가지고 계시던 선생님의 귀한 책들을 주셨다. 특히 《주역자구색인》은 저자용으로 가지고 계시던 제1권을 내게 주셨다. 책의 속 표지에 '編者藏', 즉 편자의 장서라는 글씨가 쓰여 있다. 이 책은 구하기도 힘들고 내용 또한 값진 것이었는데, 흔쾌히 주시며 "내가 가진 듯이 자네에게 주는 것이니 유용하게 쓰라"고 하셨다.

나는 산에 올라가면서 복숭아 몇 개를 사서 선생님께 드렸다. 드릴 것이 그것밖에 없었다. 저녁 식사 후에 우리는 선생님께서 쓰시던 방으로 초대를 받아 올라갔다. 부여에서 와서 공부하고 있던 아주머니와 학생들도 함께 앉았다. '입산축하'를 하시겠다고 샴페인을 차려 놓고 계셨다. 환영 행사를 그렇게 해 주시던 선생님이셨다. 모임이 끝이 나고 자리를 일어서는데 나 혼자 남게 하시고 필요한 책을 사보라고 하시면서 봉투를 내 놓으셨다. 얼른 돌아오기를 기다리셨다고 하셨다. 그리고 평생 잊지 못하신다는 '日本人 선생님[富山民藏(도미야마 타미쿠라)]'에 대한 이야기를 들려 주셨다. 선생님께서 학문의 길을 택

하여 전공을 정하게 되신 것도 그 일본인 스승이라고 하셨다. 일본인이기 이전에 훌륭하신 人間이셨다고 강조하셨다. 그리고 선생님께서 방에서 쓰시던 호두나무 책상을 내게 쓰라고 하시면서 내어 주셨다. 단단하고 튼튼했던 그 책상의 질감을 나는 아직도 기억하고 있다.

다시 향적산방에서 正易을 배우기 시작했다. 이번에는 정역 일독(一讀)을 다 마치지 못했다. 며칠 더 머물면서 끝까지 한 번 더 배웠으면 하는 아쉬움이 일었다. 대학원생이 되면서 시간에 제약을 받는 처지가 되어 작년처럼 산방에 오래 머물 수 없어서 많이도 아쉬웠다. 나는 예정보다 하루 더 머물기로 했다. 그 무렵 부여에서 온 학생들이 특별히 선생님께 《擊蒙要訣》을 배우고 있었다. 그 학생들은 지난 해 《明心寶鑑》을 배웠다. 수업을 잘도 듣는다. 대견한 아이들이라는 생각을 했다. 선생님께서는 찾아온 아동의 눈높이에 맞는 강의를 하셨다. 우리는 선생님의 강의를 하나도 놓치고 싶지 않았다. 金暎鎬, 鄭聖植 동학과 함께 집중 청강했다.

그러나 닷새 만에 나는 서울로 돌아가야 했다. 선생님께서는 당분간 산방에 더 머무르실 것이라고 하셨다. 하산하는 날 선생님께서는 학비에 보태라고 하시면서 별도로 또 돈을 더 주셨다. 생각해 보면 선생님의 용돈을 내가 염치도 없이 다 받았던 것이 아닌가 싶다. 나는 나의 공부가 너무 미진한 것이 부끄러웠고, 선생님께서 격려하실 때마다 더 부지런히 정진할 것을 다짐하곤 하였다. 선생님께서 대학원 공부하는 데 보태어 주신 격려금 봉투는 하나도 버리지 않고 보관하고 있다. 내가 직장을 잡게 되었던 그해 9월까지 '祥龍' 혹은 '相龍'이라고 쓰신 봉투를 여러 달 계속 받았다. 늘 "이것은 자네와 나만 아는 일이야!"라고 말씀하셨다. 나는 그 돈을 다른 데 쓰지 않았다. 다른 데 쓸 수가 없었다. 그 무렵 생활비가 떨어지는 때도 있었는데 나는 그 돈으로는 책을 샀다. 그래야 할 것 같았다. 선생님께서 주신 돈으로 산 책에는 모두 그런 사연을 기록해두었다. 그런 일이 있었음은 이번에 처음 공개를 한다. 행촌선생님께서도 아마 모르고 계셨을 것 같다. 그 해 행촌 선생님이 부친께 드린 용돈 중 상당 금액이 아마도 내 책값으로 오지 않았나 여기고 있다. 늘 선생님과 나만 알고 있는 일이라고 하셨기에 그동안 누구에게도 말하지 않았던 것이다.

그 해[1988] 8월 22일 나는 杏邨선생님의 소개로 弘大附高의 教師로 서게 되었다. 9월 첫 수업을 하기 전에 나는 향적산방에 가서 鶴山 선생님께 인사를 드려야겠다고 생각했고, 8월 26일 밤 유성으로 가는 고속버스에 올랐다. 유성 친구 집에서 자고 다음 날 일찍 향적산방으로 향하여 10시 쯤 닿았다. 아이들 앞에 서기 전에 먼저 선생님을 뵙고 싶었다. 소식도 없이 향적산방에 닿은 나를 선생님께서는 반갑게 맞아 주셨다. 내가 교사로 서게 되었다는 말씀을 듣고는 반가운 박수를 아끼지 않으셨다. 나를 데리고 신씨 할머니께 가시더니 밥을 차리라고 하셨고 축하 술을 한 잔 주셨다.

그날은 일곱 시간 정도 산방에 머물며 선생님 말씀을 들었다. 부여에서 오신 知山아주머니와 가족들도 함께 선생님 말씀을 들었다. 그날은 주로 향적산방의 역사와 一夫선생님 일화, 貞觀 선생님과 道場이 서게 된 과정에 대해 들었다. 특별히 正易 공부와 그 의미를 평소와 달리 역설하셨다.

조금이라도 더 머물다 가려고 앉아 있으니, 선생님께서는 막 내리는 소나기를 우산으로 받고 죽헌으로 내려오셨다. 휴일이라 차가 붐빌 것이니 서둘러 떠나라고 하시면서 2천원을 차비로 쥐어 주셨다.

'용바위' 위에까지 나오셔서 배웅을 해 주셨다. 향적산방 오가던 길에는 늘 선생님께서 그렇게 마음으로 함께해 주셨음을 기억한다.

30년이 지난 지금도 내게 正易은 어려운 책이다. 정역에 대해서는 이후 道原 선생님으로부터도 종종 들을 수 있었다. 내가 생각하기에 鶴山 선생님의 학문은 道原 선생님을 통해서 큰 맥이 흐르고 있다고 본다.

평소 도원 선생님의 강의 내용은 크게 보아 정역과 통하였다. 매번 도원 선생님의 강의를 들을 때마다 특히 정역의 내용과 상당 부분 통하는 점을 발견할 수 있었다. 도원 선생님께서 생전에 三正선생[權寧遠]을 利川에 모셔 주역의 手指象數에 대한 강의를 들으시면서 그 내용을 녹화하는 것을 옆에서 보았다. 앞으로 적절한 기회가 있으면 정역을 공부하면서 그 녹화필름을 구해 여러 동학들과 함께 보며 배웠으면 한다.

4. 내 삶 속에 계신 鶴山 선생님!

　　周易이나 正易을 배우는 일 외에도 이후 나의 생활은 학산 선생님께서 세상을 떠나가시는 날까지 늘 선생님과 이어져 있었다. 1989년 초 婚姻을 하여 나는 첫 아이를 출산하였다. 첫 아이의 이름은 아내와 의논을 하여 '瑞英'이라고 지었는데, 百日이 되던 날 학산선생님께 인사차 방문하였다. 마침 立春이어서 선생님께서는 친히 기념 휘호를 써 주셨다.

　나는 참으로 감사하는 마음으로 선생님의 이 선물을 받아 지금까지 딸의 방에 걸어 두고 있다. 선생님께서는 그날 아이의 字를 별도로 '韶英'이라고 지어 주셨다. 나는 이렇게 귀한 자를 주셔서 얼마나 감사하고 좋았는지 모른다. 다 아시다시피 '韶'는 '盡美'하고 '盡善'하다는 뜻이다. 공자께서 舜樂인 '韶'를 들으시고 석 달간 '不知肉味'하셨다고 할 만큼 아름답고 선하다고 여긴 바로 그 글자였다.

또 그날 선생님께서는 출생선물로 '蘭'을 하나 사 주고 싶었다고 하셨다. 밖에 나갔으나 적당한 것을 구하지 못하였다고 하시면서 대신 〈칸나앨범〉을 선물하셨다. 둘째 아이가 태어났을 때 나는 처음부터 아이의 이름을 선생님께 부탁드렸다. 당시 부산에 머물면서 전화를 올렸더니 조카들 이름을 다 듣고 나신 후 "좋은 이름을 이미 다 써서 쓸 글자가 없구만!"하셨다. 내가 8남매의 일곱 번째이니 조카들이 벌써 열 명을 넘었기 때문이다. 내가 생각해도 딱히 생각나는 글자가 별로 없었다. 조카들의 돌림 글자는 'ㅇ烈'이었다. 나는 선생님께서 과연 어떤 글자를 주실까 기대가 되었다.

선생님께서는 '義'자가 좋겠다고 하셨다. 나는 매우 감사한 마음으로 받았다. 그때 선생님께서는 '敦義'라는 자도 지어 주셨다. 순간 한편으로는 좀 걱정이 되었다. 경상도 사람들은 '義'자의 발음이 어려웠기 때문이다. 어쩌지? 걱정했던 대로 나의 부모님과 형제들은 義烈의 발음을 잘 못하셨다. 모두 한결같이 '의'를 '어'로 발음하셨다. 나는 그래도 서울에 좀 살았기에 나은 편이다. 아직도 둘째가 釜山이나 統營(외가) 혹은 固城(본가)로 가면 친인척 모두 '어열'로 부른다. 그래도 그지없이 고마운 은혜로 여기고 있다. 韶英과 敦義, 두 녀석 모두 이제 어엿한 성인이 되어 잘 살아가고 있다. 모두 학산 선생님의 은혜 덕택으로 여긴다.

돌아보면, 학산 선생님을 뵙기 전과 후는 나의 삶이 많이 달라졌다. 학문의 방향도 선생님의 가르침에 서 있다. 선생님께서 별세하신 후 문집 작업에 처음부터 여러 선생님들과 동학들과 함께 참여하면서 책이 나오기만을 고대했다. 마침내 기다리고 기다리던 《鶴山李正浩全集》(전13권)이 2017년 간행되었다.

　　이제 언제라도 시작만 하면 된다. 나는 개인적으로 학산 선생님의 〈전집 독서팀〉을 만들어 한 번 시작해 보았으면 하는 생각을 가지고 있다. '着手가 곧 成功'이라는 말도 있듯이 읽기 시작하면 제대로 알 것 같다. 그런데도 불구하고 나는 아직도《정역》을 스스로 작심하고 읽어보지 못하고 있다. 생전에 선생님께서는 "내가 저술에 다 설명해 놓았으니 후에 읽으면 다 알 것이다."라고 늘 하셨는데 아직 출발하지 못하고 있다. 다시 六十甲子부터 외우고 手指象數도 좀 배워 보고 싶은데 아직 그런 시간을 내지 못하고 있다. 근래 三正 선생의 아드님[權鎬龍]이《正易手指象數》라는 책을 발간하여 다행이라 여기고 있다. 이런 보조 서적을 참고하여 공부를 시작하면 그 깊고 오묘한 진리의 세계를 조금씩 알아갈 날이 있을 것이라고 믿고 있다.

　　생전에 선생님께서 바라셨던 〈韓國思想硏究院〉 발기 취지문도 다시 읽고 싶고, 선배님들과 동학들과 어울려 〈한국사상연구원〉과 〈정역연구회〉도 설립하여 출발을 할 수 있기를 기대해 마지않는다. 향적산방에서 설립 취지문을 읽어 주시면서 우리의 노력을 당부하시던 학산 선생님의 말씀이 지금도 기억에 생생하다. 선생님께 귀한 가르침을 받은 우리 모두가 그 趣旨와 遺旨를 받드는 일은 제자로서의 所任

이라고 여기고 있다.

나는 학산 선생님의 향적산방 제자들 중 거의 마지막 弟子群에 속한다. 선생님께서는 40여 星霜을 그곳에서 수많은 學者들을 배출하셨다. 그곳을 찾은 일반 大衆에게도 새로운 세계를 열어 주셨다. 나는 그 마지막 군에 속하게 된 것을 큰 행운으로 여기고 있다. 그동안 한국철학 혹은 동양철학을 공부해 오면서 많은 선생님들로부터 좋은 강의를 많이 들었다. 대학 혹은 대학원에서 국내외 석학의 훌륭한 강의도 자주 들어 보았다.

나는 개인적으로 학산 선생님의 강의야말로 '完全' 그 자체라고 생각하고 있다. 내가 들은 어떤 강의보다도 洗練되고 豐盛하였으며, 내가 받은 어떤 가르침보다 溫和하며 知性이 넘쳤다. 선생님의 강의나 가르침은 簡明 的確하여 무엇 하나 귀하지 않음이 없어서 놓칠 것이 없었다. 늘 心琴을 울려 절로 尊敬의 念이 생기게 되었다. 특히 周易이나 正易 강의를 반복해 들으면서 나는 '無不信'의 마음을 갖게 되었다. 正易의 어떤 내용일지라도 나는 이상하게 여기지 않는다. 세상에는 恒常된 것이라고 여기는 것들도 變할 수 있음을 알았고, 不可 혹은 不能이라고 여기는 일들도 可能態로 변할 수 있음을 나는 선생님을 통해 깨달았다. 正易의 가르침도 그런 것일 것이라고 나는 본다. 선생님을 통해 배우면서 正易이 우리나라에 出現하여 제시하는 의미가 분명히 있을 것이라고 여기게 되었다.

그리고 나는 학산 선생님에게서 진정한 '스승'의 모습을 보았다. 동양 古典에서 읽은 말, '스승이 계신 곳[師之所存]이 진리가 있는 곳[道之所存]'이라는 말의 의미를 학산 선생님을 뵙고 배우면서 알았고 느꼈다. 그것은 내 삶에서 가장 큰 행운이었고 최고의 기쁨이었다.

한국사상연구원 발기 취지문 (초안)

 인류는 동일한 조상주의 후예이다. 汗의 東西를 막론하고 피부의 흑백을 불문하고 다 같
이 형제이며 누구나 동포이다. 진실로 우리는 진대지 앞에 평등하며, 계급과 귀천과 빈부의
차등의식은 이미 前世代의 화석에 불과하다. 우리는 마땅히 인종과 언어와 풍속을 초월하여
상호존중하며, 서로 아끼고 서로 사랑하여 협동하고 이해하여야 할 것이다. 그리하여 천하
가 大同하고 세계가 一家되어 형제모시의 우애를 실현하여야 할 것이다. 과거의 선각자나
복음의 진달자나 모든 聖哲들이 힘써 부르짖고 가르치긴만 아직도 인류는 깊은 잠
에서 깨지 못하여 자기의 위치와 가치와 사명을 알지 못하고, 優勝劣敗의 치열한 생존경쟁
속에 자기의 이익을 위하여는 타인의 희생을 어김없이 강요하여 處處에서 잔인한 침략행위
를 자행하고 있다. 이로 인하여 모든 죄악 부조리 무절서 불균형 등의 失和狀態를 자아내
어, 오늘날 세계는 화합보다는 적대와 분열을 일삼고, 개인은 信賴보다는 불신과 중오의 불
행을 겪고 있다. 이렇게 가다가는 窒息과 滅亡을 초래할 것은 뻔한 사실이다.

 돌이켜, 우리나라는 대륙의 一角으로 멀리 極東에 자리잡아 一面은 육지요 三面은 바다로
서, 마치 중생을 먹여 살리는 母體의 젖꼭지와도 같이 동양과 서양 사이에 내밀어, 태평양
의 거센 파도와 시베리아의 매운 바람에 風打浪打 시달려 왔으니, 저 기록한 백두산의 崇
峰과 신비한 금강산의 硬骨과 유중한 지리산의 무게가 아니던들, 어찌 그 모든 풍랑에 그
여린 생명을 부지할 수 있었으랴. 이것은 오로지 天祖의 설계와 자연의 혜택과 우리 겨레의
善良性과 强靭性에 기인한다고 아니할 수 없다.

 우리나라에는 일찍이 東方의 빛이 있었으니 古人의 이른바 玄妙之道가 그것이요, 詩人이
말한 꺼지지 않는 등불이 그것이다. 風流가 있었고 너그러움이 있었고 사랑이 있었고 용기
가 있었다. 고구려의 雄渾이 있었으며 백제의 聰明이 있었고 신라의 雄壯이 있었다. 義를
위하여는 목숨을 草芥 같이 버리고, 악인 사람 위하여는 몸을 날려 구원하였다. 神人이 檀
山에 내려 만백성을 교화하고, 乙支文德이 나라를 수호하였으며, 姜邯贊이 契月의 來襲을
격퇴하고, 忠武公이 왜적의 침략을 물리쳤다. 階伯과 鄭夢周와 趙憲과 安重根 등은 나라를
위하여 목숨을 던진 충신과 열사들이다. 世宗은 나라를 太平天地로 만들고 정치·경제·국방에
술·문자·과학 등 여러 분야에 걸쳐 눈부신 발전과 새로운 발명을 거듭하여, 우리도 열심히
하면 세계의 지도자가 될 수 있음을 증명하여 주었다. 우리는 이 정신을 이어 받아야 한다.
그리고 더욱 키우고 더욱 넓혀서 온 누리에 모범이 되어야 할 것이다. 우리에게는 그만한
素地와 根據가 충분히 있는 것이다.

 이제 바야흐로 전세계는 그 귀추를 알기 어려울 정도로 混迷를 거듭하고 있다. 청소년의
퇴폐풍조와 자포자기, 그 무기력과 自暴落은 마침내 난폭행위로 변하여 도처에서 야만적인
폭력과 인간 이하의 행동을 일삼고 있으니, 이래서야 인권이 이디 있으며 인간존엄을 어디
서 찾겠는가. 이것을 일컬어 말세적 현상이라 한다. 가장 귀하여야 할 것이 가장 천시되고,
가장 천한 것이 가장 귀한 체 하는 것…이것이 바로 가치의 顚倒이다. 顚倒時代의 오늘날을
담하여 우리가 똑바로 서가는 길은. 그리하여 사람노릇을 사람답게 하는 길은, 사람은 짐승
이 아니니까 서로 물고 찢고 할퀴고 힐뜯을 것이 아니라, 서로 믿고 서로 사랑하여 전인류
가 한 형제 되고, 온 세상이 한 덩이 되는 길은——우리가 하루 바삐 긴 잠에서 깨어나 우리
의 조상님네가 피로 물려 준 우리의 정신을, 동방의 불빛을, 오늘의 청소년의 머리 속에 되
살려서 활활 태워 온 세상을 비추게 하는 것, 오직 그 길 뿐이다.

 이에 우리는 이 길을 연구하고 교육하기 위하여 韓國思想研究院을 조직하여 앞으로 이것
을 강력히 실천하려 한다. 이 이념과 정신을 가지고 가까이는 분단된 조국을 통일하는 데
기여할 것이요, 멀리는 온 세계에 淸新한 복지사회의 새로운 질서를 구축하는 데 공헌할 것
이다.   (1977. 1. 1.)

4
국사봉 향적산방의 역학 특강

최영진

1981년 여름을 나는 잊지 못한다. 그 이유에는 두 가지가 있다. 그 해 8월 초 나는 공주사범대학 한문교육과 전임강사로 발령을 받았다. 그리고 국사봉 향적산방에서 학산 선생님에게 역학특강을 받았다. 지금부터 36년 전, 내 나이 30이었다. 이제 정년을 눈앞에 두고 보니, 그 36년 동안 나의 교수생활에서 이 두가지 사건은 글자그대로 '획기적(劃期的)'이었다는 사실을 깨달을 수 있다.

유학과에서 공부한 4년 동안, 나는 철학적으로 사유하는 방법과 동아시아철학을 이해할 수 있는 기초 개념들과 이론들을 학습했다. 그 과정에서 나는 동아시아철학의 논리적 구조를 해명하고 싶다는 학적 욕구를 갖게 되었다. 이것은 고등학교 시절 내가 동양철학에 관심을 갖게 된 계기와 관련이 있는 것 같다. 그 시절 나는 대학에 다니시던 숙부님이 우리 집에 남기고 간 《思想界》라는 잡지를 즐겨 읽었는데, 그 책들 어디에선가 '분석적인 서양철학보다 통합적인 동양철학적 사유가 진리를 보다 깊이 인식할 수 있는 방법을 제공해 줄 수 있다'라는 의미로 기억되는 구절을 읽어 보았다. 아마 감리교신학대학의 윤성범 박사님의 글이었을 것이다. 그 이후 중국철학사에 관한 교양서를 읽었는데 그 책에 '중국철학적 사유의 원형은 《주역》에 있다'라는 구절을 읽고 현암사에서 출판한 번역본 《주역》을 사서 보았지만, 당연히 그 의미는 이해할 수가 없었다.

'동양적 논리'에 대한 관심이 《주역》에 대한 관심으로 이어지는 것은 당연한 일이었다. 학부 4학년 1학기에 도원선생님에게 처음 《주역》 강의를 수강하면서 나는 황홀했다. 도원선생님은 우리들에게 역학의 본질과 그 이론적 구조에 대하여 열정적으로 강의하셨다. 그 때 나는 《주역》이라는 한권의 경전이 나의 운명처럼 느껴졌다.

1981년 봄, 공주사대 조교로 임용되어 10년 동안 머물렀던 서울을 떠나 고향으로 돌아왔다. 모교를 떠나고 보니 배움에 대한 갈망은 더욱 깊어졌다. 특히 《주역》에 대한 갈망은 더했다.

그 무렵 여름방학 때 국사봉으로 학산 선생님에게 역학 공부하러 가자는 제의를 받았다. 곽신환 교수가 실무를 담당했던 것으로 기억된다. 그 제의는 '가뭄의 단비'와 같은 것이었다. 나는 가슴이 설레었다. 학산 선생은 도원 선생님의 은사로 《주역전의대전》을 모두 암송하실 정도로의 역학 대가로 알려져 있었다.

무척 더운 여름날이었다고 기억한다. 연산 시외버스터미널에서 차를 내려 국사봉까지 1시간 이상 걸어갔다. 산기슭에 도착했을 때 비가 내렸다. 우리가 빗물과 땀이 뒤범벅이 되어 산에 올라가니 학산선생님이 우리를 반갑게 맞아주셨다. 수년 전, 선생님이 국제대학에 계실 때, 학술회의장에서 잠깐 뵌 적이 있었는데, 가까운 곳에서 뵈니 그야말로 '선골(仙骨)'이셨다. 키가 크시고 얼굴빛이 희고 몸매가 날렵하셨다. 그날 하얀색 한복을 입고 계셨던 것으로 기억된다.

그 다음날부터 강의가 시작되었다. 주로 상수역에 대하여 말씀하셨는데, 우리가 워낙 기초가 없다보니, 《주역》의 기본 이론부터 다시 강의해 주셨다. 부끄럽기 짝이 없는 일이지만, 그때까지 나는 12월 소식괘(消息卦)에 대해서도 모르고 있었다.

며칠 지나고부터 《정역》에 대하여 강의하셨다. 이 책의 이름은 전에 도원 선생님께 들은 적은 있으나 그 내용은 처음 접하는 것이었다. 선생님은 손가락으로 시범을 보이시면서 열강을 하셨다. 손이 희고 손가락이 길었다. 참 아름답다고 느꼈었다. 그 모습이 지금도 생생하다.

강의 중에 지금까지 가장 기억이 남는 것은 '태극은 음양의 완전 조화체'라고 하신 말씀이다. '태극=리, 음양=기'로 알고 있던 나에게 참으로 신선한 충격이었다.

그 다음 해인가, 다시 향적산방에 갔을 때였다. 오후 강의를 마치고 방에서 쉬고 있는데, 갑자기 긴 벌레 한 마리가 나타나서 깜짝 놀랐다. 이 벌레는 몸을 움츠렸다가 폈다가 하면서 재빨리 사라졌다. 자벌레, 척확(尺蠖)이었다. 우리는 〈계사전〉에 나오는 "자벌레가 몸을 구부리는 것은 펴려고 하기 때문이다.[尺蠖之屈 以求信也]"라는 구절을 이야기하며, "하늘이 우리에게 역학 공부를 하라고 보내주셨네"라고 하며 웃었던 기억이 난다.

나는 집이 유성읍 봉명리이고 선생님 댁은 장대리였다. 걸어서 10여분 정도 걸리는 거리였다. 주로 겨울방학이면, 《정역》에 관심이 많았던 최일범 교수와 함께 댁으로 찾아뵙고 강의를 들었다. 학산 선생님은 최일범 교수를 유달리 아끼셨다.

선생님이 떡을 좋아하셔서, 우리집에서 떡을 하면 가끔 갖다드렸다. 사모님께서는 나를 볼 때마다 "최 선생, 장가를 가야 할 텐데…"하시며 안타까워 하셨다.

국사봉 향적산방의 역학특강은 3회 정도 진행되었던 것으로 기억 난다. 그 과정을 통하여 나는 상수역학의 기본개념을 공부할 수 있었 다. 그 이전에는 주로 〈계사전〉을 중심으로 개념분석에 치중했었다. 그리고 주자학과는 다른 시각으로 경전을 바라보는 법도 배웠다.

이제 정년을 앞에 두고 생각해 보니, 내가 오늘날 이나마 동아시아 철학에 대하여 공부하게 된 것은 좋은 스승을 만났기에 가능했다고 새삼 느낀다. 그 스승님들 가운데 학산 선생님은 나에게 전혀 다른 세 계로 이끌어 주신 분이다.

나는 선생님 복이 참 많은 사람이다.

5
선생의 장례

최일범

선생이 쓰신《정역연구》라는 책을 처음 대한 것은 1981년으로 기억
한다. 그해 여름에 계룡산 국사봉으로 선생을 처음 뵙고 정역을 배웠
다. 그 이듬해 겨울 대전 유성으로 선생을 찾아뵙고 자택에서 이 책을
읽으며 선생께 가르침을 받은 일이 있다. 지금도 이 책을 읽으면 선생
의 모습이 눈앞에 삼삼하다. 글 한 줄, 한 구절이 선생의 성품을 나타
낸다. 특히 이 책의 제6장 〈一夫先生傳〉에 기술된 일부 선생의 운명에
대한 묘사는 너무나 생생해서 마치 그 당시 일부 선생을 옆에서 모신
듯하다. 그 가운데 일부 선생의 운명을 서술한 문장이 나에게는 특히
감동적이었다. 그 내용을 여기에 인용하면 다음과 같다.

선생은 1826(병술)년 10월 28일에 나서 1898년(무술)년 11월 25일
에 만 72세를 일기로 졸하시니 우연히도 성수(聖壽 경술에서 임술까
지)와 일치한다. 아마도 평생에 孔夫子를 사모하여 〈夫子親筆吾己藏〉

이라 하고, 〈方達天地有形之理는 夫子先之라〉하였으며, 〈不言而信은
夫子之道시니라〉라 하고, 〈十而翼之하시고 一而貫之하시니 儘我萬世
師신저〉라 하였으며, 〈麟兮我聖이여 乾坤中立하사 上律下襲하시니 襲
于今日이로다〉라고 하여 今日今日의 一乎一夫에 계승되는 공부자의
도학과 성덕을 찬양한 점 등으로 미루어 보아 누구나 사숙(私淑)의 정
이 극도에 달하면 그 수한(壽限)까지도 방불하게 되는 것 같다.

일부 선생의 수(壽)가 우연히 공부자의 수와 일치한 사실을 두고,
학산 선생은 '평생 공부자를 사모하여 그 사숙의 정이 극도에 달하여
수한까지도 방불하게 된 것 같다.'고 해석하신 것이다. 참으로 극진한
뜻이 아닐 수 없다.

1985년 여름, 나는 국사봉 향적산방으로 선생을 뵙고 정역을 공부
하고 있었다. 하루는 선생의 부르심에 가서 뵈니, '수중(修中)이 오늘
대전에 다녀와야겠네' 말씀하셨다. 장에 가서 물품을 몇 개 사 오라고
당부하셨는데, 그것이 제수(祭需)와 같아서 궁금증이 생겼다. '내일
어느 분 제사를 모시려나' 속으로만 생각하고 서둘러 대전에 다녀와
서 물품을 선생께 전해드렸다. 그런데 다음 날 점심때가 되어도 선생
께서는 아무 말씀이 없었다. 제사를 모시려면 뭔가 시키실 일이 있을
듯해서 여쭈었다. '선생님 어제 준비하신 물품은 어떻게 쓰시려고요?'
그러자 선생께서는 웃으시며 말씀하셨다. '이미 다 마쳤으니 염려 말
게.' 궁금해하는 나의 표정을 읽으신 듯 선생은 이어서 말씀을 하셨다.
'실은 나의 영혼 장례일세. 내가 젊어서 읽은 글에 일본의 어느 작가가
영혼의 장례를 치렀다는 글이 있어서, 나도 공부자의 성수에 맞추어
영혼의 장례를 지내고, 이후의 삶은 덤으로 생각하려는 걸세.' 선생은

1913(계축)년생이니 그 해, 1985(을축)년은 만으로 72세로서, 성수와 일치하는 연세였다.

선생이 쓰신 글이 다시 한번 생각나는 일이었다. '누구나 사숙(私淑)의 정이 극도에 달하면 그 수한(壽限)까지도 방불하게 되는 것 같다.' 아마 선생께서는 그 해에 수를 다 하셨어도 한이 없을 것이었다. 평소 강의에서도 선생은 말씀마다 공부자, 일부 선생에 대한 존경과 사모의 정이 묻어났다. '이런 마음을 가지셨으니 평생 정역을 반려 삼아 학문에 매진하셨구나' 하는 생각이 절로 들었다. 선생은 진정 학문의 즐거움으로 평생을 일관하신 것 같다.

6

학산 이정호 선생님 삶의 스펙트럼
山·鶴·正·浩·俟

곽신환

   1978년 1월 저는 국제대학 인문과학연구소에 연구원으로 일하게 되었습니다. 연구소장님은 바로 학산 이정호 교수님이었습니다. 그전까지 저는 성균관대학교 유학과 조교로 일했는데 사실은 도원 류승국 선생님 연구실에서 선생님의 연구를 돕는 일이 대부분이었습니다. 당시 국제대학은 이화대학 재단 소속이었고 서대문사거리에 위치했으며 야간전문대학이었습니다. 당시 학장은 학산선생님 청주고보 동문 방용구 선생이셨습니다.

   그 대학은 오후 6시 반에 수업이 시작되었고 휴식시간은 5분이었고 열시 반에 최종수업이 끝났습니다. 학생들이 공무원, 은행원들이 주종을 이루는, 주경야독이 아니라 晝勤夜學의 형태로 이루어지는 대학이었습니다. 학생들의 향학열 또는 성취 동기는 대단하였습니다. 그때만해도 퇴근시간이 어느 정도 일정했던 초등학교 교사를 비롯한 공무원이나 은행원이 아니면 그 대학에 다니는 것이 힘들 때였습니다. 여학생들 대부분은 직장에서 퇴근하면서 시장에 들러 장을 본 다음 장바구니를 학교 수위실에 맡기고, 종종걸음으로 강의실로 들어가곤 했습니다. 이 대학 출신들이 당시 고등고시에 서울시내 몇 개의 유수한 대학을 빼면 가장 많은 합격자를 내곤했습니다.

　그 대학의 교직원들은 오후 두시 출근, 열시 퇴근이었습니다. 저는 연구소에 있으니 열시까지 있어야 할 이유는 없었습니다. 그래서 오전 아홉시 출근 오후 아홉시에 퇴근하였습니다. 연구소라 하지만 독립 공간이 있었던 것은 아니고 학산 선생님 연구실이 곧 사무실이었습니다. 그래서 저는 학산 선생님과 많은 시간 같은 공간에 있었습니다. 간단한 행정 사무적인 일이 있었을 뿐 그리 업무가 힘들거나 바쁠 것은 없었습니다. 학산 선생님이 편찬하신《주역자구색인》을 출간하는 것, 한 차례 국제대학논문집을 발간하는 것, 그리고 당시 선생님이 쓰신《정역연구》의 출간 후의 일들을 처리하는 것이 제 일과였으니 상당 시간을 제 공부하는데 보낼 수 있었습니다. 선생님은 대체로 오후 두시쯤에 출근하셨고, 저녁에는 국문학 강의를 하셨습니다.

　종종 충남대학 사회학과 교수로 있는 이동인 교수가 아버지를 찾아왔습니다. 그는 올 때마다 두개의 페트병에 약수를 담아왔고 또 이따금 치즈 조각과 비스켓도 가져와 두 분이 나누어 드시며 대화를 즐기는데 곁에서 보기에 참 아름다운 '부자유친'의 모습이었습니다. 물론 저도 가끔 치즈와 비스켓 조각을 얻어먹곤 했는데, 워낙 조금 가져와서 나누어 드시니까 내가 얻어먹을 수 있는 것은 별로 없었습니다만, 그래도 거기서 조금 떼어 제게도 나누어 주었습니다. 훗날 이동인 교수는 제가 무엇을 주면 너무 빼지도 않고 그렇다고 덥석 받아먹지도 않는 모습이 인상적이었다고 한 적이 있습니다.

선생님과 두 학기 동안 국제대학에 있었는데, 한 번은 성대 대학원 과정 강의를 학산선생님이 담당하시게 되었는데, 학생은 서경요, 노인숙 그리고 저 이렇게 세 명이었습니다. 리차드 빌헬름의 I-Ching - The Book Of Changes를 강독하는 것이었는데 즐거운 강의였습니다. 특히 노인숙 교수의 영어가 유창하다는 말씀은 하지 않았지만 목소리가 곱다고 칭송하시곤 했습니다. 저는 그곳에서 보낸 일년 동안 많은 것을 배웠습니다. 우선 전통적인 공부, 흔히 책에서 읽는 고인의 풍도를 직접 목격할 수 있었습니다. 선생님은 생활이 종교였고 종교가 학문이었으며 학문이 일상이었습니다. 일상은 정확 무오 直實의 삶이었습니다. 쓰시는 글에서는 오자나 탈자를 용납하지 않으셨고, 결코 시간에 쫓겨 부실한 상태로 제출하는 일이 없었습니다.

저는 그때 《주역자구색인》 수정증보판 출간을 맡아 일하고 있었는데, 어느 날 색인에 쓰일 한글 자모를 '훈민정음체'로 하시겠다며 어느 디자인 전공자에게 정음체 디자인을 부탁하여 만들어진 글자를 인쇄소에 보내면 인쇄소에서는 글 도안을 가지고 납활자를 만들어 조판을 하곤 했는데 그 과정이 보통 번거롭고 성가신 일이 아니었습니다. 제 생각엔 이 책이 그저 색인이니, 쉽게 알아보기면 하면 되는 실용성이 우선인데 굳이 거기에 자칫 혼란이 올 수도 있는 훈민정음체의 자모를 만들어 써야할 이유가 없어 보였고 또 약간 좋게는 하더라도 그 과정과 비용이 만만치 않은지라 공연한 일이라는 생각이 들었습니다. 그러나 내색도 않고 열심히 작업을 했는데 고맙게도 선생님의 취지를 이해한 디자인 전공의 아가씨가 자원봉사로 그 일을 해주었고, (주)고려서적 인쇄소에서는 군말 없이 시행착오를 거듭하며 그 자모의 활자를 만들어 주었기에 책이 나올 수 있었습니다.

저는 1979년 6월부터 육군사관학교 철학과 교관으로 일하게 되면서 그해 가을에 성대대학원박사과정에 복학했습니다. 그해 여름부터 몇 년간 방학을 이용하여 선생님이 가 계셨던 계룡산 향적산방에 가서 《정역》을 공부하게 되었습니다. 한 번에 열흘정도씩 머물렀습니다. 저 혼자 간 일도 있고, 《정역》에 관심가진 사람들 몇몇이 함께 가기도 하였습니다. 81년 82년 여름에는 당시 군부독재에 항거하는 성명서를 냈다가 학교에서 해직당한 이경 조요한 교수님을 모시고 갔던 일도 있었습니다. 82년 가을에 숭실대학에 전임으로 간 다음에는 몇 차례 대학원생을 데리고 산방에 다녀오곤 하였습니다.

선생님은 그 당시 手指屈伸의 방법도 가르쳐 주셨고, 육갑도 외우라고 하셨습니다. 저는 그때 이후 육갑을 짚을 줄 알게 되었는데, 상대방을 제압할 필요가 있는 경우 슬쩍 육갑을 짚어 보임으로 탁월한 효과를 거둔 일이 종종 있습니다.

저는 선생님으로부터 어느 날 호를 받았습니다. 저에게 一鸛, 한 一, 황새 鸛을 주셨습니다. 그런데 이 호는 《정역》에 있는 구절에서 딴 것으로서, 선생님의 호 鶴山과 대를 이루는 것이었습니다. '風三山而一鶴 化三碧而一鸛'이 그것입니다. 선생님의 호 학산은 앞의 구절에서 취한 것입니다. 선생님의 작호법에 따르면 뒷 구절에서는 관벽이어야 할 것인데 관벽은 이미 취하여 쓰는 사람이 있어서인지 제게는 一鸛을 주신 것입니다. 그런데 소심한 저는 아! 선생님이 저보고 《정역》을 열심히 줄곧 공부하라는 뜻인가 보다 하는 겁이 덜컥 나서 선뜻 기쁜 맘으로 그 호를 쓰지 못하고 있습니다.

언젠가 한번 학산 선생님의 《정역》을 비롯한 역학사상을 논문집에 발표한 일이 있는데 그때의 논문에서 저는 《정역》의 이상과 지향 그리고 그것을 공부하는 방법에서의 좋은 점을 거론하면서도 수지굴신을 통한 상수의 이해와 지축의 변동과 그에 따른 정력, 자연 기운의 봄 가을의 중화와 같은 化和 등은 수용하기 힘들다는 견해를 밝힌 일이 있습니다. 그리고 자칫《정역》공부가 종교적 신심을 강화하는 쪽으로 흐를 수도 있다는 염려가 작동하여 나는 철학도로 출발했으니 우선 철학도로서 충실한 자세를 갖추겠다는 각오를 하고 있었기 때문입니다.

그러다 언젠가 충남 연기지방에 살았던 悔齋 成灠의 문집《회재집》을 연구하다가 거기서《정역》과 유사한 사유방식이 많이 담겨 있는 것을 발견하고 오랜 저의 의문이 풀리는 듯한 쾌감을 느낀 일이 있습니다. 당시 저는 일부의 정역이 어느 날 갑자기 하늘에서 느닷없는 계시를 받아 이루어졌다기보다는 어떤 사상적 연원이 반드시 있을 것이라는 생각, 그래서 그 유래를 찾아보아야겠다는 나름의 의지를 지니고 있었기 때문입니다. 저는 회재의 문집에 담긴 역학을 다루면서 기호지역에 소강절 철학에 대한 이해가 깊고 나름의 역학적 요구가 엉겨 있었다는 생각을 하게 되었습니다. 역학의 중요한 공부법인 '近取諸身'의 공부가 여기에 있었습니다. 그것을 성현은 인문역학이라고 하였습니다. 그런데 실은 이 일이 학산 선생님이 이미 작고하신 다음에 이루어져 성현의 생각과 일부의 역학 사이에 어떤 연결고리가 있는지, 성현 생각의 타당성을 선생님께 질정하지 못한 것이 자못 아쉬움으로 남아있습니다.

길지 않은 시간이지만 제가 문하에서 그리고 곁에서 배우고 느낀 선생님의 삶을 아래의 다섯 글자로 정리합니다.

山 : 학산선생님은 山의 삶을 사셨습니다. 학산선생 하면 많은 분들

이 향적산방을 생각합니다. 오랜 세월 선생님은 그곳에서 온축하셨고 내공을 쌓으셨습니다. 저도 인연이 있어 80년대 국사봉의 향적산방을 여름 겨울로 찾아가서 한 주간씩 두 주간씩 머물다 오곤 한 일이 있습니다. 조선조 과거를 생각지 않고 향촌 또는 산간에서 수기공부에 전념한 학자들을 산림이라고 부른 일이 있습니다. 이정호 선생님은 20세기의 산림입니다.

鶴 : 학산선생님은 鶴의 삶을 사셨습니다. 호에도 학자가 들어있지만 선생님의 풍채 자체가 학입니다. 실제로 하얀 모시 적삼을 입고 계실 때는 훤칠한 키 긴 팔다리 약간 마른 듯한 군더더기 없는 몸매, 맑은 눈 빛 등은 학의 이미지를 그대로 갖고 계십니다. 동아시아 문화 속에서의 학의 지위는 숭고합니다. 정수리가 붉은 이른바 丹頂鶴학은 장수의 상징이고 또한 吉祥과 高雅의 상징입니다. 학은 항상 신선과 연관지어 나타나기에 선학이라고도 부릅니다. 옛사람들은 松鶴圖를 즐겨 그리곤 하였습니다. 학산선생께서는 그렇게 고아하게 사셨습니다.

正 : 학산선생님은 바를 正의 삶을 사셨습니다. 그분은 글자 한자를 써도 흘려 쓰거나 잘못 틀리게 쓰는 것을 용납하지 않으셨습니다. 줄이나 칸이 없는 백지에 글을 쓰셔도 종횡이 균형이 있고 반듯하셨습니다. 일단 쓰신 원고에 없을 수 없는 오탈자를 철저히 교정하셨습니다. 그래도 출간 후에 발견되면 반드시 고쳐 덧붙이기라도 하셔서 바로 잡으셨습니다. 글씨가 그러하니 마음가짐 몸가짐이야 더 말할 나위가 없습니다. 선생님의 연구는 모두가 알듯이 《정역》입니다. 기울어진 지축도 바로잡혀야 하지만 무엇보다 마음이 태도가 반듯하여야 한다는 것이 선생님이 일생 추구하신 가치입니다. 선생님은 正을 하

나 一에 멈춘다 止로 종종 풀이하곤 하였습니다. 인에 멈추고 의에 멈추며 자에 효에 예에 지에 신에 각각 때를 따라 멈추어야 하지만 모든 것을 포괄하는 것이 또한 하나에 멈추는 삶일 터일 것인데 학산은 그런 삶을 지향하셨습니다. 하나에 머물러 옮겨가지 않았습니다.

浩 : 학산 선생님은 클 浩의 삶을 사셨습니다. 선생님은 생각이 浩翰하셨습니다. 남들이 아니 웬만한 사람들이 관심 갖는 그런 것은 거들 떠 보지도 않았습니다. 그의 생각은 천지 건곤만큼이나 틀이 컸고 우주만큼이나 '왕고래금' '상하사방'의 長久에 미쳤습니다. 속인들이 관심 갖는 부귀나 명성은 뜬 구름이었고 수레뒤에 일어나는 티끌에 지나지 않았습니다.

俟 : 학산 선생님은 기다림 俟의 삶을 사셨습니다. 이스라엘 사람들은 현실의 불만과 고통을 메시아의 출현으로 고대하며 견뎌냈습니다. 불도들은 미륵불의 출현을 고대하였습니다. 유자들이 현실 속에서 그들의 꿈이 이루어지지 않을 때 성인이 나타나 그를 이해하고 그 뜻을 이루어줄 것을 3,000년이라도 기다리겠노라고 하였습니다. 이를《중용》에서는 "百世以俟聖人而不惑"이라 했습니다. 학산 선생님도 당신의 뜻을 당대에 이해하는 사람이 없는 것, 당신이 꿈꾸는 琉璃세계, 龍華세월이 그의 당대에 이루어지지 않는 것에 대하여 크게 실망하지 않으셨습니다. 당신의 추구가 폭넓게 인정받지 못하는 것에 대하여 비록 안타까움은 표명하셨지만 언젠가 만백성이 수용하게 될 것을, 그리고 세상이 그렇게 될 것을 기다리는 희망의 삶을 사셨습니다.

7

鶴山 선생님과 나

김영호

학산선생님을 생각하니 먼저 그 인자한 모습이 떠오른다. 향적산방이든 유성이든 과천이든 선생님을 뵈면 늘 환한 웃음으로 반가이 맞이해 주셨다. 뵐 때마다 학문, 인생 등 다방면으로 해주신 말씀은 내게 많은 계발과 자극을 주었다. 지극히 부족하지만 오늘의 내가 있기까지 선생님 가르침은 참으로 귀한 자양분이 되었다.

1. 만남

대학 2학년인 1978년부터 국선도를 수련하였다. 당시 같이 수련하던 동년배인 윤인백군(법명: 石松. 후에 환속함)이 출가하여 산중에서 승려생활 할 때 선생님께 향적산방에서 《주역》과 《정역》을 배웠다. 군 제대후 1985년도에 다시 국선도를 윤군과 같이 수련하면서 선생님에 관한 이야기를 듣고 소개를 간청하였으나 어떤 이유에서인지 제대로

안내를 해주지 않았다. 다행히 같이 수련하던 고교동창인 이용희군이
중재하여 선생님을 뵙고 인사드리고 이후 매달 2, 3번 향적산방으로
선생님을 배방하여 《주역》과 《정역》을 공부를 하고자 하였으나 당시
는 더 이상 강의를 안 하시겠다고 하셨다.

처음 뵐 때 석사논문(공자의 인간관에 관한 연구)을 드렸는데 공자
님을 연구하였다고 무척 기뻐하신 모습이 생각난다.

2. 號

그러다가 1986년 7월(8월?) 선생님께서 허락하셔서 향적산방에서
공부할 기회를 가지게 되었다.(당시 석사 과정 마치고 박사과정 준비
중이었음) 첫날은 혼자 배웠으며 둘째 날에 당시 한남대에 근무하던
최일범 선배(성대 유학과 3년 선배로 재학시절 친분이 있었음)가 와
서 같이 《주역》과 《정역》을 배우게 되었다. 나중에 알고 보니 선생님
께서 최선배에게 산방으로 공부하러 오라고 말씀하신 것이었다.

이틀 째 되는 날 점심식사 중 호를 止軒이라 지어 주셨다.《주역》艮
괘의 "時止則止, 時行則行, 動靜不失其時, 其道光明."에서 취하셨다
고 하신다. 원래는 默成이라 하려고 하였으나 개 犬자가 들어있어 지
헌으로 하셨다고 한다.(그런데 나는 戊戌생이다) 뒤에 선생님께서 지
어주신 默成이 내용도 좋고 사장시키기 아까워 스스로 字를 默成으로
하기로 하였다.(《주역》〈계사上〉12장: "神而明之, 存乎其人, 默而成之,
不言而信, 存乎德行.")

나중에 학문적인 곳에는 麗巖을 쓰라고 하셨는데 岩이 아닌 巖임을
강조하셨다.

3. 가족

87년에는 지금의 아내를 데리고 유성 선생님댁에서 뵙고 결혼을 허락 받았다. 나는 아내를 무척 좋아하지만(독실한 기독교 신자임) 꼭 선생님께 소개하고 허락을 받고 싶었다. 선생님께 인사를 드리고 아내가 전주 이씨 효령대군파임을 밝히자 "어! 우리 일가네."하시며 급속히 친밀감을 나타내셨다. 아내와 잠시 말씀을 나누고 나서 나를 조용히 옆방으로 데리고 가시더니 "김군! 결혼하게!!!"라고 하셔서 드디어 선생님 허락 하에 결혼하게 되었다. 또 아내는 사모님과도 대화하던 중 진명여고 선배임을 알고 이후 유성이나 과천에서 사모님을 뵈면 더욱 친밀하게 지냈다.

후에 아내는 첫째 아이(딸. 여옥) 임신 중 내가 권하여 함께 과천에서《주역》,《정역》강의를 수강하기도 하였으며 선생님께서 호를 河南이라 지어 주셨다. 아내에게《제3의 역학》,《정역》영인본,《국역 정역》에 서명하셔서 주신 책은 지금도 소중하게 간직하고 있다.

나는 부친이나 내가 아이들 이름을 짓는 것 보다 선생님께서 아이들 이름을 지어주시길 마음속으론 바랐으나 선생님께 폐를 끼치는 것 같아 감히 여쭙지 못하였다. 88년도 여름에 향적산방에서 공부 마치고 하산하는 날 뵙고 큰 아이(88년 7월생) 이름 지어주시길 청하니 흔쾌히 麗玉이라 지어주셨다. 천자문의 '金生麗水, 玉出崑崗'에서 취한 것이었다. 나의 고향은 順天이어서 절묘하게 일치함을 느꼈다. 나중에 작은 아이는 元勳이라 이름 지어 주셨다.(勳자 돌림임) 원훈은 개국공신임을 강조하셨다.

4. 薰習

나는 학산선생님의 가르침을 통해 공자와 《논어》에 대해 많은 계발과 시사를 받았으며 《주역》은 물론 《정역》을 통하여 선후천의 변화와 이후의 한국의 주체적 위상에 대한 안목과 관심을 가지게 되는 계기가 되었다. 이에 선생님의 《주역》과 《정역》 《논어》 연계론에 대하여 논문을 구상하였는바 특히 《논어》 〈술이〉의 '五十學易'장을 중심으로 《論語》 '五十學易章' 解釋의 檢討-특히 《正易》적 해석과 관련하여-'를 집필, 발표하였다. 참고로 그 논문의 요약을 제시한다.

본 논문은 《논어》 '五十學易章'에 대하여 중국 역대 제가의 해석, 다산 정약용의 해석, 역대 제가의 역학적 해석과 학산 이정호선생의 《正易》적 해석, 필자의 해석으로 나누어 개략적으로 고찰해 본 것이다.

《논어》에서 《역》과 관련된 장은 본 장이 유일하다. 공자는 이미 후천세계를 내다보고 선천 《주역》에 후천 《정역》의 내용을 비장한 것으로 생각된다. 역대 제가의 주석을 분석 검토 정리한 바탕 위에 '오십학역장'에 대한 필자의 견해를 요약하면 다음과 같다.

첫째, 加我數年에서의 加를 假로 보았다.

둘째, 五十을 단순히 나이를 가리키는 숫자가 아닌 《정역》에서의 五(皇極)과 十(無極)을 의미한다고 보았다. 다음으로 學을 서술('述而不作'), 연구한다는 의미로, 《역》은 《정역》이라고 추측하였다.

셋째, 大過를 큰 허물이라기 보다는 《주역》의 大過卦로 보았다. 그러나 대과괘의 환난은 없을지언정 小過괘의 어려움은 있을 것으로 보았다.

'오십학역장'에서 오십은 단순한 나이를 가리키는 숫자가 아니다.

이는 오황극과 십무극을 가리킨다. 一太極은 이미 '吾道一以貫之章'
에서 '一'로 제시하였다. 공자는 이미《정역》八卦圖의 출현과 十數易
(《정역》. 후천세계)의 도래를 예지하였다. 정역팔괘도에서는 十乾 五
坤을 말하는바 건곤에 포함된 六子를 합해 천지인이 되었다. 알긴 다
알았고 보긴 다 보았는데 時는 되었으나 命이 따르지 않아 짐짓 오십
이라는 나이 숫자를 빌려 자신의 뜻을 가탁한 것이라 생각된다.

그리고 오십에서 五는 地요 十은 天이니 一인 人은 이미 포함되어
있다고 볼 수 있다. 즉 一, 五, 十에서 一은 감춰져 있다는 것이다. 따라
서 "나에게 몇 년을 빌려주어 (일)오십(천지인의 도)으로《정역》을 서
술한다면"으로 추측할 수 있는 것이다.

또한 '오십학역'에서 '五'는 황극으로 인간중심을 나타낸다. 더 나아
가 오십의 五는 吾자로도 볼 수 있다. 그렇다면 "내가(오황극, 인간 중
심) 十數로써《정역》을 서술한다면"으로 해석할 수도 있다고 생각된
다. (본서 논문편 필자를 참조)

5. 말씀

(1) 소망

정축년(1997년) 여름 평소 친분이 있는 성균관대 최일범 선배와 함
께 유성을 방문하였을 때《第三의 易學》속지에 한문으로 써 주신 말
씀이다.(나중에 확인해 보니 최선배도 같은 문장이었다.)

봄바람 훈훈하니 온갖 꽃이 만발하고 (春風薰兮萬華發)
대도가 艮方에서 이루어지니 천하가 태평하네 (大道艮兮天下平)

丁丑 中夏節 鶴翁贈

(2) 좌우명

어느 해인가 유성에 계실 때 학문을 하면서 좌우명으로 삼아야 할
것을 여쭈었더니 이런 좌우명을 주셨다.

學術, 健康, 平和

특별한 설명은 기억나지 않는다. 종이는 신문에 삽입된 광고지를
활용하셨는데 다행히(?) 모조지였다. 필기도구는 메직펜이었다.

(3) 逸詩

또 어느 해인지 분명하지 않으나 유성에 계실 때 찾아뵈었더니 아
래의 한시 자작시를 보여주셨다. 역시 신문지에 삽입된 광고지에 지
극히 흔한 모나미 볼펜(?)으로 한자 한자 정성들여 쓰신 것인데 선생
님의 친필을 갖고 싶었던지라 강청하다시피하여 받은 것이 기억난다.

어려서 삼십 이전에는 공부자를 배우고   (幼沖立前學孔子)
묻고 분변한 이후로는 일부를 따랐네   (問辨以後從一夫)
학이여 날아 올라 화무옹을 뵈오니   (鶴兮飛上朝化翁)
한 둥글고 밝은 달이 건곤을 비추네   (一輪明月照乾坤)

(4) 글씨

평소 선생님의 붓글씨 친필을 받고 싶었던지라 한번은 벼루와 붓

먹을 가지고 향적산방에 가서 간청을 드렸더니 손이 떨려 글씨가 제대로 되지 못한다고 극구 사양하셔서 끝내 받지 못하였다.(그런데도 나는 선생님의 그 떨리는 글씨를 더 사랑한다)

8
학산 선생님의 강의와 추억

이복규

은퇴하시기까지 몇 년간(1973.3~1978.8) 우리 국제대학에 계셨던 학산 이정호 선생님의 강의를 들은 것은 행운입니다. 그 기간에 입학해 학교를 다녀(1975.3~1979.2) 누린 복입니다. '삼강행실도', '월인석보', '고문진보', '격몽요결', '논어', '맹자' 강의를 들었습니다. 선생님의 '한문' 시간은 한문 좋아하던 내게는 축복이었습니다. 지금 내가 가진 한문 실력의 근간은 그때 이루어진 것입니다.

선생님의 강의는 특별한 데가 있었습니다. 다섯 가지로 말해 봅니다.

첫째, 한문 강의에서 주역과 관련시켜 해석하신 것입니다. 주역과 연관 지은 것은 아마 선생님만의 특색일 것입니다. 동양고전의 원류인 주역에 정통하시므로, 자연스럽게 그리 하신 것이겠지요. 예컨대 논어 첫머리에 나오는 "有朋自遠方來不亦樂乎(벗이 먼 데서 찾아오니 즐겁지 않으랴?)" 대목을 풀이하시면서, 주역 乾卦(건괘) 文言傳

(문언전)의 "君子 學以聚之 問以辨之, 寬以居之 仁以行之(군자는, 배워서 모으고, 물어서 분별하며, 너그러움으로써 거처하고, 어짊으로써 행한다)" 대목과 연결시켜, 우리의 이해를 도와주셨습니다. 고문진보 시간에 〈대보잠(大寶箴)〉을 강독하시면서도 주역 繫辭下傳(계사하전)의 "聖人之大寶曰 位(성인 즉 임금의 큰 보배를 일컬어 '지위'라 한다)"를 인용해 이 글이 왕위에 대한 것임을 일러주셨습니다.

둘째, 때때로 영어 단어를 구사하신 것입니다. 한문의 경우도, 우리말 위주로 풀이하시되, 영어를 동원해야만 적실한 뜻이 드러난다 싶은 대목에서는 영어를 이용하셨습니다. "cardinal"을 비롯한 영어 단어들이 떠오릅니다. 성현의 말씀은 수평적인 층위의 것이 아니라, 하늘에서 내려온 것만 같은, 수직적인 거라는 사실을 강조하기 위해 동원한 어휘라 하겠습니다. 전통학문에다 근대 학문까지 겸비하셨기에 그런 것이겠지요.

셋째, 우리말 고어 원전 강독의 경우, 순우리말이 얼마나 철학적인지 생생하게 느끼게 해 주셨습니다. 잊히지 않는 게 '가운데'의 고어 풀이입니다. "가고 오는 데'가 줄어든 말이라는 사실, 선생님 강의 듣고 처음 알았습니다.

넷째, 시험 출제의 경우, 예상 밖의 방식이었습니다. 예컨대, '논어' 시험의 경우, 배운 것만 나올 줄 알았는데, 첫 문항이 이랬습니다. "논어 20개 편명 모두를 써라." 꼼짝없이 그 문제는 틀릴 수밖에 없었습니다. 그 후로는 어떤 시험을 치든, 책 전체를 훑어봅니다, 15주라는 한정된 시간에 다 못 배우니, 나머지는 스스로 교재를 읽어서 이해하기를 바라는 선생님의 마음 아니었나 싶습니다.

다섯째, 선생님의 강의는 지식 전달 이상의 무엇이 있었습니다. 그 사실을 느끼게 하는 한 여학우의 강의평이 있습니다. "선생님은 저승 사자 같으셔." 신약성경에 보면, 예수님이 가버나움회당에 들어가 가 르쳤을 때 뭇 사람이 놀랐다면서 그 이유를 이렇게 기록하고 있습니 다. "그가 가르치시는 것이 권위 있는 자와 같고 서기관들과 같지 아 니함일러라." 필시 그 학우도 선생님 강의를 들으며 그 비슷한 느낌이 었겠지요. 공자, 맹자, 제갈량, 한유, 소동파, 굴원, 이율곡 등 국내외 여러 인물의 삶과 생각을, 원숙한 경지에 이른 선생님이 강의하실 때, 그야말로 높은 차원의(카디날한) 죽비 같은 걸 느낀 게지요. 공주교대 명예교수인 최명환 동학은 그때 훈민정음 강의를 듣고 완전히 매료되 어, 남매의 이름을, 아들은 '훈민', 딸은 '정음'으로 지었을 정도니까요.

강의 외에 잊을 수 없는 추억이 있습니다. 이것도 네 가지만 소개합 니다.

첫째, 내가 4학년 2학기 초에 늑막염으로 입원하느라 결석하고 있 을 때, 동료들이 찾아와 위문하면서 들려주었습니다. "이정호 선생님 께서 복규 씨 이야기를 들으시고는 아무 말씀 안 하시고 칠판에 '欲速 不達(욕속부달: 서두르면 도달하지 못함)'이라고 쓰셨어요." 제자를 아끼는 선생님의 마음을 읽을 수 있었습니다. 사실 늑막염 걸린 원인 이 서두른 탓이었지요. 너무 마른 나머지, 남들처럼 알통 좀 나오게 하 려고, 운동 기구 사다 놓고 너무 심하게 운동하다 그만 호흡 조절 실패 로 찾아온 병, 선생님은 꿰뚫어 보신 것이지요.

둘째, 내가 석사학위논문을 가지고 잠실(장남인 행촌 이동준 선생 님 댁)로 찾아뵈웠을 때입니다. 받아서 훑어보신 아드님이 "꼭 이 선 생 같은 문장이로군."이라고 말씀하자 그러셨지요. "그렇고 말고. 글 이란 제 모습 그리는 거야." 화가들이 남의 초상화 그려도 어딘가는 조금 자기 비슷하게 그려서, 모든 초상화는 서로 다르다던데, 글도 그렇다는 것을 말씀하신 것이지요. 그 말씀 들을 때, "아, 글은 글만이 아니라는 말씀. 글에 책임을 지라는 말씀이구나." 하고 느꼈습니다.

셋째, 내가 교수 임용의 기약도 없이 시간강사를 하고 있을 때, 전임이 되게 하려고 힘써 주셨습니다. 사회적으로 누구한테도 아쉬운 말씀 하실 필요 없는 분인데도, 미욱한 제자를 사람 만드시려고 선뜻 나서 주셨다는 이야기를 나중에야 들었습니다. 스승이란, 가르치는 것만이 전부가 아니라는 가르침을 그때 배웠습니다. 요청하지 않아도 헤아려 자발적으로...

넷째, 선생님과 편지 주고받은 사연도 빠뜨릴 수 없습니다. 선생님이 정년 퇴직하신 후 15년여 년간, 유성이나 향적산방에 계신 선생님께 편지를 드렸습니다. 모든 편지마다 답신을 주셨습니다. 이따금 선생님께서는 방학 동안 향적산방에서 공부 모임이 있으니 합류했으면 하는 희망을 말씀하셨습니다. 하지만 직장에 매인 몸이라 응하지 못했습니다. 그 아쉬움을 지니고 있다가, 1984년 2월부터 85년 3월까지, 궁금한 주제들에 대하여 편지로 여쭙기 시작했습니다. (1) 사람은 누구인가? (2) 죄악은 무엇인가? (3) 하나님은 어떤 분인가? (4) 역사는 무엇인가? (5) 후천세계의 완성은 인간의 노력에 따라서인가, 하나님의 초자연적 능력에 따라서인가? (6) 산 자와 죽은 자의 부활에 대한 생각은 무엇인가? (7) 유·불·선의 공통점과 차이점은 무엇인가? (8) 정역에서 말하는 부활은 무엇인가? (9) 역학에서 최고의 도는 무엇인가? (10) 사랑은 무엇인가? (11) 학문의 본질과 목적은 무엇인가? (12) 고난은 왜 있는 것인가? (13) 참 신앙은 무엇인가?

모두가 책 한 권을 써야 할 거대담론 주제들입니다. 무리한 줄 알면서도, 편지를 통해서나마 선생님의 지식과 지혜를 알고 싶은 욕심에서 그랬습니다. 꼬박꼬박 주신 답장을 온전히 이해할 수는 없었지만 대강은 짐작할 수 있어 즐거웠습니다. 별세하신 후 들어보니, 이런 편지를 주고받은 사례가 별로 없으셨다니, 선생님을 연구하는 분들에게는 도움이 되겠다 싶어, 질문드리기 잘했다고 생각합니다(《학산이정호전집》 제7권 《학산산고》 수록). 하지만 방학마다 내려와 함께 공부하자고 하신 말씀을 순종하지 못해 늘 송구스러운 마음입니다.

학부 전공과정 3년간 선생님의 여러 강의를 들으면서, 노트에 메모한 것들을 몇 가지 옮기는 것으로 회고담을 마무리합니다. 야간대학이던 그 시절, 형광등 불빛 아래, 형형한 눈빛으로 우리를 그윽히 바라보시며 위엄 있게 강의하시던 맑고 높은 그 음성이 아직도 귀에 쟁쟁합니다.

"문학만 하고 철학이 얕으면 죽는다(자살)."

"우리 힘을 다 쓰긴 쓰되, 그것이 다는 아니다. 무수한 윗대에 잇닿아 있는 것이 '나(我)'라서, 그 영향을 받은 것."

"자식 교육. 지나치게 사랑하면 안 됨. 속으로만 사랑할 것."

"만사에는 시간(과정)이 필요함. 겨울은 봄의 준비 기간."

"재물 좋아하고 여색 좋아하는 것도, 백성과 즐거움을 함께하면 천하 다스리는 데 지장 없다."

"공부에는 두 가지가 있다. 爲己之學(위기지학 : 자기 자신을 위한 공부)과 爲人之學(위인지학 : 남을 위한 공부). 전자는 축적으로서 남의 도움으로 되는 것. 빚진 자. 후자는 축적된 것의 발현. 빚 갚는 것. 40까지는 위기지학, 40 이후에는 위인지학."

"논어는 學(학)에서 시작해서 命(명)으로 종결. 학자는 배워서 知命 (지명 : 천명을 앎)해야."

"생사(生死)는 호흡지간(呼吸之間)에 있다. 태어나 들숨으로 시작 해, 마지막에 날숨만 쉬고 가는 것."

9
할아버지와의 추억담

이선녕

할아버지와의 추억들은 아주 먼 나의 유년 시절의 기억들에서부터 끌어내어야 하는 것들인데, 크고 작은 변화 속에서 벌써 지천명(知天命)을 맞은 2020년의 나는, 20대에 있었던 일조차도 꼭 전생에 있었던 일이었던 것처럼 아득하게 느껴지곤 한다. 하물며 그 전의 일이랴
…….

사람의 기억이란 어떻게 저장되어 있는 것인지 모르겠지만, 할아버지와 있었던 일들은 나에게 짧은 토막토막 일화로만 남아 있고 많이 잊어버리기도 해서 얼마나 될지는 모르겠다.

나에게 있어서는 할아버지와 작은 손녀딸의 관계란 정말 고운 정만 있는 그런 사이로 남아있다. 이제 나도 결혼을 하고 한 집안의 며느리가 되면서 부모님이 가지셨을 책임감과 무게를 다소나마 이해할 수 있게 되었지만, 나 자신은 손녀를 예뻐하시는 할아버지와는 참 좋은 기억들만 가지고 있다.

이 글을 쓰면서도 할아버지 생각을 하니 얼굴에 잔잔한 미소가 번진다. 나는 할아버지가 화내시거나 언성 높이시는 것을 거의 본 적이 없었는데, 단 한 번 그 기억이 초등 저학년 때쯤 할아버지께 걸려온 전화를, 잊고 전하지 않았을 때였다. 방 안에서 놀고 있는데 할아버지가 방문을 열고 급한 얼굴로 전화 왔었는지 물으시고는 크게 안타까운 소리로 "아이 참!" 하며 문을 닫으셨다.

전화 내용은 모르지만 이제 생각해 보면 매우 중요한 일이었을 거라는 짐작과 할아버지의 살짝 격앙된 모습이 기억에 남아 있다. 할아버지가 감정을 보이신 처음이자 마지막 모습이었다.

할아버지와 지냈던 걸 생각하면 유성집과 국사봉의 향적산방(香積山房)을 떠올리지 않을 수 없다. 방학이 되면 언니와 함께 할아버지 할머니가 계시는 유성에 갔다. 할머니가 차려 주시는 밥상을 받아먹으면서 언니는 학교 공부를 했을테고, 나는 아랫목에서 뒹굴거리거나 이야기책을 보며 지내다 오곤 했다. 여름에는 그때 한창 인기이던 프로야구 경기 중계를 보며 시간을 때우기도 하고. 흠…… 그때는 유성집 앞뜰에 피어있던 수국이랑 장미를 보면서 거닐기도 했던 것 같다. 겨울밤에는 참 별도 많았는데, 아는 별자리라곤 오리온자리, 큰곰자리 정도였다. 코끝이 시린 겨울밤에 현관문 밖에서 맑은 밤하늘을 올려다보면 시원하면서도 기분이 참 좋았다. 윗 터에는 큰 밤나무랑 후박나무도 있었고, 할머니는 그 곳에서 밭을 매셨다. 할머니가 밭일을 하고 계실 때, 서울 촌놈이 가서 "할머니, 이건 뭐야?"하니 "한국 사람이 콩도 몰라?" 하셨다.

어쩌다 손님이 오셨다 가시면, 할아버지와 큰 길이 만나는 마을 어귀까지 배웅하고 들어오면서, 괜히 찔려서 "할아버지, 저한테 화나셨

어요?"하면 "내가 너니? 이유 없이 화를 내게?" 하시기도 하셨다.

중1 겨울방학 때에는 언니와 함께 율곡선생의《격몽요결(擊蒙要訣)》을 배웠다. 아침밥을 먹고 할아버지 방에서 작은 상에 책을 올려놓고 함께 배웠는데, 한자(漢字)도 다 모르겠고 무지하게 어려웠던 기억만 있다. 학교에서 날 일(日), 나무 목(木) 수준의 기초 한자만 배운 중 1이었으니……. 그래도 엉덩이 붙이고 앉아 있기는 했는데 정말 고역이었다.

한번은 할아버지가 어려울 난(難) 자를 가리키시며 나에게 물어보셨는데 몰라서 대답을 못했다. 그 후 한 번 더 물어보셨는데 그 때에도 몰랐고 세 번째로 물어보셨는데 여전히 몰라 대답을 못하였다. 쓰리아웃을 당한 셈이다. 그런데 할아버지께서는 꾸중은커녕 아무 말씀도 안하셨다. '어려울 난(難) 자라서 어려운가 보다' 이런 소리를 들었던 것 같다. 지금 생각해도 좀 창피한데, 그때에도 게으른 걸 들킨 것 같아서 부끄러웠다. 우리 아들이 저러면 나는 잔소리 퍼붓고 폭풍같이 화를 냈을 텐데.......

향적산방이 있는 국사봉 중턱에는 밥을 먹을 수 있는 길다란 집 한 채가 있고, 용바위 거북바위를 건너 조금 걸어가면 할아버지가 머무시던 산방이 있었다. 할아버지가 주무시던 작은 방과 쪽마루를 지나 방 한 칸이 더 있었는데, 거기에서 언니와 자고 생활할 수 있었다. 산방 앞으로 멀리 굽이굽이 계룡산 자락이 펼쳐지고, 밤에는 전기가 없어 촛불을 켜놓고 책을 보거나, 방문을 열어 놓고 누워 밖에 쏟아질 듯 가까이 보이는 별들을 보면서 공상에 잠기기도 했다.

낮에는 뭐 할 것도 없이 심심해서였는지, 밤에 잘 때 희한하게 재밌는 꿈을 꾸기도 했었다. 참, 할아버지와 거기서 공부하셨다던 이모부[1]가 저녁에 글을 읽고 영가(詠歌)를 부르면 어슬렁어슬렁 와서 듣고 돌아갔다던 호랑이도 있었다고 하셨었지.

언제였는지 산에서 며칠 지내기로 하고 살림집에 밥을 먹으러 갔는데, 그 때가 처음이었던 것 같다. 정말 옛날 시골집에서 큰 상에 할아버지랑 겸상으로 밥을 먹는데 익숙하지 않아서였는지, 찬이 입에 안 맞았는지 밥을 거의 못 먹었다.

아빠의 분부로 갔었을 텐데 그때는 꼭 붙어 다니던 보호자 언니도 없었던 것 같다. 반드시 거기 있기 싫었던 건 아니었는데 할아버지가 약간 실망하신 듯, 밥을 안 먹는데 어떻게 여기 있겠느냐 하시며 내려가라고 하셔서 그냥 내려왔다.

중학교 2학년 여름에는 언니랑 같이 산방에 가서 여름 방학을 보내고 왔다. 그때 그곳에서 할아버지께 《정역(正易)》을 배우던 여러 사람들과 함께 《논어(論語)》를 배웠다. 고2였던 언니는 아침저녁 시간을 분배해서 입시 공부를 하며 오후 2시간 《논어》를 들었다. 이 《논어》도 지난겨울 배웠던 《격몽요결》과 마찬가지로 내 수준에는 한참 높은 것이어서, 점심 먹고 두 시간씩 이어지는 강독을 듣다 보면 필기를 하는 내 손에 힘이 빠지고 눈이 감기면서 글씨가 춤을 추며 미끄러져 내려가곤 했지만, 이번엔 두 번째 책이어서 그랬는지 그래도 조금 덜 어려웠던 것 같다.

이렇게 어려운 학습과정을 한 번 거치고 나니, 그 후에 학교에서 배우는 한자는 무척이나 쉽게 느껴졌다. 어쨌든, 할아버지 말씀처럼 개

---

1) 이모부: 道原 柳承國 선생. 그 밖에 몇몇 분들이 함께 계셨다.

머루 먹듯 대충대충이라도 20장(章)에 달하는《논어》가 하루에 한 장씩 20일이 걸려서 다 끝이 났다.

《논어》 강독이 끝나는 날, 아침에 산방 앞마당에서 이를 닦고 양치를 하며 아래를 보니, 한 3m 아래에 있는 풀숲에서 예쁜 빨간 콩 같은 것들이 무더기로 피어있는 것이 보였다. 가만히 두지를 못하고 경사를 타고 내려가서 이들을 꺾었다. 할아버지께 자랑 삼아 보여드리니, 할아버지께서 기뻐 소리치시며 산삼인 것 같다고 사람들을 부르셨다. 사람들이 빨간 꽃이 있던 자리를 캐보니 8년 근, 10년 근 산삼 두 뿌리가 나왔다. 전날 심마니들이 산에 왔다 갔는데 이 두 뿌리는 그들 눈에 띄지 않았나 보다. 산삼은 발견한 사람이 임자라서 그 산삼 두 뿌리는 내 손을 거쳐 할아버지께 수업료로 진상되었다. 엄마 아버지도 신기해하고 기뻐하셔서 나는 기분이 좋았다. 가까운 친척들도 한마디씩 해주시고, 지금 생각해도 즐거운 기억으로 남아 있다.

할아버지가《논어》《맹자》를 강독하실 때에는, 단순히 경서를 읽는 것을 넘어서, 그 이야기와 거기 나오는 인물들의 말을 통해서 그들의 인품과 성격이 고스란히 느껴지도록 수업을 하셨다. 할아버지께서 책에 나오는 인물들을 깊이 이해하고 공감하며 내용을 즐기고 계셨기 때문에, 생동감 있는 강의가 가능했을 것이다. 중문학 교수이신 작은 어머니도 할아버지의《논어》 강독은 그 인물들의 성격이 잘 살아있는 명강의라고 말씀해 주셨다.

할아버지는 주관과 철학이 뚜렷한 가운데에서도 다분히 낭만적이셨던 듯하다. 맛있는 디저트와 달콤한 술, 커피도 무척 좋아하셨고 ……. 그래서 이야기책과 시집(詩集)을 좋아하고 감수성 많은 어린 시절, 나는 할아버지랑 꽤 친하게 지냈다. 할아버지가 누워계시면 그 옆에서 뒹굴뒹굴 하면서 읽은 책 이야기도 하곤 했다. 중학교 시절 한국일보사에서 펴낸《세계문학기행》이라는 책을 우연히 손에 넣은 나는, 세계 유수의 명작들을 읽은 지은이가 세계를 돌아다니며 그 작품의 무대나 작가의 생가 등을 방문하며 쓴 글과 사진을 보는 것을 무척 좋아했다. 할아버지는 그 사진들보다도 그 책을 지은이가 그 많은 책들을 다 읽었다는 게 더 대단한 일이라고 하셨다. 할아버지는 서양의 문학작품들도 폭넓게 섭렵하고 계셨고 그 중 최고의 문학작품을 〈레미제라블〉로 꼽으셨다. 물론 축약본이 아닌 책 전체를 읽으셨던 것이다.

할아버지는 영시(英詩)도 참 좋아하셨는데 어학과 문학에 조예가 깊으신 할아버지께서 영어의 미묘한 감각과 세련미를 사랑하셨던 것 같다. 영시에 관심 있었던 내가 영국인들이 언어 감각이 있는 것 같다고 감상을 말하니 "그렇고 말고!"하고 공감하셨다. 특히 워즈워드 (W.Wordsworth, 1770-1850)의 "My heart leaps up when I behold" 라는 시를 특히 사랑하셔서 전문을 외우며 감상에 젖으시기도 하셨다.

> My heart leaps up when I behold
> The rainbow in the sky:
> So was it when my life began,
> So is it now I am a man,
> So be it when I shall grow old,
> Or let me die !
> The Child is father of the Man ;
> And I could wish my days to be

Bound each to each by natural piety.[2]

　새삼 마음 깊이 공감이 되는 시이다. 간결하게 인생에서 잃어버리지 말아야 할 가치와 아름다움을 말하고 있다. 할아버지처럼 최고의 경지에 이른 분들은 위대한 작품을 알아보는 안목이 남다르다.

　대학 시절 때《논어》스터디 모임을 만들어서 학과에서 같이 공부했던 것도, 예전에 할아버지께 배웠던 경험이 없었으면 엄두를 내지 못했을 것이다. 언젠가 할아버지께서 너는 《논어》를 배운 사람이니 《논어》를 배운 사람답게 행동을 해야 한다는 말씀을 하셨다. 그것도 할아버지께 직접 배웠다. 그 말씀도 마음에 잊히지 않고 남아 있다. 할아버지는 무엇을 어떻게 '해야 한다'라는 말씀을 잘 하시지 않는 분이다. 할아버지와의 한문 수업을 잊고 사는 요즈음도 나는 내 마음 어딘가 깊숙이 그 시간을 내 삶의 귀한 유산으로 여기고 자랑스럽게 생각하고 있지 않나 싶다.

　할아버지는 강하게 말씀하시는 적이 별로 없었지만 한 번은 개에게 유산을 남긴 사람이 있다더라는 말씀을 하시며 "그는 개 같은 놈이다."라며 분개하셨던 걸 기억한다. 할아버지는 낭만주의자이면서 인

---

2) 하늘의 무지개를 보면
　내 마음은 뛰노나니.
　나 어려서 그러하였고
　어른 된 지금도 그러하거늘
　나 늙어서도 그러할지어다.
　아니면 이제라도 나의 목숨 거둬 가소서!
　어린이는 어른의 아버지,
　원하노니 내 생애의 하루하루가
　천생의 경건함으로 이어질진저…… (이종국 역)

도주의자 humanist이시다.

할아버지는 나에게는 특별히 유예성악(遊藝成樂)을 말씀하셨다. 다른 아이들은 다 학자로 키우고 있으니 한 명쯤은 예술가로 만들어도 괜찮겠다고……. 하긴 어려울 난(難)자를 세 번이나 틀리고 딱딱한 공부라고는 죽어라 싫어하는 놀기 좋아하는 둘째 손녀에게 어디 학자가 어울리기나 하겠는가! 지금은 예(藝)고 악(樂)이고 그냥 아이 하나 키우며 살림에 쩔쩔매는 주부로 살고 있다. 그래도 이런 생활인으로의 삶도 가치 있다고 박박 우기며 지내고 있다.

30이 넘어서는 그림을 그려서 보여드리며 이제는 노쇠하여 주로 누워계시던 할아버지와 이야기를 많이 했다. 연습 삼아 정물도 그리고 말라비틀어진 장미꽃 다발도 그렸는데 할아버지는 검붉은 크레용과 물감으로 그린 시든 장미 다발에서 십자가의 예수가 보인다고 하셨다. "너는 이게(예수의 형상) 잘 안보이니? 나에게는 너무 잘 보인다." 물기가 없이 시든 그 장미 그림에서 십자가에서 피를 흘려 물기가 없는 그리스도의 몸을 연상하셨던 걸까?

할아버지는 미국에서 몇 년 공부하고 왔던 내가 나이아가라 폭포까지 보고 견문을 넓혀서 왔다고 여러 번 말씀하시며 격려해 주셨었다. 20여년이 지난 아직까지도 나는 성취하지 못한 사람이지만 나는 괜찮다.

할아버지가 편찮으셨을 때는 부모님이 견디셨을 무게와 또 노인이 계신 집안에서 감내할 수밖에 없는 무거운 분위기 때문에 힘겨운 적도 있었던 것 같다. 그런데 이 이기적인 손녀는 그 때 어려웠던 순간들은 바람에 날려버리듯, 밀물에 씻어 버리듯 내 몫이 아니었던 순간들은 잊어버리고 할아버지와의 예쁜 추억들만을 네잎 클로버처럼 코팅

해서 책갈피에 꽂아 두고 싶다.

이 글은 사실 시작이 반이라는 말이 떠오르는 작업이었다. 벌써 한두 달 전부터 부모님께서 말씀하셨는데 쉽사리 시작이 되지 않았다. 글이라는 것을 써본 지 너무 아득하게 느껴졌기에⋯⋯. 오래된 사진들을 꺼내어 보는 것처럼 옛 생각에 조금씩 살을 붙여가면서 우리 할아버지 학산(鶴山) 선생님의 회고담을 써 보았다.

p.s. 중학교 1학년 끝나가는 겨울방학, 유성에서 《격몽요결》을 배울 무렵이었나 보다. 작은 엄마가 오셔서 언니와 나를 데리고 시내 백화점에 나들이를 갔다. 맛있는 저녁도 먹고 예쁜 새 구두랑 책도 샀다. 언니는 작은 엄마가 추천해 주시는 〈아Q정전〉을, 나는 욕심껏 〈파우스트〉를 샀다.

새로 산 구두는 캐멀색의 앞이 둥근 끈 묶는 구두, 앞이 해져 색이 바랜 내 핑크색 단화는 쇼핑백에 넣고 새 신발을 신고 발걸음도 가볍게 집으로 돌아왔다.

다음날 아침 할아버지 하시는 말씀, "어떤 숙녀가 와 있고 우리 선녕이는 어디 있나 했더니, 여기 안에 들어 있었구나."

찾/아/보/기

필자 명단

곽신환(郭信煥, 숭실대 명예교수)

김영호(金暎鎬, 영산대 교수)

류승국(柳承國, 전 대학민국학술원 회원)

이남덕(李男德, 전 이화여대 교수)

이동인(李東仁, 충남대 명예교수)

이동준(李東俊, 성균관대 명예교수)

이복규(李福揆, 서경대 교수)

이상성(李相星, 홍익대 교수)

이선경(李善慶, 한국전통문화대 한국철학연구소 연구원)

이선녕(李善寧, 미국 캔자스대 대학원 미술사학 석사)

최명환(崔明煥, 공주교대 명예교수)

최영성(崔英成, 한국전통문화대 교수)

최영진(崔英辰, 성균관대 명예교수)

최일범(崔一凡, 성균관대 명예교수)

간행위원

곽신환   김영호   이복규
이상성   이선경   최명환
최영성   최영진   최일범

학산 이정호 연구

초 판   인 쇄 | 2021년 5월 29일
초 판   발 행 | 2021년 5월 29일

엮 은 이   학산이정호연구 간행위원회

책 임 편 집   윤수경

발 행 처   도서출판 지식과교양
등 록 번 호   제2010-19호
주   소   서울시 강북구 우이동108-13 힐파크103호
전   화   (02) 900-4520 (대표) / 편집부 (02) 996-0041
팩   스   (02) 996-0043
전 자 우 편   kncbook@hanmail.net

ISBN 978-89-6764-170-2   93150   정가 34,000원